DIÁRIO MÍNIMO

UMBERTO ECO
DIÁRIO MÍNIMO

Tradução de *Diário mínimo*:
JOANA ANGÉLICA D'AVILA MELO

Tradução de *O segundo diário mínimo*:
SERGIO FLAKSMAN

EDITORA RECORD
RIO DE JANEIRO • SÃO PAULO
2012

CIP-BRASIL. CATALOGAÇÃO NA FONTE
SINDICATO NACIONAL DOS EDITORES DE LIVROS, RJ

E22d
Eco, Umberto, 1932-
Diário mínimo / Umberto Eco; tradução de Joana Angélica D'Avila e Sergio Flaksman. – Rio de Janeiro: Record, 2012.

Tradução de: Diario minimo
ISBN 978-85-01-08481-1

1. Ensaios italianos. I. D'Avila, Joana Angélica. II. Título.

09-5120

CDD: 854
CDU: 821.131.3-4

Título original em italiano:
DIARIO MINIMO

Copyright © RCS Libri S. p. A . Milão
Bompiani 1992

Copyright da edição em língua portuguesa © 2012 by Distribuidora Record S.A.

Texto revisado segundo o novo Acordo Ortográfico da Língua Portuguesa.

Todos os direitos reservados. Proibida a reprodução, armazenamento ou transmissão de partes deste livro através de quaisquer meios, sem prévia autorização por escrito. Proibida a venda desta edição em Portugal e resto da Europa.

Direitos exclusivos de publicação em língua portuguesa para o Brasil adquiridos pela
EDITORA RECORD LTDA.
Rua Argentina 171 – 20921-380 – Rio de Janeiro, RJ – Tel.: 2585-2000
que se reserva a propriedade literária desta tradução

Impresso no Brasil

ISBN 978-85-01-08481-1

Seja um leitor preferencial Record.
Cadastre-se e receba informações sobre nossos lançamentos e nossas promoções.

Atendimento e venda direta ao leitor:
mdireto@record.com.br ou (21) 2585-2002.

EDITORA AFILIADA

"music-hall, not poetry,
is a criticism of life."

James Joyce

"Todos se voltaram para olhar Franti.
E aquele infame sorriu."

Edmondo De Amicis

Sumário

Nota à edição de 1975   11

Diário Mínimo

Nonita	17
Fragmentos	22
O striptease e a cavalidade	30
Fenomenologia de Mike Bongiorno	34
Esquisse d'un nouveau chat	40
O outro Empíreo	45
A Coisa	50
My exagmination round his factification for incamination to reduplication with ridecolation of a portrait of the artist as Manzoni	55
Indústria e repressão sexual numa sociedade padânea	66
Elogio de Franti	83
Onde iremos parar?	94
Carta ao meu filho	110
Três resenhas anômalas	116

O descobrimento da América	123
Do your movie yourself	130
Dolenti declinare *(pareceres de leitura para o editor)*	139

O Segundo Diário Mínimo

I. Histórias Verdadeiras

Nota	153
Estrelas e divisas	155
Uma história verdadeira	177
Concursos de cátedra	185
Quando entrei para a PP2	191
Correções editoriais	197
Uma conversa na Babilônia	199
Itália 2000	201
Da manifestação	205

II. Instruções de Uso

Nota	209
Como ser um índio	211
Como apresentar um catálogo de arte	215
Como organizar uma biblioteca pública	222
Como tirar férias inteligentes	225
Como substituir uma carteira de motorista roubada	228
Como seguir instruções	235
Como evitar doenças contagiosas	238
Como viajar com um salmão	241
Como fazer um inventário	244
Como comprar gadgets	247

Como ingressar na Ordem de Malta	255
Como comer a bordo de um avião	258
Como falar dos animais	261
Como escrever uma introdução	264
Como se apresentar na TV	267
Como usar o bule maldito	271
Como empregar o tempo	274
Como usar o motorista de táxi	277
Como desmentir um desmentido	280
Como jogar os telegramas no lixo	282
Como começa, como acaba	285
Como não saber a hora	288
Como passar pela alfândega	291
Como não usar o fax	294
Como reagir aos rostos conhecidos	297
Como reconhecer um filme pornô	300
Como tomar um sorvete	303
Como não dizer "exato"	306
Como se defender das viúvas	308
Como não falar de futebol	311
Como justificar uma biblioteca particular	314
Como não usar o telefone celular	316
Como viajar nos trens americanos	319
Como escolher uma profissão rendosa	322
Como usar as reticências	325

III. Fragmentos da Cacopédia

Nota	331
Da impossibilidade de construir a carta do império em escala um por um	335
O anopticon	343

The Wom	344
O pensamento de Brachamutanda	349
Como falsificar Heráclito	352
O teorema das oitocentas cores	355
Projeto para uma faculdade de Irrelevância Comparada	358
Fundamentos da crítica quantística	362
Utrum Deus sit	367

IV. Jogos de Palavras

Iniciais	373
Como vai?	379
O livro mascarado	382
Hircocervos	388
Continuações	395
Anagramas a posteriori	398

Nota à edição de 1975

Publicados em um volume em 1963, estes escritos se intitulavam *Diário mínimo* porque tal era o título da coluna que eu havia iniciado em 1959 na revista *Il Verri*, anotando observações de costumes e paródias inspiradas pela atualidade. Com o tempo, esse tom diarístico foi-se atenuando e os textos se tornaram verdadeiros exercícios de falsificação literária, os quais, do projeto inicial, só mantinham a constante referência a fatos ou a polêmicas de atualidade.

Na primeira edição, conservei vários artigos que ainda podiam ser definidos como anotações de costumes, moralidades, desabafos e editoriais: todos eles fragmentos que na presente edição, quase 15 anos depois de redigidos, decidi suprimir, porque os fatos a que se referem já estão muito longínquos. Agora, portanto, o título geral da coletânea deve ser entendido como uma enésima falsificação, e serve para designar quase exclusivamente pastiches e paródias aos quais acrescentei um ou outro texto escrito posteriormente sob a mesma perspectiva.

Alguns desses falsos ensaios tiveram a felicidade de agradar ao público e de ser adaptados a edições escolares (como aconteceu ao panfleto sobre *Coração*) ou de passar a integrar um repertório de citações obrigatórias, como a análise sobre Mike Bongiorno. Outros foram adaptados para representações teatrais, e outros ainda serviram (segundo me foi dito) a estudiosos de várias disciplinas para desafiar com justificada suspeita as coisas que vez por outra são feitas a sério. O que muito me conforta, porque uma das primeiras e mais nobres funções das coisas pouco sérias é a de lançar uma sombra de desconfiança sobre as coisas demasiado sérias — e tal é a função séria da paródia.

Por isso, se quando escrevia esses textos eu o fazia com um pouco de embaraço, como se não fosse decoroso brincar sobre práticas culturais que, em outro contexto, eu mesmo seguia, hoje sinto-me um pouco mais seguro: certas coisas devem continuar a ser feitas (desde que, naturalmente, não se tornem fins em si mesmas).

Eu não teria mais nada a dizer, exceto que, entrando o livro numa coleção popular de vasta difusão, poderia cair nas mãos de quem não fosse capaz de reconhecer à primeira vista os modelos nos quais as paródias se inspiram. Certamente não tem graça fazer ironia e depois explicar a todos que se queria dizer o contrário, mas creio que a leitura das paródias também deve servir para tornar mais conhecidos os modelos nos quais elas se inspiram. Até porque nem sempre uma paródia se refere a um modelo considerado negativo; com frequência, parodiar um texto significa também prestar-lhe homenagem. Eis, portanto, algumas rápidas indicações para o leitor necessitado de chaves.

Nonita é claramente um exercício sobre Nabokov. *Esquisse d'un nouveau chat* mira principalmente Robbe-Grillet, mas também toma como modelo outros mestres do *nouveau roman*. *My exagmination... etc.* — que desde o título joga com um célebre florilégio de comentários ao *Finnegans Wake* — imita tanto o estilo dos *New critics* quanto o de um Eliot ensaísta, assim como os métodos de certa crítica simbólica que naquela época florescia nas universidades americanas.

O modelo principal de *Indústria e repressão sexual numa sociedade padânea* são os estudos antropológicos de Ruth Benedict e Margaret Mead. Mas, além disso, o ensaio usa fartamente os trabalhos dos psiquiatras de origem husserliana; aliás, todas as citações entre aspas são autênticas e provêm tanto de Husserl quanto de Binswanger (salvo alguns modestos retoques).

Algumas explicações são necessárias a *Onde iremos parar?* escrito num período em que, na esteira da crítica social de Adorno, entre nós se elaboravam várias descrições apocalípticas da sociedade de massa, de um ponto de vista pessimista e aristocrático. Não cito os alvos porque estão identificados, ainda que através da transliteração em alfabeto grego. O que me agrada nesse *divertissement* é que ele antecipa, embora em tom cômico, muitos textos sérios hoje escritos no âmbito do renascimento da cultura de direita.

Porque este é o destino da paródia: ela não deve jamais temer o exagero. Se acertar no alvo, não fará mais do que prefigurar algo que, mais tarde, outros farão sem rir — e sem enrubescer —, com firme e viril seriedade.

Umberto Eco

Os textos mais recentes trazem a data de redação, e não a de publicação. Os vários escritos saíram em *Il Verri, Il Caffè, L'Espresso* e na revista *Pirelli. Onde iremos parar?* foi elaborado para a segunda edição deste livro. Igualmente inédito é o projeto de resenha anômala para *Arianna*, ao passo que a resenha das cédulas bancárias apareceu sob pseudônimo numa revista da qual se publicou, acredito, um só número, e cujo título eu não recordo.

Diário Mínimo

Nonita

[O presente manuscrito foi-nos confiado pelo guarda-chefe dos cárceres comunais de uma aldeola do Piemonte. As notícias incertas que esse homem nos deu sobre o misterioso prisioneiro que abandonou estas páginas numa cela, a névoa que envolve a sorte do escritor, uma certa reticência, abrangente e inexplicável, daqueles que conheceram o indivíduo que traçou estas linhas nos induzem a contentar-nos com o que sabemos e com aquilo que sobrou do manuscrito — tendo sido o resto roído pelos ratos. Com base nele, cremos que o leitor pode fazer uma ideia das extraordinárias peripécias desse Umberto Umberto (mas o misterioso prisioneiro não terá sido Vladimir Nabokov, paradoxalmente prófugo pelas Langhe, e quem sabe este manuscrito não mostra a face oculta do proteico imoralista?) e, enfim, possa extrair destas páginas a lição que por trás delas se esconde — sob os trajes da libertinagem, uma lição de superior moralidade.]

Nonita. Flor da minha adolescência, angústia das minhas noites. Poderei algum dia rever-te? Nonita. Nonita. Nonita. Três sílabas, como uma negação feita de doçura: No. Ni. Ta. Nonita, que eu possa recordar-te até que tua imagem seja treva e teu lugar, sepulcro.

Chamo-me Umberto Umberto. Quando ocorreu o fato, eu sucumbia destemidamente ao triunfo da adolescência. No dizer de quem me conheceu, não no de quem me vê agora, leitor, emagrecido nesta cela, com os primeiros sinais de uma barba profética que me endurece as faces, no dizer de quem me conheceu então, eu era um efebo valente, com aquela sombra de melancolia que creio dever aos cromossomos meridionais de um ascendente calabrês. As jovenzinhas que conheci me cobiçavam com toda a violência de seus úteros em flor, fazendo de mim a telúrica angústia de suas noites. Das donzelas que conheci pouco recordo, porque era presa atroz de bem diferente paixão, e meus olhos mal afloravam as faces delas, douradas na contraluz por uma sedosa e transparente pelugem.

Eu amava, amigo leitor, e com a loucura dos meus anos solertes, amava aquelas a quem chamarias, com alheado torpor, "as velhas". Do mais profundo emaranhado das minhas fibras imberbes, desejava aquelas criaturas já marcadas pelos rigores de uma idade implacável, dobradas pelo ritmo fatal dos oitenta anos, minadas atrozmente pelo fantasma desejável da senescência. Para designar estas últimas, desconhecidas da maioria, esquecidas pela indiferenca lúbrica dos habituais *usagers* de rijas friulanas de 25 anos, adotarei, leitor – oprimido também nisto pelas regurgitações de uma impetuosa sabedoria que me aterroriza todo gesto de inocência que por acaso eu tente —, um termo que espero seja exato: *parquetas*.

O que dizer, vós que me julgais (*toi, hypocrite lecteur, mon semblable, mon frère!*), da matutina presa que se oferece no palude deste nosso mundo subterrâneo ao calidíssimo amador de parquetas! Vós que correis pelos jardins vespertinos à caça banal de jovenzinhas mal tumescentes, o que sabeis da caça silente, umbrátil, casquinante, que o amador de parquetas pode conduzir sobre os bancos dos velhos jardins, na sombra odorosa das basílicas, pelas trilhas saibrosas dos cemitérios suburbanos, à hora dominical na esquina dos asilos, às portas dos abrigos noturnos, nas fileiras salmodiantes das procissões do padroeiro, nas pescarias beneficentes, em uma amorosa, cerradíssima e, ai de mim, inexoravelmente casta emboscada, para espreitar de perto aqueles rostos escavados por vulcânicas rugas, aquelas olheiras aquosas de catarata, o vibrátil movimento dos lábios crestados, recolhidos no delicioso afundamento de uma boca desdentada, às vezes sulcados por um filete luzídio de êxtase salivar, aquelas mãos triunfantes de nódulos, nervosas, lúbrica e provocantemente trêmulas ao desfiarem um lentíssimo rosário!

Poderei jamais participar-te, amigo leitor, o langor desesperado daquelas fugidias presas dos olhos, o frêmito espasmódico de certos contatos ligeiríssimos, um golpe de cotovelo na tropelia do bonde ("Desculpe, senhora, quer sentar-se?" Oh, satânico amigo, como ousavas recolher o úmido olhar de reconhecimento e o "Obrigada, meu bom jovem", tu que gostarias de encenar ali mesmo tua báquica comédia da posse?), o roçar de tua panturrilha contra um joelho venerando, ao te esgueirares entre duas fileiras de assentos na solidão vespertina de um cinema de bairro, o apertar com ternura contida — esporádico momento do mais extremo contato! — o braço ossudo de uma anciã que eu ajudava a atravessar no semáforo com ar contrito de jovem explorador!

As vicissitudes da minha irreverente idade me induziam a outros encontros. Já o disse, eu parecia bem fascinante, com minhas bochechas morenas e um rosto terno de mocinha oprimida por uma suave virilidade. Não ignorei o amor de adolescentes, mas o sofri, como um pedágio às razões da idade. Recordo um entardecer de maio, pouco antes do ocaso, quando no jardim de uma *villa* fidalga — era no Varesotto, não longe do lago avermelhado pelo sol que descambava — jazi à sombra de uma touceira com uma menina de 16 anos, implume, coberta de sardas, tomada por um ímpeto de amorosos sentidos verdadeiramente desalentador. E foi naquele instante, enquanto lhe concedia apaticamente o ambicionado caduceu da minha púbere taumaturgia, que vi, leitor, quase adivinhei, em uma janela do primeiro andar, a silhueta de uma decrépita nutriz dobrada curvamente em duas enquanto desenrolava ao longo da perna o amontoado informe de uma meia preta de algodão. A visão fulgurante daquele membro inchado, marcado por varizes, acariciado pelo movimento inábil das velhas mãos entretidas em desenovelar a peça de roupa, pareceu-me (olhos meus concupiscentes!) como um atroz e invejável símbolo fálico afagado por um gesto virginal: e foi nesse instante que, tomado por um êxtase robustecido pela distância, explodi estertorando numa efusão de biológicos consensos, que a donzela (irrefletida fedelha, quanto te odiei!) recolheu gemebunda, como um tributo aos próprios fascínios ainda verdes.

Terás compreendido algum dia, meu néscio instrumento de diferida paixão, que desfrutaste do alimento de uma mesa alheia, ou a obtusa vaidade dos teus anos incompletos apresentou-me a ti como um fogoso, inesquecível, pecaminoso cúmplice? Tendo partido com a família no dia seguinte, uma semana depois me enviaste um cartão assinado como "tua velha amiga". Intuíste a verdade, revelando-me tua perspicácia no uso acurado daquele adjetivo, ou apenas cometeste a giriesca bravata de uma secundarista em guerra com as filológicas boas maneiras epistolares?

Desde então, como fitei trêmulo toda janela, na esperança de ver aparecer ali a *silhouette* desenfaixada de uma octogenária no banho! Em quantos serões, semiescondido por uma árvore, consumei meus solitários deboches, com o olhar voltado para a sombra, perfilada atrás de uma cortina, de uma anciã suavissimamente concentrada em um repasto ruminante! E a decepção horrenda, súbita e fulminante (*tiens donc, le salaud!*), da figura que se subtrai à mentira das sombras chinesas e se revela ao peitoril como aquilo que é, uma desnuda bailarina de seios túrgidos e ancas ambarinas de potranca andaluza!

Assim, durante meses e anos corri insaciado à caça iludida de adoráveis parquetas, voltado para uma procura que, eu sei, extraía sua indestrutível origem do momento em que eu nasci, e uma velha e desdentada parteira — infrutífera busca do meu pai, que àquela hora da noite não conseguiu encontrar nenhuma outra além daquela, um pé à beira da sepultura! — me subtraiu ao viscoso cativeiro do ventre materno e me mostrou à luz da vida seu rosto imortal de *jeune parque*.

Não procuro justificações para vós que me ledes (*à la guerre comme à la guerre*), mas quero ao menos explicar-vos quão fatal foi a combinação de eventos que me levou àquela vitória.

A festa à qual eu havia sido convidado era uma deprimente *petting party* de jovens manequins e universitárias impúberes. A flexuosa luxúria daquelas jovenzinhas excitadas, o negligente oferecimento de seus seios por uma blusa desabotoada no ímpeto de uma figura de dança me repugnavam. Eu já pensava em deixar correndo aquele lugar de banal comércio de virilhas ainda intactas, quando um som agudíssimo, quase estrídulo (e porventura poderei exprimir a frequência vertiginosa, a rouca degradação das cordas vocais já exauridas, *l'allure suprême de ce cri centenaire?*), um trêmulo lamento de fêmea velhíssima mergulhou a reunião no silêncio. E, na moldura da porta, eu a vi, o rosto da longínqua parca do choque pré-natal, marcado pelo entusiasmo escorrido da cabeleira encanecidamente lasciva, o corpo engelhado que marcava com ângulos agudos o tecido do vestidinho preto e liso, as pernas já débeis dobradas inexoravelmente em arco, a linha frágil do fêmur vulnerável desenhada sob o pudor antigo da saia veneranda.

A insípida jovenzinha que nos recebia ostentou um gesto de enfadada cortesia. Ergueu os olhos para o céu e disse: "É minha *nonna*, minha avó"...

[Neste ponto termina a parte intacta do manuscrito. Pelo que é permitido inferir das linhas esparsas que ainda se consegue ler, a história deve ter prosseguido como se segue. Umberto Umberto, poucos dias depois, rapta a avó de sua anfitriã e foge com ela, levando-a no quadro da bicicleta, rumo ao Piemonte. Primeiro a conduz até um asilo de pobres idosos, onde à noite a possui, constatando, entre outras coisas, que a velha não está em sua primeira experiência. Ao amanhecer, quando está fumando um cigarro na semiescuridão do jardim, é abordado por um rapazelho de ar ambíguo que lhe pergunta sonsamente se a velha é de fato sua avó. Preocupado, ele deixa o asilo com Nonita e inicia uma vertiginosa peregrinação pelas estradas do Piemonte. Visita a Feira dos Vinhos de Canelli, a Festa da Trufa de Alba, participa do desfile de Gianduja em Caglianetto, do mercado de gado de Nizza Monferrato, da eleição da Bela Moleira de Ivrea, da corrida de sacos para a festa do padroeiro de Condove. Ao fim dessa louca peregrinação pela imensa região que o abriga, percebe que há muito tempo sua bicicleta é seguida sorrateiramente por um jovem explorador numa lambreta, o qual se esquiva de todo flagrante. No dia em que, em Incisa Scapaccino, leva Nonita a um calista e se afasta um instante para comprar cigarros, na volta se descobre abandonado pela velha, fugida com o raptor. Passa alguns meses em profundo desespero e finalmente reencontra a anciã, recém-saída de um instituto de beleza aonde foi levada pelo sedutor. O rosto dela está livre de rugas, os cabelos tingidos de um louro acobreado, a boca reflorida. Ao ver tamanha desfiguração, Umberto Umberto é invadido por uma sensação de abissal piedade e quieto desespero. Sem dizer palavra, adquire uma espingarda de dois canos e sai em busca do desgraçado. Encontra-o em um camping, esfregando dois pedacinhos de madeira para acender o fogo. Atira nele uma, duas, três vezes, sempre errando, até que é agarrado por dois sacerdotes de boina preta e jaqueta de couro. Prontamente detido, é condenado a seis meses por porte abusivo de armas e caça fora da estação.]

1959

Fragmentos

IV Congresso Intergaláctico de Estudos Arqueológicos — Sirius, 4ª Seção do 121º Ano Matemático.
Relatório do Il^(mo.) Prof. Anouk Ooma, do Centro Universitário Arqueológico da Terra do Príncipe José — Ártico-Terra.

Preclaríssimos colegas,
    não desconhecem os senhores que há muito tempo os estudiosos árticos desenvolvem entusiasmadas pesquisas para trazer à luz os vestígios daquela antiquíssima civilização que floresceu nas zonas temperadas e tropicais do nosso planeta, antes que a catástrofe ocorrida no chamado ano de 1980 da era antiga, ano Um da Explosão, eliminasse todo rastro de vida, naquelas zonas que por milênios permaneceram a tal ponto contaminadas pela radioatividade que só há poucas décadas nossas expedições têm podido aventurar-se por ali sem excessivo perigo, a fim de tentar revelar à Galáxia inteira o grau de civilização alcançado pelos nossos antepassados. Permanecerá sempre um mistério como seres humanos puderam habitar plagas tão insuportavelmente tórridas, e como aquelas gentes conseguiram adaptar-se ao enlouquecedor sistema de vida imposto pela vertiginosa alternância entre brevíssimos períodos de luz e brevíssimos períodos de escuridão; no entanto sabemos que os antigos terráqueos, nesse ofuscante carrossel de sombras e de luzes, souberam encontrar ritmos de vida e edificar uma civilização rica e articulada. Quando, há cerca de 70 anos (era o ano 1745 da Explosão), a expedição do Prof. Amaa A. Kroak partiu da base de Reykjavik — o lendário Posto Avançado Sul da civilização terrestre — até a charneca dita de France, o inesquecível estudioso estabeleceu inequivocamente

de que modo a ação combinada da radioatividade e do tempo havia destruído todo indício fóssil. Assim, já não se esperava conhecer alguma coisa acerca dos nossos longínquos progenitores quando, em 1710 d.E., a expedição do Prof. Ulak Amjacoa, valendo-se dos riquíssimos recursos disponibilizados pela Alpha Centauri Foundation, ao fazer sondagens nas águas radioativas do lago Ness localizou aquela que é hoje comumente indicada como a primeira "criptobiblioteca" dos antigos terráqueos. Encerrada em um enorme bloco de cimento estava uma caixa de zinco que trazia gravada a inscrição: "Bertrandus Russel submersit anno hominis MCMLI." A caixa, como bem sabem os senhores, continha os volumes da *Enciclopédia Britânica*, e finalmente nos forneceu sobre a cultura desaparecida aquele enorme volume de informações sobre as quais baseamos hoje grande parte dos nossos conhecimentos históricos. Pouco depois outras criptobibliotecas eram achadas em outras regiões (é célebre aquela encontrada na Terra de Deutschland, numa caixa emparedada que trazia a inscrição "Tenebra appropinquante"), de modo que bem cedo se percebeu que os homens de cultura haviam sido os únicos, entre os antigos terráqueos, a intuir a aproximação da tragédia, e os únicos a buscar remédio na única providência que lhes era consentida, a saber, salvando para os pósteros (e que ato de fé foi esse de prever, apesar de tudo, uma posteridade!) os tesouros de sua cultura.

Graças a essas páginas, que não podemos folhear sem um frêmito de comoção, nós hoje, ilustres colegas, temos condições de saber o que aquele mundo pensava, o que fazia, como chegou ao drama final. Oh, bem sei que a palavra escrita é sempre um testemunho insuficiente sobre o mundo que a expressou, mas como ficamos desconcertados quando nos falta até essa preciosíssima ajuda! Típico disso é o caso do "problema italiano", do enigma que empolgou arqueólogos e historiadores, nenhum dos quais soube responder até agora à bem conhecida pergunta: como ocorreu que naquele país, o qual, no entanto, sabemos ser de antiga civilização — como nos é testemunhado pelos livros encontrados em outras terras —, como ocorreu, dizia eu, não ter sido possível localizar nenhuma criptobiblioteca? Os senhores sabem que as hipóteses a respeito são tão numerosas quanto insatisfatórias, e lembro-as a puro título de preterição:

1. Hipótese Aakon-Sturg (tão doutamente ilustrada no livro *A explosão na bacia mediterrânea*, Baffing, 1750 d.E.): por uma combinação de fenômenos

termonucleares, a criptobiblioteca italiana foi destruída; hipótese baseada em sólidos argumentos, pois sabemos que a península itálica foi a mais atingida pelas explosões porque justamente da costa adriática partiram os primeiros mísseis de ogiva atômica, iniciando o conflito total.

2. Hipótese Ugum-Noa Noa, exposta no conhecidíssimo *Existiu a Itália?* (Barents City, 1712 d.E.) e segundo a qual, com base em atentas consultas às atas das conferências políticas de alto nível realizadas antes do conflito total, chegou-se à conclusão de que a Itália não existiu em absoluto; hipótese que resolve o problema da criptobiblioteca, mas contraria uma série de testemunhos que as obras em língua inglesa e alemã nos dão sobre a cultura daquele povo (ao passo que aquelas em língua francesa, como é notório, parecem ignorar o assunto, sufragando parcialmente a tese Ugum-Noa Noa).

3. Hipótese do Prof. Ixptt Adonis (cf. *Itália*, Altair, 22ª seção do 120º Ano Matemático), indiscutivelmente a mais brilhante, mas também a mais débil, segundo a qual, à época da explosão, a Biblioteca Nacional Italiana se encontrava, por circunstâncias indeterminadas, num estado de extrema decadência, e os eruditos italianos, embora concordassem em fundar bibliotecas para o futuro, estavam seriamente preocupados com as do presente e deviam arranjar-se para impedir a ruína do próprio edifício que continha os volumes. Ora, a hipótese revela a ingenuidade de um observador não terráqueo, disposto a envolver num halo de lenda tudo o que concerne ao nosso planeta, e afeito a imaginar os terráqueos como um povo que vive beatificamente comendo empada de foca e tocando harpas de chifres de rena: o estado de avançada civilização a que haviam chegado os antigos terráqueos antes da Explosão torna impensável uma tal incúria, quando o panorama a nós oferecido pelos outros países cisequatoriais demonstra a existência de avançadas técnicas de conservação de livros.

Com isso volta-se ao ponto de partida, e o mais denso mistério sempre envolveu a cultura italiana precedente à explosão, ainda que, sobre aquela dos séculos anteriores, existam suficientes documentações nas criptobibliotecas de outros países. Foram encontrados — é verdade —, no decorrer de acuradíssimas escavações, débeis e incertos documentos. Lembrarei aqui a tira de papel trazida à luz por Kosamba, a qual contém aquilo que ele, com razão, supõe ser o primeiro verso de um longuíssimo poema: "*M'illumino d'immenso...*";* a capa do que devia ser um tratado de psicotécnica ou de sociologia do trabalho (*Trabalhar cansa*, de um certo Paves, ou Pavesa, como sustenta Sturg, questão controversa, aliás, visto que a parte superior dessa relíquia está muito gasta). E recordemos que a ciência italiana da época havia indubitavelmente progredido nos estudos de genética, embora seus conhecimentos provavelmente fossem usados com o intuito de uma eugenesia racista, como é sugerido pela tampa de uma caixa que devia conter um fármaco para o melhoramento da raça, e que traz o texto "Omo (alteração do latim *Homo* e contração giriesca do itálico *Uomo*), mais branco do que o branco". Mas é claro que, apesar de todos esses documentos, ninguém poderia detalhar exatamente a situação espiritual daquele povo, situação que, seja-me permitido dizê-lo, preclaríssimos colegas, só é demonstrada plenamente pela palavra poética, pela poesia enquanto consciência fantástica de um mundo e de uma situação histórica.

E se os entediei com estes longos preliminares, foi para comunicar-lhes agora, com o coração comovido, que eu e meu valoroso colega Baaka B. B. Baaka A.S.P.Z., do Real Instituto de Literatura da Ilha dos Ursos, encontramos numa zona inóspita da península italiana, a 3 mil metros de profundidade, afortunadamente encerrado num deslizamento de lava providencialmente submergido no seio da terra durante a pavorosa reviravolta da Explosão, consumido e desbeiçado, mutilado em incontáveis pontos, quase ilegível mas ainda rico de fulgurantes revelações, um livrinho de modesta aparência e proporções reduzidas, que traz no frontispício o título *Ritmos e canções de hoje* (e que nós, do nome do local do achado, denominamos *Quaternulus Pompeianus*). Bem sabemos, ilustres colegas, que *canzone* ou *canzona* foi um termo arcaico empregado para indicar composições poéticas trecentistas, como nos recorda a *Enciclopédia Britânica*; e sabemos inclusive que *ritmo*, noção comum à música e às ciências matemáticas, também teve entre vários povos um emprego filosófico e serviu para indicar uma peculiar qualidade das estruturas artísticas (cf., da Criptobiblioteca Nacional de Paris, M. Ghyka, *Essai sur le rythme*, N.R.F. 1938): isso, portanto, induz a reconhecer em nosso *quaternulus* uma excelente antologia das composições poéticas mais válidas daquela época, uma antologia de líricas

---

*Trata-se de "Mattina", poema de Giuseppe Ungaretti (1888-1970) que só tem esse verso. (*N. da T.*)

e cantos que nos abrem os olhos da mente para um incomparável panorama de beleza e espiritualidade.

A poesia italiana do século XX da era antiga foi poesia da crise, virilmente cônscia do destino que a ameaçava; e ao mesmo tempo foi poesia da fé, da pureza e da graça. Poesia da fé: temos aqui um verso, lamentavelmente o único legível, daquilo que devia ser um canto de louvor ao Espírito Santo: "*Vola, colomba bianca, vola...*"; ao passo que logo depois nos impressionam estes versos de um canto de mocinhas: "*Giovinezza, Giovinezza — primavera di bellezza...*", cujas dulcíssimas palavras nos evocam a imagem de donzelas envoltas em brancos véus, dançando no plenilúnio de algum mágico *pervigilium*. Alhures, ao contrário, encontramos senso de desespero, de lúcida consciência da crise, como nesta impiedosa representação da solidão e da incomunicabilidade que talvez, a crermos no que diz desse autor a *Enciclopédia Britânica*, devemos atribuir ao dramaturgo Luigi Pirandello: "*Ma Pippo, Pippo non lo sa — che quando passa ride tutta la città...*" (e não é verdade que essa imagem encontra um correspondente não indigno num poema inglês da mesma época, a canção de James Prufrock do poeta inglês Thomas Stearns?).

Foram talvez esses frêmitos de angústia que impeliram a poesia italiana a refugiar-se no divertimento geórgico e didático. Escutem a pura beleza destes versos: "*Lo sai che i papaveri — son alti alti alti...*" (no qual temos o tímido hesitar da interrogação, e depois a presença majestosa e sublime dessas flores tropicais, as carnudas e altaneiras papoulas, e esse senso da fragilidade humana diante do mistério da natureza) e admirem a ousada personificação desta terça rima ("*È primavera — svegliatevi, bambine — dalle cascine messer Aprile fa il rubacuor...*"), em que é clara a derivação dos ritos de vegetação — o espírito da primavera e o sacrifício humano, talvez um coração de donzela, oferecido à divindade fecundadora —, ritos analisados ao seu tempo na Terra de England no volume de atribuição incerta *The Golden Bough*, que outros diriam *The Golden Bowl* (v. o estudo, ainda não traduzido, de Axbzz Eowrrsc, "*Golden Bough*" orx "*Golden Bowl*" — *xpt agrschh clwoomai*, Arturo, 2ª seção do 120º Ano Matemático).

Aos mesmos ritos de vegetação, e mais propriamente ao rito frígio da morte de Átis, fomos de início tentados a remeter um outro belo carme que começava assim: "*È morto un bischero...*" — carme manuscrito à margem do livrinho. Mas, à parte a incompreensibilidade do substantivo (cravelha? tarugo?), impressionaram-nos os versos seguintes: *"All'ospedale — senza le balle — senza cojon"*, cuja aparente obscuridade nos foi esclarecida pelo estranho emprego da consoante "J", habitualmente ausente do léxico italiano. Por uma feliz intuição, reconhecemos nela o "jota" espanhol e compreendemos ter nas mãos a tradução ainda incompleta de um poema ibérico. Sabemos que nenhum texto espanhol se salvou, visto que, como relata a *Enciclopédia Britânica*, vinte anos antes da Explosão, as autoridades religiosas daquele país haviam ordenado levar à fogueira todas as obras desprovidas de um particular *nihil obstat*. Mas, através das breves citações encontradas em livros estrangeiros, fazia tempo que se delineara com suficiente clareza a figura do mítico bardo catalão do século XIX ou XX, Federico Garcia, ou, como querem alguns, Federico Lorca, barbaramente assassinado, narra uma lenda, por 25 mulheres que ele seduzira brutalmente. As páginas críticas de um escritor alemão de 1966 (C. K. Dyroff, *Lorca. Ein Beitrag zum Duendegeschichte als Flamencowissenschaft*) nos falam da poesia de Lorca como de um "ser-para-a-morte-radicado-como-amor, em que o espírito do tempo se nomeia manifestando a si próprio por cadências fúnebres dançadas sob um céu andaluz". Tais palavras se ajustam singularmente ao texto citado e nos permitem inclusive atribuir ao mesmo autor outros versos esplêndidos, quentes de violência ibérica, impressos no *quaternulus*: *"Caramba yo songo espagnolo — yo tiengo la sangre caliente — Son quell'espada che nella contrada vien chiamato Beppe Balzac..."*. Seja-me permitido dizer, ilustres colegas, que hoje, quando os espaçovisores derramam cotidianamente sobre nós uma tormenta de túrbida música horrendamente simiesca, hoje, quando irresponsáveis grasnadores de parvoíces ensinam aos nossos filhos canções de versos absurdos — e, em seu ensaio *Eclipse do homem ártico*, Zoal Zoal notava agudamente como um desconhecido integrante de banda conseguiu musicar uma infame canção característica dos marinheiros bêbados ("Não, não quero vê-lo — o sangue de Ignacio sobre a areia"), última etapa do nonsense industrial —, seja-me permitido dizer que aquelas imortais palavras que nos chegam da noite dos tempos testemunham a grandeza moral e intelectual do homem terráqueo de 2 mil anos atrás. Temos sob os olhos uma poesia que, em vez de fundamentar-se sobre a nebulosa busca labiríntica de um intelecto inflado de cultura, se resolve em ritmos espontâneos e elementares, em puríssima graça donzelesca; e é o momento em que somos levados a pensar que um Deus — não o atormentado criador — preside a tanto milagre. A grande poesia se reconhece em qualquer lugar, senhores: seus estilemas são inconfundíveis; surgem cadências que revelam sua fraternidade mesmo que soem a partir de polos opostos do cosmo. E é com júbilo comovido que eu pude afinal proceder a uma douta colação, preclaríssimos colegas, inserindo finalmente três versos esparsos, achados num pedaço de papel, dois anos atrás, entre as ruínas do norte da Itália, no contexto de um carme mais extenso cujos elementos completos creio haver encontrado em duas diferentes páginas do *quaternulus*. Composição requintada, rica de assonâncias altamente literárias, joia de sabor alexandrino, perfeito em todas as suas volutas:

> *Grazie dei fiori.*
> *Tra tutti gli altri li ho riconosciuti:*
> *m'han fatto male eppure li ho graditi,*
> *son rose rosse e parlano d'amore.*
> *Fresche le mie parole nella sera*
> *ti sien come il fruscio che fan le foglie*
> *del gelso nella man di chi le coglie...*
> *Villa triste,*
> *tra le mammole nascoste e il cespuglio di ametiste*
> *quante cose son rimaste...**

Mas foi atingido o limite a mim concedido para esta comunicação, ilustres colegas. Gostaria de ler para os senhores outras coisas, mas é certo que conseguirei publicar e traduzir, uma vez esclarecidos alguns delicados problemas filológicos, o fruto da minha preciosa descoberta. Quero deixá-los agora com a imagem dessa civilização hoje perdida que, de olhos secos, cantou a dissolução dos valores, e

---

*Os quatro primeiros e os três últimos versos são de duas canções populares, e os três inseridos vêm do poema "La sera fiesolana", de Gabriele d'Annunzio. Em tradução livre, a montagem seria: "Obrigada pelas flores./ Entre todas as outras eu as reconheci:/ me doeram e no entanto me agradaram,/ são rosas vermelhas e falam de amor.// Frescas [te sejam] as minhas palavras na noite/ como o cicio que fazem as folhas/ da amoreira na mão de quem as colhe...// *Villa* triste,/ entre as violetas escondidas e a touceira de ametistas,/ quantas coisas permaneceram...". Note-se que, onde se lê "*e il cespuglio*" (touceira), o texto verdadeiro da canção diz "*del color delle ametiste*". (*N. da T.*)

com hílare castidade disse palavras de diamante, fixando um mundo de graça e beleza. E o pressentimento do fim, quando veio, não foi desvinculado de profética sensibilidade; e do abismo insondável e misterioso do passado, das páginas corroídas e consumidas do *quaternulus pompeianus*, em um verso isolado numa página obscurecida pela fúria das radiações, encontramos uma espécie de presságio daquilo que ia acontecer. Na véspera da Explosão, o poeta "viu" o destino da população terrestre, que edificaria uma nova e mais madura civilização na calota polar e encontraria na cepa esquimó a raça superior de um planeta renovado e feliz: ele viu que os caminhos do futuro resolveriam no bem e no progresso os horrores da Explosão; e já não pôde experimentar medo ou remorso, de tal modo que seu canto se efundiu neste verso derramado como um salmo: "*Cosa mi importa se il mondo mi rese glacial...*"

Um só verso; mas a nós, filhos do Ártico próspero e florescente, chega como uma mensagem de confiança e solidariedade, do abismo de dor, beleza, morte e renascimento no qual vislumbramos o vulto vago e amado dos nossos pais.

1959

O striptease e a cavalidade

Quando aparece no pequeno palco do Crazy Horse, protegida por uma cortina de rede negra de malhas largas, Lilly Niagara já está nua. Pouco mais que nua, com um sutiã preto desabotoado e uma cinta-liga. Emprega a primeira parte do número em vestir-se de novo preguiçosamente, ou seja, em calçar as meias e prendê-las nos arreios que lhe pendem negligentemente sobre as pernas. Dedica a segunda parte a retornar à situação inicial. Assim é que o público, sem saber se esta mulher se despiu ou se vestiu, não percebe que na verdade ela não fez nada, porque até os gestos lentos e sofredores, contraponteados pela expressão angustiada do rosto, declaram a tal ponto a vontade de ofício, e se inscrevem tão explicitamente numa tradição de alta escola, já codificada até em manuais, que não têm nada de imprevisto — e, por conseguinte, de sedutor. Diante da técnica de outras mestras desta arte, que sabem dosar tão sagazmente sua oferta de uma inocência introdutória, sobre a qual fazem precipitar-se resoluções de repentina malícia, lascívias mantidas de reserva, ímpetos ferozes guardados para a última infâmia (mestras, portanto, de um strip dialético e ocidental), a técnica de Lilly Niagara já é *beat* e *hard* e, repensada hoje, lembra-nos antes a Cecilia do *Tédio* moraviano, uma sexualidade entediada, feita de indiferença, temperada aqui por uma mestria suportada como uma condenação.

Desse modo, Lilly Niagara quer alcançar o último nível do striptease, aquele em que não só é oferecido o espetáculo de uma sedução que não se endereça a ninguém, que promete à multidão, mas que subtrai a dádiva no último instante, como também se transpõe a última soleira e se elude até a promessa de sedução. Assim, se tradicionalmente é a oferta de um amplexo que de repente se revela *interruptus*, estimulando nos fiéis uma mística da privação, o strip de Lilly Niagara castiga até a jactância dos novos adeptos, revelando-lhes que a realidade prometida não só é unicamente contemplável como também se subtrai até à plenitude da contemplação imóvel, porque sobre ela convém silenciar. A arte bizantina de Lilly Niagara confirma, porém, a estrutura habitual do espetáculo convencional e sua natureza simbólica.

É somente em algumas boates de péssima reputação que se pode, no final do espetáculo, induzir aquela que se exibiu a fazer comércio de si. No Crazy Horse, até nos avisam urbanamente que não é elegante procurar por fotografias à venda: o que se deve ver aparece somente por poucos minutos na área mágica do palco. E, se vocês lerem os artigos sobre o strip ou os comentários letrados que ornam algumas brochuras oferecidas pelos teatros maiores, perceberão que é típico da dançarina nua exercer o próprio ofício com proba diligência, cultivando, na vida privada, amores domésticos, jovens noivos que as acompanham ao trabalho, maridos ciumentíssimos, paredes intransponíveis. E isso tampouco parece reles artifício, porque a insolente e ingênua *belle époque* se esforçava, ao contrário, por convencer os consumidores de que suas divas eram monstros sequiosos, tanto em particular como em público, devoradoras de homens e patrimônios, sacerdotisas das mais refinadas torpezas de alcova.

Mas a *belle époque* aprestava seus fastos pecaminosos para uma classe abastada e dirigente, à qual devia proporcionar tanto o teatro quanto o pós-teatro, assim como a posse plena dos objetos, privilégio inalienável do dinheiro.

O striptease, que vocês podem ver por somas modestíssimas a qualquer hora do dia, inclusive em mangas de camisa, sem nenhum traje a rigor, e até duas vezes porque o espetáculo é permanente, destina-se ao cidadão médio; e, oferecendo-lhe seus minutos de recolhimento religioso, subentende-lhe sua teologia, injetada a título de persuasão oculta e não estendida *per quaestiones*. A essência dessa teologia é que o fiel pode admirar os bens faustosos da plenitude feminina, mas não pode usufruir deles porque essa autoridade não lhe compete. Poderá usufruir, se quiser, das mulheres que a sociedade lhe concede e que a sorte lhe reservou; mas um malicioso cartaz do Crazy

Horse avisa que se ele, ao voltar ao seu domicílio, se descobrir insatisfeito com a própria esposa, poderá mandá-la aos cursos vespertinos de desembaraço e gestual, que a direção do local organiza para estudantes e donas de casa. E não é certo que esses cursos existam mesmo nem que o cliente vá ousar propô-los à consorte; o que conta é que nele se insinue a dúvida de que, se a *striptiseuse* é a mulher, sua esposa é outra coisa, e, se sua esposa deve ser considerada mulher, a *striptiseuse* deve então ser algo mais, a feminilidade, ou o sexo, ou o êxtase, o pecado, a malícia. Seja como for, é aquilo que a ele, espectador, não compete; é a raiz que lhe foge, o termo do êxtase que ele não deve alcançar, a sensação de triunfo que lhe é inibida, a plenitude dos sentidos, o domínio do mundo que lhe é apenas contado. A relação típica do striptease exige que a mulher, que deu o último espetáculo das possibilidades de satisfação dele, não seja fruível em absoluto. Um livreto distribuído no Concert Mayol, com um ensaio introdutório cansadamente libertino, termina, todavia, com uma intuição reveladora: diz mais ou menos que o triunfo da mulher nua sob os refletores, enquanto ela se oferece aos olhares de uma plateia protendida e insatisfeita, é feito justamente da maliciosa consciência de que, naquele instante, os que a olham estão comparando-a com o alimento ao qual estão habituados; é feito, portanto, da consciência de uma humilhação de outrem, enquanto o prazer de quem olha é feito em grande parte da humilhação própria, percebida, sofrida e aceita como essência do ritual.

Se psicologicamente a relação desta prática é sadomasoquista, sociologicamente esse sadomasoquismo é essencial ao rito pedagógico que se cumpre; ela demonstra inconscientemente ao espectador, que aceita e busca a frustração, que os meios de produção não estão em sua posse.

Mas se sociologicamente introduz uma inequívoca relação de casta (ou, se quiserem, de classe), metafisicamente o striptease induz o contemplante a comparar os prazeres de que dispõe àqueles dos quais, por essência, não pode dispor: a realidade ao seu modelo, suas fêmeas à Feminilidade, sua experiência do sexo à Sexualidade, os nus que ele possui à Nudez inalcançável que ele nunca terá. Depois, deverá retornar à caverna e fruir das sombras que lhe são concedidas. Assim, com síntese inconsciente, o striptease reconduz a situação platônica à realidade sociológica da opressão e do domínio por outrem.

Confortado quanto ao fato de que as alavancas da vida associada não lhe pertencem e de que o modelo das suas experiências é estatuído por um reino das ideias que ele não pode modificar, o espectador pode retornar tranquilo às incumbências diárias, após o rito purificador que o reconfirmou como suporte estável e sólido da ordem existente, e os locais menos ascéticos do que o Crazy Horse (convento para monges zen, último degrau da perfeição) lhe permitirão levar consigo as imagens daquilo que viu; para que ele conforte sua condição humana com as práticas de impiedade que sua devoção e sua solidão vierem a lhe aconselhar.

1960

Fenomenologia de Mike Bongiorno

O homem rodeado pelos *mass media* é no fundo, entre todos os seus semelhantes, o mais respeitado: jamais lhe pedem que se torne aquilo que ele já é. Em outras palavras, são-lhe provocados desejos pautados sobre suas tendências. Contudo, como uma das compensações narcóticas às quais ele tem direito é a evasão no sonho, costuma-se apresentar-lhe ideais com os quais se possa estabelecer uma tensão. Para livrá-lo de toda responsabilidade, porém, toma-se o cuidado de fazer com que esses ideais sejam de fato inalcançáveis, a fim de que a tensão se resolva numa projeção, e não numa série de operações efetivas destinadas a modificar o estado de coisas. Em suma, pedem-lhe que se torne um homem com uma geladeira e um televisor de 21 polegadas, ou seja, pedem-lhe que continue como é, acrescentando aos objetos que possui uma geladeira e um televisor; em compensação, como ideal, propõem-lhe Kirk Douglas ou o Super-Homem. O ideal do consumidor de *mass media* é um super-homem que ele jamais pretenderá vir a ser, mas que lhe agrada personalizar fantasticamente, assim como a gente enverga por alguns minutos uma roupa alheia diante do espelho, sem sequer pensar em possuí-la um dia.

A situação nova em que a tevê se apresenta em relação a isso é a seguinte: a tevê não oferece, como ideal com o qual identificar-se, o *superman*, mas o *everyman*. A tevê apresenta como ideal o homem absolutamente médio. No teatro, Juliette Greco aparece no palco e subitamente cria um mito e funda um culto; Joséphine Baker desencadeia rituais idólatras e dá nome a uma época. Na tevê, aparece várias vezes o rosto mágico de Juliette Greco, mas o mito sequer nasce; o ídolo não é ela, mas a apresentadora; e, entre as garotaspropaganda, a mais amada e famosa será justamente aquela que representar melhor os caracteres médios: beleza modesta, *sex-appeal* limitado, gosto discutível, uma certa inexpressividade caseira.

Ora, no campo dos fenômenos quantitativos, a média representa justamente um marco mediano, e, para quem ainda não se uniformizou com ela, um objetivo. Se, segundo a conhecida *boutade*, a estatística é a ciência para a qual, se um homem come diariamente dois frangos, e outro, nenhum, os dois homens comeram um frango cada um, a meta de um frango por dia, para o homem que não comeu, é algo de positivo a que aspirar. No campo dos fenômenos qualitativos, ao contrário, o nivelamento pela média corresponde ao nivelamento por zero. Um homem que possua *todas* as virtudes morais e intelectuais em *grau médio* vê-se imediatamente num nível mínimo de evolução. A "medianidade" aristotélica é equilíbrio no exercício das próprias paixões, regido pela virtude discernidora da "prudência". Ao passo que nutrir paixões em grau médio e ter uma prudência média significa ser uma pobre amostra de humanidade.

O caso mais óbvio de redução do *superman* ao *everyman*, nós o temos na Itália na figura de Mike Bongiorno e na história de sua sorte. Idolatrado por milhões de pessoas, esse homem deve seu sucesso ao fato de, em cada ato e em cada palavra do personagem ao qual dá vida diante das câmeras, transparecer uma mediocridade absoluta, unida (esta é a única virtude que ele possui em grau excedente) a um fascínio imediato e espontâneo, explicável pelo fato de nele não se perceber nenhuma construção ou ficção cênica: parece que ele se vende por aquilo que é, e dir-se-ia que aquilo que ele é não deixa em estado de inferioridade nenhum espectador, nem mesmo o mais desprovido. O espectador vê glorificado e investido oficialmente de autoridade nacional o retrato dos seus próprios limites.

Para compreender esse extraordinário poder de Mike Bongiorno precisaremos proceder a uma análise dos seus comportamentos, a uma verdadeira "Fenomenologia de Mike Bongiorno", na qual, é claro, por esse nome está indicado não o homem, mas o personagem.

Mike Bongiorno não é particularmente bonito, atlético, corajoso, inteligente. Biologicamente falando, representa um grau modesto de adequação ao ambiente. O amor histérico que as *teen-agers* lhe dedicam deve ser atribuído em parte ao complexo materno que ele é capaz de despertar numa mocinha e em parte à perspectiva, que ele deixa entrever, de um amante ideal, submisso e frágil, doce e cortês.

Mike Bongiorno não se envergonha de ser ignorante e não sente necessidade de se instruir. Entra em contato com as mais vertiginosas zonas do saber e sai delas virgem e intato, confortando as naturais tendências dos outros à apatia e à preguiça mental. Toma grande cuidado para não impressionar o espectador, não só mostrando-se por fora dos fatos, mas também firmemente decidido a não aprender nada.

Em compensação, Mike Bongiorno demonstra sincera e primitiva admiração por aquele que sabe. Neste, porém, destaca as qualidades de aplicação manual, a memória, a metodologia óbvia e elementar: a pessoa se torna culta lendo muitos livros e retendo o que eles dizem. Nem de longe aflora-o a suspeita de uma função crítica e criativa da cultura. Tem dela um critério meramente quantitativo. Nesse sentido (sendo necessário, para ser culto, ter lido muitos livros por muitos anos), é natural que o homem não predestinado renuncie a qualquer tentativa.

Mike Bongiorno professa uma estima e uma confiança ilimitadas pelo especialista; um professor é um douto; representa a cultura autorizada. É o técnico do ramo. A ele se encaminha a questão, por competência.

A admiração pela cultura, no entanto, sobrevém quando, com base na cultura, consegue-se ganhar dinheiro. Então se descobre que a cultura serve para alguma coisa. O homem medíocre se recusa a aprender, mas se propõe a fazer o filho estudar.

Mike Bongiorno tem uma noção pequeno-burguesa do dinheiro e do valor deste ("Imagine, já ganhou cem mil liras: é uma bela graninha!").

Por isso Mike Bongiorno antecipa, sobre o concorrente, as impiedosas reflexões que o espectador será levado a fazer: "Sabe lá como vai ficar feliz com todo esse dinheiro, o senhor que sempre viveu com um salário modesto! Já botou a mão em tanto dinheiro assim?"

Mike Bongiorno, como as crianças, conhece as pessoas por categorias e as chama com deferência cômica (a criança diz: "Desculpe, seu guarda..."), mas usando sempre a qualificação mais vulgar e corrente, frequentemente depreciativa: "senhor lixeiro, senhor camponês".

Mike Bongiorno aceita todos os mitos da sociedade em que vive: beija a mão da senhora Balbiano d'Aramengo e diz que o faz porque se trata de uma condessa (*sic*).

Da sociedade, além dos mitos, aceita as convenções. É paternal e condescendente com os humildes, deferente com as pessoas socialmente qualificadas.

Prodigalizando dinheiro, é instintivamente levado a pensar, sem que o expresse claramente, mais em termos de esmola do que de ganho. Demonstra acreditar que, na dialética das classes, o único meio de ascensão é representado pela Providência (que ocasionalmente pode assumir a face da Televisão).

Mike Bongiorno fala um *basic italian*. Seu discurso realiza o máximo de simplicidade. Ele elimina os subjuntivos, as orações subordinadas, consegue quase tornar invisível a dimensão sintática. Evita os pronomes, repetindo o sujeito sempre por extenso, emprega um número enorme de parágrafos. Nunca se aventura em incisos ou parênteses, não usa expressões elípticas, não alude, só utiliza metáforas já absorvidas pelo léxico comum. Sua linguagem é rigorosamente referencial e faria a felicidade de um neopositivista. Não é necessário fazer nenhum esforço para compreendê-lo. Qualquer espectador percebe que, no momento oportuno, poderia ser mais eloquente do que ele.

Não aceita a ideia de que para uma pergunta possa haver mais de uma resposta. Encara com suspeita as variantes. Nabucco e Nabucodonosor não são a mesma coisa; ele reage diante dos dados como um cérebro eletrônico, porque está firmemente convencido de que A é igual a A e de que *tertium non datur*. Aristotélico por deficiência, sua pedagogia é consequentemente conservadora, paternalista, imobilista.

Mike Bongiorno é desprovido de senso de humor. Ri porque está contente com a realidade, e não porque seja capaz de deformar a realidade. Foge-lhe a natureza do paradoxo; do mesmo modo como este lhe é proposto, repete-o com ar divertido e balança a cabeça, subentendendo que o interlocutor é simpaticamente anormal; recusa-se a suspeitar que por trás do paradoxo se esconda uma verdade, e de qualquer modo não o considera como veículo autorizado de opinião.

Evita a polêmica, até mesmo sobre temas lícitos. Não deixa de informar-se sobre as estranhezas do saber (uma nova corrente de pintura, uma disciplina abstrusa... "Diga lá, hoje se fala muito do tal de futurismo. Mas o que é exatamente esse futurismo?"). Recebida a explicação, não tenta aprofundar a questão; prefere deixar perceber sua educada dissensão de bem-pensante. Seja como for, respeita a opinião do outro, não por propósito ideológico, mas por desinteresse.

De todas as perguntas possíveis sobre um assunto, escolhe aquela que ocorreria primeiro a qualquer um, e que metade dos espectadores descartaria de imediato por ser banal demais: "O que aquele quadro quer representar?" "Por que escolheu um *hobby* tão diferente do seu trabalho?" "Como lhe veio essa ideia de se ocupar de filosofia?"

Leva os clichês às extremas consequências. Uma moça educada por freiras é virtuosa, uma moça de meias coloridas e rabo de cavalo é "transviada". Pergunta à primeira se ela, que é uma moça tão correta, desejaria tornar-se como a outra; quando o fazem notar que a contraposição é ofensiva, consola a segunda moça ressaltando-lhe a superioridade física e humilhando a estudante. Nesse vertiginoso jogo de gafes, nem sequer tenta usar perífrases: a perífrase já é uma *agudeza*, e as *agudezas* pertencem a um ciclo sob inspiração de Vico ao qual Bongiorno é estranho. Para ele, já o dissemos, cada coisa tem um nome e só um, o artifício retórico é uma sofisticação. No fundo, a gafe nasce sempre de um ato de sinceridade não mascarada; quando a sinceridade é desejada, não se tem gafe, mas desafio e provocação; a gafe (na qual Bongiorno sobressai, no dizer dos críticos e do público) nasce justamente quando se é sincero por engano e por irreflexão. Quanto mais medíocre, mais desastrado é o homem medíocre. Mike Bongiorno o conforta levando a gafe à dignidade de figura retórica, no âmbito de uma etiqueta homologada pela emissora e pela nação à escuta.

Mike Bongiorno se rejubila sinceramente com o vencedor porque homenageia o sucesso. Cortesmente desinteressado pelo perdedor, comove-se se este sobrevive em difíceis condições, e faz-se promotor de uma competição de beneficência, terminada a qual se manifesta recompensado e convence disso o público; em seguida, confortado quanto à existência do melhor dos mundos possíveis, passa por alto outros cuidados. Ele ignora a dimensão trágica da vida.

Assim é que Mike Bongiorno, com um exemplo vivo e triunfante, convence o público do valor da mediocridade. Não provoca complexos de inferioridade, mesmo oferecendo-se como ídolo, e o público lhe retribui agradecido, amando-o. Representa um ideal que ninguém deve esforçar-se por alcançar, porque todos já se encontram no nível dele. Nenhuma religião foi jamais tão indulgente com seus fiéis. Em Mike Bongiorno se anula a tensão entre ser e dever ser. Ele diz aos seus adoradores: vocês são Deus, permaneçam imóveis.

1961

Esquisse d'un nouveau chat

Do canto à mesa são seis passos. Da mesa à parede do fundo são cinco passos. Diante da mesa abre-se uma porta. Da porta ao canto no qual você está são seis passos. Se mirar à sua frente de tal modo que sua mirada atravesse diagonalmente o aposento, dirigida ao canto oposto, à altura dos seus olhos, no momento em que você está agachado contra o canto, o focinho voltado para a sala, a cauda retorcida roçando simultaneamente dois lados dela que se encontram formando um ângulo de noventa graus, verá então, seis passos adiante, uma formação cilíndrica de um marrom-escuro luzidio, marcada por uma série de veios sutis dentre os quais se entrevê uma alma esbranquiçada, com um descascado a cerca de cinco centímetros do chão, que se alarga em uma circunferência irregular, tendente a uma forma poligonal imprecisa, com diâmetro máximo de dois centímetros. Esta descobre um fundo também esbranquiçado, mas de um branco mais tênue que o dos veios, como se, por mais tempo e com mais vagar, se tivesse depositado ali a poeira por dias ou por meses, por séculos e por milênios. Acima do descascado, o cilindro continua a ostentar sua superfície luzidia e marrom, sempre interrompida pelos veios, até que, a uma altura média de 120 cm do solo, o cilindro acaba encimado por uma forma muito maior, aparentemente retangular, embora seu olho, que inspeciona o objeto ao longo da diagonal estendida do canto ao ângulo oposto, tenda a vê-lo romboidal; e agora você identifica, alargando a vista, outros três corpos cilíndricos dispostos simetricamente um em relação ao outro e todos em relação ao primeiro de modo que parecem os três vértices de um outro romboide; ao passo que, como lhe parece, se eles sustentam o grande corpo retangular a 120 cm do solo, provavelmente também estão dispostos nos quatro cantos de um retângulo ideal.

Seu olhar não capta com exatidão que coisa se encontra sobre o plano retangular. Da superfície dele desponta em sua direção uma massa avermelhada, contornada, em sua espessura, por uma matéria esbranquiçada; a massa avermelhada pousa sobre uma folha de material amarelo e rugoso, manchado de vermelho em vários pontos, como se a massa fosse alguma coisa viva que deixou parte do seu humor vital sobre a superfície amarela e rugosa.

Agora você, que entrevê continuamente diante de sua pupila a cortina filiforme e confusa de seus pelos frontais que descem para proteger a forma amendoada do bulbo ocular e, mais distante, quase em perspectiva, a vibração móvel e inadvertida dos seus longos bigodes, percebe repentinamente e de través, bem abaixo do seu nariz, uma móvel superfície vermelha e rugosa, de um vermelho mais vivo que o da grande massa sobre a superfície quadrada.

Agora é você que lambe os bigodes diante do apelo da grande massa avermelhada, agora é a massa avermelhada que solta gotas de humor sobre a folha amarela e rugosa excitada pela sua visão; agora são você e a massa avermelhada que entram em recíproco apelo. É inútil bancar o hipócrita: mais uma vez, você espreita a carne sobre a mesa.

Portanto, está para desencadear o salto que o levará a possuir a carne. Do epicentro do seu salto até a superfície da mesa são seis passos: mas, se levar o olhar na direção da perna da mesa, você discernirá agora ao lado dela duas outras superfícies tubulares, também marrons mas aparentemente menos sólidas e mais flutuantes. Agora percebe a presença de uma entidade complementar que não é a mesa e não é a carne. Sob as superfícies complementares flutuantes você notará no nível do solo um par de massas marrons vagamente ovoides, sulcadas na superfície superior por uma grande fissura cujos lábios são unidos por um entrelaçamento de fios também marrons. Agora você sabe. Ele está ao lado da mesa, ele está ao lado da carne. Agora você não desencadeia mais o salto.

Pergunta-se então se esse fato já não lhe aconteceu uma vez, e se não viu uma cena análoga no grande quadro que orna a parede diante da mesa. Mas o quadro mostra uma taberna lotada com um menino no canto; no centro fica uma mesa com um grande pedaço de carne sobre o plano e ao lado da mesa nota-se a figura de um soldado de pé, rígido, com um grande par de calças flutuantes e um par de sapatos marrons. No canto oposto nota-se um gato pronto a desencadear o salto. Se olhar o quadro mais de perto, você perceberá, límpida na pupila do gato, a imagem de uma sala quase vazia, que mostra no centro uma mesa de pernas cilíndricas, sobre a qual está uma grande massa de carne pousada sobre uma folha de papel de açougue, amarelo e rugoso, manchado aqui e ali pelos rastros sanguinolentos da carne; ao lado da mesa não há ninguém.

Repentinamente o gato que aparece no límpido reflexo da pupila do gato do quadro desencadeia um salto rumo à carne; mas ao mesmo tempo é o homem representado no quadro ao lado da mesa que se precipita sobre o gato. Agora você não sabe se quem foge é o gato refletido na pupila do gato do quadro ou o gato do quadro. Provavelmente é você que agora foge com a carne na boca depois de ter desencadeado o salto. Quem o persegue é o menino que estava ereto no canto da taberna, em frente, diagonalmente ao gato no quadro.

Dos seus olhos à mesa são cinco passos, da mesa à parede fronteira, seis passos; da parede à abertura da porta, oito passos. Sobre a mesa não se nota mais a grande massa avermelhada da carne ainda intata. Sobre a mesa do quadro aparece ainda o pedaço de carne, mas ao lado da mesa você vê agora dois homens de calças marrons flutuantes. No canto oposto ao do gato do quadro, não se vê mais o menino. No límpido reflexo da pupila do gato do quadro não se vê mais, a cinco passos da mesa, o gato no canto. Agora você lambe os beiços satisfeito com um sabor acre de sangue no palato e nas papilas rugosas de sua língua. Agora não sabe se comeu a carne sobre a mesa a cinco passos de você, o menino do quadro, ou o gato que se notava no límpido reflexo da pupila do gato do quadro. Isto não é vida.

Você procuraria desesperadamente uma borracha para apagar essa lembrança. Sua cauda se esfrega sordidamente contra o ângulo de noventa graus formado pelas duas paredes do aposento que se juntam às suas costas. Você se pergunta se sua condição felina o leva a ver o mundo sob essa aparência objetiva, ou se o labirinto em que se encontra é o espaço costumeiro seu e do homem ao lado da mesa. Ou se ambos não são apenas a visão de um olho acima dos dois que os submete a essa tensão por puro exercício literário. Se é assim, não é justo. Deve existir uma relação que lhe permita unificar os fatos aos quais assistiu. Os fatos que assistiram a você, os fatos que você foi, com os quais foi visto. Os fatos com os quais viu a si mesmo imóvel em ambígua relação com os fatos que foram vistos com você que viu. Pergunta-se se poderia assinar o Manifesto dos 121. Ou se você é o manifesto assinado pelos 121. Se o homem deu um salto em direção ao quadro e abocanhou o menino então você o perseguiu até o quadro, além da porta da taberna pela rua sobre a qual flutuam flocos alvacentos de neve primeiro oblíquos e em seguida cada vez mais retos e mais próximos dos seus olhos, entrevistos apenas como sombras filiformes e dardejantes, pontas imprecisas que vibram à sua frente. Estes são os seus bigodes. Se o homem tiver apanhado a carne, se você deu seu salto, se a carne estava sobre a mesa, se o menino tivesse fugido entre os flocos de neve, quem teria abocanhado a carne que você comerá e que permanece sobre a mesa onde agora você não a via?

Mas você é um gato, provavelmente, e permanece como um objeto da situação. Não pode modificar a situação. Quer uma mudança da situação mas esta poderia ser sua mudança. Mas você não pode modificar um gato. Este é seu universo. Aquele em que você pensa é um universo humano, do qual não sabe nada tanto quanto Eles não sabem nada do seu. Ainda assim a ideia o tenta.

Pensa como poderia ser um novo romance do qual você seria a mente ordenadora, mas não ousa projetá-lo, porque introduziria a pavorosa desordem da obviedade na tranquila improbabilidade do seu labirinto.

Pensa na história de um gato, respeitável sob todos os títulos, a quem não se esperaria que acontecessem tantas e tão terríveis desventuras como de fato lhe acontecerão. A esse gato ocorreriam então peripécias e golpes de cena, *agnições* imprevisíveis (ele poderia ter-se deitado com a própria mãe, ou matado o próprio pai para apossar-se da grande massa vermelha de carne): e do acúmulo dessas vicissitudes, ao público dos gatos que assistisse à cena sobreviriam piedade e terror; até que o desenvolvimento lógico dos eventos culminasse em uma catástrofe repentina, dissolução final de todas as tensões, após a qual os gatos presentes, e você, que lhes organizou as emoções, fruiriam de uma purificação ou catarse.

Agora você sabe que um tal desenvolvimento o tornaria senhor do aposento, e da carne, e talvez do homem e do menino. Não negue: você é morbidamente atraído por esse caminho para um gato futuro. Mas o acusariam de fazer vanguarda. Você sabe que nunca escreverá essa história. Nunca a pensou. Nunca contou haver podido pensá-la espreitando um pedaço de carne. Nunca esteve agachado no canto desse aposento.

Agora um gato está no canto do aposento onde as paredes se encontram formando um ângulo de noventa graus. Da ponta dos seus bigodes à mesa são cinco passos.

1961

O outro Empíreo

[As anotações abaixo foram extraídas do caderninho do jornalista John Smith, encontrado morto nas encostas do monte Ararat. O jornal para o qual John Smith trabalhava confirma que ele fora enviado à Ásia Menor para uma matéria especial, mas não se pronuncia sobre a natureza da tarefa. Como o Ararat fica na fronteira armênia, supõe-se que o silêncio foi imposto pelo Departamento de Estado, temeroso de um novo caso Powers. No corpo de John Smith não foram achados ferimentos: só queimaduras, "como se ele tivesse sido atingido por um corisco", para usar a imaginosa expressão do pastor que o encontrou. Mas a Agência Meteorológica de Erzurum comunica que há seis meses não se verificam precipitações ou manifestações tempestuosas. Os trechos que transcrevemos representam indubitavelmente o registro de uma série de declarações feitas a Smith por um entrevistado a quem não se faz menção nas anotações.]

Piove, governo ladro! Veja o senhor, daquela nuvem lá. Não para de cair água. E não é só daquela. Devem ser mais de cem, aqui ao redor. Mas experimente protestar. Eles gastam verba para instalar grandes cirros panorâmicos. Relações públicas, dizem. Enquanto isso, aqui vai tudo por água abaixo. Olhe, estou lhe dizendo estas coisas, mas não dê meu nome, porque ninguém gosta de dor de cabeça. E também eu aqui sou a última roda da carroça. Cheguei há dois mil anos, mas entrei com a fornada dos Santos Mártires e eles nos tratam como os filhos da serva. Não é mérito de vocês, mas dos leões, dizem, imagine, e assim, depois dos Inocentes, nós somos mesmo os últimos. Mas isso que lhe digo, aqui dentro, outros dez mil também podem dizer, porque a insatisfação já é geral. Então, escreva de uma vez por todas.

Por água abaixo, estou lhe dizendo. Uma orgia de burocracia, mas coisas concretas, nada. Pois é.

E Ele não sabe de nada. Nada. Tudo nas mãos das Hierarquias Superiores, fazem e desfazem como lhes dá na telha e o deixam por fora de tudo. E a máquina não para de girar.

Sabia que até hoje entra para cá quem matou pelo menos dez muçulmanos, uma norma que remonta à primeira cruzada, e que ninguém teve a ideia de suprimir? Então, todo dia são vinte ou trinta paraquedistas que têm caminho livre, e ninguém toma uma providência. Isto mesmo. Ainda existe um Órgão para a liquidação dos albigenses e não se sabe o que os funcionários fazem, mas existe, com papel timbrado e tudo.

Mas vá o senhor experimentar dizer alguma coisa. A corriola das Dominações não deixa ninguém mover um dedo. Aliás, tanto nas coisas pequenas como nas grandes. Basta ver todo o trabalho para a reabilitação de Satanás. Nada difícil, não? Você faz a abertura para baixo e conserta todo o problema do mal. No fundo, os jovens Tronos trabalhavam por isso, mas veja como calaram a boca deles. E os Anjos da Guarda? O senhor leu alguma coisa? Eles estavam embaixo, junto dos homens, e os compreendiam, eram forçosamente solidários; tudo bem, algum deve até ter cometido pecado, por camaradagem, existe uma solidariedade de classe, não? E então? Todo mundo mandado para o Serviço de Caldeiras do Primeiro Móvel. E não se sabe — estou lhe dizendo, não se sabe — se Ele estava ao corrente. Fazem e desfazem, via decretos e cartas, e nada se move. Nada.

Imagine só quantos séculos levaram para aceitar a reforma ptolemaica: quando Ptolomeu morreu, não haviam nem implementado a reforma Pitagórica, e ainda tínhamos uma estrutura bárbara de Terra plana, com os limites do Abismo depois das Colunas de Hércules. Sabia que, quando Dante chegou aqui, haviam recém-terminado com Ptolomeu e ainda existia um Departamento para a Música das Esferas? Não tinham percebido que, se cada planeta girando fazia um som da escala, todos juntos aprontavam um esporro do caralho — desculpe, quero dizer uma dissonância insuportável?

E tem mais, tem mais, sabia que, quando Galileu publicou *O experimentador*, por aqui estava saindo uma circular que abolia a Antiterra? E Ele nunca soube dessa história — isto eu lhe digo de fonte segura —, por toda a Idade Média ficou por fora de tudo. A corriola dos Serafins trabalhava em relação direta com a Faculdade de Teologia de Paris, e eles é que faziam tudo.

Nos tempos do Éden, Ele era outro. Dizem que valia a pena ver! Partiu pessoalmente pra cima de Adão e Eva e falou grosso, só mesmo ouvindo! E antes, então? Tinha feito tudo sozinho, sabia?, com as próprias mãos, e depois nada de descanso no sétimo dia, o que fez foi organizar o arquivo geral.

Mas mesmo naquela época, mesmo naquela época... Para botar as mãos no Caos, Ele encarou poucas e boas! Tinha Rafael e mais uns dez ou 12 mandachuvas que não queriam, alegavam direitos hereditários sobre o Caos apartado em Latifúndio, deixavam aquilo ali, mofando — tinham recebido como prêmio pela expulsão dos Rebeldes... Ele teve de agir com pulso forte. Só vendo! *Spiritus Dei fovebat aquas*, uma cena de chegada de cavalaria, quem viu não esquece nunca mais! Outros tempos.

Os Rebeldes, o senhor pergunta? Bah, montaram a respeito deles toda uma história oficial e hoje só existe uma versão, a das Hierarquias, mas a verdade verdadeira... Agora tentam fazer Lúcifer passar por comunista, mas ele era no máximo um social-democrata e olhe lá. Um intelectual com ideias reformistas, isso é o que ele era, daqueles que, nas revoluções de verdade, depois são descartados. No fundo, o que ele pedia? Uma representatividade maior e o loteamento do Caos. E afinal Ele não desmembrou o Caos? (Veja como Ele é: sozinho, chega lá do mesmo jeito, mas não convém lhe sugerir nada — iluminado a mais não poder, mas também paternalista, isto sim.) Mas a representatividade, esta nunca se viu e não vem nunca, sabe? Ele mudaria, eu acho. Mas tem as Hierarquias Superiores. Ficam fofocando no ouvido d'Ele. Veja o que está acontecendo com a relatividade. Seria tão difícil assim, baixar um decreto? Ele sabe que as determinações espaciotemporais de um observador que esteja sobre o Cristalino são diferentes daquelas feitas do Céu de Mercúrio. Claro que sabe. Foi Ele quem fez o Universo, não? Mas vá dizer isso. Mandam o senhor direto para as Caldeiras do Primeiro Móvel. Porque disto não se escapa, se Ele chegar a admitir a constituição de um universo em expansão e de um espaço curvo, então tem de abolir os departamentos dos Céus, pegar o movimento periférico do Primeiro Móvel e substituí-lo por uma propulsão energética contínua e difusa! E então? Então desaparecem os vários cargos, caem a Prefeitura do Céu de Vênus, o Querubinato Central para a Manutenção do Empíreo, a Direção Geral dos Céus, o Serafinato do Primeiro Móvel e a Assessoria para a Rosa Mística! Entendeu? Vai para o espaço a organização da *line* e será preciso estabelecer uma estrutura em *staff*, com energia descentralizada. Dez grandes Arcanjos sem pasta, eis o que acontece. E assim, nada feito.

Tente ir à sala de comando do Primeiro Móvel e falar de $E = MC^2$... Jogam-lhe em cima um processo por sabotagem. Sabia que os chefes das caldeiras ainda são treinados com base num manual escrito aqui por Alberto de Saxe, *Teoria e prática do ímpeto*, e num *Pequeno manual da Vis Movendi* encomendado a Buridano?

Por isso é que acontecem as lambanças. Ainda ontem a Repartição de Iniciativa Planetária instalou um sistema vizinho à Nebulosa do Cisne. O senhor tinha que ouvi-los. Falavam de estabilização do epiciclo e de ajuste do deferente. Pois bem, explodiu uma nova que eles vão se lembrar por um milênio. A zona inteira radioativa. Agora, vá-se buscar as responsabilidades. Um acidente, dizem. Mas um acidente quer dizer o Acaso, e o Acaso quer dizer pôr em dúvida o poder do Velho! E isso não é uma besteirinha qualquer, Ele sabe, a mensagem aos Sete Céus reunidos sobre a teoria subversiva da certeza estatística do Acaso foi Ele quem escreveu pessoalmente, porque para essas coisas está muito atento!

O que se pode fazer, diz o senhor? Ora, com uma reorganização radical e uma nova estrutura em expansão, fica tudo certo. Você se expande, se expande, e um belo dia engloba de novo até o Inferno. Aliás, é o que todos querem, afinal. Ecúmeno, ecúmeno, abrangência total do amor. O senhor tinha que ouvir o que falam, da boca para fora. Mas aí Gabriel, no discurso a Júpiter, diz que nossa política é de dinamismo convergente. Conferindo bem, significa um universo em contração. Gabriel, boa bisca! Aquele, se pudesse, deixaria a Terra fora da legalidade, com o Inferno. Aquele lá nunca suportou a Terra. Encarregou-se da Anunciação de pé atrás, porque não podia se negar. Mas, depois, se o senhor soubesse o que falava daquela moça por aí... Olhe, ele acha que o Filho já está muito à esquerda. Não sei se me explico. E nunca perdoou o Paráclito pelo Pentecostes. Já eram espertos demais aqueles 12 — diz —, e ainda por cima ganham o dom das línguas?

É um reacionário e um demagogo. Unha e carne com Moisés. Para ele, o fim da Criação era a libertação do povo eleito do Egito, já fizemos isso, diz, então chega, vamos encerrar o empreendimento pelo que já rendeu. Se não existisse o Filho, que faz muita questão, a esta hora ele teria conseguido.

Uns e outros dizem, bom, vamos tocando a coisa com o Filho, na hora certa dá-se o golpe. Mas é perigoso, quem vai confiar?, o Velho é mais esperto do que se pensa, e não perdoa. E outra queda dos anjos dá medo em todo mundo aqui, todo mundo, estou lhe dizendo. E depois tem o Espírito, aquele que sopra onde quer, então nunca se sabe para que lado ele tende. Na hora agá, não entra na combinação, e aí, o senhor sabe me dizer o que se faz?

E também, o Filho, vou lhe contar. Somos de esquerda, ele é de esquerda, de boca todo mundo é, mas o senhor acha que ele aceitaria, digamos, o princípio de indeterminação? "Se tomarmos um elétron, com um pouco de boa vontade pode-se estabelecer-lhe a posição, a velocidade e até o ano de nascimento! Vejam como eu faço!" Grande coisa! Não entende que para os outros é diferente? Mas para ele é tudo conversa de intelectuais: "A arrumação dos Céus" — disse isso este ano mesmo, na mensagem de Natal — "constitui a melhor organização que se pode conferir ao Reino para poder avançar rumo ao novo dentro do respeito à tradição, em um progresso sem aventuras!" Compreendeu? O senhor certamente vai achar tudo uma bobagem. Até porque a Terra vai em frente por conta própria, eles brigam entre si e ninguém a toca por medo de que o outro tome posse. Mas para nós é uma questão vital. Para os que vivem nos planetas coloniais, é como se não pertencessem ao Reino. Do contrário, devem sofrer para pedir a cidadania em um dos céus e aí acabou-se, o dia inteiro dançando em círculos e as únicas notícias só vêm da Visão Beatífica. Sim, o que se descortina no universo! O que as hierarquias querem, o que o Arcangelicato para a Visão Beatífica deixa passar, é isso que o senhor lê! O resto, névoa. Eles nos tratam como crianças, isso é que é.

E Ele não sabe de nada. Pensa em si mesmo pensando e crê que vai tudo bem. Por isso eles não querem tocar na constituição aristotélica, bajulam-no com a história do motor imoto, da absoluta transcendência, e não o informam de nada.

O senhor me entenda, não que eu seja um panteísta. Não pense que sou um subversivo e que falo por inveja. Todos concordamos em que é necessária uma Ordem, e Ele tem todo o direito de administrá-la. Mas, afinal, é preciso fazer umas concessões, os tempos mudam, não?

Mas isto não vai ficar assim por muito tempo, sabe? Aqui existe fermento, agora as pessoas estão se mexendo. Chegamos a um ponto de ebulição.

Dou um prazo de uns dez mil anos, e depois o senhor vai ver.

1961

A Coisa

— E então, Professor? — perguntou o General, com um movimento de impaciência.

— Então o quê? — disse o professor Ka. Mas via-se que ele queria ganhar tempo.

— Faz cinco anos que o senhor trabalha aqui embaixo, e ninguém jamais o incomodou. Tivemos confiança no senhor. Mas não podemos confiar eternamente só na sua palavra. Agora, precisamos ver.

Havia um laivo de ameaça na voz do General, e Ka fez um gesto de cansaço. Depois sorriu:

— O senhor me pegou justamente no ponto mais fraco, General — disse.

— Eu queria esperar mais, só que agora o senhor me provocou. Eu fiz *uma coisa*... — sua voz se transformou quase num sussurro. — Algo de grande... E, pelo Sol, afinal convém que se saiba disso!

Fez um gesto, como para introduzir o General no interior da caverna. Guiou-o até o fundo, em um ponto iluminado por uma lâmina de luz que entrava por uma estreita abertura na parede. E aqui, sobre uma bancada polida, mostrou-lhe a Coisa.

Era um objeto de formato amendoado, mais para achatado, com a superfície trabalhada em muitas pequenas facetas, como um grande diamante, mas opaco, de reflexos quase metálicos.

— Bom — disse o General, perplexo. — É uma pedra.

O Professor teve um lampejo de malícia nos olhos celestes, encimados por uma moita de sobrancelhas eriçadas e rebeldes:

— Sim, é uma pedra, mas não para ser deixada no chão, entre as outras pedras. É para empunhar.

— Para em...?

— Empunhar, General. Nesta pedra há toda a potência com que a humanidade já sonhou, há o segredo da Energia, a força de um milhão de homens. Veja...

Ka dobrou os dedos em gancho e arqueou a palma da mão, pousando-a sobre a pedra até encostar bem; depois levantou a mão, e a pedra com ela. A mão aderia à pedra, a parte mais maciça desta aderia à palma e aos dedos, enquanto a ponta se projetava e se dirigia para o solo, para o alto, para o General, conforme o Professor movesse o pulso. O Professor agitou o braço com violência, e a ponta da pedra marcou uma trajetória no espaço. O Professor vibrou o braço de alto a baixo, até que a ponta da pedra encontrou a rocha friável da bancada. E então aconteceu o prodígio: a ponta golpeou a rocha, penetrou fundo, arranhou-a, arrancou lascas. À medida que o Professor reiterava o gesto, a ponta mordia a rocha e escavava uma depressão, depois um buraco e por fim uma vasta cratera, ferindo-a, despedaçando-a, pulverizando-a.

O General observava aquilo com olhos arregalados, prendendo a respiração:

— Fenomenal — murmurou a meia-voz, engolindo a saliva.

— E isto não é nada — disse o Professor, com ar de triunfo —, isto não é nada, ainda que com os dedos o senhor jamais conseguisse fazer nada semelhante. Agora, olhe! — Pegou num canto um enorme coco, rugoso, duro, invulnerável, e estendeu-o ao General: — Tome, aperte-o com ambas as mãos, despedace-o!

— Ora, Ka — disse o General, com voz trêmula —, o senhor bem sabe que não é possível, bem sabe que nenhum de nós seria capaz disso... Só um dinossauro consegue, com uma patada, e só o dinossauro pode comer a polpa e beber a água disto aqui...

— Pois bem — retrucou o Professor, com voz excitadíssima —, agora olhe! Pegou o coco e pousou-o sobre a bancada, na cratera recém-escavada; segurou a pedra pelo lado oposto, empunhando-a pela ponta e vibrando-lhe o fundo maciço. Seu braço realizou um movimento rápido, aparentemente sem esforço, e a pedra golpeou o coco, partindo-o. A água do fruto se espalhou sobre a rocha, e na cavidade ficaram pedaços de casca que mostravam a polpa interna, branca e orvalhada, fresca, convidativa. O General agarrou um desses pedaços e levou-o avidamente à boca. Olhava para a pedra, para Ka, para aquilo que havia sido um coco, e parecia incapaz de falar.

— Pelo Sol, Ka! Que maravilha! Com essa "Coisa" o homem centuplicou sua força, pode enfrentar qualquer dinossauro... Tornou-se senhor da rocha e das árvores, adquiriu um braço a mais, que digo?... cem braços, um exército de braços! Onde a encontrou?

Ka sorriu, comprazido:

— Eu não a encontrei, eu a fiz.

— Fez? Como assim?

— Significa que antes ela não existia.

— Você está louco, Ka — disse o General, tremendo. — Isso deve ter caído do céu, deve ter sido trazido por um emissário do Sol, um espírito do ar... Como é possível fazer uma coisa que antes não existia?!

— É possível — respondeu Ka, com calma. — É possível pegar uma pedra e bater contra ela uma outra até lhe dar a forma desejada. É possível construí-la de tal modo que a mão possa empunhá-la. E, de posse desta, será possível fazer muitas outras, maiores, mais pontudas. Fui eu que a fiz, General.

O General suava copiosamente:

— Mas isso tem de ser contado a todos, Ka. Toda a Horda deve saber, nossos homens se tornarão invencíveis. O senhor não entende? Podemos enfrentar um urso, agora: ele tem as garras, mas nós temos esta Coisa, podemos dilacerá-lo antes que ele nos dilacere, deixá-lo desmaiado, matá-lo! Podemos matar uma serpente, esmagar uma tartaruga, matar... grande Sol!... matar... outro homem! — o General se interrompeu, fulminado pela ideia. Depois se recuperou, com uma luz de crueldade nos olhos: — É isto, Ka, podemos atacar a Horda de Koammm, eles são maiores, mais fortes do que nós, mas agora estarão em nosso poder, vamos destruí-los até o último! Ka, Ka! — e o agarrava violentamente pelos ombros. — É a vitória!

Ka permanecia sério, cauteloso; agora, hesitava em falar:

— Era por isso que eu não queria mostrá-la. Sei que fiz uma descoberta terrível. Algo que mudará o mundo. Eu sei. Descobri a fonte de uma energia pavorosa. Nunca se viu nada semelhante sobre a Terra. Mas é por isso que não quero que os outros saibam. Com esta pedra a guerra se tornaria um suicídio, General. Bem cedo a Horda de Koammm aprenderia a construir outras, e, na próxima guerra, não haveria nem vencidos nem vencedores. Eu imaginei esta Coisa como um instrumento de paz, de progresso, mas agora sei que ela poderia virar algo mortal. Vou destruí-la.

O General parecia fora de si:

— Enlouqueceu, Ka? O senhor não tem esse direito. São seus estúpidos escrúpulos de cientista. Ficou cinco anos trancado aqui dentro e não sabe nada do mundo! Não sabe que estamos numa virada rumo à civilização, que se a Horda de Koammm vencer não haverá mais paz, liberdade, alegria para os homens. Nós temos o sagrado dever de possuir esta Coisa! Não é necessário que a usemos logo, Ka. Basta que se saiba que nós a possuímos. Faremos uma demonstração experimental diante dos adversários. Depois regulamentaremos o uso dela, mas, sabendo que a temos, ninguém ousará nos atacar. Enquanto isso podemos empregá-la para cavar túmulos, construir novas cavernas, partir frutos, nivelar o terreno! Basta possuí-la, não é preciso usá-la. É um dissuasor, Ka, manterá quietos os homens de Koammm por muitos anos!

— Não, não, não — respondeu Ka, desconsolado —, assim que a tivermos nas mãos, ninguém poderá nos deter. Convém destruí-la.

— Mas então o senhor é um inocente útil, Ka! — explodiu o General, lívido de raiva. — Está fazendo o jogo deles, é um criptokoammmita como todos os demais intelectuais, como aquele aedo que ontem à noite falava da união entre os seres humanos. O senhor não acredita no Sol!

Ka sentiu um calafrio. Baixou a cabeça, seus olhos se fizeram pequenos e tristes sob a grande touceira das sobrancelhas rebeldes:

— Eu sabia que chegaríamos a isto. Não estou do lado deles, e o senhor sabe. Mas, pela quinta regra do Sol, recuso-me a responder a uma pergunta desse gênero, que poderia atrair sobre mim a cólera dos espíritos. Pense o que quiser. Mas a Coisa não sairá desta caverna.

— Sairá, sim, e agora mesmo, pela glória da Horda, pela civilização, pelo bem-estar, pela Paz — berrou o General. Agarrou a Coisa com a mão direita, como havia visto que Ka fazia, e vibrou-a com força, com raiva, com ódio, sobre a cabeça do Professor.

Os ossos frontais de Ka estalaram sob o choque, um jorro de sangue brotou-lhe da boca. Sem um gemido, Ka despencou no solo, avermelhando a rocha ao seu redor.

O General contemplou aterrorizado a engenhoca que tinha nas mãos. Depois sorriu, e era um sorriso de triunfo, cruel, impiedoso.

— Este já foi! — disse.

...

O círculo de criaturas imóveis, acocoradas em torno da grande árvore, manteve-se em pensativo silêncio. Baa, o aedo, enxugou o suor que lhe escorrera abundante pelo corpo nu, no ímpeto da narrativa. Depois virou-se para a árvore, sob a qual se sentava o Chefe, ocupado em mastigar voluptuosamente uma raiz grossa.

— *Poderoso Szdaa* — *disse humildemente* —, *espero que tenhas gostado de minha história.*

Szdaa fez um gesto de tédio:

— *Vós, jovens, não vos entendo. Ou talvez seja eu que estou envelhecendo. Tens uma bela imaginação, meu rapaz, não há o que dizer. Mas não me agrada a ficção científica. O que posso fazer? Ainda prefiro os romances históricos.* — *Com um aceno, chamou para perto de si um velho de rosto apergaminhado:* — *Meu bom Kgru* — *disse* —, *podes não ser um mestre do Novo Canto, mas ainda sabes contar histórias saborosas. É a tua vez.*

— *Sim, poderoso Szdaa* — *disse Kgru* —, *te contarei agora uma história de amor, paixão e morte. Uma crônica do século passado. Intitula-se* O segredo do Primata, *ou* O desaparecimento do Elo Faltante.

1961

My exagmination round his factification for incamination to reduplication with ridecolation of a portrait of the artist as Manzoni

O resenhista não consegue esconder sua viva satisfação em falar deste volumezinho que devemos à pena de Mr. James Joyce, e que vem à luz pela gráfica da Shakespeare & Company, reconstituída por Miss Beach unicamente para celebrar este evento literário que, acredito, deve ser de longe considerado o mais importante do ano. Mas, se devemos a Miss Beach o fato de ter-nos devolvido, com não poucos sacrifícios, sua respeitável editora dos anos 1920, então deveremos uma gratidão ainda mais considerável a Richard Ellmann e aos seus colaboradores, os quais, após anos de contínuo trabalho sobre manuscritos conservados na Universidade de Buffalo, conseguiram colacionar esta obra, que Mr. Joyce escreveu durante o período em que ensinou triestino na Berlitz School de Como e de cuja redação definitiva ele jamais quis se ocupar. E é compreensível que esse fato tivesse induzido os estudiosos ao deplorável equívoco de imaginar perdido o manuscrito, ou — como suponho ter acontecido a muitos — a considerar até altamente inverificável toda asserção acerca de uma forma qualquer de existência real de tal texto.

Ao ter hoje entre as mãos esta obra, seja-me portanto concedido duvidar da razoabilidade daquelas suspeitas — das quais nunca louvaremos suficientemente a cautela filológica que as inspirava — e ao mesmo tempo seja-me permitido buscar um *approach* crítico desta obra que dá seguimento ao *Fin-*

negans Wake, e não só no sentido cronológico. O leitor poderia sensatamente dar-se conta, ao ler este volume, de que ele representa um ponto bastante alto da maturação joyciana, e de que somente após tentar o colossal experimento sobre a linguagem, na obra precedente, Mr. Joyce conseguiria — uma vez "enxaguados os panos no Liffey" — escrever este *I promessi sposi*.

O resenhista bem pouco pode acrescentar ao título,* que já aparece altamente revelador graças à sábia embalagem de várias alusões programáticas que apresenta.

Se o *Finnegans* era o *work in progress*, do qual todos podiam ter notícia enquanto ele se desenvolvia, *I promessi sposi* é a obra prometida, como prometida era a Terra desejada pelo povo hebreu (o povo de Leopold Bloom, não esqueçamos); mas essa promessa se realiza porque acontece um esponsal, a união das aspirações juvenis de Stephen Dedalus à *radiance* e à *proportio* escolástica com a vertiginosa vocação linguística do *vicocyclometer* da maturidade, do estilo lírico com o dramático e com o épico, da língua da tradição com a do futuro, do experimento sobre a linguagem com a construção narrativa das obras juvenis.

Consideremos assim que, à luz da obra seguinte, esclarecem-se a natureza e a função da precedente, e a *Wake*, a vigília fúnebre de Tim Finnegan, aparece como aquilo que verdadeiramente é, a vigília nupcial para Renzo e Lucia.

I promessi sposi se inicia onde o *Finnegans* termina, e se inicia retomando o tema do elemento líquido sobre o qual este se fecha: *Riverrun*. De fato, este livro também começa com a descrição de um curso d'água, e, com sutileza paródica da qual só um irlandês seria capaz, começa arremedando exatamente a obra precedente. Como se inicia, afinal, *I promessi sposi*? Leiamos: "Aquele ramo do lago de Como, voltado para o meridião, entre duas cadeias ininterruptas de montes, todos em seios e em golfos, segundo se debruçam ou se recolhem, vem, quase de repente, a restringir-se, e a assumir curso e figura de rio, entre um promontório à direita e uma ampla praia do outro lado..."

Não de outro modo começava o *Finnegans*, cujo primeiro período, despojado de todas as ambiguidades linguísticas que o tornam pesado, soa justamente

---

*No Brasil, a obra de Manzoni foi publicada sob o título *Os noivos*. (*N. da T.*)

assim: "Aquele curso do rio que, passada a igreja de Adão e Eva, da virada da praia à curva da baía, nos conduz novamente por uma via mais cômoda de recirculação ao castelo de Howth e aos seus arredores..."

Mas no outro livro a linguagem já é mais depurada, as alusões, mais sutis e ultravioletas, o simbolismo, mais puro e pujante: virando as costas à meia-noite em que se concluía a história noturna do sonho de H. C. Earwicker (e na qual se concluía também o monólogo noturno de Molly Bloom), o lago de Como volta-se para o meio-dia, mas sob a forma de "ramo", convocando de imediato à mente, graças à mediação antropológica de Frazer, os ritos de vegetação e renascimento.

Renascendo a uma nova luz do dia, Anna Liffey feita lago (ampliada em imagem do útero materno), Anna Livia feita mulher madura, imagem de Deméter, toda seios e protuberâncias, pode agora se restringir de novo e ainda tomar curso e figura de rio, iniciar uma outra história. "Tomar curso", atentemos, porque com a nova história se inicia um novo entre os muitos cursos e recursos de que é tecida a história humana e de que o *Finnegans* queria ser a condensação.

O esquema narrativo da obra é de uma simplicidade desconcertante e sob certo aspecto apresenta-se como a antístrofe da trama do *Ulysses*: enquanto, lá, a aparente descrição de um só dia de Leopold Bloom transformava-se no discurso sobre toda uma cidade e sobre o universo inteiro, aqui a narrativa aparentemente complexa de uma série de eventos históricos que envolvem uma região inteira e um império (o espanhol) cobre, na realidade, os eventos de um só dia vivido pelo protagonista, Renzo Tramaglino.

Numa manhã ao alvorecer, quando se apresta para as núpcias com sua noiva Lucia Mondella, Renzo fica sabendo pelo pároco da aldeia, dom Abbondio, que o fidalgote local, dom Rodrigo, se opõe ao casamento. Depois de uma altercação com o pároco, Renzo e Lucia fogem do lugar com a cumplicidade de um capuchinho, frei Cristóvão, e se refugiam: Lucia em um convento de Monza, Renzo em Milão. Ali, durante a tarde, o jovem se vê implicado numa insurreição que o leva a fugir para Bérgamo, enquanto Lucia é raptada por um fidalgote dito o Inominado, graças à cumplicidade de uma monja, Gertrudes. Mas o cardeal de Milão intervém para libertá-la. No crepúsculo, grassa em Milão uma pestilência, na qual encontram a morte dom Rodrigo, dom Abbondio e frei Cristóvão; na mesma noite, Renzo volta rapidamente de Bérgamo e encontra Lucia sã e salva, pelo que pode unir-se com ela durante a noite. Esse é o enredo, condensado, como se viu, nas 24 horas do dia; mas Joyce encobre o esquema inicial (por ele confidenciado secretamente a Stuart Gilbert), confundindo e mesclando os eventos de tal modo que o leitor tem a impressão de um decurso inatural e complexo do tempo.

Tal decurso, porém, é bastante simples e linear, e para captá-lo em toda a sua pureza basta abandonar-se a uma leitura isenta de complicações intelectualistas, contentando-se com identificar apenas, para cada episódio, um elementar tecido de correspondências simbólicas, de equivalentes soluções técnicas e de referências ao mundo animal.

Primeira seção. Do amanhecer ao início da tarde. Entre 6 horas e 14 horas. Renzo Tramaglino está para desposar sua noiva Lucia Mondella quando o pároco da aldeia, dom Abbondio, informa-lhe que um fidalgote local, dom Rodrigo, cobiça Lucia e se opõe ao matrimônio. Renzo pede conselho a um leguleio, mas, constatada a inutilidade de todas as tentativas, foge com Lucia, ajudado por um capuchinho, frei Cristóvão. Lucia se refugia num convento de Monza, Renzo vai para Milão. *Símbolo da seção*: o Pároco. *Técnica*: a tecelagem. *Animal*: o capão, emblema de impotência e castração.

Segunda seção. O Merídio. Das 14 horas às 17 horas. Renzo, em Milão, envolve-se numa sublevação e deve refugiar-se em Bérgamo. Lucia é raptada por um poderoso fidalgote, o Inominado, graças à cumplicidade da monja Gertrudes. O cardeal de Milão liberta Lucia e a deixa sob os cuidados de um erudito, dom Ferrante, e de dona Praxedes. *Símbolo*: a Monja. *Técnica*: a biblioteconomia. *Animal*: a mula, emblema de obstinação (dos malvados).

Terceira seção. Crepúsculo e noite. Das 17 horas às 24 horas. A Peste grassa em Milão. Dom Rodrigo, dom Abbondio e frei Cristóvão morrem, Renzo volta de Bérgamo para Milão e reencontra Lucia sã e salva. Finalmente reunidos, os dois se casam. *Símbolo*: o Monatto.* *Técnica*: hospitalar. *Animal*: não existe, porque o mal foi derrotado; em vez do animal, temos a chuva purificadora, que evoca o motivo inicial da água, assim como o das lavadeiras do *Finnegans* (episódio de Anna Livia Plurabelle).

---

*Termo milanês que designa o encarregado de transportar os doentes e os mortos durante as epidemias de peste. (*N. da T.*)

Eu estaria enganando o leitor, se lhe dissesse que o autor apresenta em todos os termos este esquema tão linear e o torna reconhecível no decorrer da narrativa. Na realidade, este enredo tão simples e, em si, insignificante vem mascarado e encoberto ao longo do romance, de tal modo que o leitor tem a sensação de que o desenvolvimento dos eventos cobre um lapso de tempo bem maior; mas eu jamais conseguiria louvar com suficiente entusiasmo essa sagaz ficção estrutural que revela substanciais indeterminação e ambiguidade das relações espaçotemporais, chegando a fazer crer que a história ocorre na planície lombarda quando, na verdade, se eu não estiver deformando de modo trivial as intenções do autor, acontece em Dublin.

Nesse contínuo e afável diálogo que se desenvolve — sempre que se faça poesia, de Donne aos elisabetanos, e destes até Spenser — entre tradição e talento individual, julgo que a primeira regra para uma imaginação seletiva e reprodutiva seja a de fazer uma boa obra. Fazer uma obra válida e duradoura ainda é o melhor serviço que se pode prestar à poesia, e se uso a palavra "rentável" é porque não saberia encontrar outro termo que expressasse melhor a vantagem que vem à humanidade da existência de uma boa obra de poesia. Temos poesia quando a imaginação sabe haver chegado àquela condição de excitação operativa pela qual é capaz de nos dar uma boa poesia. Talvez, nos meus ensaios precedentes, eu professasse uma visão um tanto diferente e mais superficial de todo este problema, mas remediei a questão com muita preocupação, e suspeito não estar autorizado a dizer nada de menos exato. Esta breve digressão talvez nos tenha afastado do discurso sobre o livro de Mr. Joyce; creio, porém, que ela era necessária para esclarecer um ponto que deixa legitimamente perplexo o crítico, em mais de uma ocasião (mas, quanto ao que seria o crítico perfeito, eu não saberia pronunciar-me com suficiente segurança, conquanto esteja persuadido de que não pode existir crítico perfeito quando falta a capacidade de conduzir um convincente discurso crítico sobre um texto poético). Agora, voltando ao livro de Mr. Joyce, creio, ainda, que a simplicidade e a autonomia da imagem são a melhor maneira pela qual um texto pode falar ao leitor, sem que este seja induzido a superpor chaves de leitura complicadas e trabalhosas — e, em última análise, viciadas por um intelectualismo que mata a poesia.

Imobilizar-se num esforço de compreensão da chamada "trama", perguntar-se, ao ler uma história, "o que está acontecendo" e "como vai acabar" — querer descobrir enfim, como faz o acadêmico ao ler um romance policial, "quem é o assassino" — suprime da leitura de um romance três quartos do seu prazer, e da arte quatro quartos de sua razão de ser. Em contraposição, consideraríamos cumprida nossa missão de crítico se conseguíssemos convencer o leitor a retornar à fresca espontaneidade com a qual o primitivo — e por esta palavra designo um tipo de "leitor natural" que a moderna civilização industrial se empenha em fazer desaparecer — capta imediatamente, à leitura de uma narrativa, todas as referências às últimas contribuições da antropologia estrutural; aceita as alusões às inspeções arquetípicas de Jung, sem querer sobrepor-lhes explicações intelectualistas; compreende sem dificuldade as conexões entre um personagem e a figura mítica do *schelm* indiano segundo as mais recentes pesquisas de Kerenyi; desfruta, com a simplicidade com que folhearíamos em família um velho álbum de recordações, todo vínculo — tão imediatamente perceptível — entre as estruturas sintáticas e a estrutura do universo segundo o *Zohar*; não se perde — à luz de uma falsa altivez científica — em querer a todo custo ver no romance a história de um casamento hostilizado, mas sim aceita em toda a sua perspicuidade, sem nenhuma preocupação culta e bizantina, a livre irrupção dos subsentidos freudianos que se estratificam jucundamente no tecido conectivo da obra.

Por isso, gostaríamos de alertar o leitor contra a interpretação ambiguamente filosofante de Franz von den Heiligen, que emprega algumas centenas de páginas para explicar o romance justamente como a história de um jovem e uma jovem ansiosos por celebrar as próprias núpcias, e que sofrem com as dilações a eles opostas por um personagem malvado. Não há quem não veja, nesta superfetação hermenêutica, a tentativa de conduzir toda a dialética da obra para um fundo sexual, identificando as relações entre os dois personagens sob o rótulo (bastante repisado vulgarmente) da polaridade erótica, e complicando assim, além de todo limite, a compreensão do romance. No qual, com tanta clareza — com a simplicidade que é própria somente do grande artista —, aparecem tão bem, até mesmo aos olhos do leitor desavisado, toda uma série de manifestações simbólicas das relações entre indústria têxtil e residência matrilocal; a presença contínua de Agnes como "*basso ostinato*" expressivo da realidade do *Mutterrecht* (até o leitor mais desarmado terá identificado a influência explícita de Bachofen na figura dessa "mãe" que pesa sobre o final do livro, levando a passear os filhos de Renzo e Lucia e "dando-lhes beijos que deixavam marcas por algum tempo"!); a alusividade simbólica daqueles "impedimentos dirimentes" sobre os quais fabulava dom Abbondio para dissuadir Renzo do casamento, e que não passam, como qualquer um percebe, de uma transfiguração dos *customs of avoidance* ressaltados por Tylor e que aqui o poeta redescobre como possibilidade arquetípica recorrente e profunda, traída pelas expressões superficialmente canônicas com que o pároco mascara sua vontade de impedir uma relação entre afins (afins enquanto "prometidos", e por conseguinte leiam-se em transparência as palavras "*Error, conditio, votum, cognatio, crimen, cultus disparitas, vis, ordo, ligamen, honestas, si sis affinis...*").

E de igual modo, contra os rios de tinta que foram e serão gastos para ver sob uma complicada luz sobrenatural a despedida do frei Cristóvão dos noivos agora reunidos (final do capítulo XXVI) — "Oh, querido padre...! nos reveremos? nos reveremos?" "Lá em cima, espero" —, como será bem mais fácil ao leitor simples e espontâneo captar a referência tão palmar ao *Corpus Hermeticum* e ao seu ditame basilar "*sicut inferius sic superius*", como sabe qualquer um que tenha apenas folheado em sua meninice as obras do Trismegisto!

Pois bem, é justamente a imediatez "gestual" dessas imagens, sua disposição segundo uma sagaz estratégia comunicativa — o espontâneo *pattern* emotivo que elas estimulam —, que deve proporcionar ao leitor o *enjoyment* próprio da leitura. Assim, ele poderá seguir, por exemplo, o jogo singelo e audaz dessa história em que se desdobra uma oposição entre os dois polos da comunicação sexual e da impotência como situação existencial; e assim verá como se desenvolve, através do personagem de Renzo, o tema da castração como não comunicação, desde os capões que ele leva para o Azzeccagarbugli,* símbolo tão evidente que não exige comentários, até a fuga do jovem para além do lago (fugindo, ele se subtrai à relação, e o faz segundo o arquétipo do exílio — clara evocação do José de Thomas Mann); até a fuga para Bérgamo, na qual se condensa uma quantidade de símbolos verdadeiramente reveladora. De fato, à castração de Renzo se opõe a figura do monte como imagem fálica; e é esta que domina o *stream of consciousness* de Lucia, seu monólogo interior

---

*Rábula, chicaneiro. O termo (algo como "desatador de nós", "quebrador de galhos") foi criado por Manzoni para o personagem em questão. (*N. da T.*)

enquanto ela atravessa o lago durante a noite; aqui encontramos uma livre associação de imagens contraponteadas pela presença da água que se dispõe como sulco imediatamente fechado de volta sobre si mesmo, mas de qualquer modo cavado por uma presença humana: "o baque ritmado daqueles dois remos que fendiam a superfície azul do lago, saíam de repente gotejantes e mergulhavam de novo", eis aqui uma imagem que, além de claramente sexual, ao mesmo tempo sugere em termos explicitamente bergsonianos a imagem de um *élan vital* que, incidindo no âmago do ser e ali abrindo caminho, se realiza como duração psíquica, como sulco — "a onda ceifada pelo barco, unindo-se de novo atrás da popa, marcava uma esteira encrespada, que se ia afastando da orla." Pois bem, o monólogo de Lucia, possibilitado pela presença da água como duração, como tecido psíquico, armazém elementar (Tales) de um ser reduzido a memória, versa quase obsessivamente sobre a imagem dos montes, desejados, de cuja perda nos lamentamos e que — com uma típica operação inconsciente em que é reconhecível a manifestação de um complexo de Édipo — são identificados com a imagem paterna ("cimos desiguais, conhecidos de quem cresceu entre vós, e impressos em sua mente, não menos que o aspecto de seus familiares..."). Privada da união simbolizada pelo monte enquanto realidade fálica, Lucia — numa sucessão de imagens que às vezes atinge a potência impressiva do monólogo noturno de Molly Bloom, do qual este é inegavelmente uma cópia menor, mas não indigna — sente-se "desgostosa e cansada", "o ar lhe parece pesado e morto; adentra triste e desatenta as cidades tumultuosas; as casas juntadas a casas, as ruas que desembocam nas ruas parecem suprimir-lhe a respiração"; e não há quem não veja a óbvia derivação expressionista destas últimas imagens (Kafka é um dos nomes que podem vir primeiro à mente), não distante de uma nítida influência de mais recentes técnicas descritivas do *nouveau roman* (a descrição dessas casas juntadas a casas e ruas que desembocam em ruas é excessivamente influenciada pelo Butor do *Emploi du temps* e pelo Robbe-Grillet do *Labyrinthe*).

O que acontece agora a Renzo, que foge rumo a Bérgamo? O trocadilho contido no nome da cidade é por si só evidente: a palavra mostra as duas raízes, uma germânica ("berg", monte) e outra grega ("gamos", casamento). Bérgamo constitui justamente a aspiração última de Renzo, que anseia por reintegrar sua sexualidade perdida e almeja o casamento simbólico com o próprio símbolo dela (mas, fazendo isso, e vindo a desejar o próprio símbolo de sua potência, Renzo desvia sua labuta para uma ambígua atmosfera homossexual, clara e harmônica antístrofe à igualmente ambígua relação que ao mesmo tempo Lucia está mantendo com a Monja de Monza — e tampouco é bom esquecer que Mr. Joyce, que tão demoradamente residira em Trieste, não podia ignorar o significado sexual da raiz "mona" que encontramos, atente-se bem, tanto na *Monaca*,* com quem Lucia tem comércio, como nos *Monatti*, que no lazareto, onde Renzo a encontra mais tarde, circundam Lucia).

Vê-se portanto como, com uma absoluta simplicidade de meios, Mr. Joyce conseguiu penetrar aqui nos mais profundos recônditos da alma humana, trazendo à luz as secretas contradições dela, e realizando — triunfo da ambiguidade original —, em ambos os personagens, o arquétipo do andrógino; e é Lucia que, no capítulo XXXVI, aceita com alegria a proposta de frei Cristóvão, ou melhor, sua penetrante insinuação ("se acaso pareceu-me que dois fossem unidos por Deus, vós outros éreis esses: então não vejo por que Deus vos quereria separados") e, pedindo para ser unida a Renzo, realiza de forma moderna o mito de Sálmacis; que por outro lado adquire outras implicações, se lembrarmos que nesse mesmo capítulo Cristóvão pronuncia a frase hermética já recordada, e portanto o Deus a quem se faz menção é sem dúvida a divindade neoplatônica, pelo que a união entre os dois personagens torna-se figura de uma união cósmica mais profunda, de um cabalístico "cingulum Veneris", no qual a personalidade mesma dos personagens e sua individualidade sexual se confundem numa unidade superior. Realiza-se a unidade, faz-nos compreender o autor, porque, em rigorosos termos neoplatônicos, cessa toda impureza; e de fato o desaparecimento do frei Cristóvão (Cristoforo, etimologicamente "christos fero", e portanto "trago a unção"), que vem a representar a impureza (há no frei Cristóvão o peso de uma culpa original, um delito juvenil), coincide com a queda da chuva (e portanto água, princípio gerador e envolvente, unidade dos Sephirot superiores, Anna Livia Plurabelle. O ciclo se fechou).

Esta a substância do livro, ou ao menos a que emerge à primeira leitura, para quem não queira buscar nele outros sentidos apartados daqueles que a

---

*Monja. (*N. da E.*)

imediata compreensão das imagens comporta. Mas quais e quantas outras sutis correspondências poderíamos acrescentar! Pense-se na presença do Inominado, que com tanta violência evoca a figura do desconhecido de capa impermeável do *Ulysses*! Na correspondência entre o episódio da biblioteca (sempre no *Ulysses*) com o bibliotecário Mr. Magee e a biblioteca de dom Ferrante! Na disputa de Bloom e na de Renzo na taberna, ambos vítimas de um Cidadão submisso às leis! Na noite de Lucia no castelo do Inominado e na noite de Stephen Dedalus no bordel de Bella Cohen (que encontra correspondência na figura da "velha" que acolhe Lucia)!

Esses e outros elementos nos induziriam a falar de *I promessi sposi* como obra menor, astuto recozimento de temas e imagens já elaborados em obras precedentes, se o romance não demandasse explicitamente essas menções para poder ser, como é, retomada e conclusão de toda a obra precedente. Diremos então que ele representa o ápice da produção joyciana? Talvez não, mas de qualquer modo representa o acabamento dela.

Como vivemos num estranho país, cujo *common sense* assume às vezes as formas anormais da loucura, não faltará quem busque ler este romance sob mil perspectivas, cada uma mais risível que a outra. Não faltará a interpretação do padre Noon S.J., que, como já fizera com a obra precedente, procurará ver também esta sob perspectiva religiosa, talvez arriscando (é-nos consentido prevê-lo) uma definição da obra como romance da Providência. E não faltará quem — mas quão mais legitimamente! — tente vincular o estilo desse livro às mais recentes experiências da vanguarda poética: e já sabemos que o Editorial Ballestriños, na Espanha, está preparando uma tradução dele sob o título de *Los Novios*, para sublinhar o parentesco com a coletânea poética *I Novissimi*.

Pior ainda: não faltarão as interpretações intelectualistas que buscarão ver esses símbolos arquetípicos como outros tantos "personagens narrativos" ou "tipos", falando até de um "realismo" joyciano; e suspeitamos fortemente que haverá quem se demore em avaliar a beleza dessa língua sem levar em conta que, aqui, cada expressão, cada imagem é "bela" porque carreia uma realidade simbólica mais rica. Mas a tentação de uma deformação estética está sempre presente na crítica, tanto quanto na poesia contemporânea, e assim é difícil saber ler um livro. Por conseguinte, não poderíamos concluir diferentemente esta nossa resenha — que ao mesmo tempo foi um convite para um contato direto e imediato com o texto — senão recordando a frase com que Ezra Pound, anos atrás, comentou alguns versos de um poemeto publicado pela Faber & Faber, *La Divina Commedia*: "Raramente a clareza é dote do poeta, e para um vorticista como Cavalcanti encontraremos sempre dez acadêmicos inflados de cultura como Burchiello. Isso quer dizer que a Usura se aninha sempre entre nós, mas há sempre a lucidez de uma fanopeia que pode salvar-nos. Por que, então, gastar quatro complexas palavras — 'doce cor de oriental safira' — lá onde teria sido muito mais imediato e compreensível o correspondente ideograma chinês?"

1962

Indústria e repressão sexual numa sociedade padânea

A presente pesquisa elege como campo de investigação o aglomerado de Milão, no prolongamento norte da península italiana, um protetorado vaticano do Grupo das Mediterrâneas. Milão encontra-se a cerca de 45º de latitude norte a partir do Arquipélago da Melanésia e a cerca de 35º de latitude sul a partir do Arquipélago de Nansen, no mar Glacial Ártico. Fica, portanto, numa posição quase mediana em relação às terras civilizadas; contudo, embora fosse mais facilmente alcançável pelas populações esquimós, permaneceu de fora dos vários itinerários etnográficos. Devo o conselho de uma investigação sobre Milão ao professor Korao Paliau, do Anthropological Institute das Ilhas do Almirantado, e pude conduzir minha pesquisa graças à generosa ajuda da Aborigen Foundation of Tasmania, que me forneceu um *grant* de 24 mil dentes de cão para enfrentar as despesas de viagem e equipamento. Ademais, eu não poderia ter redigido estas anotações com a devida tranquilidade, reexaminando, ao retornar da viagem, o material coletado, se o senhor e a senhora Pokanau, da Ilha de Manus, não tivessem posto à minha disposição uma palafita isolada do habitual clangor dos pescadores de tripango e dos mercadores de copra, que infelizmente tornaram infrequentáveis certas zonas do nosso doce arquipélago. Por outro lado, tampouco poderia corrigir os rascunhos e reunir as notas bibliográficas sem a afetuosa assistência da minha mulher Aloa, que com frequência soube interromper a confecção de colares de flores de *pua* para acorrer à chegada do barco postal e carregar até a palafita as enormes caixas de documentos que volta e meia eu solicitava ao

Anthropological Documentation Center de Samoa e que, para mim, seriam demasiado pesadas.

Durante anos, os que se aproximaram dos usos e costumes dos povos ocidentais fizeram isso a partir de um esquema teórico *a priori* que bloqueou qualquer possibilidade de compreensão. Condenar os ocidentais como povos primitivos, só porque se dedicam ao culto da máquina, ainda distantes de um contato vivo com a natureza, eis um exemplo do armamentário de falsas opiniões com que nossos antepassados julgaram os homens incolores e, em particular, os europeus. Uma equivocada postura historicista induzia a crer que em todas as civilizações ocorrem ciclos culturais análogos, razão pela qual, examinando, por exemplo, o comportamento de uma comunidade anglo-saxônica, considerava-se que ela simplesmente se encontrava numa fase anterior à nossa, e que seu posterior desenvolvimento levaria um habitante de Glasgow a comportar-se como um melanésio. Deve-se, assim, à obra iluminada da doutora Poa Kilipak o fato de ter-se afirmado o conceito de "modelo cultural", com as espantosas conclusões que comportava: um habitante de Paris vive segundo um complexo de normas e hábitos que se integram num todo orgânico e formam uma determinada cultura, tão válida quanto a nossa, só que de modos diversos. A partir daí abre-se o caminho para uma correta investigação antropológica sobre o homem incolor e para uma compreensão da civilização ocidental (visto que se trata — e poderão até acusar-me de cínico relativismo — de civilização, embora não siga os modos da nossa. E não é garantido, permitam-me, que colher cocos subindo descalço numa palmeira constitua um comportamento superior ao do primitivo que viaja de *jet* comendo batatinhas de um saco plástico).

Mas o método da nova corrente antropológica também podia dar azo a graves equívocos; por exemplo, quando o pesquisador, justamente por haver reconhecido dignidade de cultura ao "modelo" estudado, reportava-se aos documentos históricos diretamente produzidos pelos indígenas sujeitos a descrição, deduzindo deles as características do próprio grupo.

1. *A hipótese do dr. Dobu de Dobu (Dobu)*

Um exemplo típico dessa "ilusão historiográfica" nos é dado justamente a propósito da aldeia de Milão por um livro publicado em 1910 pelo dr. Dobu de Dobu (Dobu) e intitulado *As aldeias italianas e o culto do "Risorgimento"*, no qual o estudioso tenta reconstituir a história da península com base nos escritos históricos dos nativos.

Segundo o pesquisador, no século passado a península teria sido teatro de lutas acérrimas, tendentes a reunir de novo as várias aldeias sob um único domínio; tudo isso por obra de algumas comunidades, ao passo que outras se opunham ferozmente à unificação. O dr. Dobu indica as comunidades favoráveis como revolucionárias ou "ressurgimentais" (aludindo a um culto da ressurgência difundido naquela época, provavelmente de fundo xamânico), e as contrárias como "reacionárias".

Eis como ele, com seu estilo particular, ao qual atribuiríamos antes os méritos do ornato literário que os da concretude científica, expõe a situação:

"*Frêmitos de* risorgimento *ardiam por toda a península, mas a reação vigiava, de tocaia, para manter todos os patriotas e cidadãos sob o tacão do austríaco. Certamente nem todos os estados italianos ansiavam pela reunificação, mas, dentre todos, o reino de Nápoles foi o que manteve alta a chama da reconquista A crer-se nos documentos, foi justamente o Rei das Duas Sicílias que fundou a academia militar da Nunziatella, na qual se formaram os mais fervorosos patriotas, Morelli e Silvati, Pisacane, De Sanctis. A esse monarca iluminado também se deveu o renascimento italiano; mas tramava na sombra uma obscura figura de pró-austríaco, Mazzini, sobre o qual as histórias pouco narram, salvo que continuamente organizava falsos complôs que em regra eram estranhamente descobertos e dissolvidos, de modo que os melhores e mais generosos patriotas, astutamente instigados por ele, caíam nas mãos do austríaco e eram mortos ou aprisionados. Outro terrível inimigo do* risorgimento *foi Silvio Pellico: o leitor que percorre as páginas de um livrinho em que ele narra o diário de sua detenção num cárcere austríaco tem a nítida sensação de que uma tal obra contou para a unificação italiana pior do que uma batalha perdida. De fato, por um lado o insidioso narrador dá uma imagem adocicada e idílica de um cárcere morávio, local de castos repousos onde as pessoas debatem humanidades com carcereiros afáveis, apaixonam-se, ainda que platonicamente, por donzelas, domesticam insetos e correm felizes a sofrer amputações, tal é a mestria da cirurgia imperial (mestria que os amputados recompensam, ambiguamente, com dádivas florais). Por outro lado, Pellico dá em seu opúsculo, com sutil malícia, uma imagem tão decepcionante do patriota italiano, fazendo-o parecer alheio à violência e à luta, insensível, em suma, a qualquer paixão, tímido e carola, que a leitura dessas páginas terá sem dúvida subtraído legiões de energias jovens à luta pela ressurgência nacional (assim como, nas terras americanas do norte, um opúsculo intitulado* A cabana do pai Tomás *conseguiu a tal ponto lançar o descrédito sobre os escravos negros, fazendo-os parecerem tolos, ingênuos, e desprovidos de toda energia, que até hoje sua influência é perceptível nos estados do Sul, já irredutivelmente adversos a uma raça tão inferior). Em posição singular encontravam-se os estados Sardos, aparentemente desatentos aos problemas da unificação nacional. Deles, sabe-se que o exército piemontês interveio justamente em Milão durante uma insurreição, mas conseguiu a tal ponto confundir as coisas que fez fracassar a revolta e abandonou a cidade e os revoltosos nas mãos dos austríacos. De resto o primeiro-ministro Cavour estava mais ocupado em servir aos interesses de outros países, primeiro ajudando os franceses numa guerra contra os russos à qual o Piemonte era absolutamente estranho, e depois empenhando-se trabalhosamente em proporcionar a monarcas estrangeiros os favores de nobres senhoras piemontesas. Não consta que tenham sido feitas outras tentativas de unificar a Itália além daquela do Reino das Duas Sicílias — e deve-se a essa sua inflexível vontade de sucesso o fato de o Piemonte haver procurado atiçar contra ele, ao que se lê em alguns textos, um aventureiro uruguaio.*

Mas todos esses movimentos tinham afinal um só propósito: cortar as asas daquela potência italiana que, mais ainda que as Duas Sicílias, não no plano militar mas no da persuasão e do pensamento, trabalhava infalivelmente para unificar a Itália: o Estado Pontifício. Valendo-se da obra de homens de fé e de pensamento, o Estado Pontifício agiu incansavelmente para reconduzir a Itália a um só governo. Foi uma luta dura e apaixonada, durante a qual o Papado recorreu até a sutis subterfúgios, como o de atrair os atiradores de elite piemonteses a Roma com o objetivo de obter também um forte exército. Foi uma luta longa e tenaz, que só se concluiu definitivamente cem anos depois, em 18 de abril de 1948, quando finalmente toda a península se viu reunida sob o Sinal da Cruz."

Pois bem, o pesquisador que chega a Milão, o que vê da situação bárbara mas politicamente articulada que a risível historiografia do dr. Dobu nos fazia imaginar? Lamentavelmente, o que o pesquisador é levado a anotar só dá margem a duas hipóteses: uma, a de que nos últimos cinquenta anos se tenha verificado algum fenômeno regressivo pelo qual todo vestígio da articulação política descrita por Dobu teria desaparecido; outra, a de que a comunidade de Milão tenha permanecido estranha às grandes reviravoltas que abalavam a península italiana, e isso em virtude de uma natureza eminentemente colonial e passiva dos seus habitantes, incapazes de qualquer aculturação e condenados a uma frenética mobilidade social — não rara, por outro lado, em muitas comunidades primitivas.

2. A *"Pensée Sauvage"* (Ensaio de pesquisa de campo)

O dia do indígena milanês se desenvolve segundo os ritos solares elementares. Ele acorda cedo para entregar-se às incumbências típicas dessa população: colheita de aço nas plantações, cultivo de perfis metálicos, curtimento de matérias plásticas, comércio de fertilizantes químicos com o interior, semeadura de transistores, pastoreamento de lambretas, criação de alfa-romeos e assim por diante. O indígena, contudo, não ama seu trabalho e faz o possível para evitar o momento em que o iniciará; o curioso é que os chefes da aldeia parecem secundá-lo, por exemplo, eliminando as vias habituais de transporte, extirpando os trilhos dos antigos bondes, confundindo a circulação com largas faixas amarelas pintadas ao longo das veredas (com claro significado de tabu) e por fim escavando profundos buracos nos pontos mais inopinados, onde muitos indígenas se precipitam e são provavelmente sacrificados às divindades locais. É difícil explicar psicologicamente a atitude dos chefes da aldeia, mas essa destruição ritual das comunicações sem dúvida está ligada a ritos de ressurreição (obviamente, pensa-se que, comprimindo fileiras de habitantes nas vísceras da terra, da eliminação deles nascerão, quais sementes, outros indivíduos mais fortes e robustos). Mas a população reagiu imediatamente com uma clara síndrome neurótica a essa atitude dos chefes, elaborando um culto aparentemente nascido por geração espontânea, verdadeiro exemplo de exaltação coletiva: o "culto do metrô de carga" (*tube cult*). Ou seja, em determinadas épocas, propaga-se pela cidade "O Rumor", e os indígenas são possuídos pela confiança quase mística em que um dia enormes veículos se moverão nas vísceras da terra, transportando cada indivíduo em velocidade miraculosa para qualquer ponto da aldeia. O dr. Muapach, um sério e preparado membro da minha expedição, até se perguntou a certa altura se "O Rumor" tinha origem em algum fato real, e desceu a essas cavernas: mas lá não encontrou nada que pudesse, mesmo longinquamente, justificar o boato.

Que os chefes da cidade fazem questão de manter a população num estado de incerteza é provado por um ritual matutino, a leitura de uma espécie de mensagem hierática, o *Corriere della Sera*, que os chefes fazem chegar aos seus súditos ao amanhecer: a natureza hierática da mensagem é sublinhada pelo fato de as noções por ela comunicadas serem puramente abstratas e desprovidas de qualquer relação com a realidade; em outros casos a relação, como pudemos verificar, é aparente, de tal modo que ao indígena é apresentada uma espécie de contrarrealidade ou realidade ideal na qual ele presume mover-se como numa floresta de vivos pilares, vale dizer, num mundo eminentemente simbólico e heráldico.

Mantido constantemente nesse estado de aturdimento, o indígena vive numa tensão persistente que os chefes só lhe permitem descarregar nas festividades coletivas, quando a população se derrama em bandos por imensas construções de forma helicoidal, das quais provêm ininterruptamente um clamor pavoroso.

Em vão tentamos entrar numa dessas construções; com uma diplomacia primitiva, mas espertíssima, os indígenas sempre nos impediram, pretendendo que exibíssemos para o acesso umas mensagens simbólicas que aparentemente estavam à venda, mas pelas quais nos foi pedida uma tal quantidade de dentes de cão que não poderíamos desembolsá-la sem ter de, em seguida, abandonar a pesquisa. Obrigados, assim, a acompanhar a manifestação pelo lado de fora, primeiro formulamos a hipótese, avalizada pelos rumores fragorosos e histéricos, de que se tratasse de ritos orgiásticos; mas logo depois fez-se clara a horrível verdade. Nesses recintos os indígenas se dedicam, com o consenso dos chefes, a ritos de canibalismo, devorando seres humanos adquiridos junto a outras tribos. A notícia de tais aquisições é inclusive dada nas costumeiras mensagens hieráticas matutinas, pelas quais se pode assistir, dia após dia, a uma verdadeira crônica das aquisições gastronômicas; dessa crônica depreende-se que são particularmente apreciados os estrangeiros de cor, os de alguns cepos nórdicos e, em grande quantidade, os hispano-americanos. Pelo que nos foi dado reconstituir, as vítimas são devoradas em enormes travessas coletivas compostas de vários indivíduos, segundo complicadas receitas que são publicamente expostas pelas ruas, e nas quais se apresenta uma espécie de posologia não ignara de reminiscências alquímicas, do tipo "3 a 2", "4 a 0", "2 a 1". Que o canibalismo, contudo, não representa uma simples prescrição religiosa, mas também um vício difundido, enraizado em toda a população, é demonstrado pelas enormes somas que os indígenas parecem despender para a aquisição dos alimentos humanos.

Parece, no entanto, que, junto aos grupos mais abastados, esses banquetes dominicais suscitam um verdadeiro terror, de modo que, no momento em que a maior parte da população se precipita para os refeitórios coletivos, os dissidentes se entregam a uma fuga desesperada ao longo de todas as vias de saída da aldeia, chocando-se desordenadamente, atropelando-se com os veículos, perdendo a vida em sangrentos pega-pegas. Ao que parece, esses indivíduos, tomados por uma espécie de menadismo, vislumbram como única salvação o caminho do mar, visto que a palavra mais insistentemente pronunciada nesses êxodos sanguinários é "o barco".

O baixo nível intelectual dos indígenas é demonstrado pelo fato de eles evidentemente ignorarem que Milão não fica no litoral; e é tão escassa sua capacidade de memorização que, toda manhã de domingo, se entregam à costumeira fuga precipitada, para, na mesma noite, retornarem à cidade em magotes amedrontados, buscando refúgio nas próprias cabanas, dispostos a esquecer no dia seguinte sua cega aventura.

Por outro lado, desde os primeiros anos de vida, o jovem nativo é educado de tal modo que a desorientação e a incerteza se estabeleçam como fundamento de qualquer gesto seu. Sob esse aspecto, são típicos os "ritos de passagem" que ocorrem em locais subterrâneos, onde os jovens são iniciados a uma vida sexual dominada por um tabu inibitório. É característica a dança que praticam, na qual um jovem e uma jovem se colocam frente a frente, remexendo os quadris e movendo para a frente e para trás os braços dobrados em ângulo reto, sempre de tal modo que os corpos não se toquem. Já dessas danças transparece o mais total desinteresse por parte de ambos os participantes, completamente ignaros um do outro, tanto que, quando um dos dançarinos se inclina, assumindo a posição costumeira do ato sexual — imitando-lhe as fases rítmicas —, o outro se retrai, como horrorizado, e tenta fugir, curvando-se às vezes até o chão; mas no momento em que o parceiro, que agora conseguiu alcançá-lo, poderia usar dele, afasta-se de repente, restabelecendo as distâncias. A aparente assexualidade da dança (um verdadeiro rito iniciático marcado por ideais de abstinência total), porém, é complicada por alguns detalhes obscenos. De fato, o dançarino macho, em vez de ostentar normalmente o membro nu e fazê-lo voltear entre os aplausos da multidão (como faria qualquer rapazelho nosso, ao participar de uma festa na ilha de Manus ou alhures), mantém-no cuidadosamente encoberto (deixo o leitor imaginar com qual impressão geral de asco, até para o observador mais livre de preconceitos). De igual modo, a dançarina jamais deixa entrever os seios, e, subtraindo-os à visão dos presentes, obviamente contribui para criar desejos insatisfeitos que não podem deixar de provocar profundas frustrações.

Aliás, o princípio de frustração como constitutivo da relação pedagógica parece funcionar também nas assembleias dos anciãos, de igual modo realizadas em subsolos, e nas quais aparentemente se celebra um retorno aos valores morais-naturais elementares: de fato, uma dançarina aparece lubricamente coberta de indumentos e gradativamente se despoja deles, mostrando os próprios membros, de tal modo que o observador é levado a pensar que se está preparando aqui uma resolução catártica da emoção, a qual deveria sobrevir quando a dançarina se mostrasse pudicamente nua. Na realidade — por ordem expressa dos chefes, como nos foi dado apurar —, no último instante a dançarina conserva alguns indumentos fundamentais, ou finge tirá-los antes de desaparecer, no mesmo instante, em meio à escuridão que repentinamente invade a caverna. De modo que os indígenas saem desses lugares ainda tomados por suas perturbações.

Mas a pergunta que o pesquisador se faz é a seguinte: o aturdimento e a frustração constituem verdadeiramente o efeito de uma decisão pedagógica consciente, ou será que para esse estado de coisas concorre, influenciando as próprias decisões dos chefes e dos sacerdotes, alguma causa mais recôndita, ligada à natureza mesma do *habitat* milanês? Terrível pergunta, porque, neste caso, tocaríamos as nascentes profundas da mentalidade mágica que se apodera dos nativos, e desceríamos às matrizes obscuras das quais se origina a noite da alma desta horda primitiva.

3. *O paradoxo da Porta Ludovica*
(Ensaio de fenomenologia topológica)

Para explicar tanto a situação de desorientação e passividade quanto a refratariedade a qualquer inculturação, próprias desses indígenas, outros estudiosos já recorreram à hipótese originariamente apresentada no nível etnológico pela doutora Poa Kilipak: o indígena milanês tem a confusa consciência de viver num "espaço mágico" no qual não são válidas as determinações diante-atrás-direita-esquerda e, consequentemente, é improjetável qualquer orientação, qualquer operação finalizada (do que se depreenderiam, para o nativo, uma atrofia de várias funções cerebrais e um estado de passividade já ancestral). O espaço no qual surge Milão seria entendido pelos indígenas (ou seria *verdadeiramente*, segundo outros, mais inclinados a um reconhecimento efetivo das categorias mágicas) como um espaço instável que impede qualquer cálculo direcional e coloca o indivíduo no centro de coordenadas continuamente variáveis — portanto, seria um espaço *topológico*, semelhante àquele no qual viveria um micróbio que tivesse escolhido como habitação uma bola de chicletes no lapso de tempo (para o micróbio: "período histórico", era geológica) em que é mastigado por um ser de dimensões macroscópicas.

O caráter do "espaço milanês" é excelentemente descrito pelo professor Moa em seu *Paradoxo da Porta Ludovica (ou: sobre a triangulação ambígua)*. Cada indivíduo, seja ele um civilizado das ilhas Marquesas, seja um selvagem europeu — argumenta Moa —, move-se no espaço através de "projetos orientadores" elaborados mediante *triangulações*. Essas triangulações repousam sobre a assunção dos conceitos euclidianos de uma geometria plana, tomando-se como modelos paramétricos as figuras do quadrado, do triângulo ou do círculo. Por exemplo, um selvagem de Turim que esteja habituado a alcançar em linha reta o monumento a Vítor Emanuel, partindo da Porta Nuova e percorrendo o Corso Vittorio Emanuele até um ponto X, sabe que, através de oportunas triangulações, chegará ao mesmo ponto graças a um "desvio em forma de quadrado": ou seja, poderá percorrer os lados do quadrado *"Porta Nuova — Via Sacchi — (ângulo de noventa graus) — Corso Stati Uniti — (ângulo de noventa graus) — Corso Re Umberto — Corso Vittorio Emanuele até o ponto X"*.

De igual modo, um indígena de Paris que tenha realizado o percurso *"Étoile — Place de la Bastille"* sabe que tocou dois pontos de uma circunferência percorrendo uma corda desta; mas que, da Place de la Bastille, poderá igualmente alcançar a Étoile percorrendo a mesma circunferência no arco *"Bvd. Richard Lenoir — Place de la République — Boulevards Saint Martin, Saint Dénis-Bonne Nouvelle, de la Poissonnière-Montmartre, Haussmann — e finalmente a Avenue Friedland até a Étoile"*.

Com o paradoxo da Porta Ludovica, ocorre algo diferente. Escutemos o que diz Moa:

"Tome-se um indígena milanês chegado a um tal nível de capacidade abstrativa que consegue elaborar a hipótese mais fácil sobre o próprio habitat, *ou seja, a de que Milão tem uma estrutura circular espiraliforme. Naturalmente, nenhum indígena milanês poderia alcançar um tal grau de capacidade operativa, justamente porque o espaço topológico em que ele vive torna-o inepto para a formação de qualquer esquema estável. Contudo, aceita essa hipótese, nosso sujeito imaginaria a estrutura de Milão mais ou menos como a superfície de um quadro de Hundertwasser. Admita-se, então, que o sujeito tenha feito no passado a seguinte experiência (também é puramente teórica a hipótese de que, feita a experiência, tenha conseguido memorizá-la e extrapolar dela um esquema de previsão): aprendeu que pode alcançar a Porta Ludovica a partir da Piazza Duomo ao longo da reta 'Via Mazzini — Corso Italia'; portanto, concluiu que pode chegar à Piazza General Cantore (Porta Genova) partindo da Piazza Duomo ao longo da reta Via Torino — Carrobbio — Via Correnti — Corso di Porta Genova; estabelecida a hipótese de que as duas diretivas constituam os raios de uma circunferência da qual a Piazza Duomo seja o centro, experimentou a ligação 'Piazza General Cantore — Porta Ludovica' através do arco de*

circunferência 'Viale d'Annunzio — Porta Ticinese — Via Giangaleazzo'. Sua previsão obteve sucesso. A partir daí, extrapolou imprudentemente uma regra geral, como se o espaço em que ele se move fosse estável e imutável, e tentou uma operação ulterior: descoberta a outra diretriz 'Piazza Duomo — Via Torino — Via Correnti — Via San Vicenzo — Via Solari — Piazza Napoli', interpretou inclusive esta como um raio da circunferência e projetou ligar a Piazza Napoli à Porta Ludovica mediante o arco de circunferência. Ele sabe que o terceiro raio percorrido é mais longo do que os dois precedentes, e portanto sabe que a circunferência na qual se situa a Piazza Napoli é externa em relação àquela na qual se encontra a Porta Ludovica. Decide, portanto, corrigir em certo ponto o percurso do seu arco, desviando-se em direção ao centro. Assim, inicia o arco de circunferência percorrendo Via Troya, Viale Cassale, Viale Liguria, Via Tibaldi, Viale Toscana, Via Isonzo (dobra um pouco em direção ao centro), Viale Umbria, Viale Piceno, Via dei Mille, Via Abruzzi: chegado a Piazzale Loreto, dobra de novo em direção ao centro (de outro modo, ele sabe, acabaria em Monza); percorre Viale Brianza, Viale Lunigiana, Viale Marche, Via Jenner, dobra de novo em direção ao centro, sempre ajustando o rumo, percorre Via Caracciolo, Piazza Firenze, Viale Teodorico, Piazzale Lotto; a esta altura, temeroso de não haver alcançado suficientemente as volutas internas da espiral, dobra ainda mais em direção ao centro por Via Migliara, Via Murillo e Via Ranzoni, Via Bezzi, Via Misurata. E neste ponto se vê na Piazza Napoli, depois de ter percorrido o circuito de Milão. Os experimentos demonstraram que, deste ponto em diante, o sujeito perde toda capacidade de adiantar previsões. Por mais que corrija o desvio em direção ao centro, reduzindo o percurso no aparente arco de circunferência, ele se verá na Porta Ticinese, na Piazza Medaglia d'Oro, mas nunca na Porta Ludovica. Isso leva a supor que a Porta Ludovica não exista para quem triangula no espaço milanês a partir da Piazza Napoli. *De fato, qualquer projeto direcional será desde então inevitavelmente frustrado, as tentativas de orientação procurarão exercer-se prescindindo de uma esquematização preliminar do espaço milanês, mas de fato será impossível ao sujeito evitar o recurso a referências euclidianas espontâneas, tais como 'se eu der três passos à esquerda, três passos à frente e três à direita, me encontrarei três passos à frente na linha reta que se origina do ponto de partida'. Habitualmente, o sujeito, após um cálculo desse gênero, vê-se quase invariavelmente na zona Monforte, indicável como lugar geométrico de toda destinação possível. O espaço milanês se alonga e se contrai como um elástico, e as contrações são influenciadas pelos movimentos que o sujeito projeta nele, de tal modo que lhe é impossível prevê-los como base do projeto mesmo."*

Como sabem os estudiosos, em seguida Moa tentou demonstrar o segundo paradoxo da Porta Ludovica, assumindo a hipótese de que, tomando como ponto de partida a Porta Ludovica, seria impossível localizar a zona Monforte (encontrando uma exceção no postulado da zona Monforte como lugar geométrico de toda destinação possível). Mas não se sabe se sua pesquisa foi coroada de sucesso, porque o corpo de Moa nunca foi encontrado — embora corra entre os nativos a lenda de que, há tempos imemoriais, seu espírito vaga pela Piazza Napoli, da qual, uma vez chegado, ele não foi mais capaz de afastar-se. Se isso tiver acontecido, caberia a Moa o fato de haver demonstrado a irreversibilidade do paradoxo da Porta Ludovica; mas a hipótese mais arrepiante é a de que o espírito de Moa vague pela Piazza Napoli, na inútil busca do corpo que jazeria insepulto na Piazza Tricolore, zona Monforte.

Naturalmente, a hipótese topológica de Moa pareceu insatisfatória aos filósofos, que tentaram fundamentar a ambiguidade espacial de Milão numa precisa estrutura da existência.

Assim, das pesquisas topológicas de Moa tomou impulso a *Mailandanalyse* de Karl Opomat, um estudioso das ilhas do Almirantado que se treinou nessas pesquisas durante o período em que esses territórios admitiram dentro de seus limites, para estágios de aculturação, numerosos "colonos" alemães.

"*O existir-em-Milão* (escreve Opomat) *apresenta-se como um existir-para-a-Porta-Ludovica no mundo fictício da saciabilidade. O em-que estar-em-Milão se compreende preliminarmente no modo de remeter-se, é o aquilo-quanto-ao-qual do preliminar deixar vir ao encontro a Porta Ludovica. O em-que da compreensão autorreferente como aquilo-quanto-ao-que do deixar vir ao encontro a Porta Ludovica no modo de ser da saciabilidade é o fenômeno do existir-em-Milão. Mas na milanidade mesma de Milão em geral (*Mailandlichkeit von Mailand überhaupt*) o existir-em-Milão deve ser posto às claras enquanto Cuidado (*Sorge*)*, e o cuidar-se é um cuidar-se da Porta Ludovica segundo os três êxtases da temporalidade, todavia de modo que o Ser-para-a-Porta-Ludovica não possa não ser um Ser-para-Monforte.*"

A visão trágica de Opomat viria a temperar-se nos estudos ulteriores (cf. a noção de Piazza Napoli como "desvelamento"), mas nunca pôde subtrair-se a uma forte tonalidade negativa.

Ao contrário, mais aderente à situação temporal trazida à luz por Moa é a penetrante fenomenologia de outro pensador, o pranteado Manoi Cholai, em cujos manuscritos inéditos encontramos uma vertiginosa análise do estado de desorientação em que se encontra quem for introduzido na "fluência" da situação espacial milanesa:

*"O seu ser agora (de Milão) está sempre no desembocar originário e no difundir-se (*Urquellen *e* Verquellen*), e de tal modo que o difundir-se equivale a uma constante modificação, que torna o verdadeiro presente (*Urpräsent*) não mais originariamente presente, transforma-o em recém-sido, ao qual porém se acrescenta constantemente um novo presente originário (zona Monforte) que é desembocante e que por sua vez se difunde, e ao qual se acrescenta um novo no modo do agora originariamente desembocante e assim por diante. Tem-se em Milão um distanciar-se (*Auseinandersein*) que seja também uma sucessão (*Nacheinander*), no sentido de um distanciar-se dos pontos no tempo. No movimento da Porta Ludovica à Piazza Napoli estão simultaneamente presentes o agora e a continuidade dos já-sidos (*Gewesenheiten*), o horizonte do manter (*Behalten*) e do sobrevir (*des Zukommendes*). Aqui vem--nos primeiro ao encontro a mediatez da implicação intencional, respectivamente à modificação retencional. Do ponto manancial (Porta Ludovica) irradia-se uma consciência sucessiva do já-sido-há-pouco, do imediato já-sido, ao qual se acrescenta uma fase de consciência do há-pouco de todo há-pouco, e assim temos um contínuo 'de de de de'. O fluir retencional é caracterizado em si mesmo como contínuo ser-já--fluído, no qual o já-fluído, em cada um dos estágios, é caracterizado como já-fluído de um fluir e como mediatamente já fluído etc."*

Mas é claro que a complicação dessas análises, respeitabilíssimas, não nos ajuda a ultrapassar em muito o ponto já alcançado por Moa, a saber, a atribuição do retardo mental do nativo milanês à ação desordenadora que a ambiguidade da situação espacial exerce sobre os centros nervosos (influenciando diretamente o labirinto, no dizer de alguns representantes do velho positivismo — os quais, entre outras coisas, tendem a falar não só de influência sobre as trompas de Eustáquio, mas até sobre as trompas de Falópio, para as indígenas que circulam noturnamente pelas alamedas dos círculos internos da cidade).

Contudo, seja-nos permitido refutar tanto a explicação filosófica quanto a científico-matemática, para retornarmos a uma consideração de ordem histórica que, entretanto, se vale das pesquisas antropológicas concretas por nós desenvolvidas (cf. os anexos 671-1346).

A estrutura primitiva dos ritos de passagem e dos atos de culto, o sentido da passividade colonial, a imobilidade social e a incapacidade evolutiva não se justificam somente com base em sutis especulações sobre a estrutura espacial do lugar, mas também devem ser esclarecidos por profundos móveis econômicos e sociais.

Pois bem, confrontando a situação presente da península e aquela descrita nos textos históricos dos nativos, textos que remontam a cerca de mil anos atrás, acreditamos oportuno arriscar, ainda que a título de hipótese historiográfica, a seguinte explicação como a mais provável.

4. *Igreja e Indústria (Ensaio de interpretação histórico-socioeconômica)*

A península italiana é hoje teatro daquela que os nativos chamariam uma "luta pelas investiduras". O cenário social e político é dominado por duas potências igualmente fortes que disputam entre si o controle dos territórios da península e dos seus habitantes: a Indústria e a Igreja. A Igreja, ao que se sabe pelos depoimentos recolhidos *in loco*, é uma potência laica e mundana, voltada para o domínio terreno, para a aquisição de áreas edificáveis, para as alavancas do governo político, enquanto a Indústria é uma potência espiritual voltada para o domínio das almas, para a difusão de uma consciência mística e de uma disposição ascética.

Durante nossa estada na península italiana, acompanhamos algumas típicas manifestações da Igreja, as chamadas "procissões" ou "precessões" (evidentemente, ligadas a celebrações equinociais), que representam verdadeiras ostentações de fausto e potência militar; de fato, nelas aparecem pelotões de guardas, cordões de polícia, generais do exército, coronéis da aviação. Outro exemplo, nos chamados "ritos pascais" assiste-se a verdadeiras paradas militares, nas quais alas inteiramente couraçadas compareçem para satisfazer a simbólica homenagem que a Igreja pretende do exército. Em contraste com a organização militar dessa potência terrena, bem diferente é o espetáculo oferecido pela Indústria.

Seus fiéis vivem numa espécie de tétricos conventos nos quais geringonças mecânicas contribuem para tornar o *habitat* ainda mais descarnado e desumanizado. Mesmo quando esses cenóbios são construídos segundo critérios de ordem e simetria, neles predomina um rigor de tipo cisterciense, enquanto as famílias dos cenobitas vivem retiradas em celas de enormes mosteiros que muitas vezes cobrem áreas de impressionante vastidão. O espírito de penitência permeia todos os afiliados, especialmente os chefes, os quais vivem numa pobreza quase total (eu mesmo pude conferir o status de seus haveres, declarado publicamente com objetivo penitencial), e se reúnem habitualmente em longos e ascéticos retiros (os chamados "conselhos") durante os quais esses homens de cinza, de rostos escavados e olhos afundados pelos longos jejuns, permanecem horas e horas discutindo desencarnados problemas concernentes ao fim místico do sodalício, a "produção" de objetos, vista como uma espécie de continuação perene da criação divina.

Alheios às riquezas, eles parecem odiar todo símbolo de bem-estar, e mal possuem uma joia, uma gema, uma peliça preciosa, desembaraçam-se dela doando-a às donzelas que prestam serviço de vestais no pronau que antecede seus penetrais hieráticos (em geral essas jovens se dedicam a uma prática de culto semelhante àquela dos monges tibetanos que fazem funcionar os moinhos de oração, e batem constantemente sobre as teclas de um instrumento que produz sem descanso invocações crípticas à divindade e incitamentos à ascese "produtiva"). A mística da produção tem, por outro lado, um severo fundamento teológico, e conseguimos reconstruir uma doutrina da *circulação dos méritos*, pela qual o ato virtuoso de cada membro da casta sacerdotal pode ser utilizado sobrenaturalmente por outro membro: e em certos templos assiste-se a verdadeiras passagens contínuas desses "méritos" ou "cupons", durante certas manifestações de fanatismo religioso, quando multidões de sacerdotes se precipitam para doar os próprios "méritos", depreciando-lhes o valor, como para fazer insistente dom deles aos outros, num impressionante crescendo da tensão e do *raptus* histérico.

Fica claro, para o pesquisador, que a potência afinal predominante na aldeia de Milão é a Indústria: em consequência, a população vive perenemente nesse estado de tensão mística que provoca justamente a desorientação e a rendição tácita às decisões dos sacerdotes. À luz dessa interpretação, adquire significado a hipótese de um espaço mágico, que não é em absoluto um dado metafísico, mas a concreta disposição constantemente dada ao *habitat* milanês pelos detentores do poder religioso, a fim de manter os fiéis nessa condição de desprendimento ante todo valor terreno. E assim também adquirem significado os ritos de passagem, a pedagogia da frustração, o canibalismo dominical e a fuga xamânica rumo ao mar (o qual, por conseguinte, mostra-se apenas como uma espécie de representação sacra, uma ficção coletiva da qual cada um é ao mesmo tempo consciente e súcubo, enquanto todos, no fundo, estão persuadidos de que a solução não está na fuga, mas na rendição total e amorosa ao poder místico da produção). Ainda assim, seria errado pensar na indústria como uma potência que governa, imperturbada, os indígenas e o território. A península italiana, que foi teatro de tantos e tão fortunosos eventos (dos quais, infelizmente, Dobu forneceu uma representação mitológica), constitui um território permanentemente aberto à invasão de populações bárbaras, à imigração das hordas meridionais que se derramam sobre a aldeia devastando-a, alterando-lhe a estrutura espacial, acampando às suas margens, entrincheirando-se nos edifícios públicos e imobilizando qualquer atividade administrativa: diante dessa pressão de hordas estrangeiras, assim como da ação corruptora da Igreja, que tenta desviar as almas dos indígenas induzindo-os a sonhos de equivocada modernidade (cujo símbolo é dado pelo jogo ritual do pingue-pongue e pela competição eleitoral, uma forma de esporte sanguinário e debilitante do qual participam até velhinhas paralíticas), a Indústria surge como o último baluarte para a conservação da antiga civilização primitiva. Não cabe ao antropólogo julgar se essa conservação é um fato positivo: convém apenas registrar a função da Indústria, que para esse fim erigiu brancos mosteiros nos quais dezenas e dezenas de monges, fechados em suas celas e em seus refeitórios (os "*studia*" ou "*officia studiorum*"), estilam em silêncio, no despojamento inumano de seus retiros, as constituições perfeitas para as comunidades futuras, a salvo das invasões, das ruínas, das algazarras. São homens silenciosos e esquivos, que só raramente se apresentam à plateia da atividade pública, pregando obscuras e proféticas cruzadas, acusando aqueles que vivem no mundo de serem "servos do neocapitalismo" (expressão obscura, pertencente ao jargão místico desses iluminados). Mas, uma vez cumprida sua função testemunhal, de novo retiram-se piamente para seus cenóbios, registrando sobre desbotados palimpsestos suas esperanças, protegidos atrás do baluarte da mística potência que os governa a eles e a aldeia, e que se oferece ao estudioso como única chave para compreender-lhe o inquietante e selvagem mistério.

1962

Elogio de Franti

"É certo que, se quisermos colocar-nos no ponto de vista do espírito ortodoxo, o riso humano está intimamente ligado ao acidente de uma queda antiga, de uma degradação física e moral... Todos os incréus de melodrama, malditos, condenados, fatalmente marcados por um ríctus que lhes corre até as orelhas, situam-se na ortodoxia pura do riso... O riso é satânico; é, portanto, profundamente humano."

Baudelaire

"E tem ao seu lado uma cara atrevida e cruel, um que se chama Franti, que já foi expulso de outra seção." Assim, à página da terça-feira 25 de outubro, Enrico apresenta aos leitores o personagem de Franti. De todos os outros diz-se algo mais, o que fazia o pai, em que eram excelentes na escola, como usavam o paletó ou removiam os pelos das roupas: de Franti, porém, nada mais, ele não tem extração social, características fisionômicas ou paixões evidentes. Atrevido e cruel, tal é seu caráter, determinado no início da ação, de tal modo que não se deve supor que os eventos e as catástrofes o modifiquem ou o coloquem em relação dialética com coisa alguma. Franti não escapa de Franti; e Franti morrerá: "mas Franti dizem que não virá mais, porque será posto na prisão", escreve-se na segunda-feira 6 de março, e a partir desse ponto, já na metade do volume, não mais se fará menção a ele.

Quem seja esse Enrico é por demais notório: de medíocre intelecto (não se sabe que notas obtém e tampouco se consegue passar de ano), oprimido desde a mais tenra infância por um pai, uma mãe e uma irmã que lhe escrevem à noite, como sicários da OAS,* cartas quase ameaçadoras em seu diário, ele

---

*Organisation de l'Armée Secrète. (*N. da T.*)

vive continuamente imerso em sombrios complexos, meio dividido entre a admiração deslumbrada por um Garrone que não perde oportunidade de fazer baixa retórica eleitoral ("Fui eu!", e o mestre, bobalhão: "Você é uma alma nobre!"; e se alguém aborrece o substituto, logo Garrone intervém do lado do poderoso e da ordem: "ai de quem o inquietar, vocês abusam porque ele é bondoso, o primeiro que lhe pregar mais uma peça, eu o espero lá fora e lhe quebro os dentes!", assim o substituto retorna, vê todos caladinhos — enquanto ele, Garrone, com os olhos expelindo chamas, "parecia um leãozinho furioso" — e lhe diz "como diria a um irmão": "eu lhe agradeço, Garrone", e pronto. Garrone está arranjado para o ano inteiro, agora me digam se não era um filho da puta) e por outro lado uma espécie de atração homossexual por Derossi, que é "o mais belo de todos", balança os cabelos louros, ganha o primeiro prêmio, faz-se beijar pelo jovem calabrês e, em suma, lembra certos personagens dos livros de Arbasino. Entre esses polos está Enrico: de caráter impreciso, inconstante em seus propósitos éticos, escravo de ambíguos cultos da personalidade, não podia ser muito diferente daquele pai que se pretendia — Turvo personagem este aqui — a encarnação daquele ambíguo socialismo humanitário que precedeu o fascismo, e no qual a ideologia adocicada estava para a luta de classes como o republicanismo de Carducci para a revolução francesa (odes à rainha Margarida, avós e ciprestes que em Bolgheri altos e escorreitos etc. e tal, mas de república, necas): esse pai que fala de respeito pelos ofícios e profissões, exalta a nobreza dos humildes, incita o filho a amar os pedreiros, mas se desmistifica naquela terrível página de 20 de abril (quinta-feira), na qual exorta o filho a lançar os braços ao pescoço de Garrone quando, dentro de quarenta anos, o reencontrar com o rosto preto, nos trajes de um maquinista, "ah, não precisa jurar, Enrico, tenho certeza, ainda que você venha a ser um senador do Reino" — e sequer o aflora a suspeita daquilo que poderia (deveria) acontecer, ou seja, que Enrico possa ver-se nos trajes de um maquinista ao encontrar o amigo Garrone como senador do Reino (sabendo-se como é Garrone, terá chegado à câmara alta através da Acli,* tudo bem, mas o que conta é o princípio, certo?). E de resto quem é esse pai, esse Alberto Bottini de obscura profissão (não a diz nem mesmo quando vai

---

*Associazioni Cristiane Lavoratori Italiani. (*N. da T.*)

visitar o velho mestre em Condove), fica bastante claro página por página e se exemplifica por fim naquelas linhas, nas quais este miserável filisteu protofascista explode no elogio do exército: "Todos esses jovens cheios de força e de esperanças podem de um dia para outro ser chamados a defender nosso País, e em poucas horas ser todos esfacelados pelas balas e pela metralha. Todas as vezes em que você ouvir gritar numa festa: Viva o Exército, viva a Itália, imagine, por trás dos regimentos que passam, um campo coberto de cadáveres e alagado de sangue, e a imagem da Itália lhe aparecerá mais severa e maior." É o domingo 11 de outubro, e no dia 14 ele ainda escreverá mais uma carta belicista ao filho, falando de Roma maravilhosa e eterna, de Pátria sagrada, de sangue a dar e de último beijo na bandeira abençoada; e sempre sem a mínima clareza ideológica, tanto que, no intervalo de poucos dias, tece no mesmo tom o elogio de Cavour e o de Garibaldi, demonstrando não haver entendido nada das forças profundas que dividiram o nosso *Risorgimento*. E assim educava o filho para a violência e a retórica nacional, o interclassismo corporativista e o humanitarismo paternalista, de tal modo que, ocorrendo os fatos em 1882, podemos imaginar Enrico intervencionista quarentão (e portanto em casa, bancando o estudioso), no início da guerra, e profissional simpatizante dos esquadrões de ação em 1922, feliz enfim com que o País tenha ido parar nas mãos de um homem forte, fiador da ordem e da fraternidade. Derossi naquela época seguramente já morrera na guerra, voluntário, lançando, ao cair, sua medalha de primeiro da classe na cara do inimigo; Votini teria virado espião da Ovra;* e Nobis, que devia ter propriedades no campo, e já desde pequeno tratava por esfarrapados os filhos dos carvoeiros, agrário apoiador dos esquadrões, seguramente já era federal.** É de esperar que o pedreirinho e Precossi tivessem pelo menos tomado o óleo de rícino e tramassem na sombra; e talvez Stardi, pé de boi como era, tivesse lido todo *O capital*, nem que fosse por capricho, e, por conseguinte, alguma coisa havia compreendido; mas Garoffi certamente se alinhara e não fazia política; e Coretti, com aquele pai que lhe repassava ainda quentinha a carícia do Rei, sabe lá se não fazia guarda de honra para o Homem da Providência.

---

*Organizzazione per la Vigilanza e la Repressione dell'Antifascismo. (*N. da T.*)
**Na época do fascismo, secretário de uma federação de *fasci di combattimento*. (*N. da T.*)

Este o clima: e Enrico era seu expoente médio, sem tirar nem pôr. De um jovem daquela feitura não podemos esperar alguma luz sobre Franti: pelo contrário, devia existir entre os dois uma espécie de incompreensão radical pela qual, se Franti tivesse um dia recolhido um passarinho do solo e esfarelado para ele um pedaço de pão, Enrico jamais relataria isso. Lógico que Franti, se recolhia passarinhos, levava-os para casa e os metia na panela, porque a única vez em que Enrico se trai e nos mostra a mãe de Franti precipitando-se para a classe e implorando perdão para o filho punido, afobada, "com os cabelos grisalhos desgrenhados, toda encharcada de neve", envolta num xale, encurvada e tossindo, deixa-nos compreender que Franti tem por trás de si uma condição social, e uma pocilga malsã, e um pai desempregado, que explicam muitas coisas. Mas para Enrico tudo isso não existe, ele não pode compreender o pudor desse garoto que, diante da impudicícia feudal da mãe que à vista da estudantada se joga aos pés do Diretor, e da intervenção melodramática deste último ("Franti, assim você mata sua mãe!", ora bolas, onde estamos?), busca uma compostura no sorriso, para não sucumbir ao vexame; e o interpreta como o reacionário moralista que é: "E aquele infame sorriu."

Mas, se quisermos jogar este jogo, então joguemos. Franti não tem substrato, não se sabe como nasce e como morre, é a encarnação do mal? Pois bem, que seja, vamos aceitá-lo como tal e vê-lo como tal, elemento dialético no grande curso da vida escolar deamicisiana, momento negativo em toda a sua evidência triunfante. Mas tomemo-lo como tal, e não nos deixemos confundir pelos pequenos detalhes de contorno: porque, se Franti não tem fundo sociológico, tampouco devem tê-lo as pessoas de quem ele parece zombar, a mãe de Crossi que ele macaqueia em sua condição de verdureira, e o pedreiro acidentado no trabalho, a cuja passagem Franti sorri: se fizermos demagogia sobre o pedreiro e sobre a verdureira, então façamo-la também sobre Franti e sobre as determinações econômicas de sua perfídia. Do contrário, aceitemo-lo como um princípio sem fundo e sem história, e enfrentemo-lo pensando que Enrico nos falou dele como os historiadores romanos falaram dos cartagineses: que eram um povo industrioso e laborioso, grandes mercadores e navegadores, mas, como não possuíam uma indústria cultural, não encomendavam elogios e libelos, ao passo que os romanos, mais organizados quanto a estudos, tinham facilidade de confiar à história terríveis informações por conta dos inimigos, dizendo que estes colocavam as crianças no ventre de uma estátua incendiada; e depois se eles, os conquistadores, destruíam Cartago e espalhavam sal sobre as ruínas, era bem-feito.

O que Franti faz e variado e bastante complexo: sobe num banco e provoca Crossi, e o machuca, mas quando Crossi lhe atira um tinteiro ele se esquiva, e o tinteiro vai golpear o professor que vinha entrando. Esquiva meritória a mais não poder, portanto, porque esse professor é o mesmo lambe-botas repugnante que, numa altercação entre Coraci (o calabrês) e Nobis, dá razão a Coraci e não a Nobis, mas trata Nobis por senhor enquanto trata Coraci por você. Também dá esse mesmo tratamento a Franti, naturalmente, porque este não tem um pai distinto, com uma grande barba negra.

Adiante vemos Franti rindo quando passa um regimento de infantaria; Enrico faz questão de precisar que Franti "deu uma gargalhada na cara de um soldado que mancava". Mas não se vê por que, num desfile precedido pela banda (como Enrico nos diz), algum coronel autodestrutivo teria enfiado um soldado coxeante. Portanto, verossimilmente, o soldado não mancava, e Franti zombava do desfile *tout court*; e vejam que aí a coisa já muda de figura. Se depois considerarmos que, instigados pelo diretor, os garotos saúdam militarmente a bandeira, que um oficial os observa sorrindo e retribui a saudação com a mão, enquanto um sujeito que trazia na lapela a fitinha das campanhas da Crimeia, um "oficial reformado", diz "bravos rapazes", então percebemos que o riso de Franti não era afinal tão gratuitamente maldoso, mas sim assumia um valor corretivo: constituía o último grito do bom-senso ferido diante do frenesi coletivo que se apossava dos garotos, os quais já cantavam "marcando o tempo com as réguas sobre as mochilas e as pastas" e com "cem gritos alegres acompanhavam os tinidos dos trompetes como um canto de guerra".

É em circunstâncias desse gênero que Franti sorri e ri: "Somente um podia rir enquanto Derossi narra os Funerais do Rei; e Franti riu." Franti sorri diante de velhas enfermas, de operários feridos, de mães chorosas, de mestres encanecidos, Franti joga pedras contra as vidraças da escola noturna e tenta espancar Stardi, que, pobrezinho, se limitara a dedurá-lo. Franti, se dermos ouvidos a Enrico, ri demais: seu esgar não é normal, seu sorriso cínico é estereotipado, quase deformante; certamente quem ri assim não está contente, ou então o faz porque tem uma missão. Franti, no cosmo de *Coração*, representa a

Negação, mas — é estranho dizê-lo — a Negação assume os modos do Riso. Franti ri porque é mau — pensa Enrico —, mas de fato parece mau porque ri. O que Enrico não se pergunta é se a maldade de quem ri não seria uma forma de virtude, cuja grandeza ele não pode compreender, porque tudo o que é riso e maldade em Franti é apenas negação de um mundo dominado pelo coração, ou, melhor ainda, por um coração pensado à imagem do mundo onde Enrico prospera e se ceva.

Por isso Enrico deve rejeitar Franti: porque, se Franti parece um inadequado ao mundo em que vive e o envolve num esgar epocal (Franti põe entre parênteses qualquer fato que, ao contrário, envolva emocionalmente os outros), o único modo de exorcizar o ceticismo negativo de Franti é denunciá-lo como bruxo. E, *a priori*, não o aceitar.

E de fato, no grande mar de langoroso melaço que impregna todo o diário de Enrico, naquela orgia de perdões fraternos, de beijos pegajosos, de abraços interclassistas, de redimidos e jubilosos galeotes de máscara que presenteiam esmeraldas a meninas perdidas na multidão, entre mães que se sustentam por turnos, professorinhas de pluma vermelha, senhores que abraçam carvoeiros e pedreiros que ruminam lágrimas de reconhecimento, ali onde todos se amam, se compreendem, se perdoam, se acariciam, beijam as mãos de vosselência, adulam tamboris sardos, espargem flores sobre sentinelas lombardos e cobrem de ouro patriotas padâneos, somente uma vez aparece uma palavra de ódio, de ódio sem reservas, sem arrependimentos e sem remorsos: e é quando Enrico nos traça o retrato moral de Franti: "Eu o detesto. Ele é malvado. Quando um pai vem à escola para dar uma bronca no filho, ele se diverte; quando alguém chora, ele ri. Treme diante de Garrone e bate no pedreirinho porque este é pequeno; atormenta Crossi porque ele tem o braço morto; zomba de Precossi, que todos respeitam; caçoa até de Robetti, aquele da segunda série, que anda de muletas por ter salvo um menino. Provoca todos os mais fracos do que ele, e quando troca socos, se enfurece e bate para machucar. Há alguma coisa que provoca asco naquela fronte baixa, naqueles olhos turvos, que ele mantém quase escondidos sob a viseira do boné, com uma expressão vidrada; está sempre brigando com alguém, leva alfinetes para a escola a fim de espetar os vizinhos, arranca os botões do paletó e arranca os dos outros, e joga-os longe, e tem a pasta, os cadernos, os livros, tudo amarrotado, rasgado, sujo, a régua serrilhada, a pena esgarranchada, as unhas roídas, as roupas cheias de manchas de gordura e de rasgões que ele arruma nas rixas. Dizem que sua mãe adoeceu pelo trabalho que ele lhe dá, e que seu pai o expulsou de casa três vezes: volta e meia sua mãe vem pedir informações e vai embora sempre chorando. Ele odeia a escola, odeia os colegas, odeia o professor. Às vezes o professor finge não ver suas patifarias, e ele faz pior. O professor tentou lhe falar com benevolência, e ele fez zombaria; disse-lhe palavras terríveis, e cobriu o rosto com as mãos, como se chorasse, e ria. Foi suspenso da escola por três dias e voltou mais perverso e insolente do que antes. Derossi lhe disse um dia: 'Pare com isso, veja que maltrata o professor!', e ele o ameaçou de plantar-lhe um prego na barriga."

É natural que, nesse crescendo de acusações e de infâmias, nossa simpatia se volte inteira para Franti (pensem, "cobriu o rosto com as mãos, como se chorasse, e ria!". Nem mesmo De Amicis permanece indiferente diante de tanta grandeza, e nunca sua escrita foi mais tacitiana, enobrecida pela matéria): mas é igualmente verdade que tanto acúmulo de malvadeza é por demais wagneriano para ser normal, aflora o titânico, *deve* ter um valor emblemático e ecoar um momento de civilidade; uma figura da consciência universal, queira ou não o autor; e se nossa douta memória buscar somente um pouco, eis que esse retrato acaba por nos evocar um outro, quase paralelo: e é o retrato de Panurge.

"Outras vezes dispunha, em alguma bela praça por onde a mencionada ronda devia passar, um rastilho de pólvora, e no momento certo ateava-lhe fogo, divertindo-se depois ao ver os gestos elegantes daqueles pobrezinhos que fugiam, acreditando ter nas panturrilhas o fogo de santo Antão. Quanto aos reitores da universidade e teólogos, perseguia-os de outras maneiras; quando encontrava um deles pelo caminho, jamais deixava de pregar alguma peça: ora metendo-lhe um cagalhão nas dobras do barrete, ora prendendo-lhe às costas rabos de papel e fieiras de trapos, ora fazendo alguma outra troça... E costumava levar sob os trajes um chicote, com o qual açoitava sem descanso os pajens que passavam ocupados com alguma tarefa, para fazê-los andar mais depressa. E tinha em seu capote mais de 26 bolsinhos e esconderijos sempre cheios: um com um pequeno dado de chumbo e uma faquinha amolada como o trinchete de um sapateiro, que lhe servia para cortar as bolsas;

o outro, de vinagre, que ele lançava nos olhos daqueles a quem encontrava; o outro de carrapichos, com peninhas de ganso ou de capão grudadas, que jogava sobre as roupas e os barretes dos pacíficos cidadãos; e com frequência prendia-lhes atrás dois belos chifres, que eles levavam por toda a cidade, e às vezes por toda a vida. E também os colocava nas mulheres, em cima de seus capuzes, por trás, mas feitos em forma de membro viril; e, num outro, mantinha uma quantidade de cornichos, todos cheios de pulgas e piolhos, que ele tirava dos pobres de santo Inocêncio, e com caniços e penas de escrever soprava-os sobre as golas das mais embelezadas jovenzinhas que encontrava pelo caminho, e mesmo na igreja..." (e assim por diante, na bela tradução de Bonfantini;* e também basta pensar na artimanha com os carneiros para ver em Panurge um Franti *ante litteram*, ou em Franti um Panurge *post*, o que afinal dá no mesmo).

Ora, Panurge não nasce e não aparece por acaso; não é gigante nem Dipsodo, e não entra na régia sociedade pantagruélica com ar de quem deseja subverter uma ordem a partir das raízes. A sociedade em que vive o aceita e ele se integra a ela — nela bebe e se alimenta, até pedindo comida em várias línguas —, vive a vida cortesã e acompanha o soberano em suas viagens, aceita disputas

---

*A mencionada tradução, a partir da qual fizemos essa que consta acima (cotejando-a aqui e ali com o original francês), é a seguinte: "Altre volte poi disponeva, in qualche bella piazza per dove la detta ronda doveva passare, una striscia di polvere da sparo, e al momento giusto ci dava fuoco, divertendosi poi a vedere i gesti eleganti di quei poveretti che scappavano, credendo di avere ai polpacci il fuoco di Sant'Antonio. In quanto poi ai rettori dell'università e teologi, li perseguitava in altri modi; quando ne incontrava qualcuno per la via, non mancava mai di far loro qualche brutto scherzo: ora mettendogli uno stronzo nelle pieghe del berretto, o attaccandogli delle code di carta e strisce di cenci dietro la schiena, o qualche altro fastidio... E soleva portare un frustino sotto il vestito, col quale frustava senza remissione i paggi che erano in giro per qualche commissione, per farli andare più svelti. E nel mantello aveva più di ventisei taschette e ripostigli sempre pieni: l'una di un piccolo dado di piombo e di un coltellino affilato come il trincetto di un calzolaio, che gli serviva per tagliar le borse; l'altra, di aceto, che gettava negli occhi a quanti incontrava; l'altra di lappole con attaccato piumetti d'oca o di cappone, che gettava sulle vesti e sui berretti dei pacifici cittadini; e spesso attaccava anche lor dietro due belle corna, che quelli si portavan per tutta la città, e qualche volta per tutta la vita. E ne metteva anche alle donne, sui loro cappucci, di dietro, ma fatti a forma di membro virile; e in un'altra, teneva una quantità di cornetti, tutti pieni di pulci e pidocchi, che trovava dai poveri di Sant'Innocenzo, e con delle cannucce, e piume per scrivere, li gettava sui colletti delle più azzimate giovinette che trovava per la via, e così in chiesa...". (*N. da T.*)

com doutores de além-Mancha e frequenta a burguesia dos arredores. Mas se integra *à rebours*, cada gesto seu aparece desajustado em relação à norma, aceita as convenções (a missa) para subvertê-la de dentro (ocasião para distribuir piolhos); empreende discursos, mas para tapear o interlocutor; veste-se como os outros, mas faz de suas vestes esconderijo para seus truques, nenhum dos quais visa especificamente a uma utilidade particular, mas todos, no conjunto, a uma deformação das relações humanas. Justamente por isso, se *Gargântua e Pantagruel* é o livro que fecha uma época e abre uma nova, é justamente pela centralidade que nele tem Panurge, visto que o *Gargântua*, em relação à cultura medieval tardia que se desfaz, é justamente o que Panurge é para a corte de Pantagruel, algo que se instala no interior de uma ordem e a mina por dentro, deformando-lhe a fisionomia com atos de iconoclastia gratuita. Companheiro de Panurge nesse empreendimento é o Riso. Também Panurge, o infame, ria.

Eis portanto que se perfila a ideia de um Franti como motivo metafísico na falsa sociologia de *Coração*. O riso de Franti é algo que destrói, e só é considerado malvadeza porque Enrico identifica o Bem com a ordem existente e na qual se ceva. Mas, se o bem é somente aquilo que uma sociedade reconhece como favorável, o Mal será somente aquilo que se opõe ao que uma sociedade identifica com o Bem; e o Riso, o instrumento com o qual o inovador oculto põe em dúvida aquilo que uma sociedade considera como Bem, aparecerá com a face do Mal, ao passo que, na realidade, o ridente — ou o casquinante — não é senão o maieuta de uma possível sociedade diferente.

Por isso, bem fez Baudelaire ao identificar o Riso com o Diabólico e ao ver nele o princípio do Mal. Aos olhos d'Aquele que tudo sabe, o riso não existe, e desaparece do ponto de vista da ciência e das potências absolutas. É claro: do momento em que de uma ordem existente se tem certeza e corresponsabilidade, do momento em que a ela se assente dogmaticamente ou se adere consubstancialmente, essa ordem não pode ser posta em dúvida, e o primeiro modo para acreditar é não rir dela. O riso, diz Baudelaire, é próprio dos loucos: daqueles que não se integram à ordem, portanto. Por culpa deles, no caso dos loucos; mas, e no caso de ser culpa da Ordem? Quem será então o Ridente? Aquele que teve consciência da queda, e por conseguinte da provisoriedade da ordem dada. O mau, então, aquele que culpadamente comeu da árvore do bem e do mal? Mas essa é a interpretação do Ridente dada por quem não ri, e aceita a Ordem. Para o escolástico posto na berlinda por Panurge, no diálogo com Thaumaste feito em gestos e caretas, o jogo de Panurge é um atentado diabólico. Para nós, nascidos de Rabelais, o jogo de Panurge é alegre profecia de uma nova dialógica, conquanto preparada pela velha; é acerto de contas. Quem ri só é malvado para quem crê naquilo de que alguém ri. Mas quem ri, para rir, e para dar ao seu riso toda a sua força, deve confiar e crer, ainda que entre parênteses, naquilo de que ri, e *rir a partir de dentro*, se assim se pode dizer, do contrário o riso não tem valor. Rir dos fixadores de bigode, hoje, é uma brincadeira de garotos; riam do costume de barbear-se, e depois nós conversamos. Quem ri, portanto, deve ser filho de uma situação, aceitá-la *in totum*, quase amá-la, e assim, como filho infame, fazer-lhe uma careta. (Franti à parte, somente diante do riso a situação mede sua força: aquilo que sai indene do riso é válido, aquilo que desaba devia morrer. E assim o riso, a ironia, a zombaria, o fiau-fiau, o arremedo, o pouco-caso, é afinal um serviço prestado à coisa escarnecida, como para salvar aquilo que apesar de tudo resiste à crítica interna. O resto podia e devia cair.)

Tal é Franti. Do interior idílico da terceira série em que medra Enrico Bottini, ele irradia seu riso destruidor; e quem se agarra àquilo que ele destrói chama-o de infame. Nascido da imaginação de De Amicis e da visão rancorosa de Enrico como princípio dialético, Franti é eliminado de cena demasiadamente cedo para que se possa entrever qual função real ele teria desenvolvido nesse quadro: se o cômico é a Ordem que, aceita e propositadamente exacerbada, explode e se faz Outra, Franti sequer esboçou sua tarefa. Mantido sob controle pela visão suspeitosa de Enrico, não soube expandir-se como queria a dialética: e só nós podemos agora entrever e desenvolver seus germes libertadores e corretivos. Truncado ao nascer, o "Princípio Franti" não se resolveu, como deveria, na forma acabada do Cômico: e "cômica" permanece apenas a dialética Franti-Enrico vista por nós, agora, e como tal posta em relevo. Bloqueado na situação *Coração* na medida em que Enrico o imobilizou — excluindo dogmaticamente que Franti pudesse ter consciência do significado dos seus gestos —, o Infame, em vez de sacerdote da *epoché* irônica, permanece apenas um não integrado e um esquizoide. Mas dele — e por ele — nos fica uma advertência no sentido de que sua infâmia seja nossa virtude. Seremos capazes de rir, sem lágrimas, de nossa mãe?

Eliminado do contexto fantástico em que vivia, Franti é posto de lado pelo cronista da Ordem e da Bondade: e supõe-se que acaba na prisão, onde justamente são recolhidos os não integrados. Franti permaneceu, assim, como um esboço de Cômico possível: para ter êxito, deveria ter assumido — ostentando boa-fé — o papel de Enrico e escrito ele mesmo o *Coração*. Com o esgar — e não com o soluço — fácil. Como não narrou, mas foi narrado, não assumiu a função de justiceiro cômico, mas sim permaneceu como uma sombra, um aleijão, uma falha no cosmo de Enrico, uma presença inexplicável e não resolvida.

Nós sabemos, porém, que, fora do livro, foi-lhe deixada uma outra possibilidade (da qual Enrico sequer fazia ideia): porque a Ordem ou é ridicularizada de dentro ou é amaldiçoada de fora; ou se finge aceitá-la para fazê-la explodir, ou se finge rejeitá-la para fazê-la reaflorar sob outras formas; ou se é Rabelais ou se é Descartes; ou se é um estudante que ri na escola, como Franti tentou, ou um analfabeto de vanguarda. E talvez Franti, com a memória inflamada pelo gesto do papai Coretti que repassava ao filho, com a mão ainda quente, a carícia do Rei (e impedido por Enrico de sorrir mais uma vez, apagado com uma canetada), aprestava-se em longa ascese para atuar, na alvorada do novo século, sob o nome artístico de Gaetano Bresci.*

1962

---

*Anarquista que, em 29 de julho de 1900, assassinou o rei Humberto I. (*N. da T.*)

Onde iremos parar?

"Heráclito depositou o livro no templo de Ártemis e alguns afirmam que o escrevera intencionalmente de forma obscura, a fim de que só se aproximassem dele aqueles que podiam fazê-lo, e de que um tom fácil não o expusesse ao desprezo do vulgo." Heráclito, que já havia dito: "Por que quereis arrastar-me de todos os lados, ó iletrados? Não para vós escrevi, mas para quem me pode compreender. Um vale para mim cem mil, e nada a multidão."[1]

Mas Heráclito desapareceu, e seu livro foi aberto a todos os símios sabichões que desejem aproximar-se dele através das resenhas e das notas de pé de página. E seus discípulos são mais sabidos do que ele. O que significa que a multidão venceu Heráclito, e nós assistimos hoje, entristecidos, ao triunfo do homem-massa. Se nosso ânimo ainda não se aridificou, basta percorrer a ágora em um dia qualquer; se a angústia não te embargar a garganta (mas a alguém ainda é dado este precioso bem?), e se, vítima do mimetismo mundano, não te associares aos euforicões que rodeiam o último filosofeiro de passagem por alguma praça pública, poderás ver aqueles que foram outrora os homens da Grécia, hoje autômatos perfeitos e satisfeitos, aglomerarem-se entre os odores e os gritos, mesclados ao camponês da Ática que impele diante de si os seus rebanhos, aos atravessadores de atum do Ponto Euxino, aos pescadores vindos do Pireu, aos *emporoi* e à multidão barulhenta dos *kapeloi*, dos vendedores de salsicha, de lã, de frutas, mel, porcos, pássaros, queijo, doces, drogas, purgantes, incenso e mirra, elmos,

---
[1] Diógenes Laércio, *Vidas dos filósofos*, IX, 1-17.

figos, alho, aves domésticas, livros, faixas sacras, agulhas e carvão — como vez por outra se comprazem em enumerar os autores da comédia. E entre eles verás circularem inspetores públicos, cambistas de moeda, fiscais dos pesos, copistas de poemas, vendedoras de guirlandas, todos em frente às vendinhas e às tendas dos alfaiates, dos *luthiers*, dos perfumistas, dos vendedores de esponjas e múrices, e aos mercados de escravos; e dominando a conversa junto às Hermas verás a armarinheira e a lavadeira, a padeira e a vendedora de ervilhas, o sapateiro e o rufião...

Assim terás desenhado o mapa do homem-massa, do cidadão da Atenas democrática, satisfeito com seu gosto medíocre, com seu amor filisteu pela conversação, com o álibi filosófico que a Academia e o Perípato lhe oferecem serviçalmente, com o rumor em que se envolve como uma ostra, com a "distração" que escolheu como valor religioso. Deves vê-los quando se amontoam ao redor da forma de barata da última carruagem posta em circulação por Alcibíades, ou quando, suados e vociferantes, correm ao encontro do último mensageiro chegado não importa de onde. Porque entre as primeiras qualidades do homem-massa está o desejo de saber, a necessidade de informação. Contra a opinião de Heráclito, que tinha a consciência de que a sabedoria é um bem por demais precioso para ser posto à disposição de todos, hoje em dia um certo Aristóteles afirmaria que "todos os homens desejam naturalmente saber", e disso seria prova "o deleite que experimentam pelas sensações, as quais eles amam independentemente até de qualquer vantagem, por si mesmas, sobretudo as da visão".[2] E que mais se poderia acrescentar como contribuição à antropologia negativa do homem-massa, se não essa teorização da necessidade de perceber sem nenhuma discriminação, da volúpia de ver, e de ver bem e prazerosamente e até de longe (telever, portanto), como nos sugerem tanto métopas quanto frontões, nos quais as estátuas são tratadas segundo uma alteração das proporções reais, de tal modo que só podem parecer "verossímeis" a quem as observa de baixo, estimulando no homem-massa a preguiça e a necessidade de uma visão já confeccionada que lhe evite a interpretação do dado?[3]

---

[2] *Metafísica*, I, I, 980 a.
[3] Veja-se também o que diz Platão desenvoltamente no *Sofista*, 235-236.

Em vão o nosso Montálides* recentemente trovejava contra essa corrida à informação, pela qual quase parece que o disco da nossa terra está envolto em "uma esfera de psiquismo em contínuo aumento de espessura", visto que "uma camada cada vez mais densa de informações e de visibilidade projetadas a distância recobre o mundo habitado por nós".[4] Dessa alucinante "*fonduta* psíquica" o homem-massa ateniense já não se apercebe; nem o poderia, se já na escola não se faz senão "informar" o jovem, não hesitando em corrompê-lo com as páginas de poetas contemporâneos; como nos documenta (mas com a satisfeita e emproada má-fé do gazeteiro cúmplice) aquele Platão, apropriadamente admirado pela multidão, ao dizer que "os mestres com isso se preocupam, e quando os meninos aprendem as letras e começam a entender o escrito... colocam diante deles nos bancos, para ler, e os obrigam a decorá-las, as obras dos grandes poetas... a fim de que o menino, emulando-os, imite-os e procure assemelhar-se a eles".[5] O que fazer? Escrever uma carta ao inefável diretor da Academia? A indústria cultural é demasiado segura dos seus procedimentos para escutar a voz da sabedoria (e esta não saiu de moda?). Assistiremos portanto ao crescimento desses estudantes que, chegados aos 30 anos, irão no meio da noite decapitar as Hermas, como fez um jovem intelectual de nosso conhecimento. De muitos mestres não esperaremos discípulos melhores, a produção intensiva de um homem-massa está dando seus frutos.

Por outro lado, não teorizamos sua necessidade de ser e de estar com outros, imêmore das alegrias da solidão silenciosa? Tal é doravante a essência da chamada democracia, cujo mandamento parece ser: atém-te àquilo que os outros fazem e segue a lei de quem for mais numeroso; qualquer um é digno de qualquer cargo, desde que quem quer que seja se reúna em número suficiente para elegê-lo; e, para os cargos não muito importantes, confie-se na sorte, visto que a aleatoriedade é a lógica do homem-massa. "As cidades devem realmente ser compostas de elementos tanto quanto possível iguais e homogêneos entre si: o que se encontra sobretudo na classe média... Por isso

---

*Eugenio Montale (1896-1981). (*N. da T.*)
[4] Cf. Λα φωνδουτα ψιχιχα, in "Κωρριερη δηλλα Σηρα", 24-3-1963. [*La fonduta psichica*, in *Corriere della Sera*. Fonduta é um creme de queijo derretido com leite e ovos, típico do Piemonte e do Vale de Aosta. (*N. da T.*)]
[5] *Protágoras*, XV.

Focílides exprimia este voto: 'A melhor condição é a média, e tal posto eu quero na cidade'."[6] E também Aristóteles, a quem, *vox clamantis in deserto*, em vão respondia Ortegygassétos* denunciando como "desde meados do século passado, nota-se na Europa uma progressiva exteriorização da vida... A existência privada, escondida e solitária, fechada ao público, à multidão, aos outros, torna-se cada vez mais difícil... A rua tornou-se estentórea".[7] E, diremos nós, a ágora tornou-se estentórea, mas a ágora é a ideologia do homem-massa, é tudo o que ele quis e mereceu. Que por ela passeie Platão e ali dialogue com seus clientes é mais do que lícito: esse é o seu reino, e o homem-massa não pode viver sozinho, pois tem necessidade de saber tudo o que acontece e de falar disso ao redor.

E doravante ele pode saber tudo. Vê o que aconteceu nas Termópilas. Não mais de um dia após o acontecimento, tinhas já o mensageiro que te trazia a notícia, e alguém já pensara em confeccioná-la do modo mais simples, reduzida a slogan publicitário: "Nossas flechas escurecerão o sol. Bom, combateremos à sombra!" O ecolálico Heródoto havia prestado seu serviço ao tirano, a multidão de cem ouvidos.

Não parecem no lugar certo, por conseguinte, os chamados historiadores, que não passam de cronistas assíduos do presente? Eficiente chefe do escritório de *public relations* de Péricles, Heródoto não acha melhor assunto sobre o qual escrever senão sobre as guerras persas (sobre puro e bruto elemento de crônica, portanto — e tampouco podemos pensar hoje num Homero que tivesse a lucidez poética para falar sobre alguma coisa que ele não viu nem ouviu, levando-a a dimensões de fábula): a Heródoto, basta ler três ou quatro logógrafos jônicos e ele já presume saber tudo. Fala de tudo. Como não bastasse, eis que gera, ainda mais sabichão e árido, um Tucídides que, depois da péssima figura da queda de Anfípolis (que ele não conseguiu impedir), falido como homem d'armas e de governo, esquece as desventuras do Peloponeso e se revirginiza como memorialista, aceitando descrever os eventos bélicos *à medida que ocorrem*. Alcançada, então, a última vergonha do jornalismo

---

[6]*Política*, IV, 9, 1295 b.
*Ortega y Gasset (1883-1955). (*N. da T.*)
Σοχαλιϑιονε δελλ υομω, in "Λο Σπεττατορη". [*Socializzazione dell'uomo*, in *Lo Spettatore*. (*N. da T.*)].

comezinho? Não, porque depois dele teremos em Xenofonte o mestre de uma arte que sabe reduzir a elemento de história até o rol da lavadeira, e as lamúrias por um mal de olhos qualquer (é própria da indústria cultural a vulgaridade, a insistência no detalhe grosseiro mas atual; atravessa-se um rio? pois será "banhando-se até o umbigo"; come-se um alimento estragado? e acontecerá que "lhes escorre por trás").[8] Mas em Tucídides tendes mais, e é o desejo comum de fazer literatura; para candidatar-se aos prêmios literários que a indústria cultural põe à disposição de quem souber seguir a moda. Ele não hesitará em introduzir em sua prosa belezuras objetivistas, imitando o novo romance: "O corpo não apresentava externamente excessivo calor ao toque, nem palidez à vista; mas antes estava arroxeado, plúmbeo, todo coberto de pequenas chagas e úlceras..."[9] Objeto? A peste de Atenas.

Assim, reduzida a medida humana ao estilema objetivo, vanguarda terrorista e crônica do instante assinalam o triunfo da nova literatura. Ao angustiado Karlobotes,* que lamenta não saber mais compreender a linguagem das jovens gerações, quem ainda tiver um bruxuleio de humanidade deverá responder: não há mais nada a compreender, nem o homem-massa o quer. O eclipse do homem ático alcançou seu ponto extremo.

Mas se há um ocaso do Ocidente, o homem-massa não se angustia com isso: não vive ele no melhor dos mundos possíveis? Relede o discurso que Péricles dirige a uma multidão ateniense satisfeita e entusiástica: o homem ático vive numa sociedade da meritocracia, na qual a dialética do status é eleita a título de otimismo ("nem por outro lado a pobreza, se alguém tem condições de fazer algo de útil à cidade, será para ele impedimento, por mais obscura que seja sua posição social"), e assim o critério de discriminação, pelo qual o *aristos* era tal, esfuma-se na embriaguez do nivelamento; o homem ático é feliz por viver como rosto em meio à multidão, homem da clâmide branca, súcubo do conformismo dos comportamentos ("temos um incrível medo de descer à ilegalidade: somos obedientes a todos os que se sucedam no governo, reverentes às leis e entre estas, de modo particular, àquelas... que tragam como universal

---

[8]*Anábase*, passim.
[9]*A guerra do Peloponeso*, II, 48-54.
*Carlo Botta (1766-1837). (*N. da T.*)

consenso a desonra a quem não as respeita"); o homem ático vive feliz como representante de uma *leisure class* ("para alívio de nossas fadigas, proporcionamos ao nosso espírito muitíssimos entretenimentos, celebrando, segundo o pátrio costume, jogos e festas que se subseguem por todo o ano, e habitando em casas dotadas de todo o conforto, nas quais o gozo cotidiano expulsa de nós toda tristeza"); sinal, portanto, de que o homem ático é o habitante de uma sociedade do bem-estar, uma sociedade afluente e abundante ("afluem à nossa cidade bens de toda espécie de toda a terra, e assim acontece-nos fruir não só de todos os frutos e produtos deste país, mas também daqueles dos outros, com igual deleite e abundância, como se fossem nossos").[10]

Tiraremos então o homem ático, massificado em sua obtusa satisfação, do seu torpor? Não, que a isso proveem, entretendo-o, aqueles jogos aos quais Péricles fazia menção. E será inútil falar das multidões que se amontoam nos ludos de Olímpia e discutem sobre a última *meta* como se a alma deles estivesse a prêmio; basta recordar que se numeram os anos a partir dos Jogos Olímpicos! A vida se mostra escandida pelas gestas de um vencedor no lançamento de uma vara, ou de quem tiver sabido percorrer por dez vezes um trajeto. Pelo êxito do pentatlo se medem as excelências. Outros encarregarão um poeta de compor um carme para tais "virtuosos", e a coroa que estes receberão redundará em glória para sua cidade. As palavras de Péricles deram-nos de fato a imagem de uma civilização na qual *tudo é belíssimo*. Desde que se tenha renunciado à própria humanidade. Como recordava Montálides, "a comunidade humana universal seria um agregado de agregados celulares, um banco de madréporas no qual cada indivíduo viveria cravado e fichado não segundo sua alma, mas em relação com suas possibilidades produtivas ou com sua maior ou menor integração ao esquema da planificação total".[11] Em vão encaramos a solidão e o isolamento do faraó como um bem perdido; o homem ático não sente saudade deles porque não lhes experimentou o sabor: sobre as arquibancadas de Olímpia celebra seu melancólico apocalipse, sem o saber. De resto, não se espera dele a decisão. A indústria cultural já lhe proporcionou as contorções

---

[10]*A guerra do Peloponeso*, II, 37-41.
[11]Μαδρεποϱε ουμανη, in "Κωρριεϱη δηλλα Σηρα", 14-4-1963. [*Madrepore umane*, in *Corriere della Sera*. (N. da T.)]

quase eletrônicas da Pítia de Delfos, que através da casual epilepsia do seu twist lhe provê os conselhos sobre o que fazer. Através de pedaços de frases deliberadamente incompreensíveis, nas quais a linguagem regrediu ao irracional, para uso e consumo das multidões admiradas e democráticas.

Outrora podia-se pedir à cultura uma palavra de salvação: hoje a cultura parece já não ter condições de conferir salvação, porque se reduziu ao jogo da palavra. O homem ático foi tomado pela cupidez do debate público, como se fosse mister discutir cada problema e buscar o consenso dos outros. Mas a sofística reduziu a verdade ao consenso público, e a discussão pública aparece como o álibi extremo dessa massa de falantes. Como gostaríamos de sublinhar as amargas reflexões de Bòcas,* que argutamente reproduzia os diálogos que precedem a lastimável corrida ao debate: "Alô, o senhor iria amanhã à ágora para um debate sobre a verdade?" "Não, eu lhe aconselharia Górgias, excelente até em seu elogio de Helena; e também por que não tenta Protágoras, a teoria dele sobre o homem como medida de todas as coisas está muito em moda, sabia?" Mas o apelo de Bòcas contra o debate está destinado a permanecer ignorado, e, em vão, o nosso polemista se empenha em minar a perniciosa ideologia de uma série de apaixonados debates públicos, diante de uma massa empreguiçada e gangrenada.

Ao homem-massa ático a indústria cultural oferecerá, ao contrário, se o debate não o satisfizer plenamente, até uma sabedoria mais peremptória, mas diluída em amáveis *digest*, como seu palato requer. E o mestre nessa arte é aquele Platão a quem já se fez menção, habilíssimo em confeccionar as verdades mais ásperas da filosofia antiga através da forma mais digerível, a do diálogo; não hesitando em traduzir os conceitos em exemplos agradáveis e de fácil memorização (o cavalo branco e o cavalo negro, as sombras na caverna, e assim por diante), segundo os ditames da cultura de massa: na qual aquilo que jazia nas profundezas (e que Heráclito tomava o cuidado de não mostrar) é trazido à superfície desde que rebaixado ao nível da compreensão mais descomprometida. Última infâmia, Platão não hesita em submeter o problema sublime do Um e do Múltiplo ao debate de alguns dialogantes que se retiram para a oficina de um ferrador (incapazes de pensar, a não ser no

---

*Emilio Bocca. (*N. da T.*)

"rumor"!), enquanto cuida de tornar comestível a investigação através de um astuto jogo de suspense e da produção de nove hipóteses que têm todo o empolgante atrativo dos concursos enigmistas com prêmios. *Erística* e *maiêutica* (com tais nomes os chamam os gazeteiros, felizes por esconder o vazio sob a adoção do último termo da moda) têm sempre e ainda a função costumeira: o homem ático não deve esforçar-se por compreender, bastam os especialistas da indústria cultural que lhe deem a ilusão de extrair do seu íntimo uma compreensão que na verdade eles trazem consigo já pronta. O jogo começou com as prestidigitações (talvez inábeis?) do velho sátiro Sócrates, o qual até conseguiu transformar a merecida condenação numa monstruosa parada publicitária, mantendo-se até o último instante um servo fiel da indústria cultural e fornecendo às empresas farmacêuticas aquele admirável exemplo de slogan publicitário que é o seu "mamãe, como é boa a cicuta", ou ainda "max que conchavo e que corrupção de xovens, não xei de nada dicho, extou vindo da ágora, xicuta é que é bom!".

Fim da comédia, um galo para Esculápio, última hipocrisia. Como não dar razão ao nosso mestre Zolofonte,* quando diz: "quanto mais os meios de comunicação oferecem espetáculos distantes do humano, do diálogo, tanto mais fingem a intimidade da conversa, da jovial cordialidade, como se pode ver (se o ânimo bastar) assistindo aos seus espetáculos, que obedecem a um preceito secreto: interessar o homem naquilo que não tem para ele nenhum interesse, nem econômico, nem estético, nem moral"?[12] Não há melhor definição para o *pot-pourri* socrático-platônico do *Simpósio*, no qual, sob o pretexto de um diálogo filosófico, dá-se espetáculo de incontinência convivial, tornada grosseira pelas alusões sexuais transparentes e indecentes: e não diferentemente no *Fedro* se diz que, ao homem que *olha* (já que a última etapa é afinal uma civilização de *voyeurs*) a criatura amada, acontece que "suor borrifa o paciente, e calor inusitado nele serpenteia; descendo assim nele, através das pupilas, um eflúvio de beleza, novo calor pulula... Tudo se faz túrgido, tudo se move; germina desde a raiz em toda a alma a haste da asa... E a asa começa a crescer".[13] Regressão à obsce-

---
*Elémire Zolla (1926-2002). (*N. da T.*)
[12] Εχλισσε δηλλ ιντελλεττυαλε, p. 60. [Eclisse dell'intellettuale. (*N. da T.*)]
[13] *Fedro*, 23-30.

nidade mal travestida; eis a última dádiva, a erótica de massa contrabandeada como filosofia. Quanto às relações entre Sócrates e Alcibíades, são biografia, e a indústria cultural as alija da crítica estética.

Ainda demasiado "natural" para tornar-se completamente indústria, o sexo ainda assim tornou-se comércio, como Aspásia nos ensina. Comércio e política, integrado no sistema. O gesto de Frineia nos recorda melancolicamente que até a confiança numa magistratura incorrupta era evidentemente mal depositada. Diante de tais contradições a tão intensas *débacles* do ânimo humano, a indústria cultural tem pronta a resposta: por acaso não servem tais casos para fornecer material de investigação ao autor de tragédias? Só que justamente nesse costume se desenha o último abismo de um apocalipse do homem ático, o perfil de sua irremediável degeneração.

De fato, observa aqueles que comparecem em longas filas, com dia ainda claro, às arquibancadas dos anfiteatros, de onde obtusamente se debruçarão, com ar abobalhado, sobre casos a eles apresentados por alguns canastrões que já nada têm de humano, visto que esconderam seus semblantes sob a grotesca ficção da máscara e a deformação das duplas solas, das vestes estofadas para imitar uma grandeza que não é a deles. Semelhantes a fantasmas de rosto sobre o qual não poderás discernir nem o matiz do sentimento nem a alteração da paixão, eles te oferecerão, exposto à atenção impudica de todos, o debate sobre os mistérios máximos do ânimo humano, o ódio, o parricídio, o incesto. As coisas que outrora cada um manteria ciumentamente escondidas aos olhos do vulgo tornam-se agora matéria de entretenimento comum. E até nisso o público deverá ser entretido segundo os ditames de uma cultura de massa, que te impõe não o ato de representar, intuída, uma emoção, mas oferecê-la já confeccionada ao usuário: e assim, não será a expressão poética do lamento, mas a fórmula estereotipada da dor que te colherá de repente e com desejada violência: "ai de mim, ai de mim, ai de mim! *Ototoi totoi!*"

Afinal, o que mais pedir a autores que têm assalariada a sua arte e sabem dever confeccionar um produto que o arconte pode aceitar ou rejeitar a seu critério? Hoje sabe-se bem como as codireções são encomendadas aos cidadãos abastados, e portanto a indústria cultural não podia encontrar legislação mais clara. Oferecerás ao comitente aquilo que ele te solicita, e aquilo que ele te solicita será avaliado a peso e por medida de quantidade. Sabes muito bem que se quiseres ver representado o teu drama, não é este que deverás oferecer, mas uma inteira e completa tetralogia de dramas satíricos. E, por conseguinte, a criação a pedido, a produção de poesia a máquina, segundo posologia. E o poeta, se quiser executar sua obra, deverá fazer-se musicista e coreógrafo, autor e mestre de danças, estabelecendo o vergonhoso gingar do coro e dosando o sibilar impudico da flauta. O antigo autor do ditirambo, tornado empresário da *broadway* ática, finalmente completou sua perversa ascese proxenética.

Podemos analisar o decurso de tal regressão? Quem começou foi Ésquilo, que não por acaso o homem-massa admira, quando fez objeto de poesia a crônica de um fato contemporâneo como a batalha de Salamina. Que glorioso material poético! Um evento industrial cujos detalhes tecnológicos o autor se compraz em enumerar, com uma satisfação que já não é capaz de escandalizar nosso gosto empedernido: e prossegue a listagem dos "golpes de remos a chapinharem juntos segundo a cadência", das "carenas" com a "ponta de bronze", dos "aplustres" e dos "rostros", da "massa de navios comprimidos em um afunilamento", dos cascos com "faces de bronze" que "chocando-se despedaçavam todas as fileiras dos remos", das manobras que os navios helênicos fazem sobre as embarcações persas "cingindo-as", sempre com um gosto bruto e insolente pelo detalhe mecânico, com a volúpia nem sequer disfarçada de introduzir no verso a enumeração de fragmentos de conversação cotidiana, de nomenclatura de manual técnico, em um balestrinismo de segunda mão que, se ainda tivéssemos gosto seguro e senso de discriminação, nos faria enrubescer.[14] Como diz Zolofonte, "o caráter da massa industrial é aqui captado perfeitamente: oscila entre a histeria e a soturnidade, os sentimentos não têm forma entre os adoradores compulsórios de Baal".[15] Os sentimentos? E para descrever uma cena de majestade e morte não recorreremos ao armamentário de um jargão de açougueiros mecanizados? "E aqueles ainda, como atuns, como numa redada de peixes, com pedaços de remos, com estilhaços de carcaças, batiam embaixo, espatifavam os dorsos, gemidos e ululos ecoavam, por toda parte a extensão do mar fumegava..."[16] Na desesperada tentativa de *refaire*

---

[14] *Os persas*, vv. 386-432.
[15] Εχλισσε, p. 25.
[16] *Os persas*, vv. 386 ss.

Doeblin sur nature, a indústria cultural nos propõe sua linguagem feita coisa, geringonça artesanal, junta cardan, terminologia de estaleiro.

Mas não vos pareça que com Ésquilo tenhamos tocado o fundo. A vergonha vai além. Com Sófocles, tendes finalmente o perfeito exemplo de um sonambulismo coagido, produzido em série para as multidões. Sófocles já terá renunciado às neuroses religiosas de Ésquilo e se manterá distante do ceticismo elegante e *boulevardier* de Eurípides. Nele o exercício da *sophrosyne* se tornará alquimia do compromisso moral. Ele é um confeccionador de situações adequadas a todos os usos, e portanto a ninguém. Vede, por exemplo, Antígona. Ali tendes tudo. A donzela que ama o irmão barbaramente morto, o tirano mau e insensível, a fidelidade ao princípio até a morte, Hêmon que, filho do tirano, se mata por sua belíssima vítima, a mãe de Hêmon que o acompanha no túmulo, Creonte esmagado e idiotizado pela erosão de lutos nascidos de seu filisteísmo insano. O folhetim encontrou, tendo por cúmplice a indústria cultural da Ática, o seu auge, o seu abismo. Mas, como se não bastasse, Sófocles insere como sinete e comentário moral de sua obra, no primeiro estásimo, a exaltação otimista da produtividade tecnológica: "Muitas são as coisas admiráveis no mundo, mas o homem as supera todas... Afadiga a Terra, suprema divindade, inexausta, imortal, de ano em ano virando os arados e conturbando-a com prole equina... Progênie de feras selvagens, de criaturas marinhas, captura com obra de redes..."[17] O que mais? Temos a ética da produtividade, a exaltação à obra obtusa do mecânico, a insinuação da genialidade proletária. "Convém comprazer-se", observa ironicamente Zolofonte, falando das relações entre indústria e literatura, "com a vitória do gênio que agora abate os monstros com a técnica, e esperar que das conquistas seja feito bom uso para o homem vencedor".[18] Tal é a ideologia da cultura de massa. Mestre desta, Sófocles não hesitou em acrescentar aos dois protagonistas um tritagonista e a decoração da cena,[19] visto que, para impor emoções confeccionadas, evidentemente o aparato clássico não lhe bastava; não será preciso esperar muito para vermos, bem o sabemos, a introdução do quarto

---

[17]*Antígona*, I, primeiro estásimo.
[18]Εχλισσε, p. 19.
[19]Cf. Aristóteles, *Poética*, IV, 15.

interlocutor, completamente mudo, e então a tragédia terá atuado até o fundo a comédia da superfetação, ostentando a incomunicabilidade obediente às regras dos palcos de vanguarda, *en attendant* o seu Godotes.

E eis que os tempos se fazem maduros para Eurípides, suficientemente incrédulo e radical para encontrar o favor das massas, capaz de reduzir o drama a *pochades*, como mostram as insistentes *plaisanteries* de Admeto e de Hércules, eficacíssimas em neutralizar a residual força trágica de *Alceste*. Quanto a *Medeia*, aqui a cultura de massa executa sua dança de *virtuose*, entretendo-nos com as neuroses privadas de uma histérica sanguinária, com fartura de análises freudianas, fornecendo-nos um perfeito exemplo de como pode ser um Tennessee Williams dos pobres. Posologia completa, como não chorar e sentir terror e piedade?

Porque é isso o que quer a tragédia. Que vós sintais terror e piedade, e as experimenteis a pedido, no momento certo. Lede as páginas que dedica a tal assunto Aristóteles, o inefável mestre da persuasão oculta. Eis um receituário completo: tomai um protagonista dotado de qualidades tais que o público em parte o admire e em parte o desaprove, identificando-se nele e em suas fraquezas; fazei acontecerem-lhe casos terríveis e dignos de pena, dosai o conjunto com uma justa administração de golpes de cena, agnições e catástrofes, misturai, levai ao ponto de ebulição e *voilà*, o que daí sai chama-se catarse, vereis o público arrancar-se os cabelos e gemer de medo e comiseração, ejaculando pacificação. Tendes calafrios ao escutardes tais detalhes? Está tudo escrito, lede os textos desse corifeu da civilização contemporânea, a indústria cultural não hesita em colocá-los em circulação, bem persuadida de que não a mentira, mas a preguiça das almas, secunda seu jogo.

A ideologia? Se existir uma: aceitar o dado de fato e usá-lo como elemento de argumentação persuasiva. Do supracitado Aristóteles, seu mais recente e infame manual, a *Retórica*, não é senão um catecismo do marketing, uma investigação motivacional sobre o que agrada ou não, o que merece crédito ou repúdio: agora conheceis em que solicitações irracionais se baseiam vossos semelhantes para mover-se, diz ele, e por isso eles estão à vossa mercê. Com tal obra, como observa Zolofonte, "tem-se uma fabricação que naturalmente não reflete as tendências do público, mas sim calcula seus efeitos em razão da vendabilidade, reforça as tintas segundo as leis da reação bruta ao estímulo".[20] Efeito? O deleite moroso, isto é, a forma mesma de todo vício. O devaneio, ou sono em vigília. A este a tragédia apõe o selo da visibilidade e da aprovação social, assim como, a um monstro emerso das profundezas, uma sociedade bárbara ergue um templo.

Mas não acrediteis que a trapaça em prejuízo do boçal submisso seja perpetrada somente no anfiteatro oficial, no dia do programa prefixado. É o mesmo Aristóteles que, na *Política* (livro oitavo), nos fala da música e "da sensível eficácia desta sobre o nosso temperamento". Conhecei as leis dos cantos como imitações dos movimentos do ânimo e aprendereis como "comover os afetos": e vereis que o modo frígio induz aos comportamentos orgiásticos, o modo dórico a uma persuasão de "virilidade". Acrescentaremos algo? Aqui tendes o manual para a manipulação emotiva das *korai*, ou, como se gosta de dizer hoje, as *teen-agers*. O sonambulismo coagido não é mais uma utopia, mas uma realidade. Por toda parte se toca doravante a flauta, fato contra o qual Adornos* falou longamente, em vão. Depois da divulgação aristotélica, a práxis musical tornou-se uma coisa ao alcance de todos, e nela se iniciam os jovens nas escolas: dentro em pouco, um canto de Tirteu se tornará algo que qualquer um saberá assoviar nas termas ou às margens do Ilisso. Música e tragédia nos revelam doravante sua verdadeira face: uma manipulação dos instintos à qual as multidões acorrem embevecidas para celebrar a titilação do seu masoquismo.

Púlpitos da persuasão oculta, com base nelas se educam os nossos jovens reunidos nos ginásios. Quando adultos, a mesma ciência das *public relations* lhes ensinará como comportar-se na vida em sociedade para reduzir a uma máscara a virtude, os sentimentos, a habilidade real. Escutemos Hipócrates: "Para o médico é indubitavelmente uma importante recomendação aparecer bem nutrido e com belo aspecto, porque o público considera que aqueles que não sabem cuidar bem do próprio corpo não poderão pensar no cuidado daquele dos outros... No momento em que entra no aposento do enfermo, lembre-se o médico de atentar para o modo de sentar-se, o modo de comportar-se; e deve estar bem-vestido, sereno na expressão e na ação..."[21] A mentira se faz máscara

---

[20]Ἐχλισσε, p. 42.
*Theodor Adorno (1903-1969). (*N. da T.*)
[21]*Corpus Hippocraticum*, passim.

e a máscara, pessoa. Chegará um dia em que, para definir a natureza mais profunda do homem, não terá restado senão justamente o termo máscara, *persona*, que lhe conota a aparência mais epidérmica.

Enamorado da própria aparência, o homem-massa só poderá comprazer-se com aquilo que *parece* verdadeiro, só poderá desfrutar da *imitação*,[22] vale dizer, da paródia, daquilo que não é. Vês o desejo incontível disso nos produtos da pintura (em que se exaltam ilustradores cuja uva os pássaros correriam a bicar) e da escultura, hoje mestra em reproduzir-nos corpos despidos que parecem verdadeiros, lagartixas ziguezagueantes sobre troncos de árvore às quais só falta falar, como comenta extasiado o vulgo. E há tempos, também aqui, a necessidade incontentável de dar a impressão já confeccionada, como aconteceu quando, nos vasos de figuras vermelhas, começou-se a introduzir as figuras vistas de frente, como se o perfil costumeiro não bastasse para sugerir, por intuição poética, qual era o objeto da visão fantástica.

Mas sobre a produção artística pesa doravante o jugo da necessidade industrial: cálido desfrutador das condições imperativas, o homem-massa transmutou essa determinação em eleição. A arte se curvou às leis da ciência: entre as colunas dos templos, hoje vês instaurarem-se proporções áureas das quais o arquiteto desfruta com entusiasmo de geômetra; vês Policleto fornecer-te um "cânone" para a produção da estátua perfeita e industrializável, e dar vida a um *Doríforo* que, como foi amargamente constatado, já não é uma obra, mas uma poética, um tratado feito pedra, um exemplo concreto de uma regra mecânica.[23] Arte e indústria caminham agora lado a lado, o ciclo se fechou, o espírito cedeu lugar à cadeia de montagem, uma escultura cibernética talvez bata às portas.

Última defesa, que é também o último degrau da iniciação, a solução gregária que vê os efebos arregimentados em exercícios conformizantes; a salutar revolta contra o pai é substituída pela necessária rendição ao grupo, contra o qual o rapaz não sabe defender-se. O igualitarismo mina toda diferença entre jovens e velhos, e o episódio de Sócrates e Alcibíades

---

[22] *Poética*, IV, 5.
[23] Cf. Galeno, *De placitis Hippocratis et Platonis*, V; cf. também Plínio, *Nat. Hist.* XXXIV.

confirma a hipótese. Nivelados, aridificados na expressão dos sentimentos individuais, esses modelos de homem ático permanecerão como tais até a morte e além: invadida a vida cotidiana, a confecção dos sentimentos se imporá até no passo extremo. Não vós, mas as carpideiras imitarão uma dor de que doravante sois incapazes; quanto ao morto, não bastará o grande passo para fazê-lo abandonar os pequenos prazeres infames aos quais se tenha agarrado em vida. Em sua boca introduzireis uma moeda (pretexto: óbolo para Caronte) e uma focácia para Cérbero. Aos ricos acrescentareis objetos de toucador, armas, joias.

É essa mesma massa de inábeis para a escolha que acorre para deleitar-se com o pornografismo comezinho de Aristófanes; a obscura relação que corre entre o Ódio e o Amor, tal como os filósofos pré-socráticos fizeram-na apenas suspeitar, não mais interessa a ela. Em matéria de ciência, tudo já foi reduzido a um saber provisório; basta saber de cor o teorema de Pitágoras (e tampouco existe imbecil que ignore esse obtuso brinquedinho de triângulos), e quanto ao resto, Euclides aceitou fundamentar todo o saber matemático sobre um postulado convencional e indemonstrável. Mas dentro em pouco todos eles, com o auxílio da escola, saberão ler e fazer contas e não pedirão mais nada, exceto talvez o direito de voto também para as mulheres e os metecos. Será o caso de negá-lo? Com que ânimo opor-se à maré de vulgaridade que sobe?

Dentro em pouco todos quererão saber tudo. Já Eurípides tentou divulgar os mistérios de Elêusis. E de fato, por que conservar ainda uma zona de mistérios, se agora a constituição democrática dá a todos o ócio para entreter-se tanto com o ábaco quanto com o alfa e o beta? Relatam os gazeteiros que um certo artesão da Mesopotâmia inventou uma chamada "roda-d'água" que gira sozinha (e aciona uma mó), impelida pelo simples fluxo de um rio. Assim, também o escravo, outrora encarregado do moinho, terá tempo para ocupar-se de estilo e tabuinha de cera. Mas, como disse um hortelão dos longínquos países do Oriente, diante de uma máquina análoga: "Escutei meu mestre dizer: quem usa máquina é máquina de suas obras; quem é máquina em suas obras adquire coração de máquina... Não que eu não conheça o vosso aparelho; mas me envergonharia de usá-lo." Citando o delicioso apólogo, comenta Zolofonte:

"que acesso poderia jamais abrir à santidade a condição operária?".[24] Mas o homem-massa não aspira à santidade; seu símbolo é o brutamontes pintado por Xenofonte, escravo da sua sede, que se contorce pelo chão como um macaco enlouquecido, gritando "*Thálatta, thálatta!*". Acaso esqueceremos que a natureza "faz diferentes os corpos dos homens livres daqueles dos escravos", e que "os homens são livres ou escravos por direito natural", como, em um momento de lucidez, Aristóteles[25] chegou a afirmar? Conseguiremos ainda subtrair-nos, conquanto poucos, às ocupações que a cultura de massa reserva a uma humanidade de escravos, tentando envolver nelas até o homem livre? Ao homem livre não resta senão recolher-se, se para isso tiver forças, à própria indignação e à própria dor. Isso, se um dia a indústria cultural, iniciando nas letras também os escravos, não minar pela base este último fundamento de uma aristocracia do espírito.

1963

---

[24]Εχλισσε, p. 113.
[25]*Política*, I, passim.

Carta ao meu filho

Querido Stefano,
aproxima-se o Natal e as lojas do centro logo estarão lotadas de pais excitadíssimos que representarão a comédia da generosidade anual — aqueles pais que com alegria hipócrita aguardaram o momento em que poderão comprar para si próprios, contrabandeando-os para os filhos, seus trenzinhos preferidos, os teatrinhos de fantoches, os tiros ao alvo com flechas e os pingue-pongues domésticos. Eu ficarei observando, porque este ano ainda não é a minha vez, tu és muito pequenino, e os brinquedinhos Montessori já não me divertem tanto, talvez porque não me agrade metê-los na boca, embora o manual me comunique que não há risco de engoli-los. Não, deverei esperar: dois, três, talvez quatro anos. Depois chegará a minha vez, passará a fase da educação materna, declinará a era do ursinho, e será o momento em que começarei eu a plasmar, com a doce e sacrossanta violência do pátrio poder, tua consciência civil. E então, Stefano...

Então te darei espingardas. De dois canos. De repetição. Fuzis-metralhadoras. Canhões. Bazucas. Sabres. Exércitos de soldadinhos em formação de combate. Castelos com pontes levadiças. Fortins a assediar. Casamatas, paióis, couraçados, reatores. Metralhadoras, punhais, revólveres. Colts, Winchesters, rifles, Chassepots, noventa-e-uns, Garands, obuses, colubrinas, passa-volantes, arcos, fundas, balestras, balas de chumbo, catapultas, faláricas, granadas, balistas, espadas, piques, arpões, alabardas e arpéus de assalto; e canhoneiras de calibre oito, daquelas do capitão Flint (em memória de Long John Silver e de Ben Gun). Grandes adagas, daquelas que agradavam a Don Barrejo, e lâminas de Toledo, daquelas com que se faz o golpe das três pistolas, de deixar esticado o marquês de Montelimar, ou a manobra do Napolitano, com a qual o barão de Sigognac fulminava o primeiro valentão que tentasse raptar sua Isabella; e também achas de armas, partasanas, misericórdias, punhais malaios, azagaias, cimitarras e setas grandes e bastões animados, como aquele com que John Carradine morria fulminado na terceira relheira, e azar de quem não se lembra. Sabres de assalto de fazer empalidecerem Carmaux e Van Stiller, pistolas arabescadas que Sir James Brook nunca teve (do contrário não se teria dado por vencido diante do enésimo cigarro sardônico do português); e estiletes de lâmina triangular, como aquele com que, enquanto o dia morria tão docemente em Clignancourt, o discípulo de Sir Williams deu fim ao sicário Zampa, após consumado o matricídio da velha e sórdida Fipart; e peras de angústia, daquelas que foram introduzidas na boca do carcereiro La Ramée enquanto o duque de Beaufort, com os pelos acobreados da barba tornados mais fascinantes após os longos cuidados de um pente de chumbo, afastava-se a cavalo pregustando as iras de Mazarin; e bocas de fogo carregadas com pregos, a disparar com os dentes avermelhados pelo *betel*, e fuzis com coronha de madrepérola, a empunhar sobre corcéis árabes de pelo luzidio e de jarrete nervoso; arcos rapidíssimos, de fazer tornar-se verde o xerife de Nottingham, e cutelos de escalpo, como os teve Minnehaha ou (tu que és bilíngue) Winnetou. Pistolas pequenas e achatadas, de usar com fraque, para os tiros de ladrão fidalgo, ou Lugers pesadíssimas que afundam o bolso ou inflam a axila, à Michael Shayne. E ainda espingardas. Espingardas, espingardas de Ringo, de Wild Bill Hitchcock, ou de Sambibliong, de antecarga. Armas, em suma, meu filho, muitas armas, só armas. Isso é o que te trarão os teus Natais.

"Estou espantado", me dirão. "O senhor, que milita num comitê pelo desarmamento atômico e flerta com as conferências de paz, que faz marchas capitinianas pela não violência e cultiva místicas contra Aldermaston?" Contradigo-me? Pois bem, contradigo-me (Walt Whitman).

Certa manhã, eu tinha prometido um presente ao filho de um amigo e entrei numa grande loja de Frankfurt para pedir um belo revólver. Olharam-me escandalizados. Não fazemos brinquedos bélicos, senhor. Era de uma pessoa se sentir gelada. Saí mortificado e fui dar de cara com dois homens da Bundeswehr que passavam pela calçada. Voltei à realidade. Não me enganariam mais, dali em diante eu me basearia somente na experiência pessoal e desconfiaria dos pedagogos.

Tive uma infância fortemente e exclusivamente bélica: atirava entre os arbustos com zarabatanas feitas na hora, agachava-me atrás dos raros carros estacionados abrindo fogo com minha espingarda de repetição, liderava assaltos com arma branca, perdia-me em batalhas altamente sangrentas. Em casa, soldadinhos. Exércitos inteiros, empenhados em estratégias extenuantes, operações que duravam semanas, ciclos longuíssimos nos quais eu mobilizava até os restos do urso de pelúcia e as bonecas de minha irmã. Organizava bandos de aventureiros, fazia-me chamar, por uns poucos seguidores fidelíssimos, "o terror da Piazza Genova" (hoje Piazza Matteotti); dissolvi uma formação de "Leões Negros" para aderir a outro bando mais forte, em cujo interior organizei mais tarde uma rebelião de resultados desastrosos. Refugiado em Monferrato, fui recrutado à força pelo Bando do Stradino e sofri uma cerimônia de iniciação que consistiu em cem pontapés no traseiro e na prisão por três horas dentro de um galinheiro; combatemos contra o bando do Rio Nizza, que eram fascistas porcos e terríveis, na primeira vez tive medo e fugi, na segunda levei uma pedrada nos lábios e até hoje tenho do lado de dentro uma espécie de nódulo que dá para sentir com a língua. (Depois veio a guerra verdadeira, os *partigiani* nos emprestavam a Sten por dois segundos e vimos alguns amigos mortos com um buraco na testa; mas já estávamos ficando adultos e andávamos ao longo das margens do Belbo para surpreender os jovens de 18 anos que faziam amor, exceto nos momentos das primeiras crises místicas).

Dessa orgia de jogos bélicos brotou um homem que conseguiu prestar 18 meses de serviço militar sem tocar num fuzil, dedicando as longas horas de caserna a severos estudos de filosofia medieval; um homem que se manchou com muitas iniquidades mas que sempre se manteve inocente daquele perverso delito que consiste em amar as armas e em crer na santidade e na eficácia da coragem guerreira. Um homem que só compreende o valor dos exércitos quando os vê acorrer à lama do Vajont, para recuperar uma serena e nobre vocação civil. Que não acredita absolutamente nas guerras justas, e só valoriza as guerras civis, nas quais quem combate o faz a contragosto, puxado pelos cabelos, para seu próprio risco e perigo, esperando que aquilo acabe logo, e só porque a honra está em jogo e não se pode fazer por menos. E creio dever este meu profundo, sistemático, cultivado e documentado horror à guerra aos saudáveis e inocentes desafogos, platonicamente sanguinários, que me foram concedidos na infância, do mesmo modo como saímos de um *western* (depois de um solene quebra-quebra, daqueles que fazem desabar as paredes do *saloon*, nos quais se espatifam as mesas e os grandes espelhos, atira-se no pianista e despedaçam-se as vidraças) mais limpos, melhores e mais relaxados, dispostos a sorrir para o transeunte que nos empurra com o ombro, a socorrer os passarinhos caídos do ninho — como bem sabia Aristóteles, quando pedia à tragédia que agitasse diante dos nossos olhos os panos vermelhos de sangue para purificar-nos a fundo, com o divino sal amargo da catarse final.

E imagino, em contraposição, a infância de Eichmann. Debruçado, com o olhar de contabilista da morte, sobre o quebra-cabeça do Meccano, seguindo as instruções do manual; ávido por abrir a caixa multicor do Pequeno Químico; sádico ao dispor suas ferramentazinhas de alegre marceneiro, com plaina de um palmo de largura e serrote de vinte centímetros, sobre a madeira compensada. Temei os jovens que constroem pequenos guindastes! Em suas frias e distorcidas mentes de pequenos matemáticos, comprimem-se os atrozes complexos que agitarão sua idade madura. Em cada monstrinho que aciona os desvios de sua ferrovia em miniatura, eu vejo o futuro diretor de campo da morte! Cuidado com eles, se gostarem de colecionar pequenos automóveis, que maldosamente a indústria de brinquedos lhes propõe em perfeito fac-símile, com porta-malas que se abre e vidros que correm — terrificante, terrificante jogo para futuros sargentos de um exército eletrônico, que apertarão friamente o botão vermelho de uma guerra atômica!

Já podemos identificá-los agora. Os grandes especuladores imobiliários, os buriladores do despejo em pleno inverno, que formaram sua personalidade sobre o infame "Monopólio", habituando-se à ideia da compra e venda de imóveis e da cessão desenvolta de pacotes de ações. Os pais Grandet de hoje em dia, que sorveram nas cartelas da tômbola o gosto pela acumulação e pela vitória na Bolsa. Os burocratas da morte educados pelo Meccano, os moribundos da burocracia que deram início à sua morte espiritual nos carimbos e selos do correio de brinquedo...

E amanhã? O que acontecerá com uma infância à qual o Natal industrial traz bonecas americanas que falam e cantam e se movem sozinhas; autômatos japoneses que saltam e dançam sem que a pilha se gaste jamais; automóveis com controle remoto, cujo mecanismo ignoraremos para sempre...

Stefano, meu filho, eu te darei fuzis. Porque um fuzil não é um jogo. É a deixa para um jogo. Dali deverás inventar uma situação, um conjunto de relações, uma dialética de eventos. Deverás fazer "bum!" com a boca, e descobrirás que o jogo vale pelo que inserimos nele, e não pelo que já encontramos pronto. Imaginarás destruir inimigos, e satisfarás um impulso ancestral que nenhum verniz de civilização conseguirá jamais obscurecer em ti, a não ser que te transforme em um neurótico pronto para o teste empresarial através do Rorschach. Mas te convencerás de que destruir os inimigos é uma convenção lúdica, um jogo entre muitos, e assim aprenderás que essa é uma prática estranha à realidade, cujos limites, através do jogo, conhecerás bem. Ficarás purgado de raivas e pressões, e pronto a acolher outras mensagens, que não contemplam nem morte nem destruição; ao contrário, será importante que morte e destruição te apareçam para sempre como dados de fantasia, como o lobo de Chapeuzinho Vermelho, que cada um de nós odiou sem que daí tenha nascido um ódio irracional pelos cães lobos.

Mas talvez isso não seja tudo, e realmente não será tudo. Não te permitirei atirar com teus Colts somente a título de descarga nervosa, de purificação lúdica dos instintos primordiais, deixando para depois, ocorrida a depuração, a *pars construens*, a comunicação dos valores. Procurarei dar-te ideias já enquanto atiras escondido atrás de uma poltrona.

Para começar, não te ensinarei a atirar em índios, mas sim nos traficantes de armas e de álcool que estão destruindo as reservas indígenas. E nos escravagistas do Sul, contra os quais atirarás como homem de Lincoln. Não te ensinarei a atirar nos canibais congoleses, mas nos comerciantes de marfim, e, num momento de fraqueza, talvez te mostre como cozinhar na panela o doutor Livingstone, *I suppose*. Brincaremos do lado dos árabes contra Lawrence, que aliás nunca me pareceu um belo modelo de virilidade para jovenzinhos decentes e, se brincarmos de romanos, ficaremos do lado dos gauleses, que eram celtas como nós piemonteses, e mais limpos do que aquele Júlio César que bem cedo deverás aprender a encarar com desconfiança, porque não se eliminam as liberdades de uma comunidade democrática dando como única compensação, após a morte, hortos nos quais se pode passear. Estaremos do lado de Touro Sentado contra aquele repugnante indivíduo que foi o general Custer. Do lado dos *Boxers*, naturalmente. Mais do lado de Fantômas que do de Juve, excessivamente fiel ao dever para recusar-se, no caso, a espancar um argelino. Mas aqui estou brincando: sem dúvida te ensinarei que Fantômas era mau, mas não te direi, cúmplice da corruptora baronesa Orczy, que o Pimpinela Escarlate era um herói. Era um reacionário nojento que dava problemas ao bom Danton e ao puríssimo Robespierre, e, se a brincadeira rumar para esse lado, tomarás parte na tomada da Bastilha.

Serão brincadeiras formidáveis, pensa bem, e nós brincaremos juntos! Ah, querias que comêssemos brioches? Avante, senhor Santerre, faça rufarem os tambores, *tricoteuses* de todo o mundo, trabalhai jubilosas! Hoje brincaremos de decapitação de Maria Antonieta! Pedagogia perversa? Quem disse? O senhor, que está fazendo um filme sobre o herói Fra Diavolo, salteador como outro não houve, a soldo dos latifundiários e dos Bourbon? Por acaso ensinou seu filho a brincar de Carlo Pisacane, ou permitiu que a instrução elementar e o poetastro Mercantini fizessem-no passar, aos olhos dos nossos pequeninos, por um idiota louro e gentil a ser conhecido de memória?

E o senhor, o senhor, que é antifascista praticamente desde o nascimento, algum dia brincou de *partigiani* com seu filho? Alguma vez se escondeu atrás da cama fingindo estar nas Langhe e gritando "atenção, pela direita está chegando a Brigada Negra, operação pente-fino, pente-fino, fogo, fogo contra os nazistas!"? Não, o senhor presenteia seu filho com joguinhos de construção e o manda assistir com a empregada a filmes racistas que exaltam a destruição da nação índia.

Portanto, querido Stefano, eu te presentearei fuzis. E te ensinarei a brincar de guerras muito complexas, nas quais a verdade nunca esteja de um só lado, nas quais, conforme o caso, seja preciso organizar dias 8 de setembro. Irás desafogar-te, nos teus anos jovens, confundirás um pouco tuas ideias, mas lentamente te nascerão convicções. Depois, adulto, acreditarás que foi tudo uma fábula, chapeuzinho vermelho, cinderela, os fuzis, os canhões, o homem contra o homem, a bruxa contra os sete anões, os exércitos contra os exércitos. Mas, se por acaso, quando fores grande, ainda te surgirem as monstruosas figuras dos teus sonhos infantis, as bruxas, os duendes, as armadas, as bombas, os recrutamentos obrigatórios, talvez já tenhas adquirido uma consciência crítica em relação às fábulas e aprendido a mover-te criticamente dentro da realidade.

1964

Três resenhas anômalas

Banca d'Italia, *Lire cinquantamila*, Roma, Officina della Banca d'Italia, 1967.

Banca d'Italia, *Lire centomila*, Roma, Officina della Banca d'Italia, 1967.

As duas obras em questão podem ser definidas como edições numeradas in-fólio. Impressas *in recto* e *in verso*, exibem além disso, na contraluz, um precioso trabalho de filigrana, obra de alto artesanato e de extrema eficiência tecnológica, raramente obtida, e sempre ao preço de grandes esforços e arriscados insucessos, por outros editores.

No entanto, embora apresentem todas as características da edição preciosa para aficionados, foram reproduzidas em enorme número de exemplares. Nem por isso essa decisão editorial fez delas um exemplo de edição econômica, visto que seu preço não está ao alcance de todos os bolsos.

Essa situação paradoxal, de edições que por um lado invadem o mercado e, por outro, são avaliáveis somente (com perdão da expressão) a peso de ouro, caracteriza-lhes as anomalias de circulação. Talvez baseados no exemplo das bibliotecas comunais, os aficionados, pelo prazer de possuí-las e admirá-las, arcam com graves sacrifícios, mas cedem-nas rapidamente a outro leitor, de modo que as obras circulam com extrema rapidez de mão em mão (deteriorando-se fatalmente com o uso), sem que, contudo, o deperecimento físico lhes diminua o valor. Ao contrário, poderíamos dizer que o desgaste as torna mais preciosas e incrementa as energias e os esforços de quem deseja adquiri-las, disposto — para tê-las — a pagar mais do que aquilo que elas valem.

Era preciso dizer isso para sublinhar as ambições da iniciativa, que obteve os mais amplos consensos, mas que deve ser justificada pelo valor intrínseco da obra.

Pois bem, é justamente examinando os valores estilísticos das obras em questão que começam a surgir-nos algumas dúvidas acerca de sua validade, assim como a suspeita de que o entusiasmo do público seja resultante de um mero engano, ou provocado com fins de especulação. Para começar, a situação narrada é, sob muitos aspectos, incoerente. Se, em *"Lire cinquantamila"*, a imagem em filigrana que aparece no *recto*, simetricamente oposta ao rosto de Leonardo da Vinci, pode ser interpretada como uma Sant'Ana ou uma Virgem dos Rochedos, não se vê que relação pode existir, em *"Lire centomila"*, entre a imagem feminina helenizante da filigrana e o retrato de Alessandro Manzoni. Seria talvez uma Lucia interpretada com sensibilidade neoclássica, pintada ou gravada por um Appiani que tivesse previsto o nascimento da heroína manzoniana? Ou pretenderia ser — mas, aqui, cairíamos na mais fácil e escolástica das alegorias — a imagem de uma Itália que de algum modo se coloca em relação de filiação com o narrador lombardo? Superestima da atuação política do autor do *Carmagnola* ou típica operação vanguardista de redução da ideologia a simples linguagem (Manzoni pai da língua italiana e, por conseguinte, pai da nação etc. etc. perigoso silogismo ao estilo do Grupo 63!)? A incoerência narrativa não pode senão indispor o leitor e de qualquer modo deseducar o gosto dos jovens, a ponto de auspiciarmos que ao menos estes, e as classes menos cultas, sejam mantidos longe dessas páginas, em seu próprio interesse.

Mas as incoerências de conteúdo não se detêm aqui. Em tanto detalhismo, quer neoclássico, quer realístico-burguês (mas os retratos dos dois artistas e as paisagens do *verso* parecem inspirados nos cânones do mais tacanho realismo socialista: concessão à política de centro-esquerda?), não se vê o que pretende a inserção violenta do motivo exoticista: "Pagáveis à vista ao portador"; em que a imagem da caravana africana, e do desfile de negros carregados de fardos de algodão que se enfileiram para obter alguma coisa em troca da obra contrabandeada, introduz motivos salgarianos, ou à Benoit, em um contexto que pretendia remeter a bem diferentes modelos literários.

Por outro lado, as mesmas incoerências notadas no nível do conteúdo aparecem também no plano das contaminações formais. Por que o tom realista dos retratos, enquanto toda a decoração de contorno se inspira claramente nas alucinações psicodélicas, apresentando-se como o diário visual de uma viagem de Henri Michaux ao reino da mescalina? Vórtices, espiras, tecidos finíssimos e ondulantes, a obra desvela sua vontade alucinatória, sua decisão de fazer coruscar aos olhos do leitor um universo de valores fictícios, de ficções perversas... O obsessivo retorno do motivo da mandala (cada página apresenta pelo menos quatro ou cinco simetrias raiadas, de clara origem budista) trai, nesta escritura, uma metafísica do nada.

A obra como puro signo de si mesma. A isto nos leva a poética contemporânea e isto nos confirmam estas folhas, que talvez alguém aspiraria a compor em um volume potencialmente infinito, como devia acontecer para o *Livre* de Mallarmé. Inútil pretensão, porque o signo que remete a outros signos se dispersa na própria nulidade, por trás da qual — duvidamos — já não existe nenhum valor concreto.

Extremo exemplo da dissipação cultural dos nossos dias, eis que o consenso com o qual os leitores acolheram estas obras nos parece de péssimo auspício: o gosto pela novidade mascara a estética da obsolescência, ou seja, do consumo. Extremo jogo barroco, administrado por um maneirístico Tesouro, o exemplar numerado que temos sob os olhos parece ainda prometer-nos, através da cifra que o caracteriza, a perspectiva de uma posse íntima, *ad personam*. Engano, pois sabemos que o gosto pelo desperdício intelectual bem cedo levará o leitor a procurar outros exemplares, como para recuperar, através da contínua troca, as garantias que o exemplar único não lhe dá. Signo em um mundo de signos, cada uma destas obras é um modo de desviar-nos das coisas. Seu realismo é ineficiente, tanto quanto seu vanguardismo psicodélico oculta alienações mais profundas. De todo modo, somos gratos ao editor por haver-nos enviado estas amostras para resenha.

1967

L'histoire d'O (projeto de resenha para Arianna)

Quanto tempo e que cuidados se pedem a uma mulher que se prepara para uma noite com seu noivo? Já encaramos várias vezes o problema nestas colunas, mas seja-nos permitido retornar a ele por ocasião da publicação deste livrinho, devido provavelmente à pena de uma famosa esteticista internacional que preferiu esconder-se sob o pseudônimo de Pauline Réage.

Se há um motivo pelo qual o livro é recomendável, é a atenção que dedica a detalhes de toalete frequentemente ignorados pelos manuais ou pelas colunas semanais do gênero, e que, contudo, nos parecem de máxima importância. Aqui, nossas gentis leitoras poderão encontrar úteis indicações sobre a colocação de anéis de ferro nos tornozelos e nos pulsos, acessórios, estes, normalmente ignorados, dado o grande cuidado que convém tomar, a fim de assegurar-se de que eles sejam apertados de modo conveniente. De fato, atenção ao fazer-vos garantir (possivelmente por um ferreiro mascarado — é possível encontrar ótimos em todo cabeleireiro para senhoras, ou então telefonar à S.A.D.E., Sociedade de Assistentes Defloradores Emasculadores, que em poucos minutos vos fornecerá um massagista em domicílio) o anel de tal modo que este proporcione aqueles profundos sulcos violáceos, com pingos de sangue e leve transudação sanguínea dos capilares do pulso e do tornozelo, que tanto agradam aos vossos noivos. O anel deve ser fixado como as nossas avós sabiam fixar o cinto de castidade, e tampouco se deve temer que ele fique demasiado apertado. De fato, somente sua leve mordida pode dar-vos aquele tônus retesado, altivo, assim como o olhar úmido de gazela amedrontada que não poderá deixar de seduzir vosso homem.

Um cuidado mais assíduo (preparar-se pelo menos uma hora antes!) exigirá igualmente a aposição de um ferrolhinho de ouro nos grandes lábios da vagina. O livro da senhora Réage mostra facilmente como a operação pode ser realizada com poucos gestos essenciais; desafortunadamente, não indica onde é possível encontrar no comércio os adereços de que fala, mas uma cuidadosa exploração nas gavetas de vossa mãe poderá levar-vos a divertidas descobertas. De fato, a mulher que ama sabe como reaproveitar velhos objetos obsoletos conferindo-lhes uma nova e estimulante função.

Por fim, não vos esquecereis (e, sobre este ponto, o livro é pródigo em conselhos) de marcar vosso corpo, do modo mais fantasioso, com longos sulcos sanguinolentos, usando uma pequena chibata de toalete, com tachinhas terminais. Encontram-se ótimas em Barcelona, embora, hoje, tenham mais saída as de Hong Kong (as quais, contudo, ao que parece, são produzidas em Biella). Por outro lado, não é preciso exceder-se em desenhar essas marcas: o livro em questão explica muito bem como vosso noivo poderá tratar ele mesmo de proporcionar-vos outras, especialmente se puder contar, entre seus amigos mais fiéis, com melancólicos fidalgos ingleses. Isto, se o vosso homem trabalhar em um ambiente internacional que lhe permita conhecimentos de um certo nível. Se assim não for, então é melhor não adotar os conselhos da senhora Réage, a qual indubitavelmente prevê uma usuária de alguma projeção social. Nesse caso (mas haveria de que envergonhar-se?), podereis recorrer a outro livrinho áureo, *Lista das enfermidades e mutilações válidas para a isenção do serviço militar*, publicado para as nossas leitoras por iniciativa do Ministério da Defesa.

1968

D. H. Lawrence, *O amante de Lady Chatterley*

Finalmente, uma lufada de ar fresco. O resenhista experimenta uma casta e embaraçada emoção ao falar deste livro, recém-chegado à sua escrivaninha como um cometa de Belém no turvo firmamento da erotomania contemporânea. Numa galáxia de Justines torturadas pelas mais recentes Marquesas de O, de Emanuelles empenhadas nos mais refinados experimentos de *coitus ininterruptus*, de casais múltiplos que se acoplam e se reacoplam segundo geométrica reciprocidade, numa época de revistas para homens sós e de revistas só para homens (obviamente, lidas só por mulheres), de quadrinhos sadomasoquistas, quando um filme consegue criar escândalo se puser em cena uma mulher heterossexual vestida, regularmente casada e satisfeita com seu marido contador no Banco Comercial (insinuando nas classes abastadas uma suspeita de irremediável deterioração dos costumes), quando a sexualidade humana torna-se objeto de investigação exageradamente meticulosa por parte da "Família Cristã", e o amplexo voltado para a reprodução já evoca as mais alucinadas psicopatias nunca imaginadas por Kraft-Ebing — eis finalmente uma "love story" limpa, límpida, totalmente não sofisticada, como agradava às nossas avós.

A trama é simples: uma aristocrata, nutrida (e enojada) pelos valores consumistas de nossa era tecnológica, enamora-se de um guarda-florestal; obviamente, o guarda-florestal provém de um ambiente diferente, um paraíso terrestre ainda incontaminado que ignora a poluição atmosférica (mas não a poluição sexual) e a mutação ecológica. O amor deles é puro, uma sequência de experiências maravilhosas, livre de toda suspeita de perversão, um encontro entre sexos solidamente ancorados nas leis naturais, como só acontece naquelas histórias de amor que hoje nutrem somente os fanáticos da *nostalgia press* (pronuncie-se "nostálgia"), ocupados em encontrar, na confusão das bancas de feira, histórias que a indústria cultural já não ousa produzir, por causa do seu ambíguo e insensato conformismo do anticonformismo.

Eis portanto um livro que as jovens gerações deveriam ler. Ele lhes facilitaria o acesso a uma visão mais limpa e pudica da vida, a sentimentos genuínos e não adulterados, ao gosto pelas coisas simples e honestas que cheiram a mádia e lavanda.

Um livro para as mulheres frustradas e inquietas, para as esposas felizes, para os maridos *volages* em busca de uma redefinição elementar das relações familiares. Um livro para os casais descontentes em busca da verdade. Um livro cujas páginas límpidas, sóbrias, livres de gratificações fetichistas, poderiam ajudar a encontrar um sentido mais são para a relação sentimental e a rejuvenescer uma convivência hostil, entediada, desprovida daquele senso dos valores elementares que todo espírito saudável só pode desejar reintegrados.

Com frequência, o estilo da narrativa é contaminado por maneirismos decadentes; e aconselharíamos o autor a não recorrer tão servilmente aos discutíveis sofismas de Marshall Mc Luhan para desenvolver sua análise da sociedade contemporânea. Aqui e ali, ainda afloram resíduos de uma concepção classista, no embaraço com que o autor delineia as relações humanas entre seus protagonistas; e talvez lhe fosse aconselhável um estilo mais decidido e realista no tratamento das cenas eróticas, que para o gosto contemporâneo ainda se mostram muito ligadas às normas da *pruderie* vitoriana. Uma vez que se decide enfrentar livremente um tema desse gênero, exige-se uma ousadia maior ao mencionar atos, situações, partes do corpo.

Seja como for, porém, estamos diante de um livro de grande força, e de grande alento ideal, claro, honesto, delicadamente romântico, um livro que qualquer resenhista não hesitará em exaltar como leitura autorizada nas escolas, para recordar também aos jovens, contra as superfetações do erotismo contemporâneo que já assediam até sua tenra e indefesa sensibilidade, que no mundo ainda existem valores incorruptos como a Vida, a Natureza e o Sexo — virginalmente e vitalmente entendido.

1971

O descobrimento da América

Telmon. Boa noite. São 19 horas de 11 de outubro de 1492 e iniciamos nossa transmissão ao vivo da chegada da nau capitânia da expedição Colombo, que até as 7 horas de amanhã, 12 de outubro de 1492, terá levado o primeiro talatonauta europeu a pôr os pés numa terra nova, um novo planeta, se me permitem a metáfora, aquela Terra Incognita sonhada por tantos astrônomos, geógrafos, cartógrafos e viajantes, que alguns dizem ser as Índias, alcançadas pelo Poente e não pelo Levante, e outros até sugerem ser um novo continente, enorme e inexplorado. A partir deste momento, a Radiotelevisione se manterá em rede permanente, por 25 horas consecutivas. Estaremos ligados tanto à telecâmera instalada na nau capitânia, a *Santa Maria*, quanto à estação das Canárias e também ao centro televisivo da Rede Sforza de Milão, à Universidade de Salamanca e à Universidade de Wittenberg.

Tenho aqui ao meu lado o professor Leonardo da Vinci, eminente cientista e futurologista que irá nos fornecendo as explicações necessárias para compreender os detalhes técnicos deste extraordinário empreendimento. É com você, Stagno.

Stagno. Como os senhores sabem, só transmitiremos imagens a partir do momento do desembarque. A câmera foi fixada à figura de proa da caravela, mas a antena, instalada no cesto da gávea do mastro principal, só poderá entrar em ação quando o gajeiro tiver terminado o avistamento e as velas forem recolhidas. Em que ponto estará a épica viagem das três caravelas? É com o coração em suspenso que acompanhamos o maior empreendimento da história do homem, o início de uma nova era, que alguém já propôs chamar de Idade Moderna. O homem sai da Idade Média e dá um novo passo em sua evolução espiritual. Esta nossa mesma emoção também invade os técnicos da Grande Canária... Mas sobre isso gostaríamos de ouvir Ruggiero Orlando, que deixou especialmente Montecitorio para vir fazer esta reportagem histórica. É com você, Orlando, está me ouvindo?

Orlando. Sim? Sim, estou ouvindo. E você, está me ouvindo?
Stagno. Ruggiero?
Orlando. Sim? Está me ouvindo?
Stagno. Você me ouve, Ruggiero?
Orlando. Como eu ia dizendo, estou ouvindo. Momentos de tensão aqui na Grande Canária. A posição das três galeaças de Cristóvão Colombo...
Stagno. Desculpe, Orlando, creio que não são galeaças...
Orlando. Um momento... estão dizendo aqui... há um barulho infernal no centro de controle, são trezentos carmelitas descalços celebrando simultaneamente trezentas missas solenes para propiciar a viagem... pois é, pois é, de fato não são galeaças, mas enxabeques... Enxabeques! O enxabeque é uma típica embarcação de...
Stagno. Desculpe, Ruggiero, aqui no áudio estou escutando "caravelas"...
Orlando. Como? Não consigo ouvir... está uma grande confusão aqui... Ah, pois é, de fato, como eu ia dizendo, trata-se de três caravelas, a Niña, a Pent... não... a Pinta e a Santa Radegunda...
Stagno. Desculpe, Ruggiero, aqui temos um comunicado da Ansa que diz Santa Maria...
Orlando. De fato, alguém aqui me sugere Santa Maria, há duas teses a respeito... Seja como for, a caravela é uma típica embarcação cujo modelo eu encomendei e tenho comigo... A roupa que estou usando é o uniforme de grumete da marinha espanhola... as caravelas ..
Telmon. Desculpe interromper, Ruggiero, mas temos aqui o professor Vinci, que poderá nos dizer alguma coisa sobre as caravelas do ponto de vista da propulsão...
Leonardo. icvf ha davcid co cocodpf H cpa...
Telmon. Um momento, sala de controle da *via* Teulada... O professor Vinci tem o estranho hábito de falar da direita para a esquerda, será preciso

inverter o áudio; lembrem que justamente por esse motivo havíamos previsto um intervalo de nove segundos entre a efetiva gravação e a transmissão. Alô? Vocês aí do áudio, estão me ouvindo? Bom, vamos lá!

Leonardo. É havida uma grande avícula que traz o nome...

Telmon. Desculpe, professor Vinci... Temos no momento uma audiência de 20 milhões de telespectadores... Talvez fosse oportuno expressar-se de maneira mais despojada...

Leonardo. Claro, queira desculpar. Bom, a caravela desfruta do sistema de propulsão dito "wind and veil" e se mantém à tona segundo o princípio de Arquimedes, pelo qual um corpo imerso em um líquido recebe um impulso para o alto equivalente ao peso do volume de água deslocado. A vela, elemento fundamental da propulsão, articula-se ao longo de três antenas: grande, mezena e traquete. Função particular tem o gurupés, ao qual se inervam bujarrona e giba, enquanto o papa-figo e a vela de carangueja têm função de orientação.

Telmon. Mas a talatonave parte e chega inteira, ou durante o trajeto vão se soltando alguns estágios?

Leonardo. Vou responder. Há um processo de depauperação da talatonave habitualmente chamado "kill and drawn". Ou seja, quando um marinheiro se comporta erradamente com o almirante, recebe um golpe na cabeça e é lançado ao mar. É o momento do "mutiny show-down". No caso da Santa Maria, houve três fases de "kill and drawn", justamente aquelas que permitiram ao almirante Colombo retomar o controle da talatonave com aquilo que poderíamos definir como um comando manual, ou mão de ferro... Nesses casos, o almirante deve estar muito atento e intervir no momento exato...

Telmon. Do contrário, perde o controle da embarcação, compreendo. E, me diga, qual é a função técnica do grumete?

Leonardo. Importantíssima. É chamada função de "feeding back". Para o público, poderíamos traduzir como "válvula de escape". Trata-se de um problema técnico do qual me ocupei demoradamente, e se o senhor quiser eu lhe mostro alguns dos meus desenhos anatômicos...

Telmon. Obrigado, professor Vinci, mas creio que chegou o momento de passarmos ao estúdio de Salamanca. É com você, Bongiorno!

Bongiorno. Alegria! Aqui estamos nós, no estúdio de Salamanca 1, para entrevistar alguns grandes cérebros que, como se diz hoje, dão o maior ibope.

Dirigiremos agora uma pergunta ao Magnífico Reitor da Universidade de Salamanca — por favor, mantenha-se no ponto assinalado com giz. Mas diga, senhor Reitor de Salamanca, o que seria esta América de que tanto se fala?

Reitor. Fumaça, eis o que é, fumaça.

Bongiorno. Queira desculpar, senhor Reitor de Salamanca, mas aqui os especialistas escreveram... "con... continente"...

Reitor. Não, não, ouça, lamento pelos seus especialistas. Eu tinha fixado como texto-base o Almagesto de Ptolomeu. Confira e verá que as possibilidades de encontrar alguma coisa são mínimas. O almirante Colombo presume poder "*buscar el levante por el ponente*", mas o projeto é destituído de qualquer fundamento. De fato, a maioria não ignora que a Terra acaba além das Colunas de Hércules e que a sobrevivência das três caravelas após esse limite é efeito de uma simples ilusão televisiva, devida a uma intervenção demoníaca. O caso Colombo é um claro resultado da debilidade das autoridades competentes diante da contestação estudantil, e a respeito disso eu estou justamente preparando um livro para o editor Rusconi. Por outro lado, mesmo que a viagem fosse possível, viria a faltar às talatonaves autonomia suficiente, por causa de uma carência de combustível angelical. Veja bem: como ensinam vários concílios, o problema é saber quantos anjos podem caber na ponta de uma agulha, mas nos atos conciliares não há vestígio da ideia de que os anjos possam estar na ponta de um mastro de traquete. Estes seriam antes fogos de santelmo, e portanto manifestações diabólicas inadequadas a impelir uma caravela em direção a uma terra prometida, ou incógnita, ou lá como se queira chamar.

Bongiorno. Sem dúvida, são coisas muito complicadas, e eu realmente não saberia o que dizer. Vejamos o que decidem os nossos especialistas, e boa sorte no Rischiatutto! Vamos ouvir agora um especialista muito importante, que hoje faz muito sucesso, o Decano da Real Sociedade Cartográfica de Portugal. Diga, senhor Decano da Real Sociedade Cartográfica de Portugal: acredita que Colombo está realmente navegando rumo às Índias?

Decano. O problema não é fácil, e o erro de Colombo é querer responder por via empírica, em vez de proceder a uma definição da questão por essência. Veja bem, *non sunt multiplicanda entia sine necessitate*, e isso nos induziria a postular a existência de uma só Índia. Nesse caso, Colombo deveria aproar, pelo levante, à ponta extrema da terra asiática, precisamente na foz do rio Ussuri. Se assim fosse, a expedição não teria nenhum interesse, dada a total irrelevância política e geográfica dessa fímbria de terra. Ou poderia aproar à fímbria leste da ilha de Jipango, caso em que a economia mediterrânea poderia sofrer um sério contragolpe negativo. Sendo maliciosa especialidade daquelas gentes a imitação, sob forma transistorizada, das invenções mecânicas alheias, o mercado das repúblicas marinheiras seria invadido por milhares de caravelas perfeitamente copiadas e a preços inferiores. Teríamos, nesse caso, a ruína econômica da república de Veneza, a menos que as autoridades dogais prevejam a construção de novos estaleiros em Porto Marghera, mas com consequências desastrosas para o equilíbrio lagunar...

Bongiorno. Compreendo. Mas temos também aqui o Decano da Faculdade de Direito de Granada, o qual nos dirá alguma coisa sobre as consequências jurídicas deste descobrimento. Muitas pessoas se perguntam a quem pertencerão as novas terras. A quem pertencerá a parte de oceano atravessada por Colombo?

Decano. O problema de direito internacional é bastante grave. Primeiro, temos a questão de uma repartição entre Espanha e Portugal, e não creio estar me antecipando ao dizer que deveremos convocar uma conferência, talvez em Tordesilhas, não sei, para traçar uma linha ideal de demarcação entre as esferas de influência...

Elio Sparano. Com licença, Bongiorno... Aqui no estúdio da Rede Sforza de Milão está um grupo de eminentes juristas locais que não concordam. Sustentam que o problema é absurdo. Nesse passo, já que é preciso também levar em conta uma outra potência marítima, a Inglaterra, chegaríamos a pensar que um dia as novas terras seriam divididas entre esferas de influência anglo-saxônica, espanhola e portuguesa... Isso é ficção científica! Estava aqui o professor Trimarchi, que desejava dizer algo a respeito. Professor! Onde está ele? Um momento. Sim? Ah, agora me informam que o professor foi retido na universidade por um incidente banal. Bom, passemos ao estúdio de Wittenberg. É com você, Pippo Baudo.

Baudo. Aqui, estúdio de Wittenberg. Gostaríamos de dirigir uma pergunta a um jovem mas aguerrido teólogo agostiniano, de Wittenberg, uma das esperanças da nossa Santa Igreja Católica. Diga, doutor Lutero, acredita que este desembarque constitui uma verdadeira e duradoura revolução na história do homem?

Lutero. Como sabe, não existem apenas as revoluções tecnológicas. Há também as reformas interiores, que podem ter êxitos bem maiores, e dramáticos, e exaltantes...

Baudo. Muito brilhante... Mas o senhor não está querendo dizer que no futuro poderão acontecer reformas interiores que tenham mais repercussão do que este grande fato científico...

Lutero. Não creia, não creia...

Baudo. Ah, ah! Muito sibilino. Sabe, estou brincando, é claro, mas me disponho a acreditar. Meu lema é "acredite firmemente e peque fortemente!" Ah, ah!

Lutero. Bela frase. Vou anotá-la.

Stagno. Com licença, um momento. O áudio está nos trazendo vozes... Parece que a terra foi avistada... Isto mesmo, ouve-se distintamente: estão gritando "Terra, terra!" Você ouviu também, Orlando?

Orlando. Realmente, aqui não se escuta nada. Um momento, que vou pedir informações à estação dos Açores...

Stagno. Pronto, de fato foi avistada a terra... O navio atracou... Desembarcaram!!! Hoje, 12 de outubro de 1492, o homem pôs pela primeira vez os pés no Novo Mundo. Orlando, quais são os comentários aí?

Orlando. Bem... Pelas últimas notícias, parece que o desembarque foi adiado em um mês, e que a terra avistada eram as ilhas Lipari...

Stagno. Ah, não, Orlando. Eu ouvi distintamente!

Telmon. Alô? Sim? Bom. Tanto Stagno como Orlando têm razão. De fato o navio lançou âncora, como dizia Stagno, mas ainda não se trata de terra firme, e sim de San Salvador. Uma ilhota no arquipélago dito dos Caraíbas, que algum geógrafo também resolveu denominar Mar da Tranquilidade. Mas eis que entra em ação a câmera instalada na figura de proa da nau capitânia. Agora, Cristóvão Colombo põe os pés na praia para fixar o estandarte de Sua Majestade Católica! O espetáculo é grandioso. Entre as tamareiras, uma multidão de indivíduos emplumados vai ao encontro dos talatonautas. Estamos prestes a escutar as primeiras palavras pronunciadas pelo homem no Novo Mundo. Quem vai dizê-las é um marinheiro que precede o grupo, o contramestre Baciccin Parodi...

Parodi. Cachaporra, almirante, elas estão peladas!

Stagno. O que ele disse mesmo, Orlando?

Orlando. Não deu para ouvir bem, mas não eram essas as palavras combinadas. Alguém aqui me sugere que deve ser um fenômeno de interceptação das comunicações. Parece que acontece frequentemente no Novo Mundo. Mas olha lá!... O almirante Colombo vai falar!

Colombo. É um pequeno passo para um marinheiro, mas um grande passo para Sua Majestade Católica... Caralho, mas o que eles têm no pescoço? Cacete, rapaz! Aquilo é ouro! Ouro!

Orlando. O espetáculo que a telecâmera nos envia é realmente grandioso! Os marinheiros se lançam sobre os indígenas em amplos saltos, saltos enormes, os primeiros saltos do homem no Novo Mundo... Estão recolhendo do pescoço dos indígenas as amostras do mineral do Novo Mundo e guardando-as em grandes sacos plásticos... Os indígenas também estão dando amplos saltos, tentando fugir, a ausência de gravidade os faria voar longe, se os marinheiros não os prendessem ao solo com pesadas correntes... Agora os indígenas estão todos enfileirados, de maneira civilizada e ordenada, enquanto os marinheiros se dirigem aos navios com os pesados sacos cheios do mineral local. São sacos pesadíssimos, e deu muito trabalho tanto recolhê-los quanto transportá-los...

Stagno. É o fardo do homem branco! Um espetáculo que jamais esqueceremos. O vice-presidente De Feo já enviou um telegrama de parabéns. Começa hoje uma nova fase da civilização!

1968

Do your movie yourself

Em 1993, com a adoção definitiva do gravador de vídeo, até mesmo nas repartições do cadastro imobiliário, entraram simultaneamente em crise tanto o cinema comercial quanto o *underground*. A *prise de la parole* já havia transformado a atividade cinematográfica em uma prática à disposição de todos, e cada um assistia ao próprio filme, desertando as salas cinematográficas. As novas técnicas de reprodução e projeção mediante fita a ser inserida no visor do painel do automóvel haviam tornado obsoletos os modos artesanais do filme subterrâneo. Por conseguinte, naqueles anos entraram em circulação os manuais do tipo "Faça você mesmo o seu Antonioni". O usuário adquiria um *"plot pattern"*, vale dizer uma "grade" de sinopse múltipla que ele podia preencher com uma série muito ampla de combinações padronizadas. Com um só *pattern*, acompanhado do pacote das combinações, podiam-se fazer, por exemplo, 15.751 filmes de Antonioni. Damos aqui as instruções que acompanhavam alguns desses filmes-cassete. As chamadas alfabéticas que aparecem como expoentes de cada situação-base remetem ao pacote das soluções sobressalentes. Para dar um exemplo, o *basic pattern* à Antonioni ("Uma vastidão desolada. Ela se distancia") pode gerar outros filmes, como: "Um labirinto de Postos de Serviços Pavesi com visibilidade incerta. Ele toca demoradamente um objeto"; etc.

Sinopse múltipla para Antonioni

Uma^x extensão^y desolada^z. Ela^k se distancia^n.

x   Duas, três, infinitas. Uma rede de. Um labirinto de. Um.
y   Ilha. Cidade. Ramais de autoestradas. Postos de Serviços Pavesi. Subterrâneo de metrô. Campo petrolífero. Pioltello Nuova. Bairro Eur. Estoque de tubos Dalmine ao ar livre. Cemitério de automóveis.
Fiat Mirafiori em um domingo. Exposição universal depois do encerramento. Centro espacial no feriadão de 15 de agosto. Campus da University of California-Los Angeles quando os estudantes estão em Washington. Fiumicino.
z   Vazia. A perder de vista. Com visibilidade incerta, por reverberações solares. Nublada. Intransitável, por causa de barreiras com malhas largas. Radioativa. Deformada por grandes-angulares.
k   Ele. Ambos.
n   Fica ali. Toca demoradamente um objeto. Distancia-se e depois se detém, perplexa, dá dois passos atrás e se afasta de novo. Não se afasta, mas a câmera faz uma panorâmica em recuo. Olha a câmera com expressão inexpressiva, tocando o *foulard*.

Sinopse múltipla para Jean-Luc Godard

Ele chega[a] e depois bum[b] explode uma refinaria[c] os americanos[d] faz amor[e] canibais[f] armados de bazuca[g] disparam[h] contra a ferrovia[i] ela cai[l] crivada de disparos[m] de mosquete[n] em louca velocidade[o] vai a Vincennes[p] Cohn-Bendit[q] toma o trem[r] e fala[s] dois homens[t] matam ela[u] lê máximas de Mao[v] Montesquieu[z] atira uma bomba[w] sobre Diderot[x] ele se mata[k] vende o *Figaro*[j] chegam os peles-vermelhas[y].

TRANSFORMAÇÕES

a   Já está ali, lendo máximas de Mao. É morto na autoestrada com o cérebro de fora. Está se matando. Faz um comício. Corre pela estrada. Pula de uma janela.
b   Splash. Wroarrr. Crach. Tchan-tchan-tchan-tchan. Mumble mumble.
c   Um jardim de infância. Notre Dame. A sede do Partido Comunista. O Parlamento. Uma raiva reprimida. O Partenon. A redação do *Figaro*. O Elysée. Paris.
d   Os alemães. Os paraquedistas franceses. Os vietnamitas. Os árabes. Os israelenses. A polícia.
e   Não o faz.
f   Índios. Contadores em manada. Comunistas dissidentes. Caminhoneiros malucos.
g   Espadas Yagatan. Exemplares do *Figaro*. Sabres de assalto. Fuzis-metralhadoras. Latas de tinta vermelha. Latas de tinta amarela. Latas de tinta laranja. Latas de tinta preta. Quadros de Picasso. Livrinhos vermelhos. Cartões-postais.
h   Jogam pedras. Bombas. Viram latas de tinta vermelha, verde, azul, amarela, preta. Cobrem a estrada com material escorregadio.
i   O Elysée. A universidade de Nanterre. A Piazza Navona.
l   É jogada pela janela por agentes da CIA. É deflorada pelos paraquedistas. É assassinada por aborígines australianos.
m   Com um largo corte no ventre do qual escorrem filetes de tinta amarela, vermelha, azul, preta. Faz amor com Voltaire.
n   Nêsperas.
o   Em marcha desigual. Muito lentamente. Parada, enquanto o fundo (usar transparência) se move.
p   Nanterre. Flins. Place de la Bastille. Clignancourt. Veneza.
q   Jacques Servan-Schreiber. Jean-Paul Sartre. Pier Paolo Pasolini. D'Alembert.

r   Perde-o. Vai de bicicleta. De patins de rodinhas.
s   Chora. Grita Viva Guevara.
t   Um bando de índios.
u   Todos. Nenhum.
v   Citações de Brecht. A Declaração dos Direitos do Homem. Saint-John Perse. O príncipe Korzybsky. Éluard. O *Sun*. Charles Péguy. Rosa Luxemburgo.
z   Diderot. Sade. Restif de la Bretonne. Pompidou.
w   Um tomate que se esborracha formando placas de tinta vermelha, azul, amarela, preta.
x   Daniel Cohn-Bendit. Nixon. Madame de Sévigné. Voiture. Van Vogt. Einstein.
k   Vai embora. Mata todos os outros. Lança uma bomba sobre o Arco do Triunfo. Explode um cérebro eletrônico. Vira no chão latas de tinta amarela, verde, azul, vermelho-zarcão, preta.
j   As máximas de Mao. Escreve um dazibao. Lê versos de Pierre Emmanuel. Assiste a um filme de Chaplin.
y   Os paraquedistas. Os alemães. Bandos de contadores esfomeados e armados de sabres. Carros blindados. Pier Paolo Pasolini com Pompidou. O êxodo do feriadão de agosto. Diderot vendendo a Enciclopédia de porta em porta. A União dos Marxistas-Leninistas de patinete.

Sinopse múltipla para Ermanno Olmi

Um lenhador[a] desempregado[b] perambula demoradamente[c], em seguida volta à aldeia natal[d] e encontra a mãe[e] morta[f]. Passeia pelos bosques[g] conversando com um vagabundo[h], depois compreende[i] a beleza das árvores[l] e fica ali[m] pensando[n]

TRANSFORMAÇÕES

a   Um jovem recém-chegado à cidade. Um ex-*partisan*. Um executivo decepcionado. Um soldado alpino. Um mineiro. Um instrutor de esqui.
b   Superocupado. Triste. Que já não tem objetivos. Doente. Demitido. Tomado pela sensação de vazio. Que perdeu a fé. Que recuperou a fé. Depois de uma visão do Papa João.
c   Brevemente. Dirige um mini-Cooper pela estrada. Leva um caminhão de Bérgamo para Brindisi.
d   À serraria do irmão. Ao chalé na montanha. Ao Pico Gloria. A Chamonix. Ao Lago de Carezza. Ao Piazzale Corvetto, na tabacaria do primo.
e   Outro parente de primeiro grau. A noiva. O amigo. O pároco.
f   Doente. Prostituída. Que perdeu a fé. Que recuperou a fé. Que teve uma visão do Papa João. Que partiu para a França. Soterrada por uma avalanche. Ocupada com as coisinhas de sempre.
g   Na autoestrada. Em torno do Hidroporto. Em Rogoredo. Em meio às neves imaculadas. Em San Giovanni sotto il Monte. Nos corredores de uma agência de publicidade muito alienada.
h   Com um ex-soldado alpino. Com o pároco. Com o Monsenhor Loris Capovilla. Com um ex-*partisan*. Com um guia alpino. Com o instrutor de esqui. Com o chefe dos lenhadores. Com o executivo de uma agência de desenho industrial. Com um operário. Com um desempregado meridional.
i   Não consegue compreender. Recorda. Redescobre. Vem a saber através de uma visão do Papa João.
l   Das neves. Do canteiro. Da solidão. Da amizade. Do silêncio.
m   Vai embora para sempre.
n   Sem pensar mais nada. Sem mais objetivos na vida. Com um novo objetivo na vida. Fazendo uma novena ao Papa João. Tornando-se lenhador (guia alpino, vagabundo, mineiro, carregador de água).

Sinopse múltipla para Samperi, Bellocchio, Faenza etc.

Jovem poliomielítico[x] de família riquíssima[y] que se movimenta em cadeira de rodas[z] por um palacete[n] cujo parque é coberto de cascalho[k] odeia primo[s] arquiteto[w] radical[q] e se une[c] sexualmente à própria mãe[b] de modo biologicamente correto[v] e então se mata[f] depois de jogar xadrez[a] com o feitor[j].

TRANSFORMAÇÕES

x   Paraplégico. Histérico compulsivo. Neurótico simples. Enojado com a sociedade neocapitalista. Lembrado de uma violência sexual sofrida do avô aos 3 anos. Com tique no maxilar. Bonito mas impotente. Louro e coxo (e descontente com o fato). Falso louco. Falso saudável. Afetado por mania religiosa. Inscrito na União dos Marxistas-Leninistas, mas por motivos neuróticos.

y   Abastada. Em decadência. Tarada. Destruída. De pais separados.

z   Arrastando-se sobre os cotocos das pernas. De muletas. Com perna mecânica. Com prótese dentária de caninos compridíssimos sobre os quais se apoia. Pendurando-se às árvores.

n   Iate. Cidade-jardim. Sanatório. Clínica do pai.

k   Outras formas de pavimentação, desde que produzam um ruído contínuo quando uma alta cilindrada passa por cima.

s   Outras relações parentais, à escolha. Admitidos meios-irmãos e parentes adquiridos. Amante da mãe (do pai, da tia, da avó, do feitor, da noiva).

w   Urbanista. Escritor. Presidente da Italia Nostra. Corretor da Bolsa (bem-sucedido). Escritor engajado.

q   Assinante de *Espresso*. Comunista de linha amendoliana. Professor democrático. Ex-chefe de brigadas garibaldinas. Membro do comitê para a programação. Amigo de Teodorakis. Sergio Zavoli. Roberto Guiducci. Primo de Berlinguer. Ex-dirigente do Movimento Estudantil.

c   Tenta unir-se. Assedia, revelando-se impotente. Pensa em unir-se (sequência onírica). Deflora com bomba de bicicleta.

b   Avó, tia, pai, irmã, prima cruzada, prima paralela, cunhada, irmão.
v   Por trás. Introduzindo-lhe banana de dinamite na vagina. Com espiga de milho (a ser precedida por citação de Faulkner feita casualmente por arquiteto radical, ver s-w). Por cunilíngua. Espancando-a selvagemente. Usando trajes femininos. Travestindo-se a fim de assemelhar-se ao próprio pai (avó, tia, mãe, irmão, prima). Vestido de federal. Vestido de *marine*. Com máscara de plástico de Diabolik. Vestido de SS. Vestido de radical. Vestido de Scorpio Rising. Usando terno de Paco Rabanne. Em trajes eclesiásticos.
f   Ensopa-se de gasolina. Engole soníferos. Não se mata, mas pensa fazê-lo (sequência onírica). Mata-a(o). Masturba-se cantando *"Mira il tuo popolo, bella signora"*. Telefona para Neuróticos Anônimos. Explode o prédio dos correios. Urina sobre o jazigo da família. Toca fogo na foto de si mesmo menino rindo selvagemente. Canta a "Norma".
a   Par ou ímpar. Soldadinhos. Esconde-esconde. Uni-duni-tê. Bandeirinha. Bisca. Chicotinho-queimado. Boca de forno. Cara ou coroa.
j   A tia. A avó. A irmãzinha ingênua. Consigo mesmo(a), ao espelho. A mãe morta (sequência onírica). O carteiro de passagem. A velha governanta. Sergio Zavoli. Um dos irmãos Bellocchio (a escolher).

Sinopse múltipla para Luchino Visconti

Baronesa[a] hanseática[b] lésbica trai seu amante[c] operário na Fiat[d] denunciando-o[e] à polícia[f]. Ele morre[g] e ela, arrependida[h], faz uma grande festa[i] orgiástica[l] nos subterrâneos do Scala[m], com travestis[n], e ali se envenena[o].

TRANSFORMAÇÕES

a   Duquesa. Filha de Faraó. Marquesa. Acionista da Dupont. Musicista centro-europeia.
b   Monegasca. Siciliana. Aristocrata papalina. Da Ghisolfa.
c   Sua amante. Seu marido. Seu filho, com quem tem relações incestuosas. Sua irmã, com quem tem relações incestuosas. A amante da filha,

    com a qual tem relações incestuosas e a quem trai com o primeiro. O Oberkommandanturweltanschauunhgotterdammerungfuhrer das S.A. da Alta Silésia. O veado do marido impotente e racista.

d   Pescador nas ilhas Tremiti. Montador na Falk. River boat gambler. Mad doctor num campo de concentração nazista. Comandante da cavalaria ligeira do Faraó. Ajudante de ordens de Radetzsky. Lugar-tenente de Garibaldi. Gondoleiro.

e   Dando-lhe indicações erradas sobre o percurso. Confiando-lhe uma falsa mensagem secreta. Convocando-o a um cemitério na noite de Sexta-Feira Santa. Travestindo-o de filha de Rigoletto e fechando-o num saco. Abrindo um alçapão no salão do castelo avoengo enquanto ele canta *Andrea Chenier* travestido de Marlene Dietrich.

f   Ao marechal Radetzsky. Ao Faraó. A Tigellino. Ao duque de Parma. Ao príncipe de Salina. Ao Oberdeutscheskriminalinterpolphallusfuhrer da SS da Pomerânia.

g   Canta uma romança de *Aída*. Parte num barco de pesca para Malta e não dá mais notícias de si. É espancado com barras de ferro durante uma greve a intervalos. É sodomizado por um esquadrão de ulanos a soldo do príncipe de Homburg. Infecta-se ao ter contatos sexuais com Vanina Vanini. É vendido como escravo no Soldano e, reencontrado pelos Borgia na Feira de Porta Portese, é usado como capacho pela filha do Faraó.

h   Nem um pouco arrependida, e doida de alegria. Tendo enlouquecido. Banhando-se no Lido ao som de balalaicas.

i   Uma cerimônia fúnebre. Um ritual satânico. Um Te Deum de agradecimento.

l   Mística. Dramática. Barroca. Algolágnica. Escatológica. Sadomasoquista.

m No Père Lachaise. No Bunker de Hitler. Num castelo da Selva Negra. No setor 215 da Fiat Grandi Motori. No Hôtel des Bains do Lido.

n   Com meninos corrompidos. Com alemães homossexuais. Com coristas de *O trovador*. Com lésbicas vestidas de soldados burbonistas. Com o cardeal Ruffo e Garibaldi. Com Ghiringhelli. Com Gustav Mahler.

o   Assiste ao ciclo inteiro de *O anel do Nibelungo*. Toca canções borgonhesas numa guimbarda. Desnuda-se no auge da festa, mostrando ser na verdade um homem, e então se emascula. Morre de consumpção, enrolando-se em tapeçarias Gobelin. Engole cera líquida e é sepultada no Museu Grévin. Faz-se degolar por um torneiro pronunciando obscuras profecias. Espera a maré alta em San Marco e se afoga.

1972

Dolenti declinare
(pareceres de leitura para o editor)

Anônimos. A *Bíblia*

Devo dizer que, quando comecei a ler o manuscrito, e nas primeiras centenas de páginas, fiquei entusiasmado. Há muita ação, e tudo o que o leitor pede hoje a um livro de evasão: sexo (muitíssimo), com adultérios, sodomia, homicídios, incestos, guerras, massacres e assim por diante.

O episódio de Sodoma e Gomorra com os travestis que querem abusar dos dois anjos é rabelaisiano, as histórias de Noé são puro Salgari, a fuga do Egito é uma história que mais cedo ou mais tarde irá parar nas telas... Em suma, o verdadeiro romance-rio, bem construído, que não economiza em golpes de cena, cheio de imaginação, com aquela dose de messianismo que agrada, sem descambar para o trágico.

Depois, prosseguindo na leitura, percebi que se trata de uma antologia de vários autores, com muitos, excessivos trechos de poesia, alguns francamente lamurientos e tediosos, verdadeiras jeremiadas sem pé nem cabeça.

Assim é que o conjunto resulta em uma colcha de retalhos gigantesca, que ameaça não agradar a ninguém por ter tudo. E também será uma trabalheira identificar os direitos dos vários autores, a menos que o próprio organizador receba por todos. Mas desse organizador eu não consegui achar o nome, nem sequer no sumário, como se houvesse restrições a mencioná-lo.

Eu sugeriria tentar ver se é possível publicar à parte os primeiros cinco livros. Então teríamos segurança. Com um título como *Os desesperados do Mar Vermelho*.

Homero. *Odisseia*

A mim, pessoalmente, o livro agrada. A história é bonita, apaixonante, cheia de aventuras. Tem aquela dose de amor que basta, a fidelidade conjugal e as escapadelas adulterinas (boa a figura de Calipso, uma verdadeira devoradora de homens), tem até o "momento Lolita" com a jovenzinha Nausícaa, no qual o autor diz e não diz, mas, ao fim e ao cabo, excita. Há golpes de cena, gigantes de um só olho, canibais, e até um pouco de droga, o suficiente para não incorrer nos rigores da lei, porque, ao que eu saiba, o lótus não é proibido pelo Narcotics Bureau. As cenas finais são da melhor tradição *western*. A pancadaria é robusta, a cena do arco é mantida com mestria no fio do suspense.

O que dizer? Lê-se em um só fôlego esta obra, melhor do que o primeiro livro do autor, estático demais com sua insistência na unidade de lugar, tedioso por excesso de acontecimentos — porque na terceira batalha e no décimo duelo o leitor já captou o mecanismo. E também vimos que a história de Aquiles e Pátroclo, com aquele toque de homossexualidade nem sequer muito latente, já nos deu problemas com o pretor de Lodi. Neste segundo livro, porém, não há isso, tudo flui que é uma maravilha, até o tom é mais calmo, pensado, se não pensativo. E também a montagem, o jogo dos *flashbacks*, as histórias encaixadas... Em suma, alta escola, este Homero é realmente muito bom.

Bom demais, eu diria... Pergunto-me se é tudo farinha do seu saco. Claro, claro, escrevendo a pessoa se aperfeiçoa (e talvez o terceiro livro até venha a ser uma maravilha), mas o que me deixa prevenido — e, seja como for, me induz a dar parecer negativo — é o caos que se seguirá no âmbito dos direitos. Conversei com Eric Linder sobre isso e compreendi que não nos safaremos facilmente.

Para começar, não se encontra mais o autor. Quem o conheceu diz que, de qualquer modo, seria uma canseira discutir com ele sobre as pequenas modificações a fazer no texto, porque era estúpido como uma toupeira, não seguia o manuscrito, e até dava a impressão de não o conhecer bem. Citava de memória, não tinha certeza de haver escrito assim mesmo, dizia que a copista havia interpolado coisas. Seria ele o autor, ou era apenas um laranja?

Até aqui, tudo bem, o *editing* é hoje uma arte e muitos livros confeccionados diretamente na redação, ou escritos a várias mãos (ver Fruttero e Lucentini) tornam-se ótimos negócios editoriais. Mas, para este segundo livro, as ambiguidades são excessivas. Linder diz que os direitos não são de Homero, porque antes convém ouvir certos aedos eólios que teriam um percentual sobre algumas partes.

Segundo um agente literário de Quio, os direitos caberiam a rapsodos locais, que praticamente teriam feito um trabalho "de mouro", mas não se sabe se o registraram junto à sociedade local de autores. Em contraposição, um agente de Esmirna diz que os direitos são todos de Homero, só que ele morreu e, portanto, a cidade tem direito a embolsar os proventos. Mas não é apenas a cidade que adianta essas pretensões. A impossibilidade de estabelecer se e quando o nosso homem morreu nos impede de recorrer à lei de 43 sobre as obras publicadas cinquenta anos após a morte do autor. Agora apareceu um tal de Calino que pretende deter todos os direitos, mas quer que com a *Odisseia* também sejam comprados *A tebaida*, *Os epígonos* e *As cíprias*: e, além de estes não valerem grande coisa, muitos dizem que não são em absoluto de Homero. E, também, em que coleção os inseriríamos? Hoje em dia, essa gente visa ao dinheiro e nos explora. Tentei pedir um prefácio a Aristarco de Samotrácia, que tem autoridade e entende do assunto, para que ele desse uma organizada nas coisas, mas é pior do que andar no escuro: ele quer até estabelecer, no miolo, o que é autêntico e o que não é, ou seja, fazemos uma edição crítica e adeus tiragem popular. Então é melhor deixar tudo com a Ricciardi, que leva vinte anos e depois faz uma coisinha de 12 mil liras e a manda de brinde aos diretores de banco.

Em suma, se nos jogarmos nessa aventura, entramos num tal cipoal jurídico de que nunca mais saímos, o livro fica sob sequestro mas não é um daqueles sequestros sexuais que depois eles vendem por baixo do pano, é sequestro puro e simples. Talvez, dentro de dez anos, a Mondadori o compre de olho nos Oscar, mas até lá você gastou o dinheiro e ainda não viu a cor dele de volta.

Lamento muito, porque o livro merece. Mas não podemos começar a bancar os policiais. Portanto, eu o descartaria.

Alighieri, Dante. *Divina Comédia*

O trabalho de Alighieri, mesmo sendo de um típico autor de domingo, que na vida corporativa é associado à ordem dos farmacêuticos, demonstra indubitavelmente um certo talento técnico e um notável "fôlego" narrativo. O texto — em florentino vulgar — se compõe de aproximadamente cem cantos em terça rima e em não poucas passagens faz-se ler com interesse. Parecem-me particularmente saborosas as descrições de astronomia e certos concisos e pregnantes juízos teológicos. Mais legível e popular é a terceira parte do livro, que trata de assuntos mais próximos ao gosto da maioria, e concerne a interesses cotidianos de um possível leitor, tais como a Salvação, a Visão Beatífica, as preces à Virgem. Já a primeira parte é obscura e veleidosa, com inserções de baixo erotismo, truculências e trechos realmente vulgares. Esta é uma das não poucas contraindicações, porque eu me pergunto como o leitor poderá superar essa primeira "cântica", a qual, em matéria de invenção, não diz muito mais do que o já dito por uma série de manuais sobre o além-túmulo e de tratados morais sobre o pecado, ou pela *Lenda áurea* de frei Tiago de Varagine.

Mas a contraindicação maior é a escolha, ditada por confusas veleidades vanguardistas, do dialeto toscano. Que o latim corrente seja inovado é hoje uma exigência geral, e não só dos grupúsculos de vanguarda literária. Mas há um limite, se não nas leis da linguagem, ao menos nas capacidades de aceitação por parte do público. Vimos o que ocorreu com a operação dos chamados "poetas sicilianos", que o editor devia distribuir circulando de bicicleta pelas várias livrarias, e que acabaram indo parar nos sebos.

Por outro lado, se começarmos publicando um poema em toscano, depois teremos de publicar um em ferrarense e outro em friulano, e assim por diante, se quisermos controlar todo o mercado. São iniciativas típicas de opúsculos de vanguarda, mas não podemos nos lançar nisso com um livro gigantesco como este. Pessoalmente não tenho nada contra a rima, mas a métrica quantitativa ainda é a mais popular junto aos leitores de poesia, e eu me pergunto como um leitor normal pode aguentar esta sucessão de tercetos obtendo deleite, especialmente se tiver nascido, digamos, em Milão ou em Veneza. Por conseguinte, é mais sensato pensar numa boa coleção popular que reproponha a preços módicos o *Mosela* de Decímio Magno Ausônio e o *Canto dos sentinelas modenenses*. Deixemos às revistinhas de vanguarda as edições numeradas da Carta Capuana: "*sao ko kelle terre...*". Grande coisa, a mistura linguística dos supermodernistas.

Tasso, Torquato. *Jerusalém libertada*

Como poema cavalheiresco "à moderna", não há problema. É escrito com garbo, e os episódios são bastante inéditos; era hora de parar com as reelaborações do ciclo bretão ou do carolíngio. Mas falemos claro: a história se refere aos cruzados e à tomada de Jerusalém, então o tema é de caráter religioso. Não podemos pretender vender o livro aos jovens extraparlamentares, e eventualmente se tratará de obter boas resenhas em "La Famiglia Cristiana" ou em "Gente". A esta altura eu me pergunto como serão acolhidas certas cenas eróticas um pouco lascivas demais. Portanto, meu parecer é "sim", desde que o autor reveja o texto e faça dele um poema legível até pelas monjas. Conversamos a respeito, e ele não me pareceu em absoluto contrário à ideia de uma oportuna reescritura.

Diderot, Denis. *Joias indiscretas* e *A religiosa*

Confesso que nem abri os dois manuscritos, mas creio que um crítico também deve saber com segurança o que ler e o que não ler. Conheço esse Diderot, é um tal que faz enciclopédias (em certa época até corrigiu rascunhos por aqui) e agora se encarregou de um calhamaço em não sei quantos volumes, que provavelmente não sairá nunca. Anda por aí em busca de desenhistas que sejam capazes de copiar o interior de um relógio ou os pelinhos de uma tapeçaria Gobelin, e vai arruinar seu editor. É um pachorrento dos diabos, e não creio nem um pouco que seja homem adequado a escrever algo de divertido em narrativa, especialmente para uma coleção como a nossa, para a qual sempre escolhemos coisinhas delicadas, meio picantes, como Restif de la Bretonne. Como se diz na minha terra, "*ofelé, fa el to mesté*": confeiteiro, faz o teu ofício.

Sade, D. A. François. *Justine*

O manuscrito estava no meio de muitas outras coisas que eu devia ver esta semana e, para ser sincero, não o li todo. Abri-o ao acaso três vezes, em três lugares diferentes, e vocês sabem que, para um olho treinado, isso já é suficiente.
Bom, na primeira vez encontro uma avalanche de páginas de filosofia da natureza, com especulações sobre a crueldade da luta pela vida, a reprodução das plantas e o revezamento das espécies animais. Na segunda, pelo menos 15 páginas sobre o conceito de prazer, sobre os sentidos e a imaginação, e coisas do gênero. Na terceira vez, mais vinte páginas sobre as relações de submissão entre homem e mulher nos vários países do mundo... Parece-me que chega. Não estávamos procurando uma obra de filosofia, o público hoje quer sexo, sexo e mais sexo. E possivelmente temperado com todos os molhos. A linha a seguir é aquela empreendida com *Os amores do cavaleiro de Faublas*. Os livros de filosofia, por favor, vamos deixá-los para a Laterza.

Cervantes, Miguel de. *Dom Quixote*

O livro, nem sempre legível, é a história de um fidalgo espanhol e do seu servo, que saem pelo mundo perseguindo fantasias cavalheirescas. Esse Dom Quixote é meio maluco (a figura é completa, Cervantes indubitavelmente sabe narrar), enquanto seu servo é um simplório dotado de um certo bom-senso rústico, com quem o leitor não tardará a identificar-se, e que procura desmistificar as crenças fantásticas do seu patrão. Até aqui, o enredo, que se desdobra com alguns bons golpes de cena e não poucos eventos suculentos e divertidos. Mas a observação que eu gostaria de fazer transcende o juízo pessoal sobre a obra.
Em nossa afortunada coleção econômica "Os fatos da vida", publicamos com notável sucesso o *Amadis de Gaula*, *A lenda do Graal*, *O romance de Tristão*, *O lai da avezinha*, *O romance de Troia* e *Erec e Enide*. Agora, temos em opção o daquele jovem de Barberino, *A estirpe real de França*, que, em minha opinião, será o livro do ano e no mínimo ganhará o Campiello, porque agrada aos júris populares. Ora, se ficarmos com o Cervantes, colocaremos

em circulação um livro que, por mais bonito que seja, nos avacalhará toda a orientação adotada até agora e fará esses outros romances passarem por caraminholas de manicômio. Compreendo a liberdade de expressão, o clima de contestação e essas coisas todas, mas não podemos ir abrindo as pernas assim. Tanto mais quanto esse livro me parece ser a típica obra única, o autor acaba de sair da prisão, está todo estropiado, já não sei se lhe cortaram um braço ou uma perna, mas de qualquer modo não parece querer escrever mais. Eu não gostaria que, pela busca da novidade a qualquer custo, acabássemos comprometendo uma linha editorial que até agora foi popular, moral (sim, por que não dizer?) e rendosa. Rejeitar.

Manzoni, Alessandro. *Os noivos*

Nos tempos que correm, o romance-rio faz muito sucesso, basta observarmos as tiragens. Mas há romance e romance. Se aceitávamos *O castelo de Trezzo*, de Bazzoni, ou *Margherita Pusterla*, de Cantù, a esta hora sabíamos o que lançar nas edições de bolso. São livros que se leem e ainda se lerão daqui a duzentos anos, porque tocam de perto o coração do leitor, estão escritos numa linguagem singela e envolvente, não mascaram suas origens regionais, e falam de temas contemporâneos, ou que os contemporâneos sentem como tais, a exemplo das lutas comunais ou das discórdias feudais. Já Manzoni, para começar, ambienta seu romance no século XVII, que notoriamente não vende. Em segundo lugar, ele tenta uma operação linguística discutibilíssima, elaborando uma espécie de milanês-florentino que não é nem carne nem peixe e que eu certamente não aconselharia aos jovens como modelo de composições escolares. Mas estes ainda são pecados menores. O fato é que nosso autor alinhava uma história aparentemente popular, de nível estilisticamente e narrativamente "baixo", de dois noivos pobres que não conseguem casar-se pelas insídias de um certo fidalgote local; no fim, casam-se e todos ficam felizes e contentes. Meio pouco, para as seiscentas páginas que o leitor deve engolir. Além disso, com ar de fazer um discurso moralista e untuoso sobre a Providência, a cada passo Manzoni nos administra punhados de pessimismo (jansenista, sejamos honestos) e, no fim das contas, propõe melancólicas reflexões sobre a debilidade humana e sobre os vícios nacionais a um público que, ao contrário, está ávido por histórias heroicas, de ardores mazzinianos, até de entusiasmos cavurrianos, mas certamente não por sofismas sobre o "povo de escravos" que eu deixaria preferencialmente para o senhor Lamartine. O vezo intelectual de problematizar a cada passo certamente não faz vender livros, e é antes um blá-blá-blá de marca ultramontana do que uma virtude latina. Veja-se na "Antologia" de alguns anos atrás como Romagnosi liquidava em duas pagininhas exemplares as asneiras daquele Hegel que hoje faz tanto sucesso na Alemanha. Nosso público quer coisa bem diferente. Sem dúvida não quer uma narração que se interrompa a cada instante para permitir que o autor faça filosofia barata ou, pior ainda, uma veleidosa colagem de matérias, engastando duas proclamações seiscentistas entre um diálogo quase em latim e umas tiradas pseudopopularescas que lembram mais o finado Bertoldo do que os heróis positivos de que o público tem fome. Tendo lido recentemente aquele livrinho ágil e saboroso que é o *Niccolò de' Lapi*, percorri este *Os noivos* com não pouca fadiga. Basta abrir a primeira página e ver quanto o autor se empenha em entrar no cerne das coisas, com uma descrição paisagística de sintaxe hirta e labiríntica, a tal ponto que não se consegue compreender de que ele fala, ao passo que seria muito mais expedito dizer, não sei, "certa manhã, ali pelas bandas de Lecco...". Mas é isso, nem todos têm o dom de narrar, e menos ainda o de escrever em bom italiano.

Por outro lado, não é que o livro seja desprovido de qualidades. Mas saiba-se que será difícil esgotar a primeira edição.

Proust, Marcel. *Em busca do tempo perdido*

É sem dúvida uma obra envolvente, talvez longa demais, mas se fizermos dele uma série de bolso pode-se vender.

Do jeito como está, porém, não dá. É necessário um robusto trabalho de edição: por exemplo, convém rever toda a pontuação. Os períodos são muito cansativos, alguns ocupam até uma página inteira. Com um bom trabalho redacional que os reduza ao respiro de duas ou três linhas cada um, segmentando-os mais, abrindo parágrafos com mais frequência, seguramente o trabalho melhoraria.

Se o autor não concordar, então é melhor esquecer. Como está, o livro é — como direi — asmático demais.

Kant, Immanuel. *Crítica da razão prática*

Encarreguei da leitura do livro Vittorio Saltini, o qual me disse que este Kant não vale grande coisa. Em todo caso, dei uma folheada nele, e, em nossa coleçãozinha de filosofia, um livro não muito grosso sobre a moral poderia até funcionar, porque depois talvez o adotem em alguma universidade. Mas na realidade o editor alemão disse que, se ficarmos com ele, devemos nos comprometer a publicar não só a obra precedente, que é uma coisa meio imensa, em pelo menos dois volumes, mas também aquela que Kant está escrevendo, e da qual não sei bem se é sobre a arte ou sobre o juízo. Além disso, as três obras têm quase o mesmo título, portanto ou as vendemos em estojo (e o preço ficaria insustentável para o leitor) ou nas livrarias vão confundir uma com a outra e dizer "esta eu já li". Sem falar que pode acontecer o mesmo que se deu com a *Suma* daquele dominicano, que começamos a traduzir e depois tivemos de ceder os direitos a Marietti porque custava demais.

E não é só isso. O agente literário alemão me disse que também seria preciso comprometer-se a publicar as obras menores desse Kant, que formam um calhamaço e incluem até alguma coisa de astronomia. Um dia destes tentei telefonar a ele em Könisberg, para saber se podíamos entrar em acordo sobre um livro só, mas a diarista me respondeu que o patrão não estava e pediu que eu nunca telefonasse entre as 17 horas e 18 horas, porque nesse período ele faz um passeio, nem entre as 15 horas e 16 horas, porque é o momento do cochilo, e assim por diante. Eu realmente não me meteria em problemas com gente desse tipo, porque depois vamos ter pilhas de livros em estoque.

Kafka, Franz. *O processo*

O livrinho não é ruim, é um policial com certos momentos à Hitchcock; por exemplo, o homicídio final, que terá lá seu público.
Mas parece que o autor o escreveu sob censura. O que são estas alusões imprecisas, esta falta de nomes de pessoas e de lugares? E por que o protagonista é objeto de um processo? Esclarecendo melhor esses pontos, ambientando de modo mais concreto, dando fatos, fatos, fatos, então a ação ficará mais límpida e o suspense, mais seguro.
Esses escritores jovens acreditam fazer "poesia" porque dizem "um homem" em vez de dizer "O senhor Fulano, no lugar Tal, em Tal hora"... Por conseguinte, se pudermos mexer no texto, tudo bem. Do contrário, acho melhor deixar para lá.

Joyce, James. *Finnegans Wake*

Por favor, peçam à redação que seja mais atenta quando envia os livros para leitura. Eu sou leitor de inglês, e vocês me mandaram um livro escrito em algum diabo de outra língua. Devolvo o volume em pacote à parte.

1972

O Segundo Diário Mínimo

I
Histórias Verdadeiras

Nota

Nesta primeira seção, reúno histórias que se situam entre a ficção científica (antecipações do futuro) e o fantastiquário (reconstruções do passado). Assim como é típico da ficção científica (não a que trata de bug-eyed monsters, mas de fenômenos sociais) o envelhecimento por sua confirmação — na medida em que, reiterada pelos fatos, a ficção científica se transforma em crônica real —, alguns acontecimentos e situações que minhas histórias imaginavam como delirantemente futuros tornaram-se depois delirantemente reais. Não que eu esteja me candidatando a profeta. É a história que às vezes é óbvia, ou melhor, são óbvios os nossos símiles, que freqüentemente não resistem e acabam fazendo o que a sátira, reconhecendo sua obviedade, não cuidara de antecipar.

"Estrelas e divisas" transfere para uma dimensão galáctica algumas das memórias do meu tempo de cabo da intendência, quando perdi um cavalo ao incluí-lo por engano na coluna "em licença extraordinária por motivos de família". Incurso na coluna errada (que realmente existia nos formulários da época), o infeliz animal ficou esquecido em alguma cocheira onde talvez seus ossos ainda hoje branqueiem, expostos ao tempo. Era secundária a divagação sobre a função dos serviços secretos. A partir de então, visto que tudo depois acaba acontecendo de verdade, considero que ela representa a parte historiográfica do meu divertimento de ficção científica.

"Quando entrei na PP2", escrito a quente nos dias em que foram descobertas as famosas listas, fez com que alguns leitores do Espresso, onde o texto foi publicado, tendo lido o título às pressas — sem escandir as sílabas em voz alta —, acreditassem

que eu estivesse na verdade confessando meu passado de membro da P2.* Reencontrei recentemente um artigo de jornal de província que faz referência a este momento difícil da minha vida. Mas não se trata apenas de má leitura do título: é evidente que aqueles leitores entenderam o texto como se os personagens nele descritos fossem reais e possíveis. Não sei se por culpa dos leitores ou da vida, que os acostumou a tudo. Uma última reflexão diz respeito à natureza "veridicativa" dos mass media: qualquer coisa que apareça num jornal ou em outro meio de comunicação de massa é levada a sério, por mais que seja precedida de indicações de sua "ficcionalidade". Eu deveria ter aprendido isto com Orson Welles.

Inútil dizer que recebi muitas cartas em que me pediam detalhes bibliográficos sobre o livrete Da Manifestação, embora na versão original meu texto viesse precedido por cinco linhas em que eu falava de como é possível escrever-se resenhas críticas sobre livros imaginários. O resultado é que um conhecido editor ainda se encontra à espera do resultado de afanosas pesquisas que encomendou a fim de localizar a obra.

---

*O autor se refere aqui às listas de membros da loja maçônica P2, que provocaram enorme escândalo público na Itália. A curiosidade do título é que o nome da letra "P" em italiano é "pi" — e que "pipi" em italiano tem o mesmo sentido que em português. (*N. do T.*)

Estrelas e divisas

FONO
DO COMANDO-GERAL
DO CORPO GALÁCTICO, SOL III
AO COMILITAR IV ZONA, URANO
CHEGOU CONHECIMENTO DESTE COMANDO OCORRÊNCIA VERGONHOSOS CASOS HOMOSSEXUALIDADE PRIMEIRA SEÇÃO BOOS ASSALTO PT ESPERAMOS LISTA RESPONSÁVEIS ET PRONTA ET SEVERA REPRESSÃO PT

ASSINADO
GENERAL PERCUOCO
COMANDANTE-GERAL, DO CASSINO

FONO
DO COMILITAR IV ZONA, URANO
AO COMANDO-GERAL
DO CORPO GALÁCTICO, SOL III
CASSINO, MONTE CARLO
COMUNICAMOS ESTE COMANDO BOOS URANO SÃO RAÇA HERMAFRODITA (Nº 30015 REGISTRO ÉTNICO INTERGALÁCTICO) PT REFERIDOS CASOS PRETENSA HOMOSSEXUALIDADE SÃO PORTANTO EXEMPLOS NORMAIS EXERCÍCIO PRÁTICAS SEXUAIS PERMITIDAS LEIS URANO ET CONSTITUIÇÃO INTERGALÁCTICA PT

ASSINADO
CORONEL ZBZZ, COMANDANTE INTERINO POR
GENERAL AGWRSS
EM LICENÇA-MATERNIDADE

FONO
DO COMANDO-GERAL
DO CORPO GALÁCTICO, SOL III
AO COMILITAR V ZONA, PLUTÃO
CHEGOU CONHECIMENTO DESTE COMANDO OCORRÊNCIA VERGONHOSOS CASOS MASTURBAÇÃO PÚBLICA DIVISÃO SAPADORES CENOUREIROS PLUTÃO PT PROVIDENCIAR PUNIÇÃO TANTO CULPADOS DIRETOS QUANTO OFICIAIS RESPONSÁVEIS AFROUXAMENTO DISCIPLINA PT

ASSINADO
GENERAL PERCUOCO
COMANDANTE-GERAL, DO CASSINO

FONO
DO COMILITAR V ZONA, PLUTÃO
AO COMANDO-GERAL
DO CORPO GALÁCTICO, SOL III
CASSINO, MONTE CARLO
ESCLARECEMOS REFERÊNCIA FONO DESTE COMANDO CENOUREIROS PLUTÃO SÃO RAÇA VERMIFORME (DONDE SUA HABILIDADE ESCAVATÓRIA ET PRODUÇÃO AMOSTRAS OU "CENOURAS" PARA PROSPECÇÕES GEOLÓGICAS ZONA PLUTÃO) QUE SE REPRODUZ POR PARTENOGÊNESE PT COMPORTAMENTO TÍPICO CENOUREIROS SUGAR PRÓPRIA EXTREMIDADE POSTERIOR COM EXTREMIDADE ANTERIOR É SINTOMA ORGASMO CISSÃO ET NORMALMENTE ADMITIDO REGRAS EXÉRCITO LOCAL PT ESCLARECEMOS AINDA QUE APENAS ASSIM PODEM OCORRER COSTUMEIRAS OPERAÇÕES RECRUTAMENTO NOVOS CONTINGENTES PT

ASSINADO
GENERAL BOOSAMMETH
E GENERAL BOOSAMMETH

(PEDIMOS ESTABELECER PRIORIDADE COMANDO POIS OCORREU RECENTEMENTE CISSÃO POR PARTENOGÊNESE ALTO-COMANDO)

FONO
*DO COMANDO-GERAL
DO CORPO GALÁCTICO, SOL III
AO COMILITAR IV ZONA, URANO
E COMILITAR V ZONA, PLUTÃO*
ESTE COMANDO RECUSA ARGUMENTOS TENDENCIOSOS ET JUSTIFICA-
ÇÕES PERMISSIVAS ET LESIVAS ALTAS TRADIÇÕES MORALIDADE VG PRES-
TEZA ESPIRITUAL ET HIGIENE EXÉRCITO GALÁCTICO VG ORGULHOSO
TRADIÇÕES GRANADEIROS SARDENHA ET CARABINEIROS REAIS ET AL-
PINOS PT SIGNATÁRIOS FONOGRAMAS IMEDIATAMENTE DESTITUÍDOS
PT GUARNIÇÕES CUSTÓDIA DIRETA COMANDO-GERAL PT
*ASSINADO
GENERAL PERCUOCO
COMANDANTE-GERAL, DO CASSINO*

*Comitê Intergaláctico de Defesa das Minorias Étnicas Fomalhaut
(Peixe Austral)*

Excelência, permito-me assinalar os casos de que trata a documentação anexa, a qual evidencia que o general Percuoco (que imagino terrestre) aplica à administração militar galáctica uma ótica que eu ousaria definir como obsoleta pelo menos desde os tempos do presidente Flanagan (infelizmente assassinado por um fanático africano), o qual defendeu de maneira tão luminosa o direito das raças periféricas à absoluta igualdade perante as leis. Sabe-se que a doutrina Flanagan estabelece que "todos os seres de toda a Galáxia são iguais diante da Grande Matriz, independentemente de sua forma, do número de suas escamas ou de seus braços, e independentemente inclusive do estado físico (sólido, líquido ou gasoso) em que vivam". Não foi por acaso que o Governo da Federação Intergaláctica instituiu o Alto-Comissariado para a Relatividade Cultural e Biológica, com as funções de administrar o Registro Étnico Intergaláctico e propor à Alta Corte de Justiça os devidos acréscimos e retoques às leis intergalácticas, à medida que ocorre a expansão da civilização terrestre até os últimos confins do Cosmos. Quando, depois da Queda dos Grandes Impérios Atômicos (as antigas América e Rússia), os povos da bacia mediterrânea, graças à descoberta das qualidades energéticas do ácido cítrico, tornaram-se primeiro senhores da Terra e, depois, de todo o Universo, que passaram a sulcar com suas astronaves impelidas por aquela força que o poeta cantou como "as trompas de ouro da solaridade", pareceu a todos de bom augúrio que o domínio do universo fosse entregue a povos que já tivessem sofrido severas discriminações raciais no âmbito de seu próprio planeta, e Vossa Excelência sabe com que entusiasmo foi saudada a Lei Hefner, que permitia o acasalamento entre mulheres terrestres e os pentapenídeos de Júpiter (embora saibamos todos o alto preço em sangue que custou esta infeliz experiência pioneira, que obrigava a industriosa mas talvez excessivamente enérgica população jupiteriana a satisfazer de cada vez cinco impulsos com uma única fêmea monovulvar). Foi também desta experiência de indubitável abertura que nasceram as leis inter-raciais intergalácticas que ainda hoje tanto enchem de orgulho a nossa Federação.

É motivo de grande satisfação para todos que os regulamentos militares intergalácticos se tenham adequado aos princípios da integração, e que desse modo tenha sido determinado que o serviço militar deva ser exercido num planeta diferente daquele em que o indivíduo nasceu. É por isso que assinalamos com particular desapontamento que esta norma tenha sido desobedecida, e a prova é que os Cenoureiros de Plutão hoje prestam serviço apenas em seu planeta de origem, e apenas em seu planeta prestam serviço os Boos de Assalto de Urano. E é assim que se explica por que o general Percuoco, cuja competência militar e administrativa permanece acima de discussão, não tem conhecimento das particularidades anatômicas e das modalidades reprodutivas dos seres referidos acima. No entanto, Vossa Excelência deve ter tido a oportunidade de observar os incidentes diplomáticos provocados por essas medidas a partir das notícias mostradas pelos telejornais acerca das revoltas ocorridas nos dois planetas em questão.

Peço portanto a Vossa Excelência que se digne tomar as devidas providências no sentido de tornar cada vez mais operante o princípio intergaláctico de integração, e estou certo de que, das esplêndidas alturas da Moyenne Corniche e do Palácio Presidencial de La Turbie, de onde Vossa Excelência descortina uma visão encantadora do Mediterrâneo, partirá uma advertência solícita e paternal aos Comandos Militares que, no antigo Cassino de Monte Carlo, presidem o Jogo Galáctico do Potlatch Bélico.

Cordialmente, creia-me seu devotíssimo na Grande Matriz Combinatória do Universo, prostrado sobre seus trinta joelhos.

Avram Boond-ss'bb

Ao Ilustre Polípode Avram Boond-ss'bb
Fomalhaut (Peixe Austral)

No Cruzeiro do Sul, a paz, bom Polípode. Permita-me dirigir-me ao senhor em nome de nosso amado Presidente Intergaláctico, na qualidade de Assessor de Relações Públicas da Presidência, para dar à sua carta a resposta e a satisfação que ela merece, à luz da Grande Matriz.

Sua Excelência está bem consciente dos deveres que lhe cabem como Fiador da Integração, mas deve outrossim levar em consideração as obrigações que lhe competem na qualidade de Comandante Supremo do Grande Jogo do Potlatch Bélico.

Se em todos os séculos dos séculos foi sempre difícil governar os exércitos, encargo atribuído inclusive pelos antigos judeus a seu Deus Sabaoth, com mais razão ainda é esta tarefa extraordinariamente árdua, senão impossível, no quadro da Paz Intergaláctica. O senhor sabe que os maiores estadistas reconheceram, desde o século XXII da era cristã, o quanto é perigoso e recalcitrante um exército de várias centenas de milhares de homens num período transitório de paz. Os grandes golpes de Estado do século XX deveram-se justamente ao excesso de paz (o que levou o falecido presidente Flanagan a declarar que só as guerras são o berço das democracias e das revoluções libertárias). Imagine-se então (mas o senhor sabe perfeitamente dessas coisas) como pode ser penoso governar um exército composto por bilhões de seres pertencentes a várias etnias intergalácticas, numa condição de Paz Perpétua e na ausência institucionalizada tanto de fronteiras a defender quanto de inimigos que possam ameaçá-las. Nesses casos, o senhor sabe que o exército, além de custar muito mais, tende a multiplicar seus próprios organismos, graças à conhecida lei de Parkinson. Assim, podem-se imaginar os inconvenientes que decorrem deste estado de coisas.

Vejamos, a propósito, os casos dos Cenoureiros de Plutão e dos Boos de Assalto de Urano. Num primeiro momento, pensou-se em integrá-los no Corpo Misto Lunar que, por regulamento, é composto de patrulhas em trator integradas por dois terrestres (um fuzileiro italiano e um guarda da polícia montada canadense) e dois extraterrestres. O senhor deve conhecer os inúmeros problemas que foram provocados pelo patrulhamento lunar. Logo ficou evidente a incompatibilidade entre as duas corporações terrestres: o restrito espaço oxigenado da cabine anterior do trator tornava impossível a convivência dos dois soldados, ambos de chapéu de abas largas; considere-se ainda a descoberta de que as plumas do fuzileiro italiano continham alérgenos aos quais os cavalos são extremamente sensíveis; é por isto, inclusive, que a sabedoria militar tradicional sempre desaconselhou a formação de corpos de fuzileiros a cavalo. Mas o senhor também sabe o quanto os soldados da polícia montada canadense são apegados por tradição às suas montarias, a ponto de não poderem separar-se delas nem mesmo no trator (a tentativa de fazer a cavalaria usar bicicletas fracassou miseravelmente: não se deve desrespeitar as tradições das várias corporações). Mesmo isto, porém, não era nada diante do que decorreu da introdução de plutonianos e uranianos na cabine posterior do trator. Não só porque os Boos de Assalto de Urano são, como se sabe, dotados de uma longa cauda que não havia como evitar que ficasse de fora do trator, arrastando-se pelo terreno e cobrindo-se assim de abrasões não facilmente curáveis; mas também porque os Boos vivem numa atmosfera de gases inflamáveis e os Cenoureiros de Plutão só sobrevivem a uma temperatura de 2.000 graus Fahrenheit, e nenhum tipo de divisória seria capaz de garantir um isolamento recíproco suficiente. Acrescente-se ainda o fato, de todos o mais grave, de que os Cenoureiros de Plutão apresentam uma compulsão que os leva a penetrar no terreno para dele extrair "cenouras" (no sentido petrolífero do termo), coisa que em Plutão não provoca danos irreparáveis devido à capacidade regenerativa do terreno local, mas que na Lua resultou em pouco tempo no processo a que os técnicos deram o pitoresco nome de "grovierização" (comprometendo a própria estabilidade gravitacional do satélite). Em suma, foi necessário desistir do projeto integracionista e, hoje, as patrulhas lunares em trator são compostas exclusivamente de pigmeus Bandar (da selva de Bengala), particularmente adaptados à tarefa. O critério funcional acabou prevalecendo sobre o integracionista. Note o senhor que esta solução é anômala em termos do regulamento e oficialmente se apoia em um decreto-lei provisório. O senhor compreenderá ainda quais e quantos problemas a autoridade central precisa enfrentar, e não nego que uma solução como a referida acima foi tomada a contragosto do Alto-Comando do Cassino. É verdade também que nem todos os responsáveis pelos comandos militares estão à altura dos inúmeros problemas que surgem na administração de um exército intergaláctico.

De qualquer maneira, em relação à questão em foco, Sua Excelência me encarrega de dizer-lhe que está sendo providenciada uma rotação normal no Alto-Comando: o general Percuoco será transferido a partir de amanhã para a Central de Aprovisionamento, em Betelgeuse, e o Comando do Corpo Galáctico será assumido pelo general Corbetta, ex-comandante benemérito dos Lanceiros de Novara. Quanto ao Comando-Géral do Estado-Maior Intergaláctico, será assumido pelo general Giansaverio Rebaudengo, ex-chefe dos Serviços Secretos, oficial de linhagem ilustre de militares piemonteses, que haverá indubitavelmente de mostrar-se à altura de suas graves e múltiplas obrigações.

Temos certeza de que essas soluções dão garantias suficientes ao Comitê Intergaláctico para a Defesa das Minorias Étnicas, e tomou-se um cuidado especial a fim de que não fosse escolhido para um cargo tão delicado um militar proveniente de zonas tradicionalmente racistas, como a África, a Sicília e o Alto Bresciano. É pensamento também de Sua Excelência que já tarda o dia em que se decidirá abandonar a tradição consagrada que reserva sempre os cargos de alto-comando a militares de origem mediterrânea, e o senhor sabe melhor do que eu o quanto ainda é forte o prestígio da chamada "faixa dos limões". Não podemos nos esquecer de que somos filhos de uma tecnologia do ácido cítrico.

Cordialmente, seu devotíssimo

Giovanni Pautasso
Assessor de Relações Públicas
de Sua Excelência o Presidente
da Federação Intergaláctica
Do Palácio de La Turbie, Mediterrâneo

Relatório Reservado
ao Presidente da Federação
Do Serviço de Coordenação dos Serviços Secretos, Roma

É com uma certa hesitação que este serviço recebeu a ordem de Vossa Excelência no sentido de esclarecer a posição do agente Wwwsp Gggrs, dado que a condição essencial para a existência de um Serviço que coordene a atividade dos Serviços Secretos em conflito recíproco é o segredo absoluto de suas informações. Princípio por nós seguido com escrúpulo tal que, em regra, este serviço, para evitar o vazamento de notícias, procura não estar ao corrente do que vem sendo feito pelos serviços que coordena. Se às vezes nos permitimos tomar conhecimento de alguma ocorrência, é só para manter adestrados os 26 mil homens que servem conosco, em homenagem à teoria do Giro em Falso Institucionalizado que regula a própria existência das Forças Armadas Intergalácticas.

Todavia, para compreender a posição do agente Wwwsp Gggrs, um bivalve miniaturizado de Cassiopeia, é necessário ter-se em mente a situação dos 37 Serviços Secretos da Federação das Galáxias. Vou procurar esclarecê-la para Vossa Excelência, partindo do princípio de que, se esta coordenação se manteve fiel a seu próprio empenho de Desinformação Controlada, o governo deve estar completamente no escuro quanto ao que lhe diz respeito.

Como sabe Vossa Excelência, a Federação das Galáxias sofre as consequências de ser uma unidade estatal desprovida de fronteiras e, portanto, de inimigos possíveis, condenada por assim dizer a uma paz perpétua. Esta situação tornou sem dúvida difícil a configuração de um Exército, sem que, por outro lado, as Galáxias pudessem renunciar a ter forças armadas — caso em que perderiam uma das principais prerrogativas de um Estado soberano. Foi necessário portanto recorrer à luminosa teoria do Giro em Falso Institucionalizado, que permite a um Exército de formato inimaginável ocupar-se apenas de seu próprio autossustento — atendendo à sua necessidade de renovação através da instituição do Potlatch Bélico, ou Jogo da Guerra.

Esta solução não foi difícil de implementar, visto que já há algum tempo (antes ainda da primeira Pax Mediterranea e da unificação das Galáxias) os exércitos da era vulgar estavam empenhados essencialmente em seu puro autossustento. Todavia, tinham duas importantes válvulas de escape. Uma era a criação de uma cadeia contínua de guerras locais, sob a pressão dos centros de poder econômico, a fim de manter ativa uma lucrativa indústria bélica; a outra era a atividade de espionagem recíproca entre os Estados, com a consequente manutenção de tensões, provocação de golpes de Estado, guerras-frias etecétera.

Como Vossa Excelência bem sabe, a descoberta do poder energético do ácido cítrico, além de dar a liderança galáctica aos países subdesenvolvidos produtores de limão, mudou radicalmente as leis econômicas e pôs fim à era da tecnologia industrial e de consumo. Com isto caducou, se não a possibilidade, pelo menos a conveniência de suscitar guerras locais. Fato que, como é sabido, exasperou os dois maiores problemas do funcionamento interno do Exército: a renovação dos contingentes (favorecida pelas mortes em combate) e a promoção dos oficiais por méritos no campo de batalha. Estes graves inconvenientes foram resolvidos com a criação do Potlatch Bélico, e hoje nossos estádios espaciais se deliciam a cada domingo com os confrontos sanguinários entre unidades de nosso glorioso Exército que fazem, umas contra as outras, demonstrações de valor e coragem, sustentadas pela amizade, pelo espírito de cooperação e pelo desprezo ao perigo. Nunca, em toda a história do homem, se tinham visto jovens de qualquer raça e qualquer condição social morrerem com um sorriso nos lábios, sem qualquer palavra de ódio ao "inimigo", que na verdade é desportivamente reconhecido como um amigo e irmão que, apenas devido a um sorteio, se encontra no campo adversário. E permita-me assinalar, neste ponto, o heroico comportamento da Quarta Divisão Hipertransportada do Camaleão, que domingo passado, no Derby do Cruzeiro do Sul, impelida para os confins do hemisfério celeste pelos Leões de Ofiúco, para não se precipitar em massa sobre as tribunas de honra, instaladas em Fomalhaut, foi esfacelar-se em Alfa, enriquecendo o Potlatch Bélico com a aniquilação de 50.000 habitantes civis — reintroduzindo corajosamente o sacrifício de vítimas não-beligerantes na prática bélica, evento que não se verificava mais desde a arcaica Era do Napalm.

Mas voltemos ao nosso problema. Se o Potlatch Bélico resolveu a questão da renovação dos contingentes e das promoções por méritos no campo de batalha, não resolveu o problema da espionagem. É certo que ela não pode ser exercida, por parte de uma unidade bélica, nos confrontos que esta precisa travar no Torneio do Potlatch, porque, como se sabe, a disposição e a composição das forças em combate são de domínio público, e podem ser encontradas nos vários periódicos militar-desportivos. Por outro lado, a não existência de inimigos externos correria o risco de privar de qualquer sentido os Serviços Secretos: no entanto, assim como um Estado não pode sobreviver sem Forças Armadas, as Forças Armadas também não podem sobreviver sem Serviços Secretos. No mínimo porque, como ensina a doutrina Honki-Henki, os cargos de direção dos Serviços Secretos são biologicamente necessários a um Exército para "queimar" o excedente de generais e almirantes que jamais poderiam ser promovidos aos cargos supremos. Portanto, é preciso que os Serviços Secretos existam, que desenvolvam uma atividade intensa e que esta atividade seja totalmente ineficiente e danosa aos fins de autossustento do Estado. Um nó de problemas de difícil solução.

Ora, um dos méritos da doutrina Honki-Henki é o de ter exumado um precioso modelo oferecido pela atual Enotria (antiga Itália) em torno do final do século XX da era dita vulgar: o modelo da Espionagem Recíproca entre Corpos Separados.

Mas para que Corpos Separados do Estado possam espionar-se mutuamente dois requisitos são necessários: que estes desenvolvam uma intensa atividade secreta que os outros Corpos estejam interessados em conhecer, e que os espiões tenham fácil acesso a essas informações. O segundo requisito é satisfeito pelo princípio do Espião único: um agente isolado que, especializado em jogo duplo, espione ao mesmo tempo para vários Corpos e esteja sempre de posse de notícias frescas e oriundas de fonte segura.

Mas o que fazer quando os Corpos Separados, em virtude do princípio do Giro em Falso Institucionalizado, não fazem nada nem em público nem em segredo? Torna-se necessário então que o espião utilizado atenda a um terceiro requisito, qual seja, o de ter condições de recolher e redistribuir notícias inventadas. Desta maneira, o espião, em vez de tornar-se apenas um portador, transforma-se na própria fonte das informações. Num certo sentido, pode-se dizer nesse caso que, em lugar de o espião ser criado pelo Corpo Separado, é o Espião quem cria o Corpo Separado.

Nesta perspectiva, o agente Wwwsp Gggrs se qualificava como o indivíduo mais apto a exercer esse papel, e por várias razões. Antes de mais nada, trata-se de um bivalve de Cassiopeia, uma espécie que raciocina com base em lógicas polivalentes e só para formular enunciados de alta opacidade referencial; o admirável entrelaçamento desses dois requisitos os torna particularmente aptos à mentira, à autocontradição sistemática, à rápida manipulação de sinônimos aparentes e à mistura crítica de termos *de re* e termos *de dicto* (do tipo: "Se Túlio é Cícero e Túlio é uma palavra de cinco letras, então Cícero é uma palavra de cinco letras"; gênero de raciocínio que, provavelmente devido ao alto nível de formalização lógica atingido por nossos oficiais, resulta especialmente popular mesmo nas guarnições mais remotas da periferia galáctica).

Em segundo lugar, Wwwsp Gggrs é, devemos lembrar, um bivalve miniaturizado (como aliás a maior parte dos habitantes de Cassiopeia). Tem imensa facilidade para penetrar nos lugares mais impensados, contrabalançando suas dificuldades motoras com os típicos disfarces de cigarreira ou estojo de pó de arroz, e enfiando-se nos bolsos ou bolsas de agentes-mediadores: e a essa função são notoriamente adeptos os Infiltrados de todos os Corpos Separados, que nesta qualidade vão e vêm de um corpo para o outro sem estarem sujeitos a qualquer tipo de controle.

Explicadas as razões pelas quais o agente Gggrs vinha sendo utilizado por pelo menos três corporações militares, só resta agora justificar o incidente a que se refere o pedido de informações a nós enviado por Vossa Excelência.

Ao que tudo indica, o agente em questão, arregimentado pelo Alto-Comando de Capricórnio, pelo Corpo de Polícia de Antares e pela Direção Militar da Ursa Maior, além de receber de Capricórnio para espionar Antares e a Ursa, de Antares para espionar a Ursa e Capricórnio, e da Ursa para espionar Antares e Capricórnio — o que já lhe valeria seis estipêndios — devido a um gosto inato pela intriga ainda recebia secretamente de Antares para espionar Antares, da Ursa para espionar a Ursa e de Capricórnio para espionar Capricórnio. Não há quem não perceba a impropriedade do gesto, que obrigava cada Corpo Separado a altas despesas para obter informações sobre si mesmos. Note-se que o engano jamais poderia ter sido descoberto, uma vez que as informações fornecidas pelo agente eram falsas; cada responsável pelos Corpos Separados recebia sempre informações que ainda não conhecia, razão pela qual julgava que se referissem sempre a alguma outra corporação.

Tudo ficou claro quando o general Proazamm, do Alto-Comando de Capricórnio, desejando ter informações reservadas sobre seu próprio subcomandante, decidiu contratar Wwwsp Gggrs para essa finalidade e convocou a seu gabinete o capitão Coppola, que mensalmente se dirigia a Plutão para levar os honorários do agente (o qual, diga-se de passagem, costumava ser procurado por outras autoridades de Capricórnio para delitos menores). Foi só ao conversar com o capitão Coppola que o general se deu conta da situação ambígua e suspeitou que houvesse irregularidades na organização do Serviço Secreto de Capricórnio; dirigiu-se então a este Serviço de Coordenação, que declarou, como é de seu dever, não saber de nada. Isto bastou ao general Proazamm para intuir que suas suspeitas eram bem fundadas; dado que os Capricornianos são telepatas notórios, não havia como evitar que as suspeitas do general Proazamm fossem captadas pelos serviços telepáticos da *Gazeta de Prócion*, notoriamente sedenta de notícias sensacionalistas. Daí o incidente público.

Estamos, por outro lado, em posição de assegurar a Vossa Excelência que o agente culpado foi prontamente neutralizado, de modo que não poderá mais executar missões de espionagem e contrainformação: foi nomeado secretário-geral da Comissão Intergaláctica para a Moralização dos Serviços de Espionagem. O general Proazamm foi transferido para outro posto no Comando das Areias Movediças de Betelgeuse, de onde chegou hoje a notícia de sua morte acidental enquanto inspecionava o Palude número 26. Quanto à *Gazeta de Próncion*, foi adquirida pelo Alto-Comissariado para o Ácido Cítrico, que tratou de assegurar sua sobrevivência como voz livre e democrática.

Queira aceitar, Excelência, as saudações de seu devotíssimo

Almirante Espacial da IV Esquadra
(nome omitido — top secret)
Chefe do Serviço de Coordenação dos Serviços Secretos

P.S. Peço-lhe tomar nota do fato de que, nos termos do regulamento deste Serviço de Coordenação, todas as informações contidas na presente carta são falsas, por motivos de alta segurança militar.

Comando do Estado-Maior Intergaláctico
Cassino, Monte Carlo
Do general Giansaverio Rebaudengo
a todas as Corporações da Galáxia

Oficiais, suboficiais, soldados, assumo hoje o comando-geral e supremo de nosso glorioso Exército. Sirva a memória dos heroicos combatentes de San Martino e Solferino, de Piave e de Bainsizza, de divisa para nossas futuras vitórias.

Viva o Universo!

P.S. Para celebrar a Festa Galáctica de 2 de junho, domingo próximo, na zona de Gêmeos, ocorrerá um grande Potlatch Bélico. O III Destacamento de Himenópteros de Sírius enfrentará o Batalhão Trovão de Vega.

Assinado
Giansaverio Rebaudengo

FONO URGENTE
DO COMILITAR SÍRIUS
AO ESTADO-MAIOR, CASSINO
LEMBRAMOS RESPEITOSAMENTE ESTE COMANDO HIMENÓPTEROS SÍRIUS MEDEM SEIS REPETIMOS SEIS MILÍMETROS ALTURA ET DOIS REPETIMOS DOIS MILÍMETROS CIRCUNFERÊNCIA VG ENQUANTO SOLDADOS VEGA SERVINDO BATALHÃO TROVÃO SÃO RAÇA GIGANTESCOS PAQUIDERMES PESANDO OITO REPETIMOS OITO TONELADAS CADA UM PT CONSIDERAMOS CONFRONTO NÃO REALIZÁVEL AINDA PORQUE DEVIDO ESCASSA DENSIDADE POPULACIONAL SÍRIUS III DESTACAMENTO HIMENÓPTEROS CONTA APENAS QUINHENTOS REPETIMOS QUINHENTOS SOLDADOS ENQUANTO BATALHÃO TROVÃO VEGA REÚNE VINTE ET CINCO MIL SOLDADOS PT

ASSINADO
GENERAL BEE

FONO
DO ESTADO-MAIOR
AO COMILITAR SÍRIUS
PALAVRA IMPOSSÍVEL INEXISTE VOCABULÁRIO SOLDADO INTERGALÁCTICO PT PROSSIGA PT

ASSINADO
GENERAL GIANSAVERIO REBAUDENGO

Nota reservada
ao General Giansaverio Rebaudengo

Permitimo-nos assinalar a Vossa Excelência que, no curso do costumeiro rodízio das Corporações Intergalácticas no serviço da guarda de honra do Presidente da Federação, foram escalados para o presente mês os Alferes da Morte de Pégaso. Esta Administração não pretende deixar de reconhecer a esplêndida preparação militar desta valorosíssima corporação, mas assinala que os habitantes de Pégaso têm em média a altura de 18 metros; seus pés medem três metros por dois. O fato de serem monípedes não torna a situação menos preocupante, já que os referidos militares são obrigados a se deslocarem aos saltos. Durante a cerimônia inaugural da Feira do Levante, em Bari, semana passada, um dos guardas do presidente esmagou inadvertidamente o arcebispo da Apúlia. Pedimos portanto a Vossa Excelência que determine a aceleração do rodízio entre as corporações, e que sejam excluídos do serviço os militares de etnias incomensuráveis ao formato terrestre.

O presidente da Federação desaconselha ainda que sejam incluídos nos combates do Potlatch Bélico a Divisão dos Corredores de Órion. Esta civilização desenvolveu uma forma de transmigração das almas por metempsicose, e os oriônidas se entregam à morte com extremo descaso, de modo que todos os confrontos em que se envolvem acabam se revelando desleais do ponto de vista desportivo. No máximo, aconselha-se escalá-los em combates contra outras unidades que tenham extremamente desenvolvido o sentido da sobrevivência após a morte, como a Guarda Suíça do Vaticano, a Infantaria Irlandesa, a Falange Espanhola e a Aviação Japonesa.

Da secretaria do Palácio Federal
La Turbie

Comando do Estado-Maior
ao Presidente da Federação Intergaláctica
La Turbie

Excelência, não creio poder levar em consideração os conselhos que Vossa Excelência me enviou através de sua secretaria. Os Soldados Intergalácticos são todos iguais aos olhos deste Comando, e não posso admitir tratamentos de favor ou discriminações de qualquer espécie. Durante meu longo e glorioso passado de soldado, nunca fiz distinções entre ricos e pobres, calabreses e vênetos, altos e baixos. Lembro que no longínquo ano de 2482 Vossa Excelência resistiu às pressões de uma imprensa sentimentaloide e secretamente racista enviando para o serviço de patrulha no Saara o IV Regimento de Arpoadores Esquimós da Terra do Príncipe José. Aqueles maravilhosos soldados morreram todos no cumprimento do dever. Quando um soldado está de farda, não me importa a sua tonelagem. Sinto muito pelo incidente ocorrido ao Ilustre e Defunto Prelado da Apúlia, mas o Exército não pode transigir. No hoje remoto século XX, centenas de milhares de soldados italianos foram enviados para os campos da Rússia calçados com sapatos de tênis, e não me consta que o prestígio do Alto-Comando tenha sofrido qualquer mácula por causa do incidente. A decisão do Comandante faz o heroísmo do Soldado.

Viva o Universo!

Assinado
General Giansaverio Rebaudengo

FONO
DO COMANDO DO ESTADO-MAIOR
CENTRAL DE APROVISIONAMENTO
BETELGEUSE
ESCANDALIZADO VARIEDADE RAÇÕES ET PREOCUPADO PERMISSIVIDADE CULINÁRIA CONTRARIANDO TRADIÇÕES DISCIPLINA NOSSO GLORIOSO EXÉRCITO ORDENO DORAVANTE RAÇÕES ALIMENTARES SEJAM UNIFICADAS FORMATO PADRONIZADO PARA TODOS MILITARES FEDERAÇÃO GALÁXIAS A SABER QUINHENTOS GRAMAS BISCOITOS VG UMA LATA CARNE CONGELADA VG QUATRO TABLETES CHOCOLATE ET UM DECILITRO AGUARDENTE PT

ASSINADO
GENERAL GIANSAVERIO REBAUDENGO

FONO
DA CENTRAL DE APROVISIONAMENTO
BETELGEUSE
AO ESTADO-MAIOR
CASSINO
LEMBRAMOS VARIEDADE BIOLÓGICA VÁRIOS CORPOS EXÉRCITO INTERGALÁCTICO PT POR EXEMPLO SOLDADOS ALTAIR ACOSTUMADOS COMER TODO DIA TREZENTOS SESSENTA QUILOGRAMAS CARNE GNU ALTAIR VG ENGENHEIROS AURIGA SÃO COMPOSTOS EXCLUSIVAMENTE ALCOÓIS ETÍLICOS ET RAÇÃO AGUARDENTE LHES PARECE PROVOCAÇÃO ET CONVITE CANIBALISMO VG SOLDADOS HOOKS DE BELLATRIX ABSOLUTAMENTE VEGETARIANOS ENQUANTO CAÇADORES ESCALPO BERENICE COSTUMAM ALIMENTAR-SE SELVAGENS LOCAIS BÍPEDES ET IMPLUMES ET ISTO OCASIONA DEPLORÁVEIS CASOS CONFUSÃO COMO QUANDO DESTACAMENTO REFERIDOS CAÇADORES DEVOROU POR ENGANO BATALHÃO INTEIRO GUARDAS ALPINOS LÁ ENVIADO FINS INTEGRAÇÃO VG CONFUNDIDOS PACOTES RAÇÃO PT APROVEITAMOS OCASIÃO TORNAR ABORDAR PROBLEMA PADRONIZAÇÃO FARDAS ORDENADO COMANDO PT IMPOSSÍVEL ADAPTAR FARDA PADRONIZADA TÚNICA ET CINTURÃO A SOLDADOS OITO METROS ET CINCO BRAÇOS VG ENQUANTO CALÇAS SÃO TIPO TOTALMENTE INADAPTADO SOLDADOS VERMIFORMES PT PEDIMOS PROVIDENCIAR ADAPTAÇÃO DEVIDAMENTE FLEXÍVEL DIFERENTES EXIGÊNCIAS BIOLÓGICAS PT

ASSINADO
GENERAL PERCUOCO

FONO
*DO COMANDO ESTADO-MAIOR, CASSINO
A GENERAL PERCUOCO
CENTRAL DE APROVISIONAMENTO
BETELGEUSE
VIRE-SE PT*

*ASSINADO
GENERAL GIANSAVERIO REBAUDENGO*

*Relatório confidencial
ao Comando Militar de Valladolid, Europa
e c.c. ao Comando do Corpo Galáctico, Sol III*

Chegou ao conhecimento deste Comando de Finanças Intergalácticas que os membros da Infantaria Motorizada de Valladolid falsificam bônus de gasolina a fim de desviar combustível subtraído ao Exército para o mercado negro intergaláctico. Até hoje, a partir dos levantamentos da comissão de disciplina por nós chefiada, que trabalhou por oito anos controlando todos os atos administrativos e os bônus de carga e descarga do Comando de Infantaria Motorizada de Valladolid, desapareceram nove repetimos nove barris de gasolina. Suspendemos a investigação porque vinha sendo conduzida por Informáticos de Boote de toda confiança, que na Terra precisam ser mantidos constantemente em câmaras de descompressão alimentadas a estrôncio 90, e seu custo já somava oitenta mil créditos intergalácticos, o que equivale a antigos três milhões de dólares canadenses. Pedimos ao comando a que nos endereçamos que aprofunde a investigação e procure identificar os responsáveis.

*Comando de Finanças Intergalácticas
Arturo (Boote)*

*Relatório confidencial
ao Comando de Finanças Intergalácticas
Arturo (Boote)*

Encarregado pelo comando local da Infantaria Motorizada, conduzi severo inquérito sobre o desaparecimento dos nove barris de gasolina e cheguei às seguintes conclusões. O combustível foi embarcado em Bilbao em naves de contrabandistas de Saturno, e de lá transferido a Algol (Perseu), onde o líquido é considerado uma bebida superalcoólica (ou melhor superoctânica). Não me foi possível identificar toda a cadeia de responsáveis devido a um conflito de competências surgido na passagem da Terra a Perseu. De fato, em Sol III, o problema seria da competência da Direção de Motorização, mas em Perseu passa à competência da Direção de Aprovisionamento. Aconselha-se portanto a comunicar todo o caso à Direção Geral de Transportes Espaciais, com sede em Prócion, num formulário 367/00/C.112, sob o título "Contrabando interno".

Comando
Guarda Civil
Valladolid

FONO
DA DIREÇÃO GERAL
TRANSPORTES ESPACIAIS MILITARES
AO COMANDO DE FINANÇAS INTERGALÁCTICAS
ARTURO (BOOTE)
CASO BARRIS GASOLINA COMUNICADO FORMULÁRIO 367/00/C.112 NÃO É COMPETÊNCIA DESTA DIREÇÃO PORQUE NAVES PARTINDO BILBAO PARA PRÓCION DEVEM PASSAR POR RELATIVIZAÇÃO HIPERESPAÇO ET CHEGAM DESTINO TREZENTOS ANOS ANTES PARTIDA PT PROBLEMA É PORTANTO COMPETÊNCIA ARQUIVO HISTÓRICO MILITAR EM VELLETRI VG A QUEM CASO DEVE SER COMUNICADO FORMULÁRIO 450/00/SS/99/P PT

ASSINADO
DIREÇÃO
TRANSPORTES ESPACIAIS MILITARES

FONO
DO ARQUIVO HISTÓRICO MILITAR
VELLETRI
AO COMANDO DAS FINANÇAS INTERGALÁCTICAS
ARTURO (BOOTE)
LAMENTAMOS NÃO PODER DAR SEQUÊNCIA VOSSA COMUNICAÇÃO FORMULÁRIO 450/00/SS/99/P PORQUE ARQUIVO HISTÓRICO VG DEVIDO APARELHAMENTO INSUFICIENTE VG ESTÁ AINDA OCUPADO ORGANIZAR MATERIAL PERÍODO COMPREENDIDO ENTRE BATALHA LEPANTO ET GUERRA 1914/1918 PT

ASSINADO
ARQUIVO HISTÓRICO MILITAR

Memorando do General Rebaudengo
ao Comando de Finanças Intergalácticas
Arturo (Boote)

Que história é essa de barris de gasolina, se o exército não usa mais gasolina desde o ano de 1999 da era dita vulgar? E o que está fazendo um Comando de Infantaria Motorizada em Valladolid?

Rebaudengo

Comando de Finanças Intergalácticas
Arturo (Boote)

Excelentíssimo general, compreendemos seu espanto mas este Comando, fiel ao lema das Finanças Intergalácticas ("não largar o osso") ainda precisa livrar-se de práticas herdadas de administrações militares passadas e transferidas todas para nossos arquivos de Boote. Com efeito, o fato se refere a acontecimentos de algumas centenas de anos atrás, mas de qualquer maneira podemos testemunhar que existe em Valladolid um Comando de Infantaria Motorizada. O fato de que aquele Comando não administre veículos automotores escapa à nossa competência, mas sabemos que o Ente Nazionale Idrocarburi, antigo órgão nacional italiano de exploração, refino e distribuição de derivados de petróleo ainda existente em Enotria, produz gasolina especialmente para aquele comando, talvez por força de antigas disposições ainda não revogadas. Perguntamo-nos também por que ainda existe um Ente Nazionale Idrocarburi, mas isto não impede que este exista e tenha sua sede em Roma, no mesmo edifício que abriga a Administração da Liquidação de Pensões aos Descendentes das Colônias e a Consultoria para a Concessão de Honrarias Militares aos Tombados na Terceira Guerra de Independência.

O General-Comandante
Arturo Arturo di Arturo, Arturo (Boote)

*Memorando reservado
do Comando do Estado-Maior, Cassino
ao Comando das Finanças Intergalácticas,
à Guarda Civil de Valladolid,
ao Arquivo Histórico-Militar de Velletri,
à Direção Geral dos Transportes Espaciais Militares,
ao Comando do Corpo Galáctico, Sol III*

Fiel ao lema do meu regimento de origem (*"Quieta non movere, mota quietare"*), aconselho-os a arquivar todo o processo a que se referem as cartas anteriores. Sendo a força que sustenta nosso glorioso Exército o respeito às tradições, considerarei inoportuno e ofensivo pôr em dúvida a função histórica e a lealdade à Constituição do glorioso Corpo de Infantaria Motorizada de Valladolid, indubitavelmente coberto de glória em quaisquer circunstâncias e em qualquer parte. Se o exército percebe que lhe falta a confiança dos superiores e da opinião pública e que esta não titubeia em pôr em dúvida as funções de alguma de suas gloriosas unidades, decorreriam daí fatais complexos psicológicos que enfraqueceriam o sentido do dever, o espírito de sacrifício, a presteza e a força de ânimo das tropas, dos suboficiais, dos oficiais.

Caso arquivado.

General Giansaverio Rebaudengo

*Centro de Estudos da Relatividade
Étnica Alfa do Centauro*

Excelentíssimo general Rebaudengo, tendo tomado casualmente conhecimento do caso "gasolina de Valladolid", consumida em Algol como bebida superalcoólica, permitimo-nos assinalar que este não é o único caso do gênero. Seria oportuno ter presentes os inconvenientes que derivam da relatividade dos costumes e dos usos vigentes no Exército Intergaláctico. Por exemplo, diante da notícia de uma epidemia oftalmológica ocorrida entre os Briaréus de Régulo, o Comando de Aprovisionamento de Betelgeuse enviou para lá dez milhões de litros de água boricada com fins terapêuticos, ignorando que naquele planeta o ácido bórico é consumido (ilicitamente) como droga. Seria recomendável portanto que as várias substâncias administradas pelo exército fossem classificadas levando em conta seus possíveis usos relativos. Aconselhamos a adaptação dos formulários às matrizes de Koenig-Stumpf, que permitem 83.000^{10} combinações diferentes.

O diretor do centro
Doutor Malinowski

Centro de Estudos da Relatividade
Étnica Alfa do Centauro
Excelentíssimo general Rebaudengo, agradecemos-lhe por ter acolhido nossa recomendação, mas nos permitimos lembrar que talvez não seja prudente confiar a preparação de formulários baseados nas matrizes de Koenig-Stumpf ao centro gráfico de Altair. Estes formulários pressupõem na verdade uma geometria não-euclidiana de origem riemanniana, e preveem uma lógica modal. Os indígenas de Altair, ao contrário, pensam segundo uma lógica monovalente (para eles, uma coisa ou é ou então é) e medem o espaço de acordo com uma geometria dita hipoeuclidiana ou de Abbott, que prevê uma única dimensão. Lembramos ainda o incidente ocorrido em Altair com a introdução das insígnias coloridas para diferenciar os vários corpos das forças armadas, quando os altairianos só são capazes de perceber uma cor. Com toda a franqueza, chegamos a nos perguntar como pode existir um centro gráfico em Altair, uma vez que os nativos não são capazes de perceber objetos tridimensionais. Nos momentos de desconforto, perguntamo-nos ainda como é que pode existir alguma coisa em Altair, se é que realmente existe. Até aqui, os únicos testemunhos da existência de qualquer forma de vida na dita estrela só nos foram fornecidos pelos relatórios do centro PSI de Mount Wilson, que afirma estar em comunicação telepática com os referidos indígenas.
Cordialmente.

O diretor do centro
Doutor Malinowski

FONO
DO COMANDO ESTADO-MAIOR
AO COMANDO POLÍCIA CONSTELAÇÃO CENTAURO
ET COMANDO POLÍCIA PLANETÁRIA
SOL III
ORDENA-SE IMEDIATA DETENÇÃO DOUTOR MALINOWSKI DEVIDO VILIPÊNDIO GLORIOSAS FORÇAS ARMADAS ALTAIR PT ORDENA-SE AINDA FECHAMENTO CENTRO PSI MOUNT WILSON PT É INADMISSÍVEL QUE MILITARES SERVINDO NAQUELE CENTRO PASSEM DIA INTEIRO PENSANDO PT NÃO TOLERAREMOS VAGABUNDOS IMPRODUTIVOS PT CENTRO SERÁ REABERTO QUANDO POSSÍVEL REGISTRAR COMUNICAÇÕES TELEPÁTICAS FORMULÁRIOS DUAS VIAS PT

ASSINADO
GENERAL GIANSAVERIO REBAUDENGO

FONO
DO POSTO AVANÇADO
PEQUENA NUVEM DE MAGALHÃES
AO COMANDO DO ESTADO-MAIOR
INTERGALÁCTICO
CASSINO, MONTE CARLO
E PRESIDÊNCIA FEDERAÇÃO
LA TURBIE
DO LIMITE EXTREMO UNIVERSO CONHECIDO ASSINALAMOS AVANÇO OBJETOS VOADORES NÃO IDENTIFICADOS PT PATRULHA DEMOLIDORES VOLANTES CANOPUS DESTRUÍDA UNIDADE INVASORA PT SUPOMOS INVASORES PROVENIENTES HIPERZONAS UNIVERSO PT SUA FORÇA DESTRUIÇÃO VG BASEADA ENERGIA DESCONHECIDA VG AMEAÇA SOBREVIVÊNCIA FEDERAÇÃO INTERGALÁCTICA PT AGUARDAMOS INSTRUÇÕES PT ESPERAMOS QUE...
(MENSAGEM INTERROMPIDA)

FONO
DA PRESIDÊNCIA FEDERAÇÃO
AO COMANDO DO ESTADO-MAIOR
INTERGALÁCTICO
PELA PRIMEIRA VEZ NA HISTÓRIA FEDERAÇÃO PRECISA ENFRENTAR INIMIGO EXTERNO PT PROCEDER IMEDIATAMENTE DEFESA PT CONFIAMOS ALTAS TRADIÇÕES MILITARES NOSSO EXÉRCITO ET CONSUMADA EXPERIÊNCIA COMANDO NESTA SITUAÇÃO TRÁGICA ET HISTÓRICA PT GENERAL REBAUDENGO ASSUMA DIRETAMENTE COMANDO OPERAÇÕES PT

ASSINADO
PRESIDENTE LA BARBERA

FONO

*DO COMANDO DO ESTADO-MAIOR
INTERGALÁCTICO, CASSINO
A TODAS AS UNIDADES OPERACIONAIS
DO UNIVERSO*
OFICIAIS VG SUBOFICIAIS VG SOLDADOS! A HORA DO DESTINO BATE ÀS PORTAS FEDERAÇÃO GALÁXIAS! DEPENDE NOSSA PRONTIDÃO VG NOSSA ABNEGAÇÃO VG NOSSA EFICIÊNCIA TÁTICA ET ESTRATÉGICA DESTINO NOSSA PÁTRIA! SOLDADOS! CADA UM EM SEU POSTO ET UM POSTO PARA CADA UM! ASSUMINDO DIRETAMENTE COMANDO OPERAÇÕES ORDENO PT TODAS UNIDADES MÓVEIS SISTEMA SOLAR SE APRESENTEM ÀS MARGENS RIO ISONZO VG IV CORPO ARMADA SEDIADO BOOTE OCUPE POSIÇÕES EM LAGAZUOI VG SASSO DI STRÍA VG PAGANELLA VG LAGO DI CAREZZA ET PORDOI PT V CORPO ARMADA ESTACIONADO PLÊIADES ET DIVISÕES ELITE OCTÓPODES OFIÚCO DEVEM APRESENTAR-SE TAGLIAMENTO ET PIAVE PT DIVISÕES COURAÇADAS TROPAS CHOQUE LÍQUIDAS AURIGA GUARNECERÃO POSIÇÃO MONTE GRAPPA (PROVIDENCIAR CÂMARAS DESCOMPRESSÃO ET SINOS SOLIDIFICAÇÃO NA QUOTA 118) PT PERSEIDAS DA MORTE ALGOL DEVEM APRESENTAR-SE À MARGEM ESQUERDA RIO ÁDIGE ET APRONTAR PONTES DESEMBARQUE PT CENOUREIROS PLUTÃO DEVEM DIRIGIR-SE IMEDIATAMENTE ORTISEI ET PREPARAR TRINCHEIRAS VG DEMAIS POSIÇÕES FICAM À ESPERA ORDENS REGIÃO PESCHIERA PT NOSSOS PEITOS FARÃO BARREIRA CONTRA INIMIGO INVASOR QUE DEVERÁ REGRESSAR EM DESORDEM PELOS VÉRTICES HIPERESPAÇO DONDE IRROMPEU COM TANTA PRETENSÃO PT GRANDES TRADIÇÕES MILITARES NOSSO GLORIOSO EXÉRCITO NÃO DEIXARÃO POR MENOS! RESPONDAMOS À ALTURA VG COM EFICIÊNCIA VG DECISÃO ET HEROÍSMO NESTA GRANDE OCASIÃO QUE A HISTÓRIA NOS OFERECE PT SOLDADOS! VIVA TRENTO E TRIESTE, TERRITÓRIOS GALÁCTICOS! VENCEREMOS!

1976

Nota do tradutor

Com relação ao final deste conto, vale assinalar que a linha traçada pelas ordens do último comunicado (passando pelos rios Isonzo, Tagliamento e Piave, pelo lago de Carezza e as demais localidades citadas) equivale à mais importante linha de defesa italiana contra o exército austro-húngaro na Primeira Guerra Mundial, época em que o lema "Viva Trento e Trieste", as duas regiões mais imediatamente ameaçadas pelo inimigo, era uma palavra de ordem patriótica de largo curso em toda a Itália.

Uma história verdadeira

No dia 1º de janeiro de 1968, a aviação turca abriu as hostilidades bombardeando sem aviso prévio a cidade de Granitola Torretta, na extremidade ocidental da Sicília. Foi um massacre que suscitou o desgosto de todo o mundo civilizado. Apresentando-se como intérprete sensível da indignação universal, Renato Guttuso pintou o mais célebre de seus quadros: gatos, minotauros, Níobes ensanguentadas com bebês ao peito elevavam ao céu roucos rugidos de desespero, enquanto entre lâminas de luz expelidas por lâmpadas espásticas a cena lívida se iluminava numa acre sinfonia de tons de ocre e cinza. O artista intitulou o quadro em homenagem à região martirizada: *Granitola Torretta*. Seja pela ousadia da linguagem pictórica, seja pela dificuldade de memorização do título, o quadro não teve em seu país o sucesso que merecia, e o autor acabou doando sua obra ao Museu do Prado de Madri.

Tudo se deveu aos acordos de Ialta. Os Grandes perceberam que o fascismo, derrotado militarmente, não fora debelado ideologicamente. Para evitar que pudesse vir a ressurgir sob a forma de neofascismo nos países da área democrática, só havia uma solução: fornecer aos desterrados do regime uma área de desafogo. A escolha recaiu sobre a Turquia por uma série de razões históricas. A comissão mista Parri-Bottai cuidou do expatriamento dos hierarcas e do depósito do ouro de Dongo no Banco de Ancara. Em 1947, o Novo Cümhuriyeti, conhecido comumente como Império Otomano Fascista, já era uma realidade política. E logo manifestou sua vocação imperialista: caíram sucessivamente a ilha de Chipre, a Síria, o Líbano, o Iraque, e a Pérsia, dominada pela ortodoxia dos aiatolás, foi absorvida pelo império; o novo

Estado palestino, nascido da fusão dos grupos judeus e árabes sob a insígnia da Jerusalém Terrestre, se via ameaçado por todos os lados. Toda a costa africana gravitava na órbita do Crescente Lictório e de pouco valeu, para conter a pressão dos seldjúcidas, a aliança entre a União Soviética (governada então pelo Partido Dissidente, sob a presidência de Sakharov) e os Estados Unidos sob a presidência de Martin Luther King. O Império Otomano Fascista se enfurecia no Mediterrâneo, e em sua mira violenta estava a Itália, sobre cujas praias ressoava cada vez mais o grito: "Mamãe, socorro, os turcos!"

Não vamos falar do turismo, irremediavelmente comprometido ("O Mediterrâneo tornou-se invivível", afirmou Gianni Agnelli ao correspondente do *Time* enquanto passava férias no golfo de Tonquim), mas a economia nacional italiana corria o risco de uma crise. As forças políticas nacionais reagiram com muito equilíbrio à situação, levando ao governo, em 18 de abril de 1948, o Partido Socialista Cristão, com um programa antifascista apoiado por todos os grupos e endossado pela União Soviética e pelos Estados Unidos através do Pacto de Lepanto.

Togliatti, graças aos conselhos de seu consultor político Ignazio Silone (e depois impelido pelos fermentos que agitavam o grupo dos jovens giobertiano-materialistas: Ciccardini, Asor Rosa, Baget Bozzo, Capanna e Borruso), estabeleceu a linha futura do partido comunista com base nos cinco pontos de Mendola, que poderemos sintetizar da seguinte maneira: o inimigo de classe é o invasor otomano; atendo-se a uma linha de oposição colaborativa, o Partido Comunista deve manter alto o nível das manifestações operárias e estudantis, fazendo-as voltarem-se contra o inimigo otomano; o pensamento materialista considera que as forças biológicas são forças materiais, segundo o pensamento do etólogo marxista Konrad Lorenz e assim como a agressividade humana não pode ser anulada, um partido popular deve manter viva a imagem de um inimigo sobre o qual as massas possam descarregar sua agressividade; para manter este estado positivo de conflito permanente e orientado, é necessário deixar intactas as estruturas econômicas, de acordo com a linha do chamado Gramsci-Dadaísmo propugnado pela revista *Politecnico* de Mario Alicata, apoiado pelos círculos Marx-Freud de Secchia e Musatti e desenvolvido no manifesto programático dos metalmecânicos de 1959 por Antonello Trombadori, com o título de *Sindicalismo transversal e loucura*.

Por outro lado, a orientar de forma correta a combatividade de classe, estava a carga de violência exercida pelo imperialismo otomano. "Não à violência!", tornou-se o brado de Renato Curcio, comandante das lendárias Brigadas Vermelhas que, a fim de golpearem o coração do Império, reuniram mil voluntários em duas lanchas de desembarque fornecidas pela fábrica de embarcações de recreio Finmare e penetraram vitoriosamente em junho de 1970 na baía de Iskanderun, afundando duas belonaves turcas.

Em seu retorno, Curcio recebeu a medalha de ouro do valor militar, mas, em vez de repousar sobre seus louros, formou uma Brigada Vallanzasca (do nome de um dos lendários heróis da surtida de Iskanderun) e reunindo a nata do Consubin, ou melhor, dos comandos da marinha de guerra, saltou de paraquedas sobre Istambul, investindo contra as posições turcas com o arremesso de coquetéis-molotovs. Capturado e encerrado no cárcere de Adana, conseguiu fugir, voltou à pátria e de lá, num helicóptero Agusta, sobrevoou Ancara atirando dos céus poemas de Eugenio Montale — ardentes invectivas ao inimigo que clamavam ao exercício da coragem, à esperança no futuro, à confiança na ação direta. Novamente capturado e aprisionado na fortaleza de Basra, foi libertado por um audacioso golpe da patriota Maria Pia Vianale. "Um exemplo para todas as mulheres italianas", como a definiu a ministra Tina Anselmi, enquanto dava o nome de outra patriota, Petra Krause, prisioneira dos seldjúcidas, à escola de estudos teológicos das *Frattocchie*.

A reação brutal dos seldjúcidas não se fez esperar. Agentes turcos sequestraram dois aviões da Socialitalia. Mas a essa altura a raiva da juventude já não se continha e se preparava para explodir. Estudantes, operários e marginalizados correram a alistar-se nas Brigadas Autônomas realizando verdadeiros prodígios de valor, como no assalto à base militar de Erciyas, em que os jovens autônomos enfrentaram os seldjúcidas, que os superavam de muito em número, empunhando apenas barras de ferro e correntes de bicicleta. "Estes heróis da arma imprópria", celebrou-os com olhos brilhantes de emoção o ministro da Guerra Cossiga, "nos ensinam que, quando o ódio santo à injustiça e o amor por uma pátria melhor agitam seus jovens peitos, não é necessário que estejam protegidos por coletes à prova de bala como os otomanos violentos e assassinos. Qualquer instrumento pode transformar-se em arma, qualquer capacete de motociclista pode tornar-se um elmo. Aprendei, filhos da Itália, dos Alpes ao Lilibeo! Os filhos da Itália são todos Katanga!" Um dos heróis da batalha de Erciyas, Freda, recebeu o título honorífico de Capitão de Ventura.

Mas não se podia enviar os jovens para o perigo armados somente de sua ira santa. Num histórico discurso parlamentar de março de 1977, Giorgio Amendola, presidente do partido comunista-liberal, bradou: "Os jovens dos liceus romanos e milaneses estão partindo clandestinamente para a guerra, armados apenas com fundas e pedaços de pau! Renasce o espírito de Oitenta e Nove! Querem deixá-los indefesos diante do inimigo? Existem armas de baixo custo e grande eficácia que se tornam terríveis e maravilhosas nas mãos de um jovem impregnado de amor à pátria! Eis aqui", continuou Amendola, mostrando um exemplar de uma pistola .38, "uma pistola fácil de manejar! Ela deve se tornar a arma de todo jovem italiano!" Todo o parlamento se pôs de pé, aclamando o orador e levantando as mãos com dois dedos estendidos, simbolizando a arma do resgate da honra nacional.

O ministro Pedini, que providenciou a distribuição das pistolas .38 nas escolas, foi homenageado por uma imponente manifestação juvenil aos gritos de "pistola, pistola!". Indro Montanelli escreveu no jornal *Rinascita*: "Nada é mais belo do que a mão de um jovem empunhando esta arma santa, enquanto a outra exibe o livro vermelho dos pensamentos de Roberto Gervaso e Toni Negri. Mas me disseram que alguns grupos de assalto se infiltraram em Ancara, limitando-se a atirar nas pernas dos servos do imperialismo otomano. Não, rapazes, não é com meras ações de propaganda que se vence uma guerra santa! Levantem a alça de mira!"

Em maio de 1978, o cardeal Benelli abençoou os estandartes dos grupos NAP de partida para o Bósforo, recordando os apelos de Pedro o Eremita. O psicanalista Fornari escreveu o livro *L'Anti-Gandhi*, afirmando que a guerra santa é um elemento de equilíbrio porque disciplina e orienta o impulso benéfico e profundo da elaboração paranoica do luto.

Leonardo Sciascia escreveu a poesia *Aos estudantes*, opondo sua ira justa à bazófia reacionária dos mamelucos de Dogubayazit, a terrível fortaleza sanguinária da polícia seldjúcida. Impelidos pelos serviços secretos turcos, inúmeros infiltrados tentaram minar a tensão liberatória que agitava a juventude italiana, difundindo ambíguos apelos à não-violência. Mas grupos de jovens radicais percorriam a cidade armados de cacetes para dar caça aos infiltrados pacifistas.

Já em 1969 o deputado comunista Pannella havia iniciado uma série de greves de fome em favor do recrutamento obrigatório: "Estamos em guerra", disse ele, "em nome dos princípios imortais da sociedade liberal jacobina, e não podemos confiar a sorte do conflito apenas aos heróis oficiais, aliás beneméritos, como o almirante Henke, o capitão La Bruna, o comandante Giannettini. A guerra é uma tarefa nacional, luta do povo. Todos os proletários de farda, alistamento obrigatório, e quem não gostar que vá para Gaeta!"

"Precisamos tornar-nos cada vez mais numerosos", afirmou Adele Faccio, promovendo uma campanha demográfica contra o aborto, bárbaro resíduo dos costumes otomanos. Mario Pezzana publicou seu manifesto às mães da Itália: "Que saiam! Que saiam de vossos úteros fecundos novas vidas, para a defesa das famílias italianas contra o turco sodomita que violou a virilidade de Lawrence da Arábia!" Chegou-se ao auge do entusiasmo quando alguns combatentes, numa ação de comando, penetraram em território turco e sequestraram o presidente do partido otomano; por trinta dias, os comandos patrióticos mantiveram em xeque a polícia turca, tentando uma troca por soldados do exército italiano aprisionados pelo inimigo. Finalmente, decidiram justiçar o refém, porque os seldjúcidas se entrincheiraram por trás de um trágico lema: "O Islã não negocia com infiéis."

A Itália jamais tinha chegado a tal ponto de solidariedade nacional e de coesão social. A única nota que destoou desta maré enchente de confiança foi um discurso pronunciado por Paulo VI na noite de Natal de 1977 (discurso que até Lucio Lombardo Radice definiu como "uma gafe inexplicável"). Disse o papa: "Chega desta carnificina inútil! O país anseia por tranquilidade. Imaginem só, diletíssimos filhos, se depois do final da Segunda Guerra Mundial tivéssemos tido trinta anos de paz! Vocês não sabem o que é a paz, o que ela significa: significa cidades tranquilas, uma juventude calma e obediente, a violência banida das nossas vidas, a criminalidade debelada. Vocês já não conseguem mais imaginar com suas mentes corrompidas como seria hoje a nossa Itália se tivéssemos tido trinta anos de paz!" Sarcasticamente, o capitão Bifo, das Brigadas Zangheri, escreveu um breve bilhete ao coronel Pifano, comandante do Regimento Volsci: "Você ouviu o que disse o Velho, vítima de sua ausência de Desejo? Já pensou? Trinta anos de paz, sem um inimigo com quem medir forças? Onde estaríamos agora? Marginalizados num escritório, gordos dirigentes industriais... Não, é melhor queimar nossa juventude nesta pulsão transversal, imolando-a ao futuro da Nação! Viva a Itália!"

Não mais de um ano depois, o novo pontífice, o albanês Scanderbeg i Hojtija, abençoava o estandarte das Brigadas de Primeira Linha comandadas por Corrado Alunni, de partida para a Anatólia, onde penetrariam além do *front*, na luta santa clandestina. Depois das formalidades do ritual, o pontífice abraçou o comandante e sussurrou-lhe ao ouvido (mas não tão baixo que não tenha sido ouvido pelos repórteres do jornal católico *L'Osservatore Continuo*): "Partam, partam, benditos rapazes! E morte ao turco. Quem sabe onde vocês estariam hoje se não fosse esta guerra santa!"

1979

Nota do tradutor

Renato Guttuso, mencionado no primeiro parágrafo do conto, é um célebre pintor siciliano do início deste século, autor de muitos retratos e cenas da vida moderna. A descrição do quadro e a história de sua doação a um museu estrangeiro remetem evidentemente a Guernica, de Picasso.

Quanto à "comissão mista Parri-Bottai" mencionada no parágrafo seguinte: Ferruccio Parri foi um dos líderes da Resistência italiana na Segunda Guerra Mundial e chegou a fazer parte dos primeiros gabinetes formados na Itália no pós-guerra, momento em que se admitiu a presença de políticos de esquerda no governo. Já Giuseppe Bottai era um dos mais importantes líderes do movimento fascista, tendo participado da Marcha sobre Roma e ocupado o cargo de ministro durante o governo de Mussolini. Em seguida o texto fala do "ouro de Dongo": Dongo foi a localidade onde Mussolini, já deposto e fugindo da Resistência, acabou sendo capturado e depois morto junto com sua amante, Claretta Petacci. Desde então, corre o rumor de que sua comitiva carregava grande quantidade de ouro, o "ouro de Dongo", que teria tido destino ignorado.

Dois parágrafos adiante, há inúmeras alusões a figuras da vida italiana. Pela ordem: Ignazio Silone, mencionado como "consultor político" de Togliatti, foi um escritor comunista, um dos principais dirigentes da resistência clandestina contra o fascismo na Itália. Quando fala dos "jovens giobertiano-materialistas", o autor se refere a Vincenzo Gioberti, filósofo e político da primeira metade do século XIX e um dos mentores e ideólogos do Risorgimento; entre os "líderes" citados, Asor Rosa é um conhecido historiador e crítico literário, Baget Bozzo é um filósofo cristão progressista e Capanna um ex-líder das célebres manifestações estudantis ocorridas em Milão no final dos anos 1960. Konrad Lorenz, mencionado a seguir, foi de fato um etólogo (estudioso do comportamento animal), mas nada marxista, tendo ficado conhecido por sua simpatia ao pensamento político de direita. A "revista Politecnico" de fato existiu — embora jamais tenha propugnado o "Gramsci-Dadaísmo" — e, entre os anos 1950 e 1970, publicava a produção da nata intelectual italiana; no entanto, nunca foi "dirigida por Mario Alicata", na verdade um político representativo da ala mais conservadora do Partido Comunista Italiano. Finalmente, "Secchia e Musatti" são Pietro Secchia, famoso líder da Resistência italiana e militante comunista, e Cesare Musatti, conhecido escritor italiano, autor de obras sobre psicanálise e temas correlatos; Antonello Trombadori é outro líder comunista representativo da linha mais conservadora do PCI.

Renato Curcio foi de fato líder das Brigadas Vermelhas, que tiveram porém um desempenho histórico muito diverso do imaginado pelo autor. Maria Pia Vianale e a suíça Petra Krause também foram militantes famosas da mesma organização. Já Tina Anselmi, política da Democracia Cristã, exerceu efetivamente o cargo de ministra do Trabalho, ficando conhecida por suas posições feministas. As Frattochie eram as organizações para a formação de militantes para o Partido Comunista Italiano, uma espécie de "escola de quadros".

Francesco Cossiga, transformado em "ministro da Guerra", é um conhecido político que, recentemente, ocupou a presidência da República Italiana. Quando diz "os filhos da Itália são todos Katanga", refere-se aos militantes que funcionavam como "tropa de choque" do movimento estudantil milanês dos anos 1970, conhecidos como "os Katanga". Freda, citado em seguida, é Franco Freda, militante neofascista acusado, juntamente com seu companheiro Ventura ("Capitão de Ventura"), pelo primeiro atentado a bomba ocorrido em Milão em 1969, no início do período conturbado que a política italiana atravessaria nos anos seguintes.

Giorgio Amendola, mencionado no parágrafo seguinte como "presidente do partido comunista-liberal", é um dos líderes da ala mais conservadora do PCI. A pistola calibre .38 tornou-se, nos anos 1970, um símbolo dos movimentos armados como a Brigada Vermelha: nas manifestações, os estudantes faziam o gesto de estender os dedos em forma de pistola, gritando palavras de ordem que ameaçavam de "justiçamento" (ficaram célebres os atentados em que as vítimas eram alvejadas nas pernas) os reacionários e os membros das forças da ordem.

O democrata-cristão Pedini, um conservador, foi efetivamente ministro da Instrução Pública nos anos 1970/1980. Indro Montanelli é de fato jornalista, mas de direita, fundador de Il Giornale de Milão, tendo sido inclusive vítima de um dos "justiçamentos simbólicos" das Brigadas Vermelhas; já o jornal Rinascita, ironicamente, era o órgão teórico do PCI. Roberto Gervaso e Toni Negri, autores do "livro vermelho" de que fala o texto, são na verdade outro par improvável: Gervaso é jornalista e escritor, autor de romances conhecidos, enquanto Negri é um filósofo marxista, líder do movimento operário de ultraesquerda chamado Autonomia Operária.

Mais adiante, Pannella, mencionado como "deputado comunista", é Marco Pannella, líder do Partido Radical Italiano, organização libertária empenhada principalmente em campanhas de direitos civis, entre elas o combate ao serviço militar. Os "heróis" que ele cita em seguida, o almirante Henke, o capitão La Bruna e o comandante Giannettini, são militares ligados às forças de segurança, envolvidos em tentativas de golpe e em casos de tortura de prisioneiros; Gaeta, citado em seguida, é a cidade onde fica a maior prisão militar da Itália: "que vá para Gaeta" é o mesmo que dizer "o lugar dele é na cadeia".

Adele Faccio foi uma das principais líderes do movimento em favor da legalização do aborto na Itália no referendo de 1976; Mario Pezzana foi um dos líderes da Liga Homossexual e deputado pelo Partido Radical, defensor de causas libertárias. Lucio Lombardo Radice é um dos diretores de Il Manifesto, jornal de extrema-esquerda. Quanto ao "capitão Bifo, das Brigadas Zangheri", e o "coronel Pifano, comandante do Regimento Volsci": Bifo era o pseudônimo de um radialista que incentivou as manifestações da revolta estudantil de Bolonha em 1977 através da Rádio Alice, "rádio livre" de esquerda, enquanto Zangheri era o prefeito comunista de Bolonha que reprimiu as mesmas manifestações; Pifano foi um dos líderes do movimento de ultraesquerda Autonomia Operária, cuja sede em Roma ficava na Via dei Volsci. Corrado Alunni, mencionado a seguir, era o líder do movimento Primeira Linha, grupo armado clandestino de atuação semelhante à das Brigadas Vermelhas.

Concursos de cátedra

Concurso de filosofia moral (380 a.C.)

Devido à novidade desta disciplina, a comissão foi formada por sorteio entre cultores das diversas ciências humanas e naturais, e ficou assim composta: Xenofonte (Civilizações Orientais), Frineia (Anatomia Comparada), Hermógenes (Linguística), Criton (Filosofia do Direito), Alcibíades (Neurocirurgia das Hermas). Apresentaram-se os seguintes candidatos: Sócrates de Atenas, Eubúlides de Mileto e Antístenes de Atenas.

Sócrates. A comissão reconheceu as acentuadas qualidades especulativas e didáticas do candidato, do qual três dos membros da comissão afirmaram ter recebido muitas comunicações pessoais. Todavia, o candidato não apresentou nenhuma publicação impressa e, portanto, não foi possível levá-lo em consideração para os fins do presente concurso.

Eubúlides. O candidato apresenta um trabalho de valor sobre a técnica do sorites ou acumulação. Trata-se porém de uma pesquisa de caráter lógico que não pode ser levada em consideração para os fins do presente concurso.

Antístenes. O candidato apresenta um vigoroso ensaio sobre a natureza dos animais que, embora classificável como contribuição às ciências naturais, contém vários acenos ao universo moral. De pertinência ética mais acentuada é o texto sobre Hércules, onde o conhecido herói é escolhido como símbolo da própria vida do sábio, que domina prazeres e dores e tanto sobre uns quanto sobre outras afirma a força de seu ânimo. No parecer dos três membros da comissão, esse texto representa uma das contribuições mais originais à descoberta do mundo ético de Hércules.

A comissão formula portanto a seguinte classificação: 1. Antístenes de Atenas.

Concurso de cosmologia geral (1320)

Comissão: Cino da Pistoia (Literatura Italiana), Ubertino da Casale (Mística Franciscana), Bernardo Gui (Procedimento Penal), Giovanni Villani (História Contemporânea), Marsílio de Pádua (Ciências Políticas).

Apresentam-se como candidatos: Dante Alighieri, Cecco d'Ascoli e Ristoro d'Arezzo.

Dante Alighieri. O candidato apresenta uma série de obras de natureza diversa, das quais apenas algumas são diretamente pertinentes à cosmologia. Alguns dos membros da comissão assinalaram que o candidato é prejudicado por um certo ecletismo (pesquisas em linguística geral, filosofia política, literatura comparada) que aparece até mesmo nas obras mais facilmente atribuíveis à disciplina em concurso. Foi levada em devida consideração a obra *Convivio*, uma parte da qual trata inegavelmente da ordenação dos céus em relação às várias ciências, e que apresenta momentos de grande originalidade científica. Contudo, não se pode deixar de destacar que esta louvável variedade de interessantes e brilhantes observações está inserida num contexto espúrio, a meio caminho entre o tratado científico e a obra literária. Devem-se assinalar interessantes aspectos de cosmologia geral na obra intitulada *Commedia* que o candidato apresentou, embora não deva ser considerada publicada em definitivo, pelo que se torna necessário classificá-la como "provas de impressão". No entanto, deve-se assinalar que, nessa obra, as partes mais significativas não são as cosmológicas, inspiradas numa informação de segunda mão, e sim as de caráter narrativo e dramático, irrelevantes para os fins do presente concurso. A única contribuição apresentada pelo candidato em que é reconhecível o caráter de publicação pertinente (mesmo porque escrita no latim costumeiramente exigido para as publicações científicas) é a *Quaestio de acqua et terra*. Obra de notável vigor especulativo, apresenta sinais de originalidade científica, embora seja infelizmente curta demais. O candidato a subintitula *De forma et situ duorum elementorum,* e discute essencialmente se a água, na esfera que lhe é própria, ou seja, em sua natural circunferência, pode ser em algum ponto mais alta do que a terra que emerge das águas. O candidato tende à tese negativa, demonstrada com abundância de argumentos. Um dos membros da comissão observou que a tese foi colocada em discussão em pesquisas recentes realizadas por estudiosos holandeses, mas os outros candidatos assinalaram que contraprovas empíricas dessa natureza não são relevantes para os fins de uma disciplina teórica como a cosmologia geral. O que não se pode deixar de observar é que o candidato, como admitiu explicitamente, examina apenas dois dos quatro elementos canônicos (a água e a terra), não dedicando espaço suficiente ao ar e ao fogo, enquanto por cosmologia geral deve-se entender uma disciplina dedicada ao estudo da estrutura global do mundo conhecido.

Cecco d'Ascoli. O candidato, conhecido também por seu interesse pela magia, apresenta uma única obra de proporções notáveis, *L'Acerba*, em que trata dos céus e de sua influência, da alma, das virtudes, das propriedades das pedras e dos animais, bem como de questões relativas a outros fenômenos naturais. O trabalho demonstra um vivo sentido de observação no que diz respeito aos fenômenos da vida animal e do mundo celeste, e é rico em informações enciclopédicas. O candidato levou efetivamente em consideração toda a literatura pertinente à discussão, que com frequência é refundida de maneira original, não sem uma certa dureza e rasgos de humor. No conjunto, lamenta-se todavia uma certa falta de sistematização, que torna a obra de difícil consulta.

Ristoro d'Arezzo. O candidato apresenta uma única obra em dois livros, de notável riqueza, *A composição do mundo*. Desta obra se pode dizer com clareza que é um verdadeiro tratado de cosmologia astronômica e geográfica:

as estrelas, os planetas, a medida do tempo, as estações, o clima etecétera são amplamente discutidos na primeira parte, enquanto a segunda trata das razões de ser do mundo, do Zodíaco e dos cometas, da causa da variedade das chuvas, do calor e do frio, da origem das águas termais, dos terremotos, da neve; esta lista não nos deve desviar da vigorosa sistematização da obra, mas destaca a amplidão de seus horizontes e o quanto é completa. Escrita em linguagem vivaz e compreensível, a obra revela um engenho fervoroso e uma lúcida consciência dos limites da disciplina em concurso. Deve-se ressaltar sua viva originalidade científica, demonstrada pelas observações sobre as cavernas e sobre a formação das geadas, que derivam inegavelmente de uma longa e metódica pesquisa de campo.

A comissão decide portanto formular a seguinte classificação: 1. Ristoro d'Arezzo; 2. Cecco d'Ascoli; 3. Dante Alighieri.

Concurso de estética (1732)

A comissão é composta de: Carlo Innocenzo Frugoni (Literatura Italiana), Tommaso Ceva (Filosofia), Girolamo Tagliazucchi (Estética), Scipione Maffei (Literatura Italiana), Anton Maria Salvini (Literatura Italiana).

Apresentam-se os seguintes candidatos: Ludovico Antonio Muratori, Giambattista Vico, Camillo Ettorri, Giulio Cesare Becelli.

Ludovico Antonio Muratori. O candidato apresenta um imponente conjunto de obras de erudição diversificada, a maior parte das quais de caráter histórico-filológico e portanto não pertinentes à finalidade do presente concurso. Apresenta porém, na data de encerramento do concurso, duas obras de estética teórica, *Da perfeita poesia italiana* e *Reflexões sobre o bom gosto nas ciências e nas artes*. O primeiro trabalho parte das hipóteses platônicas de Gravina e assegura à arte um lugar e uma função no mundo das atividades espirituais. Discute a posição platônica em relação à horaciana e tenta um acordo entre o epicurismo literário e o idealismo ético. Quanto às suas profundas e documentadas reflexões sobre o bom gosto, o candidato elabora uma original concepção deste como consciência ética e social. Ideia aliás tratada numa obra precedente, *As primeiras configurações da república literária*, onde figura uma notável distinção entre a poesia pura, flor virginal da vida espiritual, e a verdadeira literatura, intimamente ligada à humanidade e à sua história. A obra do candidato é sólida, argumentada, cientificamente original, embora a estética nela apareça como uma preocupação secundária no quadro de sua produção bem mais vasta, que melhor seria enquadrada no âmbito da filologia das línguas românicas.

Giambattista Vico. O candidato se apresenta ao concurso depois de uma longa carreira pedagógica na qualidade de professor de retórica, ao longo da qual publicou obras sobre vários temas, de difícil classificação acadêmica (indo de pequenos tratados de medicina a pesquisas sobre a sapiência dos italianos). A obra que apresenta para os fins do concurso de estética é a *Ciência nova*, de que já publicou duas edições com um intervalo de poucos anos (na opinião de dois dos membros da comissão, o candidato é prejudicado por apresentar em cada uma delas redações que geram perplexidade acerca do que considera serem suas posições efetivas e definitivas). Esta obra, notável pelo cuidado e pela riqueza de temas, não escapa à acusação de apresentar uma certa mistura de interesses e tem difícil classificação disciplinar. Obra de historiografia, de mitologia, de antropologia geral, de história da filosofia, de literatura grega e latina, de filosofia política e, mais ainda, dá mostras, tanto para o bem quanto para o mal, da cultura voraz e da curiosidade de seu autor, veladas porém por uma linguagem que certamente não prima pela clareza. É inegável que parte desta obra se dedica aos argumentos pertinentes à estética (citamos os interessantes capítulos do livro segundo e do livro terceiro sobre a metafísica e a lógica poética, sobre a "iconômica poética", sobre a política poética, sobre a cosmografia e a astronomia poética, sobre a cronologia e a geografia poética), mas já a partir desta lista é fácil perceber como ele, mais que delimitar e definir o campo da estética, na verdade o ampliou de modo a compreender todo o mundo universal, fazendo-o perder sua preciosa especificidade disciplinar. Em meio a este acúmulo de dados, onde abundam observações agudíssimas, mas onde se passa em poucas páginas da poesia homérica às medalhas e aos emblemas, aparece de fato uma espécie de visão estética geral, para a qual a arte poderia ser definida como uma espécie de linguagem original do gênero humano. Mas nos confrange observar que, nas passagens onde o autor alcança a maior clareza definitória, suas observações são antes sobre a retórica, a crítica literária, a historiografia das artes e a linguística geral. Em conclusão, encontramo-nos neste caso diante de um candidato de talento promissor mas ainda indisciplinado, a quem não temos como deixar de aconselhar uma longa decantação de seu pensamento.

Camillo Ettorri. O candidato se apresenta já em idade avançada, após uma longa e honrada carreira na Companhia de Jesus. Apresenta uma única obra de grandes dimensões, célebre desde 1696, de segura impostação científica e grande alento teórico, *O bom gosto nas composições retóricas*. Submete a um exame rigoroso e original o conceito de bom gosto, central para a especulação estética, e, polemizando com os critérios racionalistas e naturalistas de Bouhours, define-o como a autorização para bem julgar, derivado da autoridade da tradição popular e da correspondência com a razão e o senso de medida. Não se pode deixar de louvar a fundamentação original e academicamente perfeita desta pesquisa, que revela em seu autor, aliás já famoso, seguros dotes especulativos, preparação científica e alto sentido da pertinência disciplinar.

Giulio Cesare Becelli. O candidato apresenta uma única obra, *Da nova poesia*, onde argumenta sobre a decadência das regras aristotélicas em favor de uma poesia em maior consonância com os tempos que correm. Influenciado por Locke, acena em defesa de uma conexão mais estreita entre a capacidade crítica e a experiência. Nas informações sobre suas atividades científicas, fala de futuras pesquisas sobre a reforma da retórica. De indubitável interesse crítico e polêmico, o trabalho do candidato seria mais facilmente classificável como crítica militante (teoria da vanguarda, formulações de poética), e não parece pertinente aos fins da disciplina em concurso.

A classificação é portanto fixada nos seguintes termos: 1. Camillo Ettorri; 2. Ludovico Antonio Muratori; 3. Giambattista Vico.

1979

Quando entrei para a PP2

Senhor diretor, encontro-me temporariamente ausente para tratar de negócios na Terra do Fogo (o senhor me desculpará se não menciono o endereço), mas queria fazer ouvir a voz de um irmão honesto, fiel e leal, neste momento em que tantos negam de forma vil sua comunhão de afetos e de intentos com um homem digno de toda a consideração.

Dir-lhe-ei desde logo que anos atrás, quando podia dispor de uma sólida fortuna, de uma comenda de Santa Veneranda de Capocotta (que me custou bem caro), de um cargo de secretário provincial num partido da maioria, de alguns cartões de passageiro VIP das maiores companhias aéreas, de uma inscrição num clube atlético com sauna, comecei a me dar conta, não digo da ambição do poder, mas da necessidade de uma relação honesta e leal de mútua assistência com outras pessoas de posição semelhante. Há gente que, a fim de evitar a solidão, se inscreve num clube de xadrez ou na confraria dos amigos da música, e além disso onde é que se poderiam encontrar garotas?

Por essa razão, acolhi de maneira muito favorável um bilhete que me foi enviado pelo grão-mestre da Loja PP2. "Sí, sí, señor", dizia a carta, "acabamos de saber que usted es um guapo de grande rigor moral e poder econômico", etecétera etecétera, e concluía: "su devotíssimo grão-mestre Gellio Lici, dito El Gringo."

Confesso que fiquei impressionado com o tom sério, comedido e senhorial da abordagem e marquei um primeiro encontro com o grão-mestre. Primeiramente (porque não sou homem de dar saltos no escuro) perguntei-lhe quais eram as finalidades da associação. Gellio Lici foi explícito: "O bem da humanidade. O senhor só precisa amar o próximo como a si mesmo, e naturalmente amar um pouco mais quem lhe for um pouco mais próximo." Admita que não podemos deixar de ser chamados de cristãos. "A propósito", disse Lici, "Cristo foi o primeiro maçom." Perguntei, com toda a ingenuidade, se não havia sido o primeiro socialista, mas Gellio Lici me instou a não polemizar. "Cristo", disse ele, "nasceu no Grande Oriente, foi chamado de Mestre, viveu 33 anos e o senhor há de convir que mesmo seu supremo sacrifício foi totalmente esquadro e compasso." "Quer dizer que basta fazer o bem?", perguntei. "Sim", respondeu Gellio Lici, "mas às escondidas. Nada de dar esmolas aos mendigos ou ajudar velhinhas a atravessar a rua. Senão, todos perceberão que o senhor é maçom, e o que vai ser da loja secreta?" "Mas neste caso (arrisquei eu) posso enfiar um dinheiro num envelope e mandar tudo, sem endereço de remetente, para a Cruz Vermelha." "Ótimo", disse Lici. "Aliás, pensando melhor, pode entregar a mim mesmo que cuido de tudo." "Quanto?", perguntei: "Cem mil liras?" "Digamos cem bilhões." E antecipou minhas perplexidades com um gesto: "Naturalmente, nem tudo estará perdido. Digamos que o senhor se encontre, por exemplo, na Suíça, e que tenha perdido o cartão de crédito... Sobram-lhe sempre setenta, oitenta bilhões para comprar um jornal..." "Mas os jornais são tão caros assim na Suíça?" Lici sorriu com fineza: "Não estava falando de um exemplar..."

Para lhe dar mostras de minha boa vontade, atirei num contêiner alguns lingotes de ouro que por acaso levava no bolso: "Mas não há riscos na... transferência?" Gellio Lici me tranquilizou: "Naturalmente, usamos um irmão da loja secreta, mas disfarçado de maçom declarado, dos que podem circular livremente de capuz. Entendeu a jogada? Quem é que vai olhar debaixo do capuz de um irmão?" "Mas e as autoridades?", arrisquei. "Não se preocupe, dessas... generalidades cuido eu." Entregou-me as fichas de inscrição, os números das contas correntes para os depósitos, com o pedido de duas fotos formato identidade e um atestado de estado civil: "Sabe", disse ele, "é para que as listas estejam corretas. Em 15 cópias." Perguntei-lhe se não lhe criaria problemas a existência de tantas listas secretas. "Não se preocupe", disse ele. "Algumas delas são entregues a irmãos acima de qualquer suspeita, como por exemplo Sindona. Outras entrego a pessoas que não são dos nossos mas que não fazem perguntas e principalmente não falam: dois rapazes, como Peci e

Sandalo, um sujeito que tem um apartamentozinho na Via Gradoli, um jornalista, um certo Pecorelli, e um rapaz turco que viaja muito, não faz escândalo e nunca é preso. Pode acreditar, eu sei escolher meus esconderijos: anos atrás, entregamos nossas listas mais reservadas a certos irmãos em Watergate."

A coisa era convincente, mas se a pessoa entra numa sociedade secreta é para ter contato com pessoas que tenham acesso às alavancas do poder. Pedi para ver a lista. "Nada mais fácil (respondeu Gellio Lici), a lista é secreta mas por assim dizer às claras. Olhe só, um magistrado, um ministro, não repare nos que figuram como defuntos, Nostradamus, Bagonghi, o almirante Persano, na realidade é para despistar, estão na Argentina. E mais: Adriano De Zan, sabe, o do ciclismo, Moira Orfei, Jacovitti... Ainda não pediram inscrição, mas estou perto." "E têm muito poder?" "Muitíssimo, controlam setores cruciais da opinião pública. Assim que tivermos dado nosso golpe de Estado eles vão controlar a primeira rede independente de televisão." Observei que na minha casa a televisão não pega bem, tudo aparece manchado. "Justamente (disse ele), será uma rede secretíssima." Fiz algumas cuidadosas perguntas sobre os mecanismos de ajuda mútua. Perguntou se alguém me tinha causado problemas, e me disse para anotar na ficha. "O ascensorista do meu prédio não me cumprimenta, deve ser porque ainda não dei a gratificação de férias." "Pode deixar comigo. De qualquer maneira, se o senhor vir alguns homens de macacão andando pelas escadas, evite tomar o elevador." "Desculpe a pergunta (disse eu), mas não fazia parte da confraria o pobre Noschese?" "Está providenciado, e agora vamos tentar com Leopoldo Mastelloni e Amanda Lear."

"E em relação ao golpe de Estado?", perguntei. "Temos boas possibilidades?" Ele sorriu com malícia e bateu com a mão no peito. "Escute, já está aqui a lista completa dos ministros. Nem todos são necessariamente dos nossos, mas são sempre técnicos da maior integridade. Sindona na economia, Spagnuolo na justiça, Giannettini na defesa, Gervaso na educação, o deputado Casini na saúde. Eu tenho ideias, sabe? Pensei em entrar em contato com Beppe Grillo para as relações exteriores, o senhor viu os programas que ele fez sobre a América?"

Eu disse com toda a franqueza que estava perplexo com o juramento. E se eu traísse a loja depois? Gellio Lici fez um ar sério, um brilho sinistro cintilou em seus olhos duros como o aço temperado: "Em caso de traição... o senhor vai ter que enfrentar os remorsos da sua consciência. Punição psicossomática:

primeiro uma urticária, depois o herpes-zóster, depois sua mulher vai lhe pedir para comprar um conjunto de malas Vuitton, finalmente o senhor vai ficar confuso e vestir uma camisa Lacoste por baixo do *smoking*... Se não bastar, os irmãos acabam intervindo: o senhor será levado a Rimini para visitar a Itália em miniatura..."

Fi-lo parar com um gesto, o rosto coberto de suor gelado. Mas já estava tentado, e pedi para participar de uma sessão.

Duas noites mais tarde, vendado, fui conduzido por um comandante de polícia ao longo de um subterrâneo úmido, percorrido por rajadas de ar mefítico. Tiraram-me a venda quando chegamos a um salão escavado numa caverna ainda crivada de estalactites, iluminada por lampiões a querosene. Todos estavam encapuzados.

Reconheci um célebre político pelo fato de que, devido à sua estatura, o capuz lhe descia até os pés. Reconheci ainda alguns generais, pela viseira do quepe que quase perfurava o tecido negro dos capuzes, e pelas condecorações que traziam no peito, presas ao camisolão ritual. Um confrade, que usava sob o capuz uma veste talar, visivelmente em fase de iniciação, perguntava todo emocionado aos vizinhos em que momento iam apunhalar as hóstias. E os vizinhos zombando dele, dizendo que agora os tempos eram diferentes.

Travei conversa com um iniciado, um pouco tímido. Perguntei-lhe como estava. "Bem", respondeu. "Sabe como é, existem alguns inconvenientes. Nunca dá para saber se o sujeito que a gente encontra no restaurante é dos nossos ou não. Eu sei que somos muitos, mas sempre se pode esbarrar em alguém que não está na lista. O sinal de reconhecimento consiste em estender a mão e tatear a palma do outro com o dedo médio. Uma vez eu achava que tinha encontrado certamente um companheiro, mas ele fez um escândalo dos diabos, e a polícia foi chamada. Tentativa de sedução, disseram. Minha mulher voltou para a casa da mãe. Outra vez, fui ao médico e ele me pediu para dizer 33. Eu lhe dei uma cotovelada, para que ele percebesse que eu tinha entendido, e ele se pôs a fazer um discurso sobre os meus reflexos e me passou uma receita de tranquilizantes que por pouco não me deixam... sabe como é, coisas de homem... É, a vida do maçom não é um mar de rosas, mas pelo bem da humanidade devemos aceitar tudo. E depois acabei de receber a cruz de cavaleiro da ordem; outro dia mesmo, antes que me tirassem o passaporte."

Aproximei-me de outro, esquadro e compasso no peito, pá de pedreiro na mão, um camisolão todo bordado de estrelas e signos zodiacais. "O senhor é maçom?", perguntei, mais para ter o que dizer. Ele me fitou com olhos de fogo, com o desdém brilhando sob o capuz: "Maçom, eu? Como se atreve?"

Mas quanto ao resto foi uma bela cerimônia, e naquela noite planejamos uma intervenção na Espanha, nada mau. "Pode se inscrever, pode se inscrever", disse Gellio Lici. "Verá que depois vai se sentir melhor. E mais tranquilo. Pode acreditar em mim, sou um especialista, dá para dormir até entre dois colchões de molas."

O que dizer? Eram só novecentos, mas escolhidos. Gente em que se podia confiar. Assinei. Sou mesmo um idiota.

1981

Nota do tradutor

O texto alude a muitas figuras da vida italiana. Gellio Lici é evidentemente Licio Gelli, principal acusado no episódio. Sobre as condições "acima de qualquer suspeita" de que fala Lici no texto: o banqueiro Michele Sindona, envolvido no escândalo da P2, foi preso nos EUA e extraditado para a Itália, onde morreu envenenado na prisão; Peci e Sandalo, que "não falam", são dois famosos "arrependidos", ex-militantes das organizações armadas de esquerda que denunciaram publicamente seus ex-companheiros; o "apartamentozinho da Via Gradoli" é citado porque foi nesta rua que Aldo Moro ficou escondido em poder das Brigadas Vermelhas durante seu sequestro; o "certo Pecorelli" foi um jornalista que acabou assassinado num episódio de grande repercussão supostamente por estar de posse de documentos secretos que incriminavam altas personalidades do mundo político italiano. O "rapaz turco" pode ser o autor do atentado contra o papa João Paulo II.

Mais adiante, na relação dos membros da sociedade secreta, são incluídos o almirante Persano (personagem histórico do século XIX), e depois Adriano De Zan (comentarista esportivo da RAI, especialista em ciclismo), Moira Orfei (famosa artista circense, da mesma família de Orlando Orfei) e Jacovitti (desenhista de charges e histórias em quadrinhos). O "pobre Noschese" citado mais adiante é

Alighiero Noschese, artista de televisão, imitador de artistas e políticos; Leopoldo Mastelloni e Amanda Lear são conhecidos apresentadores de TV.

Na composição do ministério do parágrafo seguinte, além do banqueiro Michele Sindona, que torna a aparecer, são citados o juiz Spagnuolo (membro da Suprema Corte italiana, envolvido em escândalos), o comandante Giannettini, militar do Serviço Secreto implicado em tentativas de golpe de Estado, o jornalista e escritor Roberto Gervaso e o deputado Casini, oficial do exército e político, envolvido em inúmeros escândalos públicos. Beppe Grillo é um conhecido apresentador de TV.

Correções editoriais

Hoje, especialmente nos Estados Unidos, *editors* ferocíssimos impõem ao autor não apenas mudanças estilísticas, como também mudanças na trama e no final de suas obras, de acordo com as necessidades comerciais. Mas, se formos lembrar das intervenções editoriais de Elio Vittorini nos textos de jovens escritores, poderemos realmente dizer que no passado as coisas foram diferentes?

Por exemplo, tende-se a silenciar que a primeira versão de um conhecido poema de Salvatore Quasimodo fosse: "Cada um está só sobre o coração da Terra, trespassado por um raio de Sol. E nada mais." Foi apenas a insistência do editor que levou à variante bem mais célebre. A primeira versão da *Terra desolada* de Eliot se iniciava assim: "Abril é o mais cruel dos meses. Mas março também não fica muito atrás." Destemperando-se numa irritada rememoração de variações climáticas, o texto subtraía a abril qualquer relação com os ritos da primavera. Sabe-se que Ariosto apresentou inicialmente a seu editor um texto brevíssimo que dizia: "As damas, o cavaleiro, as armas, os amores, as cortesias, as empresas audazes eu calo." E tudo acabava aí. "Será que não valeria a pena dizer mais alguma coisa?", sugeriu o editor. E mestre Ludovico, que tinha seus percalços em Garfagnana: "Mas por quê, se já existem dezenas de poemas cavaleirescos? Vamos deixar assim. Quero experimentar com algum outro gênero." E o editor: "Compreendo, e aprovo a ideia. Mas vamos mudar um pouco a epopeia, ironize... Não temos como vender um livro de uma página, quanto mais uma página com dois versos, parece coisa de Mallarmé. Lançamos uma edição numerada, e se Krizia não patrocinar perdemos um dinheirão."

É de particular relevo o caso de Manzoni. Tinha iniciado a primeira versão de seu romance como: "Aquele ramo do lago de Garda." Não parece nada, mas queria encenar a história na República de Veneza. Basta imaginar o tempo que Renzo teria levado para chegar a Milão. Certamente atrasado para o assalto aos fornos. E, depois disso, nada mais de interessante teria acontecido ao desafortunado jovem: Lucia pediria refúgio à superiora do convento de Rovereto, abadessa de costumes irrepreensíveis, e todo o romance se resolveria com poucas e negligenciáveis travessias coroadas por rápidas núpcias... Coisa que nem mesmo Bazzoni.

Mais grave ainda é o caso de Leopardi. O pastor errante da Ásia, na primeira redação de seu poema, invocava: "Que fazes tu, Júpiter, no céu? Diz-me o que fazes, silencioso Júpiter." Nada contra este nobre planeta, mas ele só é visível em certas estações e tem pouquíssimas conotações emocionais e metafísicas. De fato, a composição leopardiana durava pouquíssimos versos, ao final dos quais o pastor concluía que, a seu ver, Júpiter não tinha na verdade muita importância. Por sorte, a intervenção do editor salvou a situação: "Por favor, doutor Leopardi, faça um esforço de imaginação. Por que não experimenta com um dos satélites de Júpiter?" "Como assim? Na melhor das hipóteses, quais satélites haveria de conhecer um pastor errante da Ásia? No máximo a Lua. Quer que eu o faça falar com a Lua? Ora, até eu tenho a minha dignidade." "E como é que o senhor sabe? Experimente."

Trágico é o caso de Proust. Na primeira versão, escreveu: *Longtemps je me suis couché après minuit.*" Sabe-se o que acontece com um rapaz em fase de crescimento que nunca dorme cedo. O Narrador era atingido por uma inflamação cerebral que o deixava praticamente privado de qualquer faculdade mnemônica. Reencontrava no dia seguinte a duquesa de Guermantes e lhe perguntava: "Quem é mesmo a senhora?" Era excluído de todos os salões, porque em Paris certas gafes não se perdoam. Nesta primeira versão, o Narrador era inclusive incapaz de se exprimir na primeira pessoa, e a *Recherche* se reduzia a um magro relatório clínico ao estilo de Charcot.

Por outro lado, tendo eu concluído um romance meu com o verso de Bernardo de Morlay, "*Stat rosa pristina nomine*", informaram-me alguns filólogos que existem manuscritos que registram "*Stat Roma*", o que pareceria sobretudo mais coerente com os versos anteriores do poema, que falam do desaparecimento da Babilônia. O que teria acontecido se eu tivesse consequentemente intitulado meu romance de *O nome de Roma*? Teria um prefácio de Andreotti, seria publicado pela editora Ciarrapico e conquistaria o prêmio Fiuggi.

1990

Uma conversa na Babilônia

(Entre o Tigre e o Eufrates, à sombra dos jardins suspensos, há não muitos milhares de anos.)

URUK — Que tal esses cuneiformes? O meu servo processador de textos compôs em dois minutos todo o início do código de Hamurabi.

NIMROD — De que tipo é? Um Apple Nominator de Eden Valley?

URUK — Está louco? Este não vende mais nem no mercado de escravos de Tiro! Não, é um servoprocessador egípcio, um Toth 3Megis-Dos. Tem um consumo baixíssimo, só um punhado de arroz por dia, e também escreve em hieróglifos.

NIMROD — Você está ocupando a memória dele à toa.

URUK — Mas também formata ao mesmo tempo em que copia. Não preciso mais de um servoformatador que pegue a argila, modele a tabuleta e deixe secando ao Sol para depois um outro escrever. Ele mesmo modela, seca ao fogo e escreve diretamente.

NIMROD — Mas usa tabuletas de 5 1/4 côvados egípcios, e deve pesar uns sessenta quilos. Por que você não usa um portátil?

URUK — O quê? Um desses monitores caldeus de cristal líquido? Quem gosta deles são os magos.

NIMROD — Não, um servoprocessador anão, um pigmeu africano adaptado em Sidon. Sabe como é que são os fenícios, copiam tudo dos egípcios, só que depois miniaturizam. Olhe só: é um laptop, escreve sentado no seu colo.

URUK — Mas que coisa horrorosa, além de tudo é corcunda!

NIMROD — Claro, enfiaram-lhe uma placa na coluna para o backup automático. Uma chicotada e ele escreve diretamente em alfa-beta, está vendo, muda de graphic mode para text mode: consegue fazer tudo com 21 caracteres. Dá para armazenar todo o código de Hamurabi em duas ou três tabuletas de 3,5.

URUK — Mas aí você precisa comprar também um utilitário de tradução.

NIMROD — De jeito nenhum. O anão tem um tradutor incorporado, outra chicotada e passa a escrever em cuneiformes.

URUK — E faz gráficos?

NIMROD — É evidente, não está vendo que é de cor? Quem você acha que fez todas as plantas da Torre?

URUK — Mas você confia nele? Pode ser que depois tudo acabe caindo.

NIMROD — Imagine só! Carreguei na memória dele o Pytagoras e o Memphis Lotus. Você entra com as medidas lineares, uma chicotada, e ele projeta um zigurate em três dimensões. Os egípcios, para as pirâmides, usaram ainda o sistema Moses, com dez comandos, ligado por um link a dez mil servoconstrutores dedicados. Mas não eram muito friendly. O hardware ficou obsoleto e então decidiram jogar tudo no mar Vermelho: foi tanto que as águas até se levantaram.

URUK — E para os cálculos?

NIMROD — Também fala em Zodiak. Calcula o horóscopo num instante, e what you see is what you get.

URUK — É caro?

NIMROD — Olhe, se você comprar aqui, vai custar mais caro que toda a colheita de uma estação, mas se mandar trazer dos mercados de Biblos não custa mais que um saco de sementes. É claro que precisa ser bem alimentado, porque você sabe: garbage in, garbage out.

URUK — Não, eu ainda estou me dando muito bem com o meu egípcio. Mas se o seu anão é compatível com o meu 3Megis-Dos, será que não dava para passar pelo menos o Zodiak para o meu?

NIMROD — Você sabe que é ilegal. Quando você compra, precisa jurar que só quem vai usar é você mesmo... Mas afinal, todo mundo faz isso. Está certo. Vamos conectar os dois. Só não queria que o seu passasse algum vírus para o meu.

URUK — Não se preocupe, está absolutamente descontaminado. O que me deixa inquieto é que cada dia inventam uma linguagem nova, e no final pode acabar acontecendo uma enorme confusão de programas.

NIMROD — Pode ficar tranquilo. Aqui em Babel? Nunca.

1991

Itália 2000

No final do milênio, a Itália se transformou numa confederação que, formalmente, reunia a República da Norditália, o Estado Pontifício, o Reino das Duas Sicílias e o Território Livre da Sardenha. Mas Itaglia, a nova capital federal construída às margens do Elba, abrigava praticamente só o SIG (Serviço de Informações Gládio), e era continuamente devastada por atentados, de modo que o palácio do governo, a Casa Tricolor — aliás deserto —, precisou ser projetado pela firma Portoghesi & Gregotti Associados na forma de um *bunker* neogótico.

A Sardenha, transformada por Aga Khan num imenso cassino flutuante, dotado de amplas piscinas nos *decks* (as antigas praias abrigavam bases navais sírias), gozava de incrível prosperidade.

O Reino das Duas Sicílias, sob a dinastia dos Carignano d'Aosta, floresceu depois de se libertar do norte. Em 1995, durante os sangrentos Crepúsculos Lombardos, os cidadãos da Norditália foram submetidos obrigatoriamente a um exame de pronúncia, sob a mira de armas, e todos que apresentavam sotaque sulista eram deportados para além da Linha Gótica. A resultante emigração forçada dos pizzaiolos criou um eixo Posillipo-Brooklyn (conhecido como a Pizza Nostra): imensas quantidades de trigo americano eram recebidas abaixo do custo, a fim de produzir *calzoni* para o imenso mercado africano. As várias cidades das Duas Sicílias venderam para os museus americanos todas as estátuas de Mazzini e Garibaldi, inclusive o monumento aos mortos, e num leilão da Christie's uma estátua de bronze de Nino Bixio rendeu à municipalidade de Bronte oitenta bilhões de dólares. Gela tornou-se o principal centro de distribuição do petróleo iraquiano.

O Estado Pontifício (do Rubicão a Cassino) entregou a empresários japoneses a gestão do Museo degli Uffizi, dos museus do Vaticano e do palácio ducal de Urbino, e a renascida Bagnoregio tornou-se o centro mundial de produção de bonecos Davi, pequenas cópias de plástico da estátua de Michelangelo que podiam ser vestidas de cardeal, de hussardo ou de *cowboy*, com várias mudas de roupa e ainda com a possibilidade de se introduzir supositórios em seu traseiro. Um negócio bilionário.

Liberada da pressão da burocracia dos Savoias, Roma voltou aos tempos áureos, com um florescente gueto no Pórtico de Otávia que servia de zona franca para os Emirados Árabes. Os turistas acorriam de todo o mundo para assistir às execuções capitais (era muito apreciado o corte do pênis de quem fosse surpreendido contrabandeando obras de Moravia). A riqueza imprevista exerceu porém uma influência negativa sobre a classe dirigente eclesiástica: descobriu-se, por exemplo, que com o nome de Moana I um travesti brasileiro chegou a ser eleito pelo Conclave.

Por outro lado, uma severa crise econômica abateu-se sobre a Norditália. Privada de uma saída para os mercados mediterrâneos, aquela nação enfrentava sérias dificuldades em suas tentativas de vender vinhos para a França, relógios para a Suíça, cerveja para a Alemanha, calculadoras para o Japão e o novo modelo Alfa Romiti para a Suécia. A expulsão dos sulistas e a queda da natalidade criaram uma crise industrial (de que só ficou excluída a Pirelli, fabricante dos populares preservativos Pirlax). Inicialmente, foram convocados para as linhas de montagem os estudantes da Bocconi, depois se decidiu receber imigrantes russos. O resultado foi o racismo mais rasteiro, o apelido "volgavolga" transformou-se num insulto sangrento e surgiram cartazes dizendo "Não há vagas para mujiques".

A Norditália sofreu um verdadeiro "terremoto migratório". Os alemães orientais haviam expulsado os trabalhadores turcos, os quais se transferiram para a Espanha, que em pouco tempo se transformou num país muçulmano, ligado por estreitos laços comerciais ao Emirado de Jerusalém; devido ao excesso de mão de obra oriunda do Leste, os trabalhadores alemães invadiram a França (atravessavam o Marne a nado e se precipitavam na direção de Paris em longos cortejos de táxis), enquanto os trabalhadores africanos, expulsos da Norditália para abaixo da Linha Gótica e pelos alemães para Marselha, acabaram transbordando para a Europa central. Inicialmente desconfiados em relação a esses ambulantes, chamados pejorativamente de *woll-du-kauf*,* os alemães finalmente se viram obrigados a aceitar a constituição de um Deutsch-Afrikanisches Kaisertum, oferecendo a coroa de ferro a Friedrich Aurelius Luambala I.

Espremida ao norte pela pressão africana e banida dos mercados meridionais, a República Norditaliana viveu a partir de então um período de declínio econômico. Nas estátuas do Fundador Bossi, mãos anônimas escreviam obscenidades à noite em dialeto sulista.

1991

Nota do tradutor

Primeiro, o nome da nova capital federal, Itaglia, é um trocadilho de "Italia" com "tagliare", cortar, retalhar. O Serviço de Informações Gládio (SIG) é uma brincadeira com um conhecido grupo de extrema-direita que reunia especialmente militares e tinha como símbolo o gládio (espada curta romana): nos anos 1970, o grupo promoveu a armazenagem clandestina de armas a fim de prevenir uma possível insurreição comunista. O trocadilho é com SID (Serviço Informazioni Difesa), antigo órgão oficial de investigações reservadas, similar ao SNI brasileiro. Portoghesi e Gregotti são famosos arquitetos italianos contemporâneos, só que não trabalham associados.

Posillipo é um bairro de Nápoles onde funcionava uma organização de traficantes de drogas ligada à Máfia americana, conhecida como Pizza Connection. O general Nino Bixio, de cuja estátua se fala, foi lugar-tenente de Garibaldi em sua campanha. A cidade de Gela, na Sicília, abriga uma imensa refinaria da ENI, a estatal italiana do petróleo.

Bagnoregio é uma cidade do Lazio, próxima a Roma, que vem sendo destruída pela erosão. Sobre as réplicas de plástico do Davi, vale lembrar que uma reprodução reduzida da estátua de Michelangelo é distribuída anualmente aos

---

*"Quer comprar?" Em alemão. (*N. do T.*)

maiores destaques do cinema italiano: é um prêmio semelhante ao Oscar americano ou ao César francês.

"Alfa Romiti" é um trocadilho que alude a Cesare Romiti, braço direito de Gianni Agnelli, dono da FIAT, que adquiriu recentemente o controle da fábrica Alfa Romeo. O nome do preservativo imaginário Pirlax, que aparece em seguida, joga com o nome da fábrica de Pirelli e com "pirla", que na gíria italiana seria o equivalente de "piroca". A Bacconi cujos estudantes são convocados para trabalhar na indústria é a mais famosa faculdade particular de comércio e economia da Itália, berço dos yuppies *no mercado financeiro do país.*

O "Fundador Bossi" é Umberto Bossi, dirigente máximo da Liga Lombarda, movimento que defende a autonomia do norte da Itália, mais desenvolvido, separando-o do sul mais pobre.

Da manifestação

Caiu-me entre as mãos um pequeno volume in-12, encadernado em couro de vitela, já fraco nas juntas. Não tem data, e o lugar da impressão (Bagnacavallo) é claramente fictício, mas não hesito em defini-lo como obra do século XVI pelas grandes manchas vermelhas que me surgiram na pele devido à qualidade do papel. O título, escrito em italiano arcaico, é *Da Manifestação — Ou Como Príncipes, Ministros, Poetas & Filósofos Podem Ocultar Seu Pensamento Tornando-o Argutamente Aparente em Qualquer Circunstância.*

A obra pertence evidentemente ao gênero ilustrado pelo *Oráculo manual ou arte da prudência*, de Gracián, pelo *Breviário dos políticos*, de Mazarino, e por *Da dissimulação honesta*, de Torquato Accetto. Mas enquanto estes manuais ensinavam aos cortesãos como ocultar seus segredos, simular virtudes aparentes ou disfarçar as verdadeiras para que não se tornassem objeto da inveja de outros cortesãos, nosso pequeno tratado inverte a situação com extraordinário talento.

Veja-se por exemplo o pequeno capítulo dedicado a "O Governo dos Povos". Nele se diz: "Se tens o comando do povo, quando alguém te visitar, demonstra a intenção de lavrar uma carta a teu Ministro, e cuida para que o que estás escrevendo fique em posição bem visível aos olhos do Indiscreto, revirando repetidamente o papel de modo a favorecer seu Olhar de Lince, de modo que Aquele possa ler que, na carta, tu acusas o Ministro de ser não teu fraterno Servidor, mas um Infame, Filho de Mãe desconhecida dos registros públicos, digno do Hospital de Loucos incuráveis e confrade da Sinagoga dos Ignorantes. Desse modo, tua Missiva se tornará objeto de grande tagarelice em todos os Serralhos dos Assombros do Mundo. Cuida porém de que, no dia aprazado, aquele Indiscreto te ouça dizer do Mesmo Ministro que ele é um homem de Virtude incomum e teu amigo caríssimo, de modo e maneira que um novo e contrário Assombro sobrevenha aos espectadores do Serralho. Assim, teu Intento se transforma em Objeto Enigmático digno de um Édipo Egípcio, e muito os vários Doutos Mundanos falarão de ti como um Regente perspicaz e capaz de argutas complicações; e vendo-te Arquiteto de tantas e opostas Maquinações na Praça Universal, não cogitarão de que outras coisas tu andas arquitetando em algum Mundo Subterrâneo."

Nosso Anônimo não regateia conselhos aos Cortesãos: "Mas se te ocorre nutrir pensamentos inurbanos acerca do Soberano, não murmures para a Suburra, mas grita para a Assembleia: 'Oh, que tolice!', ou então: 'Acho que ele ficou estúpido & demente', de modo que o Soberano jamais ouse mandar-te colher por seus Sicários, porque neste caso a voz pública creditaria a ele, movido pelo ardor da ira, aquele Atroz Mandato."

O Anônimo passa depois a distribuir conselhos aos Homens de Letras: "Em vez de impregnar os papéis de suor aperfeiçoando *ad amussim* sonetos com fecho de ouro, que são objeto de inútil Fadiga, se estás ainda assim convencido da excelência de Ariosto e te desgosta Fulano que afirma a excelência de Tasso, aparece na Academia e a Este cobre de Bofetadas & Pescoções. E não te aflijas em refletir se és porque pensas, como querem os Doutos Ultramontanos, nem se pensas porque és, como diriam os doutores do Alcalá, porque isto muito faria sofrer o Cérebro Cabalístico teu; em vez disso, tem a Ideia de um Teatro em que tu, exibindo os teus Atributos e sacudindo com a Mão Esquerda teu Aparato Viril, levando a Mão Direita ao Nariz e ali fazendo moverem-se os Dedos à guisa de Ventarola, faças a Careta que cause maior Desgosto à Irmã ou à Mãe Daquele — de modo que Ele, tomado pelo desejo de Emulação, seja tentado a exibir e ostentar em resposta seu próprio Telescópio (mais Cínico que Aristotélico) e, incautamente, revele assim ao povo que sua Arma é muito inferior à tua em Grandeza et Erecção — de maneira tal que só tu possas ser celebrado como um Portento de Acuidade, posto que é de tal modo que se mede hoje o Talento."

Creio que estas palavras devem ser devidamente ponderadas por qualquer um que, no futuro, venha a empreender uma pesquisa sobre o espírito da era neobarroca.

1991

II
Instruções de Uso

Nota

Nesta seção, reúno textos publicados na coluna "La Bustina di Minerva", iniciada no Espresso em 1986, e mais outros escritos publicados em datas diversas no mesmo semanário. Segui a ordem cronológica para tornar compreensíveis e perdoáveis algumas referências à atualidade (por exemplo, alongo-me excessivamente na explicação do que é um fax, num momento em que era menos difundido do que hoje).[1] *Alguns dos textos resultam da fusão de várias crônicas.*

"Como ser um índio" é inédito e foi escrito a título educativo para meus filhos quando ainda eram pequenos. Isto explica por que diz coisas que qualquer espectador adulto sabe muito bem.

---

[1] Enquanto revejo as provas deste livro, vejo um episódio da nova série do tenente Columbo onde o astuto detetive demonstra uma atônita fascinação diante de um aparelho de fax.

Como ser um índio

Uma vez que o futuro das nações indígenas parece estar selado, a única possibilidade de carreira para o índio jovem desejoso de ascender socialmente é aparecer num *western*. Para tanto, fornecemos aqui algumas instruções essenciais cobrindo toda a gama de atividades, tanto pacíficas como belicosas, necessárias ao jovem índio para qualificar-se como "índio de *western*", resolvendo deste modo o problema endêmico de subemprego próprio àquela categoria.

Antes do ataque

1. Nunca atacar de surpresa: fazer-se notar ao longe, com alguns dias de antecedência, por meio da emissão de sinais de fumaça bem visíveis, de modo a ensejar à diligência ou ao forte o tempo necessário para pedir socorro ao Sétimo Regimento de Cavalaria.
2. Sempre que possível, fazer-se notar em pequenos grupos na crista dos morros circundantes. Postar sempre sentinelas em picos muito isolados.
3. Deixar sempre vestígios evidentes de sua passagem: rastros de cavalos, fogueiras apagadas nos locais de acampamento, artefatos, penas e amuletos que permitam identificar a tribo a que pertencem.

Ataque à diligência

4. Ao atacarem uma diligência, os índios devem procurar sempre manter uma certa distância durante a perseguição ou, no máximo, flanqueá-la na corrida, de modo a poderem ser alvejados.
5. Sofrear os pôneis, notoriamente mais velozes do que os cavalos de tiro, a fim de jamais ultrapassarem a diligência.
6. Só tentar deter a diligência um de cada vez, atirando-se sobre os arreios dos cavalos, de modo a poderem ser alvejados pelo cocheiro e devidamente esmagados pelas rodas do veículo.
7. Nunca bloquear em grupo a estrada por onde segue a diligência: assim ela teria de parar de imediato.

Ataque a rancho isolado ou a um círculo de carroças

8. Jamais atacar à noite, pegando os colonos de surpresa. Respeitar sempre o princípio segundo o qual os índios só atacam de dia.
9. Fazer ouvir com insistência o uivo do coiote, de modo a assinalar sua posição.
10. Se um branco também emitir o uivo do coiote, levantar imediatamente a cabeça a fim de oferecer-lhe um alvo fácil.
11. Atacar sempre em carrossel, sem jamais fechar o cerco, de modo a poderem ser alvejados um a um.
12. Não empregar jamais todos os homens no carrossel; devem ser substituídos à medida que forem caindo.
13. Apesar da ausência de estribos, dar algum jeito de emaranhar os pés nos arreios do cavalo, de maneira que, uma vez atingido, possa ser arrastado pelo animal.
14. Usar rifles cujo funcionamento se desconhece comprados em mãos de mascates desonestos. Empregar sempre um tempo excessivo para carregá-los.
15. Nunca interromper o carrossel no momento em que chegam os reforços do inimigo. Esperar a carga do regimento de cavalaria sem ir ao seu encontro, e debandar desordenadamente ao primeiro entrechoque, ensejando perseguições individuais.

16. No caso dos ranchos isolados, mandar sempre à noite um homem sozinho para espionar. Este deverá aproximar-se de uma janela iluminada e contemplar longamente a mulher branca que se encontra dentro da casa até esta perceber o vulto do índio na vidraça. Esperar o grito da mulher e a saída dos homens, e só então tentar fugir.

Ataque ao forte

17. Antes de mais nada, afugentar todos os cavalos do forte durante a noite, mas não se apoderar dos animais. Deixar que se dispersem pela pradaria.
18. Em caso de escalada das paredes externas do forte no decorrer da batalha, só escalar a paliçada um a um. Deixar aparecer primeiro a arma e depois, lentamente, a cabeça. Emergir no momento exato em que a mulher branca já tiver assinalado sua posição a um atirador de elite. Depois de alvejado, jamais cair para dentro da área do forte, mas de costas, para o lado de fora.
19. Disparando de muito longe, pôr-se em evidência no ponto culminante de um morro, de modo a cair para a frente quando for atingido, espatifando-se nas rochas subjacentes.
20. Em caso de confronto direto, demorar-se bastante na mira.
21. No mesmo caso, jamais usar revólveres, que resolveriam imediatamente o confronto direto, mas limitar-se ao emprego de armas brancas.
22. Em caso de retirada dos brancos, jamais roubar as armas dos inimigos mortos. Só o relógio de bolso, mas sempre se demorando para ficar escutando atentamente seu tique-taque até a chegada de outro inimigo.
23. Em caso de captura do inimigo, jamais matá-lo imediatamente. Amarrá-lo a uma estaca ou prendê-lo numa tenda e esperar pela lua nova, caso contrário não terão tempo de vir libertá-lo.
24. De qualquer maneira, resta sempre a certeza de matar o corneteiro inimigo assim que se ouvir ao longe o rumor da chegada do Sétimo Regimento de Cavalaria. Nesses momentos, o corneteiro do forte sempre se põe de pé para responder da ameia mais alta do forte.

Outros casos

25. Em caso de ataque à aldeia dos índios, sair das tendas da maneira mais confusa possível, e correr em direções opostas procurando pegar as armas que terão sido previamente guardadas em lugares de difícil acesso.

26. Controlar a qualidade do uísque vendido pelos traficantes: a proporção do teor de ácido sulfúrico deve ser de três para um.

27. Em caso de passagem do trem, assegurar-se de que esteja a bordo um caçador de índios, e flanquear o comboio a cavalo agitando um rifle e lançando brados de saudação.

28. Ao pular do alto sobre as costas de um branco, brandir a faca de maneira a não feri-lo imediatamente, permitindo o corpo a corpo. Esperar que o branco se vire de frente.

1975

Como apresentar um catálogo de arte

As anotações que se seguem valem como instruções para um apresentador de catálogos de arte (referido daqui por diante como ADC). Atenção, não valem para a redação de um ensaio crítico-histórico em revistas especializadas, por motivos complexos e diversos, o primeiro dos quais é que os ensaios críticos são lidos e julgados por outros críticos, e raramente pelo artista analisado, que ou não é assinante da revista ou já morreu dois séculos atrás, exatamente o contrário do que ocorre no caso dos catálogos de exposições de arte contemporânea.

Como é que uma pessoa se torna um ADC? Infelizmente é facílimo. Basta ter uma profissão intelectual (são solicitadíssimos os biólogos e os físicos nucleares), possuir um telefone em seu próprio nome e contar com uma certa celebridade. O renome pode ser avaliado da seguinte maneira: deve ter extensão geográfica superior à área de impacto da mostra (renome de nível estadual para cidades de menos de setenta mil habitantes, de nível nacional para capitais estaduais, de nível mundial para as capitais de países independentes, com a exceção de San Marino e Andorra) e profundidade inferior à extensão dos conhecimentos culturais dos possíveis adquirentes dos quadros (caso se trate de uma exposição de paisagens alpinas pintadas por Segantini,* não é necessário, e pode ser até prejudicial, já ter escrito para a *New Yorker*, e é preferível ser o reitor do educandário local). Naturalmente, é necessário estar perto do artista postulante, mas isto não é problemático:

---

*Célebre pintor acadêmico italiano do século XIX. (*N. do T.*)

os artistas postulantes são em número bem maior que os ADC em potencial. Dadas estas condições, a escolha para ADC é inapelável, e independe da vontade do ADC em potencial. Se o artista quer, o ADC potencial não conseguirá esquivar-se à tarefa, a menos que resolva emigrar para outro continente. Depois de ter aceito o encargo, o ADC deverá escolher para tanto uma das seguintes motivações:

1) Corrupção (raríssima porque, como se verá, existem motivações menos dispendiosas). 2) Contrapartida sexual. 3) Amizade: nas duas versões, seja de efetiva simpatia ou de impossibilidade de recusa. 4) Receber de presente uma obra do artista (esta motivação não coincide necessariamente com a que se segue, qual seja, a admiração pelo artista; na verdade, o ADC pode pretender receber quadros de presente para constituir um fundo comerciável). 5) Efetiva admiração pela obra do artista. 6) Desejo de associar seu próprio nome ao do artista: investimento fabuloso para intelectuais jovens, porque o artista se empenhará em divulgar seu nome nas inúmeras bibliografias dos catálogos seguintes, tanto em seu próprio país quanto no exterior. 7) Interesse ideológico, estético ou comercial pelo desenvolvimento de uma corrente estética ou de uma galeria de arte. Este último é o ponto mais delicado, ao qual não se pode subtrair nem mesmo o ADC marcado pelo mais adamantino desinteresse. De fato, um crítico literário, cinematográfico ou teatral que exalte ou destrua a obra de que fala tem muito pouca influência sobre seu destino. O crítico literário que escreve uma resenha favorável pode aumentar a venda de um romance em poucas centenas de exemplares; o crítico cinematográfico pode desancar uma comédia pornô sem impedir que ela alcance lucros astronômicos, e o mesmo também ocorre com o crítico teatral. Já o ADC, com sua intervenção, pode contribuir para aumentar a cotação de todas as obras do artista, chegando às vezes a multiplicá-las por dez.

Esta situação caracteriza também a situação crítica do ADC: o crítico literário pode falar mal de um autor que não conheça, e que portanto (geralmente) não tem como controlar o aparecimento do artigo numa determinada revista ou jornal; já o artista, ao contrário, é quem encomenda e controla o catálogo. Mesmo quando diz ao ADC: "Pode ser severo", na verdade a situação é insustentável. Ou bem o convidado se recusa, mas já se viu que não é possível, ou no mínimo se vê forçado a ser gentil. Ou evasivo.

Eis por que, na medida em que o ADC queira salvar sua dignidade e a amizade que o liga ao artista, a evasividade é o fulcro dos catálogos de exposição. Examinemos uma situação imaginária, a do pintor Prosciuttini que há trinta anos pinta telas de fundo ocre tendo por cima, no centro, um triângulo isósceles azul com a base paralela à borda sul do quadro, o qual se sobrepõe em transparência a um triângulo escaleno vermelho, inclinado na direção sudeste com relação à base do triângulo azul. O ADC deverá levar em conta o fato de que, conforme o período histórico, Prosciuttini terá intitulado o quadro, pela ordem, de 1950 a 1980: *Composição, Dois mais infinito, E = Mc², Allende, Allende, o Chile não se rende, Le Nom du Père, Através, Particular*. Quais são as possibilidades (honrosas) de intervenção que restam ao ADC? É fácil, se ele for poeta: basta dedicar um poema a Prosciuttini. Por exemplo: "Como uma flecha (ah! cruel Zenão!) — o ímpeto — de outro dardo — parasanga traçada — de um cosmos doente — de buracos negros — multicoloridos." A solução é prestigiosa, para o ADC, para Prosciuttini, para o dono da galeria e para os compradores dos quadros.

A segunda solução se reserva apenas aos narradores, e assume a forma da carta aberta em estilo desabrido: "Caro Prosciuttini, quando vejo os seus triângulos me sinto em Uqbar, como testemunhou Jorge Luis... Um Pierre Ménard que me propõe formas recriadas em outras eras, dom Pitágoras de la Mancha. Lascívias em 180 graus: temos como libertar-nos da Necessidade? Era uma manhã de junho, no campo desolado: um combatente clandestino enforcado no poste telefônico. Adolescente, eu duvidava da essência da Regra..." Etecétera.

A tarefa é mais fácil para o ADC de formação científica. Ele sempre pode partir da constatação (aliás exata) de que um quadro também é um elemento da Realidade: basta portanto que fale de aspectos muito profundos da realidade e, diga o que disser, não mentirá jamais. Por exemplo: "Os triângulos de Prosciuttini são gráficos. Funções proposicionais de topologias concretas. Pontos nodais. E como se procede de um ponto nodal U a um outro ponto nodal qualquer? Ocorre, como se sabe, uma função F que lhe atribui um valor, e se $F(U)$ for menor ou igual a $F(V)$, desenvolver, para todos os outros pontos nodais V que se queira considerar, U de maneira a gerar pontos nodais descendentes de U. Neste caso, uma função perfeita deverá satisfazer à condição F(U) menor ou igual a F(V), de modo que D(U,Q) seja menor ou igual a D(V,Q), onde obviamente D(A,B) é a distância entre A e B no plano. A arte é matemática. Esta a mensagem de Prosciuttini."

Pode parecer à primeira vista que soluções do gênero se apliquem a quadros abstratos, mas não a um Morandi ou a um Guttuso.* Engano. Naturalmente, isto só depende da habilidade do cientista. Como indicação de ordem geral, diremos que hoje, usando com suficiente desenvoltura metafórica a teoria das catástrofes de René Thom, é possível demonstrar que as naturezas-mortas de Morandi representam as formas naquele limiar extremo de equilíbrio depois do qual as formas naturais das garrafas se embaraçariam além de seus contornos e umas contra as outras, estilhaçando-se como um cristal atingido por um ultrassom; e que a magia do pintor consiste justamente em representar esta situação-limite. Jogar com a tradução inglesa de natureza-morta: *still life*. *Still*, ainda, mas até quando? *Still-Until*... A magia da diferença entre ser-ainda e ser-depois-que.

Existia outra possibilidade entre 1968 e, digamos, 1972. A interpretação política. Observações sobre a luta de classes, sobre a corrupção dos objetos, enlameados por sua transformação em mercadoria. A arte como revolta contra o mundo do mercado, os triângulos de Prosciuttini como formas que se recusam a transformar-se em valores de troca, abertos à inventividade operária expropriada pela voragem capitalista. Retorno a uma idade do ouro, ou anúncio de uma utopia, de um sonho.

Tudo que foi dito até agora só vale, porém, para o ADC que não for crítico de arte por profissão. A situação do crítico de arte é, como direi, mais crítica. Precisa falar da obra, mas sem exprimir juízos de valor. A solução mais cômoda consiste em mostrar que o artista trabalhou em harmonia com a visão dominante do mundo, ou então, como se diz hoje em dia, com a Metafísica Influente. Ora, qualquer metafísica influente representa um modo de dar razões para aquilo que existe. Não há dúvida de que qualquer quadro faz necessariamente parte das coisas que existem e de que, além disso, por pior que seja, representa de alguma forma aquilo que existe (mesmo os quadros abstratos representam o que poderia existir, ou que existe no universo das

---

*Pintores figurativos italianos deste século. (*N. do T.*)

formas puras). Se por exemplo a metafísica influente afirma que tudo que existe não passa de energia, dizer que o quadro de Prosciuttini é energia, e representa a energia, não é mentira: no máximo, é uma obviedade, mas uma obviedade que salva o crítico e faz a felicidade de Prosciuttini, do dono da galeria e do comprador da obra.

O único problema é identificar a metafísica influente de que todos, numa determinada época, ouvem falar, por motivos de popularidade. É claro que se pode afirmar, a exemplo de Berkeley, que *esse est percipi* e dizer que as obras de Prosciuttini existem porque são percebidas: mas uma vez que a metafísica em questão não é muito influente, Prosciuttini e os leitores haverão de perceber a excessiva obviedade da afirmativa.

Assim, se os triângulos de Prosciuttini tivessem sido pintados no final dos anos 1950, pondo em evidência as influências concorrentes de Banfi-Paci* e Sartre-Merleau-Ponty (e, em última instância, dos ensinamentos de Husserl), seria conveniente definir os triângulos em questão como "a representação do próprio ato do intencionar, que, constituindo razões eidéticas, transforma as próprias formas puras da geometria numa modalidade da Lebenswelt". Para esta época, são permitidas inclusive variações em termos de psicologia da forma: dizer que os triângulos de Prosciuttini têm uma pregnância "gestáltica" seria incontestável porque qualquer triângulo, se reconhecível como triângulo, tem uma pregnância gestáltica. Nos anos 1960, Prosciuttini pareceria mais *up to date* caso se percebesse em seus triângulos uma estrutura homóloga ao *pattern* das estruturas de parentesco de Lévi-Strauss. Jogando com o estruturalismo e 68, poder-se-ia dizer que, segundo a teoria das contradições de Mao, que concilia a tríade hegeliana com os princípios binários do Yin e do Yang, os dois triângulos de Prosciuttini evidenciavam a relação entre contradição primária e contradição secundária. Não que o modelo estruturalista também não possa ser aplicado às garrafas de Morandi: garrafa profunda (*deep bottle*) em oposição à garrafa de superfície.

A partir dos anos 1970, as opções do crítico ficam mais livres. Naturalmente, um triângulo azul atravessado por um triângulo vermelho é a epifania de um Desejo que aspira ao Outro com o qual jamais poderá se identificar.

---

*Ensaístas italianos, autores de livros de semiologia e linguística. (*N. do T.*)

Prosciuttini é o pintor da Diferença, inclusive da Diferença na Identidade. É bem verdade que a diferença na identidade pode ser encontrada na relação entre a cara e a coroa de qualquer moeda, mas os triângulos de Prosciuttini também poderiam ser apontados como exemplo de um caso de Implosão, da mesma forma que os quadros de Pollock e a introdução de supositórios por via anal (buracos negros). Nos triângulos de Prosciuttini, porém, surge ainda a anulação recíproca entre o valor de uso e o valor de troca.

Com uma referência sucinta à Diferença e ao sorriso da Gioconda, que visto de lado pode ser claramente reconhecido como uma vulva e é de qualquer modo uma *béance*, os triângulos de Prosciuttini poderiam, em sua anulação mútua e em sua rotação "catastrófica", ser apresentados como uma implosividade do falo que se transforma em *vagina dentata*. A fala e a falha do Falo. Em suma, e para concluir, a regra de ouro para o ADC é descrever a obra de maneira tal que a descrição, além dos outros quadros, possa aplicar-se também à experiência que se tem ao contemplar as vitrines de uma *delicatessen*. Se o ADC escreve: "Nos quadros de Prosciuttini, a percepção das formas não é jamais uma adequação inerte aos dados da sensação. Prosciuttini nos diz que não existe percepção que não seja interpretação e trabalho, e a passagem do sentido ao percebido é atividade, práxis, estar-no-mundo como construção de *Abschattungen* intencionalmente cortadas na própria substância da coisa-em-si", o leitor reconhece a verdade de Prosciuttini porque ela corresponde aos mecanismos graças aos quais ele é capaz de distinguir, na vitrine da *delicatessen*, um salaminho de uma salada russa.

O que estabelece, além de um critério de factibilidade e eficácia, um critério de moralidade: basta dizer a verdade. Naturalmente, há modos e modos.

1980

Apêndice

O texto que se segue foi efetivamente escrito por mim como apresentação da obra pictórica de Antonio Fomez, de acordo com as regras do citacionismo pós-moderno (cf. Antonio Fomez, Da Ruoppolo a me, *Studio Annunciata, Milão, 1982).*

Para dar ao leitor (sobre o conceito de "leitor" cf. D. Coste, "Three concepts of the reader and their contribution to a theory of literary texts", *Orbis literarum* 34, 1880; W. Iser, *Der Akt des Lesens*, Munique, 1972; *Der implizite Leser*, Munique, 1976; U. Eco, *Lector in fabula*, Milão, 1979; G. Prince, "Introduction à L'étude du narrataire", *Poétique* 14, 1973; M. Nojgaard, "Le lecteur et la critique", *Degrés* 21, 1980) alguma nova intuição (cf. B. Croce, *Estetica come scienza dell'esprezione e linguística generale*, Bari, 1902; H. Bergson, *Oeuvres*, Édition du Centenaire, Paris, 1963; E. Husserl, *Ideen zu einer Phänomenologie und phänomenologischen Philosophie*, Haia, 1950) sobre a pintura (para o conceito de "pintura" cf. Cennino Cennini, *Tratatto della pittura*; Bellori, *Vite d'artisti*; Vasari, *Le vite*; vários autores, *Trattati d'arte del Cinquecento*, org. por P. Barocchi, Bari, 1960; Lomazzo, *Tratatto dell'arte della pittura*; Alberti, *Della pittura*; Armenini, *De' veri precetti della pittura*; Baldinucci, *Vocabolario toscano dell'arte del disegno*; S. Van Hoogstraaten, *Inleyding tot de Hooge Schoole der Schilderkonst*, 1678, VIII, 1, p. 279 sg.; L. Dolce, *Dialogo della pittura*; Zuccari, *Idea de' pittori*) de Antonio Fomez (cf., para uma bibliografia geral, G. Pedicini, *Fomez*, Milão, 1980, esp. p. 60-90), tentarei uma análise (cf. H. Putnam, "The analytic and the synthetic", in *Mind, language, and reality* 2, Londres-Cambridge, 1975; M. White, ed., *The age of analysis*, Nova York, 1955) de forma (cf. W. Köhler, *Gestalt Psychology*, Nova York, 1947; P. Guillaume, *La psychologie de la forme*, Paris, 1937) absolutamente inocente e despida de preconceitos (cf. J. Piaget, *La représentation du monde chez l'enfant*, Paris, 1955; G. Kanizsa, *Grammatica del vedere*, Bolonha, 1981). Mas trata-se de uma coisa (sobre a coisa-em-si, cf. E. Kant, *Kritik der reinen Vernunft*, 1781-1787) muito difícil neste mundo (cf. Aristóteles, *Metafísica*) pós-moderno (cf. cf. ((cf. (((cf. cf.)))))). Razão pela qual não se faz nada (cf. Sartre, *L'être et le néant*, Paris, 1943). Resta o silêncio (Wittgenstein, *Tractatus*, 7). Desculpe, fica para outra (cf. J. Lacan, *Écrits*, Paris, 1966) vez.

Como organizar uma biblioteca pública

1. Os catálogos devem ser divididos ao máximo: deve-se ter muito cuidado em separar o catálogo dos livros do das revistas, este do catálogo por assuntos e ainda os livros de aquisição recente dos livros de aquisição mais antiga. De preferência, a ortografia, nos dois catálogos (aquisições antigas e recentes), deve ser diferente: por exemplo, nas aquisições recentes, farmacologia deve vir com f, e nas antigas com ph; Tcheco-Eslováquia deve vir com T nas aquisições recentes, e nas antigas sem T: Checo-Eslováquia.
2. Os temas devem ser decididos pelo bibliotecário. Os livros não devem jamais trazer no colofão qualquer indicação acerca dos assuntos sob os quais devem ser classificados.
3. As siglas devem ser intranscrevíveis e de preferência muitas, de modo que nunca reste a quem preencha a ficha espaço suficiente para incluir a última denominação, considerada irrelevante, e assim o encarregado possa sempre restituir-lhe a referida ficha para ser preenchida da maneira correta.
4. O tempo entre o pedido e a entrega do livro deve ser sempre muito longo.
5. Não é necessário entregar ao usuário mais de um livro de cada vez.
6. Os livros entregues pelo encarregado porque foram solicitados por ficha não podem ser levados para a sala de consultas, isto é, a vida do consulente deve ser dividida em dois aspectos fundamentais: um dedicado à leitura e outro inteiramente votado à consulta. A biblioteca deve desencorajar a leitura cruzada de vários livros, porque pode provocar o estrabismo.
7. Se possível, desaconselha-se totalmente a presença de máquinas fotocopiadoras; no entanto, se uma delas existir, o acesso a seu uso deve ser muito

complexo e cansativo, o custo de cada cópia deve ser superior às tiradas nas papelarias e os limites reduzidos a duas ou três páginas copiadas por usuário.

8. O bibliotecário deve sempre encarar o leitor como um inimigo, um vagabundo (senão, estaria trabalhando), um ladrão em potencial.

9. A sala de consultas deve ser inatingível.

10. Os empréstimos devem ser desencorajados.

11. O empréstimo entre bibliotecas deve ser impossível, ou pelo menos demandar muitos meses. O melhor, neste caso, talvez seja assegurar a impossibilidade de vir a conhecer o que existe nas demais bibliotecas.

12. Em consequência disto, os furtos devem ser facílimos.

13. Os horários devem coincidir absolutamente com os horários de trabalho, discutidos previamente com os sindicatos: fechamento irrevogável aos sábados, aos domingos, às noites e na hora das refeições. O maior inimigo da biblioteca é o estudante que trabalha; o melhor amigo é qualquer um que tenha uma biblioteca própria, e que portanto não tenha necessidade de vir à biblioteca e, ao morrer, legue a esta os livros que possuía.

14. Não deve ser possível descansar no interior da biblioteca de modo algum, e em todo caso não deve ser possível descansar sequer do lado de fora da biblioteca sem antes ter devolvido todos os livros que se tinha pedido, de modo a ser obrigado a pedi-los novamente depois de tomar um café.

15. Nunca deve ser possível reencontrar o mesmo livro no dia seguinte.

16. Nunca deve ser possível saber quem pegou emprestado o livro que está faltando.

17. De preferência, nada de banheiros.

18. Idealmente, o usuário não deveria poder entrar na biblioteca; admitindo-se que entre, usufruindo obstinada e antipaticamente de um direito que lhe foi concedido com base nos princípios da Revolução Francesa, mas que ainda não foi assimilado pela sensibilidade coletiva, não deve e não deverá de modo algum, excetuando as rápidas travessias da sala de consulta, ter acesso à *penetralia* das estantes.

NOTA RESERVADA. Todo o pessoal lotado nas bibliotecas públicas deve ser portador de defeitos físicos, porque uma das coisas que se espera de um órgão público é que ofereça possibilidades de emprego aos cidadãos vítimas de deficiências (está presentemente em estudos a extensão deste requisito também ao Corpo de Bombeiros). O bibliotecário ideal deve ser, antes de mais nada, manco, a fim de estender o tempo que transcorre entre o recebimento da ficha preenchida, a descida aos subterrâneos e a volta com os livros pedidos. Para os servidores destinados a subir em escadas para atingir as prateleiras de altura superior a oito metros, recomenda-se que o braço que falta seja substituído por uma prótese em gancho, por questões de segurança. Os funcionários totalmente desprovidos de membros superiores devem pegar os livros pedidos com os dentes (disposição que tem como finalidade impedir a entrega aos leitores de volumes maiores que o formato in-oitavo).

1981

Como tirar férias inteligentes

É costume, quando se aproximam as férias de verão, as revistas semanais de política e cultura recomendarem a seus leitores pelo menos dez livros inteligentes para que eles possam tirar inteligentemente férias inteligentes. Prevalece contudo o desagradável cacoete de considerar o leitor um subdesenvolvido, e por isso vemos até escritores ilustres sugerindo apressadamente leituras que qualquer pessoa de cultura mediana já deveria ter feito, no mínimo quando estava na escola secundária. Parece portanto ofensivo, ou pelo menos paternalista, ofender o leitor aconselhando-lhe, por exemplo, a leitura do original alemão das *Afinidades eletivas* de Goethe, todo Proust na edição da Pléiade ou as obras de Petrarca em latim. Devemos levar em consideração que, submetido há tanto tempo a tantos conselhos, o leitor se tenha tornado cada vez mais exigente. Por outro lado, devemos levar em conta também que, na impossibilidade de se permitir férias dispendiosas, o leitor prefere se aventurar em experiências de baixo custo, mas ainda assim excitantes.

Para quem pretende passar longas horas na praia, eu aconselharia a *Ars magna lucis et umbrae*, do padre Athanasius Kircher, fascinante para quem, exposto ao efeito dos raios infravermelhos, queira refletir sobre os prodígios da luz e dos espelhos. A edição romana de 1645 ainda pode ser encontrada nos antiquários por preços indubitavelmente inferiores aos dos exemplares que Calvi exportou para a Suíça. Não aconselho pegar a obra emprestada nas bibliotecas, porque ela só pode ser encontrada em vetustos palácios onde os funcionários são geralmente desprovidos do braço direito e do uso do olho esquerdo, e tendem a cair toda vez que sobem as escadas que levam à seção de livros raros. Outro inconveniente é a própria massa física do livro, além da fragilidade do papel: é obra que não deve ser lida nos momentos em que o vento estiver fazendo voar os guarda-sóis.

Já para um jovem que esteja pretendendo viajar pela Europa a preço reduzido em vagões de segunda classe, e que portanto será obrigado a ler nos trens com os corredores totalmente abarrotados, em que para ficar de pé é necessário pôr-se um dos braços para fora da janela, seria aconselhável levar pelo menos três dos seis volumes de Ramusio editados por Einaudi, que podem ser lidos segurando um deles nas mãos, outro debaixo do braço e o terceiro entre a virilha e a coxa. Ler sobre viagens em viagem é uma experiência muito densa e estimulante.

Para os jovens que se cansaram das experiências políticas ou se desiludiram com elas, mas que ainda assim pretendam não perder de vista os problemas do Terceiro Mundo, eu sugeriria alguma pequena obra-prima da filosofia muçulmana. A Adelphi publicou recentemente o *Livro dos conselhos* de Kay Ka'us ibn Iskandar, mas infelizmente a edição não traz o original iraniano, e obviamente todo o seu sabor original se perde. Eu aconselharia, em lugar dele, o delicioso *Kitab al-s'ada wa'Lis'ad*, de Abul'I-Hassan Al'Amiri, de que se pode encontrar em Teerã uma edição crítica datada de 1957.

Já que nem todos leem fluentemente as línguas orientais, e para aqueles que podem viajar de carro sem problemas de bagagem, é sempre ótima a coletânea completa da *Patrologia* de Migne. Eu desaconselharia a escolha dos gregos anteriores ao concílio de Florença de 1440, porque neste caso seria necessário levar consigo os 161 volumes da edição greco-latina e mais os 81 da edição latina. Se o leitor, porém, se restringir aos latinos anteriores a 1216, pode limitar-se a apenas 218 volumes. Sei muito bem que nem todos podem ser encontrados no mercado, mas sempre se pode recorrer às fotocópias. Para aqueles que tenham interesses menos especializados, eu aconselharia algumas boas leituras (sempre no original) da tradição cabalística (hoje essencial para compreender a poesia contemporânea). Bastam poucas obras: uma cópia do *Sefer Yezirah*, o *Zohar*, naturalmente, e Moisés de Córdoba e Isaac Luria. O corpo cabalístico é particularmente adequado às férias, porque ainda é possível encontrar ótimos originais em rolos das obras mais antigas, que podem ser guardadas na mochila e são cômodas também para quem viaja de carona. O corpo cabalístico pode ainda ser utilizado nas várias sedes do Club Méditerranée, onde os animadores sempre podem formar duas equipes disputando quem produz o Golem mais simpático. Finalmente, para quem tiver dificuldades com o hebraico, há sempre o *Corpus Hermeticum* e os escritos gnósticos (melhor escolher Valentino, Basílides é não raro prolixo e irritante).

Tudo isto (e muito mais) se os leitores quiserem tirar férias inteligentes. Se não for este o caso, não vamos discutir: levem os *Grundrisse*, os Evangelhos apócrifos ou os inéditos de Pierce em microfilme. Em suma, os semanários de cultura não são jornais escolares para ginasianos.

1981

Como substituir uma carteira de motorista roubada

Em maio de 1981, de passagem por Amsterdã, perdi (ou me furtaram no bonde, porque também na Holanda se rouba) uma carteira que continha pouco dinheiro mas vários cartões e documentos. Dou-me conta de sua falta na hora da partida, em pleno aeroporto, e percebo imediatamente que meu cartão de crédito sumiu. A meia hora da partida do meu voo, saio correndo à procura de um lugar onde possa denunciar o extravio, e sou recebido em cinco minutos por um sargento da polícia do aeroporto que fala um bom inglês e me explica que o caso não é da sua competência porque a carteira foi furtada na cidade, embora concorde em registrar a queixa em sua máquina de escrever. Assegura-me que às nove, quando abrem os escritórios, ele próprio telefonará ao American Express, e em dez minutos resolve a parte holandesa do meu caso. De volta a Milão, telefono ao American Express, o número do meu cartão é anulado em todo o mundo e, no dia seguinte, recebo um novo. Que beleza viver na civilização, me digo.

Depois, faço um balanço dos outros cartões e documentos perdidos, e registro a queixa na polícia: dez minutos. Que beleza, eu me digo, temos uma polícia igual à holandesa. Entre as carteiras, estava a da associação dos jornalistas, e recebo uma segunda via em três dias. Que beleza.

No entanto, pobre de mim, tinha perdido também minha carteira de motorista. Parece-me dos males o menor. Vivemos a era da indústria automobilística, há um Ford no nosso futuro, somos um país de autoestradas. Telefono ao Automóvel Clube e me dizem que basta comunicar o número da carteira

♦ 228 ♦

desaparecida. Percebo que não tinha o número anotado em parte alguma, ele só figurava na própria carteira, e procuro saber se, a partir do meu nome, não teriam meios de encontrar o número. Mas parece que não é possível.

Eu preciso dirigir, é uma questão de vida ou morte, e decido fazer o que habitualmente não faço: procurar atalhos e lançar mão de privilégios. É coisa que habitualmente não faço porque não gosto de importunar amigos ou conhecidos e detesto que façam o mesmo comigo, e afinal moro em Milão, onde a pessoa que precisa de um documento não tem necessidade de telefonar ao prefeito; é mais rápido entrar numa fila diante dos guichês, onde os funcionários são até eficientes. Mas acontece que o automóvel deixa todo mundo um pouco nervoso, e telefono para uma Alta Personalidade do Automóvel Clube de Roma, a qual me põe em contato com uma Alta Personalidade do Automóvel Clube de Milão, a qual diz à sua secretária que faça por mim tudo que puder. Infelizmente, ela pode pouquíssimo, malgrado sua extrema gentileza.

Ela me ensina alguns truques e me lembra de procurar um velho recibo de um aluguel da AVIS no qual aparece, em carbono, o número da minha carteira, consegue resolver num único dia todas as providências preliminares e depois me envia para o lugar certo, ou seja, a seção de carteiras da chefatura de polícia, um imenso saguão onde pulula uma multidão desesperada e malcheirosa, lugar semelhante à estação ferroviária de Nova Delhi no filme sobre a Revolta dos Sipaios, onde os postulantes, contando histórias terríveis ("estou aqui desde o tempo da guerra da Líbia") acampam com garrafas térmicas e sanduíches e só conseguem chegar ao primeiro lugar da fila, o que acaba ocorrendo comigo, quando o guichê já fechou.

De qualquer maneira, devo dizer que foram só uns poucos dias de fila, durante os quais sempre que se chega ao guichê descobre-se que era necessário preencher outro formulário ou comprar outro tipo de selo e torna-se a entrar na fila; mas isto já se sabe, é a ordem natural das coisas. Tudo bem, me disseram, volte dentro de duas semanas. Nesse ínterim, táxi.

Quinze dias mais tarde, depois de ter ultrapassado na fila alguns postulantes que não tinham resistido, entrando em coma, fico sabendo junto ao guichê que o número que eu descobrira no recibo da AVIS — fosse por erro na fonte, por defeito do papel-carbono ou por ter caducado o documento antigo — não era o certo. E que nada pode ser feito se eu não fornecer o número correto. "Está bem", respondo, "os senhores não podem encontrar um número que não tenho como lhes fornecer, mas podem procurar pelo nome, Eco, e encontrar o número." Não: seja por má vontade, seja por sobrecarga de trabalho, seja porque as fichas são arquivadas de acordo com o número, isto não é possível. Aconselham-me a procurar no lugar onde tirei originalmente a carteira, ou seja, em Alessandria, muitos anos atrás. Lá devem poder revelar o meu número.

Não tenho tempo de ir a Alessandria, inclusive porque estou impedido de dirigir, e recorro a um segundo atalho: telefono a um antigo colega de escola que é hoje uma Alta Personalidade das finanças locais e lhe peço que dê um telefonema à Inspetoria de Trânsito. Meu amigo toma uma decisão igualmente desonesta e telefona diretamente a uma Alta Personalidade da Inspetoria de Trânsito, a qual lhe informa que dados desse gênero só podem ser comunicados diretamente à polícia. Espero que o leitor se dê conta do perigo que de fato correriam as instituições caso o número da minha carteira fosse comunicado a qualquer um; tanto Khadafi quanto o KGB não estão esperando por outra coisa. Portanto, *top secret*.

Torno a recorrer ao passado e encontro outro colega de escola que é hoje uma Alta Personalidade de um Órgão Público, mas lhe sugiro que não recorra a outras altas personalidades da Inspetoria de Trânsito, porque a coisa é perigosa e ele poderia acabar submetido a uma comissão parlamentar de inquérito. Talvez fosse o caso, opino, de fazer contato com alguma personalidade mais baixa, quem sabe um vigia noturno que possa ser corrompido e enfiar o nariz no arquivo durante a noite. A Alta Personalidade do Órgão Público, porém, tem a sorte de encontrar uma personalidade média da Inspetoria de Trânsito, que nem mesmo precisa ser corrompida porque é leitor habitual do *Espresso* e decide, por amor à cultura, prestar este perigoso serviço a seu colunista predileto (no caso, eu). Não sei ao certo o que fez esta ardilosa pessoa, mas o fato é que no dia seguinte já tenho o número da carteira, número que os leitores me permitirão não revelar porque, afinal, tenho família.

De posse do número (que anoto em todo lugar e escondo em gavetas secretas tendo em vista o próximo furto ou extravio), enfrento outras filas na Inspetoria de Trânsito de Milão e finalmente desfraldo a cifra diante dos olhos desconfiadíssimos do encarregado, o qual, com um sorriso que nada mais tem de humano, me comunica que preciso fornecer ainda o número do prontuário por meio do qual, nos distantes anos 1950, as autoridades de Alessandria comunicaram o número da minha carteira às autoridades milanesas.

Recomeçam os telefonemas aos colegas de escola, e a infeliz média personalidade que a tantos riscos já se expusera volta à carga: comete algumas dezenas de contravenções, subtrai uma informação que, ao que tudo indica, a polícia guarda com zelo imenso, e finalmente me comunica o número do prontuário, número que também tranco a sete chaves, porque como se sabe até as paredes têm ouvidos.

Volto à Inspetoria de Trânsito de Milão, safo-me com apenas uns poucos dias de fila e obtenho a promessa de um documento mágico dentro de duas semanas. Já estamos em meados de junho, e finalmente tenho em mãos um documento no qual se diz que apresentei o pedido para uma segunda via da carteira. É evidente que não existe um formulário próprio para os casos de extravio, e o papel é o mesmo que se entrega aos alunos de autoescola quando ainda não têm carteira. Mostro o papel a um guarda de trânsito, perguntando-lhe se aquele documento me habilita a dirigir, e a expressão do guarda me deixa deprimido: o bom policial me faz compreender que, se ele me surpreendesse ao volante com aquele papel, faria com que eu me arrependesse de ter nascido.

Eu me arrependo de fato e volto à seção de carteiras, onde ao cabo de alguns dias fico sabendo que o papel que recebi era, por assim dizer, apenas um aperitivo: preciso esperar o outro papel, aquele que diz que, tendo perdido a carteira, estou habilitado a dirigir até receber a carteira nova, porque as autoridades apuraram que eu de fato tinha a velha. O que é exatamente o que todos sabem, da polícia holandesa à inspetoria italiana, e que a seção responsável pela emissão das carteiras também sabe, só que não quer dizer com todas as letras antes de refletir a respeito. É claro que aquela repartição já sabe exatamente de tudo que poderia desejar saber e que, por mais que reflita a respeito, não conseguirá descobrir mais nada. Mas paciência. Perto do final de junho, volto repetidas vezes para me informar acerca do papel número dois, mas parece que sua preparação requer muito trabalho, e por um momento chego a acreditar nisto, porque me pediram tantos documentos e tantas fotos que este papel deve ser alguma coisa semelhante a um passaporte, com páginas filigranadas e coisas do gênero.

No fim de junho, já tendo despendido somas vertiginosas em táxis, procuro outra forma de cortar caminho. Escrevo para os jornais onde talvez alguém possa me ajudar, com a desculpa de que preciso viajar por motivos de utilidade pública. Através de duas redações de Milão (*Repubblica* e *Espresso*), consigo entrar em contato com a assessoria de imprensa da chefatura de polícia, onde encontro uma gentil senhora que se declara disposta a ocupar-se do meu caso. A gentil senhora nem mesmo pensa em lançar mão do telefone: com bravura, apresenta-se em pessoa na seção de expedição de carteiras e consegue ingressar em *penetralia* de que os profanos estão totalmente excluídos por força de labirínticas teorias e de práticas datadas de tempos imemoriais. O que faz aquela senhora não sei (ouço gritos sufocados e desmoronamentos de calhamaços, nuvens de pó passam por baixo da soleira da porta). Finalmente, a senhora reaparece, e traz nas mãos um formulário amarelo, impresso em papel finíssimo, como aqueles que os guardadores de estacionamento enfiam debaixo do limpador de para-brisas, no formato 19 × 13cm.

O documento não tem nenhuma foto e foi preenchido a tinta, com borrões de pena molhada em tinteiro de mesa, daqueles cheios de borra e mucilagem que deixam filamentos na página porosa. Traz meu nome com o número da carteira desaparecida, e as palavras impressas dizem que este papel substitui a carteira "descrita acima", mas vence no dia 29 de dezembro (a data foi obviamente escolhida para surpreender a vítima enquanto estiver dirigindo para ir passar o Ano-Novo em alguma localidade alpina, possivelmente em meio a uma tempestade de neve, bem longe de casa, de maneira que possa ser devidamente detida e torturada pela polícia rodoviária).

O papel me habilita a dirigir em território italiano, mas desconfio que deixaria em sérios embaraços um policial estrangeiro caso eu venha a exibi-lo no exterior. Paciência. Pelo menos voltei a dirigir. Para resumir, direi que em dezembro minha carteira ainda não está pronta, encontro resistências para renovar o papel, recorro novamente à assessoria de imprensa da chefatura de polícia e recebo de volta o mesmo papel, onde dedos pouco firmes escreveram aquilo que eu mesmo poderia ter escrito, ou seja, que ele fica renovado até junho seguinte (outra data escolhida para me surpreender em flagrante enquanto percorro uma estrada qualquer do litoral), e sou ainda informado de que naquela data será providenciada a renovação do papel, porque no que se refere à carteira as coisas ainda vão demandar mais tempo. A partir do que me contam com voz alquebrada os companheiros de desventura encontrados durante minhas longas permanências em filas, fico sabendo que há gente que já está sem carteira há um, dois, três anos.

Anteontem, apliquei no papel o selo anual: o vendedor de cigarros de quem comprei o selo me aconselhou a não anular o documento, porque se a carteira chegasse eu precisaria comprar outro selo. Mas acho que cometi um delito por não ter anulado minha licença provisória.

Cabem, a esta altura, três observações. A primeira é que só obtive o papel em dois meses porque, graças a uma série de privilégios de que gozo por força de minha posição e formação, consegui mobilizar uma série de Altas Personalidades de três cidades, seis órgãos públicos e privados e mais um jornal e um semanário de circulação nacional. Se eu fosse farmacêutico ou balconista, a esta altura já estaria comprando uma bicicleta. Para dirigir com carteira é preciso ser pelo menos Licio Gelli.

A segunda observação é que o papel que trago zelosamente guardado na carteira é um documento sem qualquer valor, falsificabilíssimo, e que portanto o país deve estar cheio de automobilistas que circulam em situações de difícil identificabilidade. Ilegalidade em massa, ou então mera ficção de legalidade. A terceira observação exige que os leitores façam um esforço e tentem visualizar uma carteira de habilitação. Visto que hoje ela não é mais entregue envolta numa capa plástica, que cada um precisa comprar por sua própria conta, a carteira consiste num livrete de papel com duas ou três páginas e uma foto do portador. Estes livretes não são impressos em papel Fabriano como os livros de Franco Maria Ricci e nem são pintados a mão por artesãos habilidosíssimos, e poderiam ser produzidos em qualquer gráfica de qualidade ínfima: desde os tempos de Gutenberg, a civilização ocidental tem condições de produzir milhares deles em poucas horas (por outro lado, os chineses também inventaram processos bastante rápidos usando a composição manual).

O que custaria dispor de milhares desses livretes, colar neles a foto da vítima e distribuí-los até mesmo em máquinas automáticas? O que acontece nos meandros da repartição encarregada de conceder as carteiras?

Nós todos sabemos que qualquer membro das Brigadas Vermelhas tem condições de produzir em poucas horas dezenas de carteiras falsas — e diga-se de passagem que produzir uma carteira falsa é bem mais laborioso que produzir uma verdadeira. Ora, se as autoridades não pretendem que os cidadãos desprovidos de carteira comecem a percorrer os becos mal-afamados na esperança de entrar em contato com as Brigadas Vermelhas, a solução é uma só: empregar os brigadistas arrependidos na expedição de carteiras de habilitação. Eles têm o que se chama de *know-how*, dispõem de muito tempo livre, o trabalho, como se sabe, reabilita, e de um só golpe se liberam muitas celas de prisão, tornam-se socialmente úteis pessoas que o ócio obrigatório poderia tornar a empurrar para perigosas fantasias de onipotência e se presta um serviço tanto ao cidadão sobre quatro rodas quanto ao cão de seis patas.

Mas talvez isto seja simples demais: eu digo que por trás desta história de carteiras deve haver o dedo de uma potência estrangeira.

1982

Como seguir instruções

Todos terão passado, em um bar, pela situação daquele açucareiro que, no momento em que o cliente procura extrair a colherinha, deixa cair a tampa como uma guilhotina, fazendo a colher voar pelos ares e espalhando nuvens de açúcar pela atmosfera circundante. Todos já devem ter pensado que o inventor deste instrumento deveria ser mandado para um campo de concentração. Em vez disso, é provável que hoje goze os frutos de seu delito em alguma praia exclusivíssima. Certa vez, o humorista americano Shelley Berman sugeriu que ele deve ser o mesmo que em breve inventará um carro totalmente seguro, com portas que só se abrem de dentro.

Durante alguns anos, dirigi um carro excelente sob vários aspectos, menos pelo fato de ter o cinzeiro do motorista na porta da esquerda. Todos sabem que a maneira de se dirigir é segurando o volante com a mão esquerda enquanto a direita permanece livre para acionar o câmbio e vários outros comandos. Portanto, se a pessoa fuma ao dirigir (e admito que isto não é recomendável), fuma com a mão direita. Ora, se se fuma com a direita, para bater as cinzas à esquerda do próprio ombro esquerdo precisa realizar uma operação complexa, desviando os olhos do caminho. Se o carro, como é o caso daquele de que falo, é capaz de chegar a 180 quilômetros por hora, bater as cinzas no cinzeiro, acarretando alguns segundos de distração, pode resultar na prática do pecado de sodomia com o caminhão que trafega à sua frente. O senhor que inventou esta característica acarretou a morte de muitos fumantes, não de câncer, mas em consequência de impacto frontal contra corpo estranho.

Eu tenho meu programa preferido de processamento de texto em computador. Se você compra um desses programas, recebe um pacote com os disquetes, as instruções e a licença, que custa entre oitocentas mil a um milhão e meio de liras, e para aprender a usá-lo pode recorrer a um instrutor da companhia, ou então ao manual. O instrutor da companhia é geralmente adestrado pelo mesmo homem que inventou o açucareiro descrito acima, e é aconselhável abatê-lo a tiros com uma Magnum no momento exato em que puser os pés em sua casa. Pega-se uns vinte anos de cadeia, um pouco menos se você tiver um bom advogado, mas sempre se ganha tempo.

O problema começa quando se consulta o manual, e minhas observações dizem respeito a qualquer manual desenvolvido para qualquer tipo de artefato ligado à informática. Os manuais de computador são sempre apresentados em embalagens de plástico com bolinhas em relevo, que não se deve deixar ao alcance das crianças. Quando se tiram os manuais da embalagem, eles revelam uma multiplicidade de objetos de várias páginas, encadernados em concreto armado e portanto intransportáveis da sala para o escritório, e intitulados de maneira a não se saber qual deve ser lido primeiro. As empresas menos sádicas costumam incluir dois desses livretes em seus produtos, mas as mais perversas podem chegar até quatro.

A primeira impressão é de que o primeiro manual explica as coisas passo a passo, para os idiotas, e que o segundo se dirige aos mais experimentados, o terceiro aos profissionais e assim por diante. Ledo engano. Cada um deles traz coisas que os outros não dizem; as coisas de que você precisa saber imediatamente estão no manual para técnicos avançados, e as instruções para técnicos avançados no manual dos idiotas. Além disso, prevendo que nos próximos dez anos você vai precisar ampliar seu manual, estes são geralmente apresentados na forma de classificadores recheados com cerca de trezentas folhas soltas.

Quem já manobrou um classificador sabe que, depois de uma ou duas consultas, além da dificuldade de virar as páginas, os anéis se deformam, e em pouco tempo o classificador explode, espalhando as folhas por todo o aposento. Os seres humanos que procuram informações estão habituados a manobrar coisas que se chamam livros, até mesmo com as páginas coloridas, ou com dedeiras que, como nos cadernos de telefone, permitam encontrar depressa aquilo que necessitam saber. Os autores de manuais para computador ignoram este humaníssimo costume, e criam objetos que têm uma duração média de cerca de oito horas. A única solução razoável é desmembrar os manuais, estudá-los seis meses com a ajuda de um etruscólogo, condensá-los em quatro páginas (o que é mais que suficiente) e depois jogá-los fora.

1985

Como evitar doenças contagiosas

Muitos anos atrás, um ator de televisão que não fazia mistério de sua homossexualidade disse a um belo rapaz que evidentemente tentava seduzir: "Mas você faz sexo com mulheres? Não sabe que elas transmitem doenças?" Ainda hoje essa tirada é citada nos corredores dos estúdios da rede de TV, mas a coisa não está mais para brincadeiras. Leio que o professor Matré revelou que, de fato, o contato heterossexual provoca doenças. Já não era sem tempo. E digo mais, o contato heterossexual provoca a morte *tout court*: até os meninos sabem que ele serve para a procriação — e quanto mais gente nasce, mais gente morre.

Com um escasso sentido democrático, a psicose da AIDS ameaçava limitar apenas as atividades dos homossexuais. Agora vamos limitar também as atividades heterossexuais, e seremos novamente todos iguais. Estávamos sendo excessivamente descuidados, e a volta ao temor dos propagadores de epidemias serve para nos dar uma consciência mais severa de nossos direitos e deveres.

Eu gostaria contudo de sublinhar que este problema da AIDS é mais sério do que acreditamos, e não diz respeito apenas aos homossexuais. Não quero difundir um alarmismo excessivo, mas me permito assinalar outras categorias de alto risco.

Profissionais liberais

Não frequentar os teatros de vanguarda de Nova York: é sabido que, por razões fonéticas, os atores anglo-saxões cospem muitíssimo, basta olhá-los contra a luz, de perfil, e os teatrinhos experimentais põem o espectador ao alcance dos perdigotos do ator. Se for deputado, não manter relações com mafiosos, para não se ver na situação de ter que beijar a mão do padrinho. É desaconselhada a filiação à Camorra, por causa do ritual do batismo de sangue. Quem tentar uma carreira política através de organizações católicas deverá contudo evitar a comunhão, que transmite germes de boca em boca através das pontas dos dedos do celebrante, para não falar dos riscos da confissão auricular.

Cidadãos comuns e operários

Na faixa de risco mais alto encontramos os mutuários com dentes cariados, porque é perigoso o contato com o dentista, que enfia na sua boca as mãos que já tocaram outras bocas. Nadar no mar poluído pelo despejo dos petroleiros aumenta o risco de contágio, porque o mineral oleoso transporta partículas de saliva de outras pessoas que o engoliram e cuspiram anteriormente. Quem consumir mais de oitenta Gauloises por dia toca com os dedos, que tocaram em outras coisas, a parte superior do cigarro, e os germes podem entrar nas vias respiratórias. Evitar ser aposentado, porque neste caso passaria o dia roendo as unhas. Tomar o cuidado de não ser sequestrado por bandidos ou terroristas: os sequestradores costumam usar o mesmo capuz em vários sequestros. Não viajar de trem no trecho Florença—Bolonha, já que a explosão difunde com extrema rapidez detritos orgânicos, e nesses momentos de confusão é difícil proteger-se. Evitar encontrar-se em zonas atingidas por ogivas nucleares: diante da visão do cogumelo atômico, as pessoas tendem a levar a mão à boca (sem tê-las lavado!), murmurando "meu Deus!".

Além disso, estão em situações de alto risco os moribundos que beijam o crucifixo; os condenados à morte (a não ser que a lâmina da guilhotina tenha sido devidamente desinfetada antes do uso); e as crianças dos orfanatos e internatos que as freiras obrigam a lamber o chão depois de as terem amarrado ao catre pelos pés.

Terceiro Mundo

Os peles-vermelhas estão ameaçadíssimos: como se sabe, foi a passagem de boca em boca do cachimbo da paz que provocou a extinção das nações indígenas. Os naturais do Oriente Médio e os afegãos estão expostos às lambidas de camelo, e basta ver as altas taxas de mortalidade do Iraque e do Irã. Um "desaparecido" da América Latina corre altíssimo risco quando o torturador decide humilhá-lo cuspindo-lhe no rosto. Os cambojanos e os habitantes dos campos de refugiados do Líbano devem evitar o banho de sangue, desaconselhado por nove entre dez médicos (o décimo, mais tolerante, é o doutor Mengele).

Os negros da África do Sul estão expostos a infecções quando o branco os olha com desprezo e faz um esgar com a boca que espalha saliva. Os prisioneiros políticos de qualquer coloração devem tomar o cuidado de evitar que os policiais lhes deem murros nos dentes depois de terem entrado em contato com as gengivas de outro interrogado. As populações afetadas pela carestia endêmica devem abster-se, para acalmar os tormentos da fome, de deglutir com frequência, já que a saliva, depois de entrar em contato com os miasmas do ambiente, pode infectar as vias intestinais.

É desta campanha de educação sanitária que deveriam ocupar-se as autoridades e a imprensa, em vez de fazerem sensacionalismo em torno de outros problemas cuja solução pode ser razoavelmente adiada para uma data a ser oportunamente definida.

1985

Como viajar com um salmão

A partir da leitura dos jornais, depreende-se que são dois os problemas que assolam nosso tempo: a invasão dos computadores e o preocupante avanço do Terceiro Mundo. É verdade, e eu sei bem.

Minha viagem dos últimos dias foi breve: um dia em Estocolmo e três em Londres. Em Estocolmo, sobrou-me tempo para comprar um salmão defumado, enorme, a preço razoável. Veio devidamente embalado em plástico, mas me disseram que, se eu estava viajando, o melhor seria mantê-lo na geladeira. Fácil de dizer.

Felizmente, em Londres, meu editor me reservara acomodações num hotel de luxo, dotado de frigobar. Quando cheguei ao hotel, porém, tive a impressão de ter entrado numa das embaixadas de Pequim durante a Revolta dos Boxers.

Famílias acampadas no saguão, viajantes envoltos em cobertores dormindo sobre as bagagens... Pergunto aos empregados, todos indianos, e mais alguns malaios. Dizem-me que no dia anterior aquele grande hotel havia instalado um sistema computadorizado que, por defeito mecânico, entrara em pane duas horas antes. Não havia como saber que quarto estava livre ou ocupado. Era preciso esperar.

Ao anoitecer, o computador foi consertado e consegui entrar em meu quarto. Preocupado com meu salmão, tirei-o da mala e procurei o frigobar.

Geralmente, os frigobares dos hotéis normais contêm duas cervejas, duas garrafas de água mineral, algumas miniaturas de garrafas de bebida, alguns sucos de fruta e dois pacotes de amendoins. Já o do meu hotel, que era enorme, continha cinquenta garrafinhas, entre uísque, gim, Drambuie, Courvoisier,

Grand Marnier e Calvados, oito garrafas pequenas de Perrier, duas de água de Vittel e duas de Evian, três garrafas médias de champanhe, várias latinhas de cervejas diversas, inglesas, holandesas e alemãs, vinho branco italiano e francês, amendoins, salgadinhos, amêndoas, chocolates e Alka-Seltzer. Não havia lugar para o salmão. Abri duas gavetas espaçosas, enfiando nelas todo o conteúdo do frigobar, guardei o salmão na geladeira e me desinteressei do assunto. Quando voltei ao hotel no dia seguinte, em torno das quatro da tarde, encontrei o salmão sobre a mesa e o frigobar novamente repleto de produtos caros. Abri as gavetas e constatei que tudo que eu guardara no dia anterior ainda estava lá. Telefonei para a portaria e pedi que comunicassem aos funcionários encarregados da arrumação dos quartos que, caso encontrassem a geladeira vazia, não era porque eu tinha consumido tudo, e sim por causa do meu salmão. Responderam-me que era necessário comunicar a informação ao computador central, mesmo porque a maior parte dos empregados não falava inglês e não tinha como receber ordens de viva voz, mas apenas instruções em Basic.

Abri duas outras gavetas e transferi para elas o novo conteúdo do frigobar, no qual alojei em seguida o meu salmão. No dia seguinte, às quatro, lá estava novamente o salmão sobre a mesa, já emanando um odor suspeito.

O frigobar fervilhava de garrafas e miniaturas, e as quatro gavetas lembravam a caixa-forte de um *speak-easy* durante a época da Lei Seca. Telefonei para a portaria e me responderam que tinha ocorrido um novo incidente com o computador. Toquei a campainha e tentei explicar meu caso a um sujeito que trazia os cabelos presos em coque na nuca: mas ele só falava um dialeto que, como me explicou mais tarde um colega antropólogo, só era praticado no Cafiristão nos tempos em que Alexandre, o Grande, acertou seu casamento com Roxane.

Na manhã seguinte, fui assinar a conta. Era astronômica. Nela constava que, em dois dias e meio, eu tinha consumido algumas dezenas de litros de Veuve Clicquot, dez litros de uísques diversos, entre eles alguns raríssimos de puro malte, oito litros de gim, 25 litros de água mineral, entre Perrier e Evian, mais algumas garrafas de vinho, uma quantidade de suco de fruta capaz de alimentar todas as crianças assistidas pela UNICEF, e mais amendoins, castanhas e amêndoas suficientes para causar vômitos em um adepto da autópsia dos personagens da *Grande bouffe*. Tentei explicar, mas o empregado, sorrindo com os dentes enegrecidos pela noz de bétel, garantiu que era o que o computador dizia. Pedi que me chamassem um advogado e me trouxeram uma manga.

Meu editor inglês ficou furioso, e está convencido de que sou um parasita. O salmão ficou incomível. Meus filhos me disseram que eu devia beber um pouco menos.

1986

Como fazer um inventário

O governo assegura que tudo será feito para garantir a autonomia das universidades. As universidades italianas eram autônomas na Idade Média, e funcionavam melhor do que hoje. As universidades americanas, cuja perfeição tanto se louva, são autônomas. As universidades alemãs dependem do Land, mas o governo local é sempre mais ágil do que uma administração central, e em relação a muitos problemas, como a escolha de professores, o Land se limita a ratificar formalmente tudo que a universidade decide. Na Itália, se um cientista descobre que o flogisto não existe, corre o risco de só poder dizê-lo lecionando Axiomática do Flogisto, porque o nome, uma vez consignado nos registros ministeriais, só pode ser modificado ao preço de exaustivos entendimentos entre todas as universidades do país, o Conselho Superior de Educação, o ministro e vários outros órgãos cujos nomes me escapam no momento.

A pesquisa só avança porque existem pessoas que entreveem um caminho que ninguém tinha percebido, e outras poucas que, dotadas de grande flexibilidade de decisão, resolvem dar-lhes crédito. No entanto, se para transportar uma cadeira para Vipiteno é necessária uma decisão de Roma, depois de consultas a outras cidades como Chivasso, Terontola, Afragola, Montelepre e Decimomannu, é claro que a cadeira só chegará a seu destino, no máximo, quando já não tiver mais qualquer utilidade.

Os docentes contratados deveriam ser estudiosos externos de grande fama e competência insubstituível. No entanto, o pedido da universidade leva tanto tempo para ser aprovado pelo ministério que geralmente esta aprovação só ocorre ao final do ano acadêmico, quando só restam poucas semanas de aula (ou então, àquela altura, o ministério recusa o pedido). É claro que, diante dessa aventura, torna-se difícil contratar um prêmio Nobel, e só na cozinha se encontram vagas que ainda não foram ocupadas pelo diretor.

A pesquisa também sofre porque os procedimentos burocráticos forçam os contratados da universidade a perderem tempo com a solução de problemas ridículos. Sou diretor de um instituto universitário, e anos atrás devíamos fazer um minucioso inventário de todos os bens móveis do departamento. A única funcionária disponível precisava cuidar de mil outras coisas. Descobri que era possível encomendar-se o trabalho a uma empresa particular que cobrava trezentas mil liras. Havia recursos, mas alocados em fundos para material inventariável. Como é que se pode declarar que um inventário é inventariável?

Decidi convocar uma comissão de lógicos que interromperam suas pesquisas por três dias. Eles concluíram que meu pedido era uma coisa semelhante ao paradoxo do Conjunto dos Conjuntos Normais. Depois, decidiram que o ato de inventariar, sendo um acontecimento, não é um objeto e não pode ser inventariado, mas que o mesmo não se aplica aos registros do inventário que, sendo objetos, são inventariáveis. Pedimos à empresa particular que não faturasse o ato, e sim o resultado, e o incluímos no inventário. Desviei por vários dias estudiosos sérios de suas tarefas específicas, mas evitei as galés.

Meses atrás, os bedéis vieram dizer-me que faltava papel higiênico. Mandei que comprassem. A secretária me disse que só havia fundos para a compra de materiais inventariáveis, e me fez observar que o papel higiênico pode ser inventariado, mas que apresenta, por motivos que prefiro não aprofundar, uma sensível tendência a desaparecer: uma vez desaparecido, não pode mais figurar no inventário. Convoquei uma comissão de biólogos para perguntar-lhes de que maneira poderíamos inventariar o papel higiênico usado, e a resposta foi que era possível, mas que os custos humanos seriam altíssimos.

Convoquei uma comissão de juristas, que me forneceram a solução. Recebo o papel higiênico e o incluo no inventário; depois, justifico sua colocação nos toaletes por motivos científicos. Se o papel se esgota, atribuo o fato ao furto de material inventariado por obra de desconhecidos. O problema é que preciso repetir a denúncia a cada dois dias, e um inspetor do Serviço de Informações do Estado fez agudas insinuações sobre a gestão de um instituto onde desconhecidos conseguem infiltrar-se com tamanha facilidade a intervalos regulares. Sou suspeito, mas estou a salvo, nunca vão conseguir me pegar.

O inconveniente é que, para encontrar esta solução, precisei desviar por vários dias ilustres cientistas de pesquisas úteis ao país, dissipando recursos públicos sob a forma de tempo do pessoal docente e não-docente, telefonemas e papel timbrado. Mas ninguém pode ser acusado de malversação de dinheiro do Estado se tudo foi feito de acordo com a lei.

1986

Como comprar gadgets

O avião sobrevoa majestosamente planícies infindáveis e desertos imaculados. Este continente americano ainda sabe oferecer momentos de contato quase táctil com a natureza. Estou quase esquecendo a civilização, mas acontece que na bolsa do encosto do assento diante do meu, entre as instruções para a evacuação rápida (do avião, em caso de acidente), junto ao programa do filme e dos *Concertos de Brandemburgo* da programação musical, está uma cópia de *Discoveries*, uma brochura que apresenta, com fotos convidativas, uma série de objetos que podem ser comprados pelo correio. Nos dias que se seguirão, em outros voos, descobrirei os análogos *The American Traveller, Gifts with Personality* e outras publicações do gênero.

São uma leitura fascinante, perco-me nelas e esqueço a natureza, tão monótona porque, ao que tudo indica, "*non facit saltus*" (e espero o mesmo do meu aeroplano). Muito mais interessante é a cultura que, como se sabe, serve para corrigir a natureza. A natureza é dura e adversa, mas a cultura permite ao homem fazer as coisas com menor esforço e ganhando tempo. A cultura liberta o corpo da escravidão do trabalho, deixando-o disponível para a contemplação.

Basta pensar, por exemplo, em como é aborrecido manobrar um *spray* nasal, ou seja, um daqueles frasquinhos farmacêuticos que se apertam com dois dedos de modo a permitir que um aerossol benéfico penetre nas narinas. Mas chega de medo. O Viralizer (4 dólares e 95) é um aparelho em que se insere o frasquinho e que o aperta para você, de modo que o jato penetre diretamente nas intimidades mais recônditas das vias respiratórias. Naturalmente, deve-se segurar o aparelho com a mão e no final das contas, a se julgar pela foto, tem-se a impressão de estar disparando um fuzil Kalashnikov, mas tudo tem seu preço.

Minha atenção é despertada pelo Omniblanket, que custa bem 150 dólares. Na verdade é um cobertor elétrico, mas dotado de um programa eletrônico que ajusta a temperatura segundo as diferentes partes do corpo. Quero dizer, se à noite você tem frio nas costas mas tende a suar nas virilhas, basta programar o Omniblanket, que o manterá quente nas costas e frio nas virilhas. Azar o seu se tiver um sono agitado e se virar na cama, indo parar de cabeça para baixo. Vai cozinhar os testículos, ou a outra coisa que tiver naquele lugar, de acordo com os vários sexos. Não creio que se possam esperar aperfeiçoamentos do inventor, pois desconfio que tenha morrido carbonizado.

Naturalmente, ao dormir, você pode roncar e perturbar seu parceiro ou parceira. Pois bem. O Snore Stopper é uma espécie de relógio que se prende ao pulso antes de dormir. No momento em que você começa a roncar, o Snore Stopper é acionado por meio de um sensor acústico e emite um impulso eletrônico que, através do braço, atinge algum dos seus centros nervosos e interrompe não sei bem o quê — mas de qualquer modo você para de roncar. Custa apenas 45 dólares. O problema é que não é aconselhável para quem sofre do coração, e desconfio que possa ser prejudicial até à saúde de um atleta. Além disso, pesa duas libras, ou quase um quilo. Por isso, pode ser usado na companhia do cônjuge ao qual você está unido por muitas décadas de hábito, mas nunca com a aventura de uma noite, porque fazer amor com um aparelho de um quilo preso ao pulso poderia acabar produzindo alguns acidentes indesejados.

Sabe-se que os americanos, para eliminar o colesterol, fazem *jogging*, ou seja, correm horas e horas até caírem mortos de infarto. O Pulse Trainer (59 dólares e 95) deve ser usado preso ao pulso, e fica ligado através de um fio a um pequeno capuz de borracha que se enfia no dedo indicador. Diz o anúncio que, quando o sistema cardiovascular está à beira do colapso, soa um alarme. Não deixa de ser um progresso, se pensarmos que nos países subdesenvolvidos as pessoas só param quando perdem o fôlego — um parâmetro muito primitivo (pode ser por isso que as crianças de Gana não fazem *jogging*). É curioso porém que, apesar desse descaso, quase nenhuma delas apresente excesso de colesterol. Com o Pulse Trainer, você pode correr tranquilo e prendendo ao peito e à cintura as duas correias do Nike Monitor uma voz eletrônica, instruída por um microprocessador e por um Doppler Effect Ultra Sound, pode lhe dizer que distância você percorreu e a que velocidade (300 dólares).

Se você ama os animais, aconselho o Bio Bet. O aparelho é preso ao pescoço de seu cachorro e emite ultrassons (Pmbc Circuit) que matam as pulgas. Custa apenas 25 dólares. Não sei dizer ao certo se pode ser preso ao corpo do próprio comprador para matar chatos, mas tenho muito medo dos costumeiros efeitos colaterais. As baterias Duracell Lithium não vêm incluídas na embalagem. O cachorro precisa comprá-las por sua própria conta.

O Shower Valet (34 dólares e 95) lhe fornece, numa única unidade que pode ser presa à parede, um espelho de banho não embaçante, um rádio, uma TV, um porta-lâminas e um distribuidor de creme de barbear. Diz o anúncio que transforma a tediosa rotina matinal numa "experiência extraordinária". O Spice Track (36 dólares e 95) é um aparelho elétrico onde se enfiam os vidrinhos de todos os temperos que você possa desejar. Os pobres guardam seus condimentos enfileirados numa prateleira acima do fogão, e quando querem pôr, digamos, canela sobre sua porção cotidiana de caviar, são obrigados a pegar o condimento com os dedos. Já você digita um algoritmo (creio que em Turbo Pascal) e o tempero desejado cai à sua frente.

Se você quer dar um presente à pessoa amada em seu aniversário, por apenas 30 dólares uma firma especializada lhe entrega um exemplar do *New York Times* do dia em que ela nasceu. Se nasceu no dia da bomba de Hiroshima ou do terremoto de Messina, azar o dela. Serve também para humilhar as pessoas odiadas, se tiverem nascido em dias em que nada aconteceu.

Nos voos de certa duração, pode-se alugar, por três ou quatro dólares, fones de ouvido para escutar programas musicais ou a trilha sonora do filme. Para os viajantes habituais e compulsivos, com medo da AIDS, é possível comprar por 19 dólares 95 fones de ouvido pessoais e personalizados (esterilizados) que se levam consigo de voo em voo.

Nas viagens de um país para o outro, você pode querer saber quantos dólares vale uma libra esterlina, ou quantos dobrões espanhóis são necessários para comprar um táler. Os pobres usam lápis e papel ou uma simples máquina de calcular de dez mil liras. Leem a cotação no jornal e fazem a conta. Já os ricos podem adquirir um Currency Converter, por apenas 20 dólares: o aparelho faz a mesma coisa que a calculadora, mas a cada manhã seu diretor-geral precisa reprogramá-lo de acordo com as cotações dos jornais e, ao que tudo indica, o aparelho é incapaz de responder a perguntas não monetárias, como por exemplo: "Quanto é seis vezes seis?" O refinamento se deve ao fato de que esta calculadora custa o dobro do preço e só faz a metade do que as outras são capazes de fazer.

Vêm depois as várias agendas milagrosas (Master Day Time, Memory Pal, Loose-Leaf Timer, etecétera). Uma agenda milagrosa é muito semelhante a uma agenda normal (só que habitualmente não está em seu bolso). Como numa agenda normal, depois do dia 30 de setembro vem 1º de outubro. O que muda é a descrição. Imaginem — explica pacientemente o anúncio — que em 1º de janeiro você marque um compromisso para as dez horas da manhã do dia 20 de dezembro; entre uma data e outra, vão se passar quase doze meses, e não há mente humana capaz de memorizar por tanto tempo um detalhe tão insignificante. E então, o que faz você? No dia 1º de janeiro, abre a agenda no dia 20 de dezembro e escreve: "10 horas, Senhor Smith." Maravilha! Pode passar o ano inteiro se esquecendo daquele seriíssimo compromisso, e depois basta que às sete da manhã do dia 20 de dezembro, enquanto come seus flocos de cereal com leite, abra a agenda e, como por milagre, se recorde de seu compromisso... Mas e se no dia 20 de dezembro — pergunto eu — você acordar às 11 horas e só for consultar a agenda ao meio-dia? Fica subentendido que, se gastou 50 dólares na compra de uma agenda milagrosa, terá pelo menos o bom senso de acordar sempre antes das sete.

Para acelerar sua toalete naquele 20 de dezembro, acho tentador, por apenas 16 dólares, o Nose Hair Remover, ou Rotary Clipper. É um instrumento que deixaria o marquês de Sade totalmente fascinado. Deve ser enfiado (geralmente) no nariz, e — girando por ação da eletricidade — remove os pelos internos das narinas, inacessíveis às tesourinhas de costura com que os pobres costumam tentar, em vão, apará-los. Não sei se existe em tamanho grande, para o seu elefante.

O Cool Sound é uma geladeira portátil para piqueniques, com TV incorporada. A Fish Tie é uma gravata em forma de bacalhau, cem por cento poliéster. O Coin Changer (um aparelhinho que entrega moedas) evita que você seja obrigado a enfiar a mão no bolso para pegar moedas quando compra o jornal. O único problema é que, infelizmente, ocupa o mesmo espaço de uma caixa capaz de conter o fêmur de santo Albano. O anúncio não revela onde, em caso de urgência, se podem encontrar as moedas para enchê-lo.

O chá, contanto que a erva seja boa, exige apenas uma vasilha para fazer ferver a água, uma colherzinha e, no máximo, um coador. Mas o Tea Magic, vendido a 9 dólares e 95, é um aparelho complicadíssimo que consegue transformar a confecção de uma xícara de chá em tarefa tão laboriosa quanto a preparação de uma xícara de café.

Eu sofro de distúrbios hepáticos, ácido úrico, rinite atrófica, gastrite, joelho de lavadeira, cotovelo de tenista, avitaminoses, dores articulares e musculares, joanete, eczemas alérgicos e talvez também de lepra. Felizmente, não sou ainda por cima hipocondríaco. Mas o fato é que todo dia preciso lembrar, nas horas certas, da pílula que devo tomar. Deram-me de presente um porta-pílulas de prata, mas sempre me esqueço de enchê-lo de manhã. Se eu fosse circular com todos os frascos cheios, gastaria uma fortuna em valises de couro, para não falar do quanto isto é incômodo quando se anda de patins. Mas agora existe o Tablets Container, que sem maior dificuldade de manejar que um carro esporte pode acompanhá-lo em seu dia de trabalho e, girando no momento exato, lhe apresenta a pílula que deve ser tomada. Mas o Electronic Pill Box (19 dólares e 85) é ainda mais refinado, para o caso de pacientes que não tenham mais de três doenças de cada vez. A caixa tem três compartimentos e um computador incorporado que emite um sinal sonoro quando chega a hora de tomar a pílula.

A Trap-Ease é esplêndida se você tem camundongos em casa. Basta pôr dentro um pouco de queijo, deixá-la em algum lugar e você pode até sair para ir à ópera. Nas ratoeiras normais, quando entra, o camundongo aciona um mecanismo de mola que faz cair sobre seu corpo um arame que o mata. Já a Trap-Ease é feita em ângulo obtuso. Se o camundongo só se introduz no vestíbulo, fica a salvo (mas não consome o queijo). Se consome o queijo, o objeto gira 94 graus e faz baixar uma portinhola. Já que o objeto é transparente e custa apenas 8 dólares, você pode observar se quiser o camundongo nas noites em que a televisão enguiçar, libertá-lo nos campos (opção ecológica), jogar tudo na lixeira ou — durante os cercos prolongados — transferir diretamente o animal para uma caçarola de água fervente.

O Leaf Scoops é uma luva que transforma suas mãos nas de um palmípede por nascimento, por mutação radiativa, num cruzamento de ganso, pterodáctilo e doutor Quatermass. Serve para recolher as folhas secas de seu jardim de 50.000 hectares. Com 12 dólares e 50, economize em jardineiro ou em guarda-caça (aconselhado para Lorde Chatterley). O Tie Saver cobre suas gravatas com um *spray* oleoso, de modo que você poderá ir ao Maxim's comer pão torrado com molho de tomate sem depois aparecer, na reunião do conselho de administração, como se fosse o doutor Barnard saindo de uma operação de transplante. 15 dólares. Útil para quem ainda usa brilhantina. Neste caso, pode-se enxugar a testa com a gravata.

O que acontece quando a mala está cheia a ponto de arrebentar? Os idiotas compram uma segunda mala, de camurça ou couro de javali. Mas esta solução ocupa as duas mãos. O Briefcase Expander é, na prática, uma capa que se superpõe à sua única mala, e você pode enfiar nela tudo que não cabe mais na mala, chegando a espessuras de dois metros e até mais. Por 45 dólares, você terá a sensação de embarcar no avião com uma mula debaixo do braço.

O Ankle Valet (19 dólares e 95) permite esconder os cartões de crédito numa bolsa secreta que se prende à barriga da perna. Útil para contrabandistas de droga. O Drive Alert se coloca atrás da orelha quando se guia, e na hora em que você tem uma apoplexia ou um desmaio e a cabeça pende para diante além de um certo limite de tolerância, toca um alarme. A julgar pela foto, transforma as orelhas do portador em algo que faz lembrar a série *Jornada nas Estrelas*, Giulio Andreotti ou o Homem Elefante. Se quando você estiver usando o aparelho alguém lhe perguntar "Quer se casar comigo?", não responda energicamente que sim. Pode acabar fulminado por um disparo de raios de ultrassom.

Finalizo com um distribuidor automático de alimentos para aves, um caneco de cerveja personalizado com campainha de bicicleta (que se toca para pedir mais), uma sauna facial, um distribuidor de Coca-Cola em forma de bomba de gasolina e um Bicycle Seat: é um selim duplo de bicicleta, com um assento para cada nádega. Excelente para quem sofre da próstata. A publicidade diz que tem um "split-end design (no pun intended)". É como se dissesse: "Racha em dois o seu traseiro (no bom sentido, é claro)."

Entre um avião e outro, exploram-se também as bancas de jornais e se aprendem muitas coisas. Dias atrás, descobri que existem várias revistas dedicadas aos caçadores de tesouros. Adquiri *Trésors de l'Histoire*, editada em Paris. Reúne artigos sobre a possibilidade de se encontrarem achados prodigiosos em várias zonas da França, indicações geográficas e topográficas precisas e notícias sobre tesouros já encontrados naqueles mesmos pontos.

O número que adquiri traz indicações sobre os tesouros que podem ser encontrados no fundo do Sena, e que vão de moedas antigas a objetos jogados no rio ao longo dos séculos, espadas, vasos, barcos e comprometedores artigos roubados, inclusive obras de arte; tesouros enterrados na Bretanha pela seita apocalíptica de Eon de l'Estoile na Idade Média; tesouros da floresta mágica de Brocelande, que datam do tempo de Merlim e do ciclo do Graal, com indicações minuciosas para identificar, se tudo correr bem, o próprio Santo Graal em pessoa; tesouros enterrados pelos aristocratas durante a Revolução Francesa na Normandia; o tesouro de Olivier le Diable, barbeiro de Luís XI; tesouros de que falam os romances de Arsène Lupin, aparentemente por brincadeira, mas que existem de verdade. Além disso, fala de um *Guide de la France trésoraire*, que o artigo se limita a descrever, porque a obra completa, disponível a 26 francos, contém 74 mapas em escala de um para cem, e cada um poderá escolher o mapa correspondente à sua região.

O leitor se perguntará como se faz para procurar um tesouro debaixo da terra ou da água. Não deve se preocupar, porque a revista traz artigos e anúncios falando de uma série de aparelhos indispensáveis ao bom explorador. Há detectores de vários tipos, especializados em encontrar ouro, metais ou outros materiais preciosos. Para a pesquisa subaquática, há de tudo: máscaras, aparelhos dotados de discriminadores que identificam apenas joias, pés de pato. Alguns desses instrumentos custam centenas de milhares de liras, outros ainda custam mais de um milhão. Oferecem-se até cartões de crédito com os quais, depois de uma despesa de dois milhões, pode-se continuar a comprar utilizando um abono de cem mil liras (embora eu não veja razão para o desconto, porque a essa altura o comprador já deverá ter encontrado no mínimo uma arca cheia de dobrões espanhóis).

Com oitocentas mil liras, pode-se comprar por exemplo um M-Scan que, embora volumoso, permite identificar moedas de cobre a 22 centímetros de profundidade, uma caixa a dois metros e uma massa ótima de metal encerrada numa arca a cerca de três metros sob seus pés. Outras instruções indicam como manter orientados os vários tipos de detectores, advertem que o tempo chuvoso favorece a procura de grandes massas e que o tempo seco é favorável à busca de pequenos objetos. O Beachcomber 60 é especializado em pesquisas na praia e terrenos altamente mineralizados (o anúncio explica que, se a moeda de cobre estiver enterrada ao lado de uma jazida de diamantes, o aparelho pode vir a ignorá-la). Por outro lado, outro aviso diz que 90% do ouro de todo o mundo ainda estão por descobrir, e o detector Goldspear, facílimo de manejar (custa um milhão e meio) foi feito justamente para identificar filões auríferos. A bom preço, um detector de bolso (Metal Locator) para pesquisas em lareiras e móveis antigos. Por menos de trinta mil liras, um frasquinho de ácido permite polir e desoxidar as moedas encontradas. Para os mais pobres, inúmeros pêndulos radiestésicos. Para quem quer saber mais sobre o assunto, uma série de livros de títulos estimulantes: *História misteriosa dos tesouros franceses, Guia dos tesouros enterrados, Guia dos tesouros perdidos, França terra prometida, Os subterrâneos da França, A caça ao tesouro na Bélgica e na Suíça* etc.

Você pode se perguntar como é que, com todos esses presentes de Deus à disposição, os redatores da revista perdem seu tempo na sua preparação, em vez de partirem para as florestas da Bretanha. O fato é que a revista, os livros, os detectores, os pés de pato, os desoxidadores e todo o resto são vendidos pela mesma organização, que tem uma cadeia de lojas em toda parte. O mistério está revelado: eles já encontraram um tesouro.

Ainda falta explicar quem são seus clientes, mas devem ser os mesmos que, na Itália, vivem procurando boas ocasiões nos leilões pela televisão e fazem de tudo para desfrutar do mecenato das fábricas de móveis. Ao menos, os franceses saem ganhando saudáveis passeios pelos bosques.

1986

Como ingressar na Ordem de Malta

Recebi uma carta em papel com o timbre Ordre Souverain Militaire de Saint-Jean de Jérusalem — Chevaliers de Malte — Prieuré Oecuménique de la Sainte-Trinité-de-Villedieu — Quartier Général de la Vallette — Prieuré de Québec, onde me é oferecida a oportunidade de tornar-me cavaleiro da Ordem de Malta. Eu teria preferido um breve de Carlos Magno, mas mesmo assim comuniquei imediatamente o acontecido a meus filhos, para que soubessem que o pai deles não é de se jogar fora. Depois, procurei nas minhas estantes o livro de Caffanjon e Galimard Flavigny, *Ordres et contre-ordres de chevalerie*, Paris, 1982, que traz também uma lista das pseudo-ordens de Malta, difundida pela autêntica Ordem Soberana Militar e Hospitaleira de São João de Jerusalém, de Rodes e de Malta, com sede em Roma.

Existem 16 outras ordens de Malta, e todas têm praticamente o mesmo nome, com variações mínimas; todas se reconhecem e se desconhecem reciprocamente. Em 1908, alguns russos fundaram nos Estados Unidos uma ordem que, em anos mais recentes, passou a ser dirigida por Sua Alteza Real o príncipe Roberto Paternó II, Ayerbe Aragona, duque de Perpignan, chefe da casa real de Aragão, pretendente ao trono de Aragão e das Baleares, grão-mestre das ordens do colar de Santa Ágata de Paternó e da Coroa real das Baleares. Deste ramo, porém, destacou-se em 1934 um dinamarquês que fundou outra ordem, cujo posto de chanceler entregou ao príncipe Pedro da Grécia e Dinamarca.

Nos anos 1960, um trânsfuga do ramo russo, Paul de Granier de Cassagnac, fundou uma ordem na França e escolheu para seu protetor o rei Pedro

II da Iugoslávia. Em 1965, o ex-Pedro II da Iugoslávia se desentendeu com Cassagnac e fundou em Nova York outra ordem da qual, em 1970, tornou-se grão-prior o príncipe Pedro da Grécia e Dinamarca, que em seguida a deixou para ingressar na ordem dinamarquesa. Em 1966, surge como chanceler desta ordem um certo Robert Bassaraba von Brancovan Khimchiacvili, que no entanto é mais tarde excluído e vem a fundar a ordem dos Cavaleiros Ecumênicos de Malta, da qual se tornará depois protetor imperial e real o príncipe Henrique III Constantino de Vigo Lascaris Aleramico Paleólogo de Monferrat, herdeiro do trono de Bizâncio, príncipe da Tessália, que em seguida fundará outra ordem de Malta, priorado dos Estados Unidos, enquanto Bassaraba, em 1975, tenta fundir sua ordem com o priorado da Santíssima Trindade de Villedieu, que seria o meu, mas sem sucesso. Encontro ainda um protetorado bizantino; uma ordem criada pelo príncipe Carol da Romênia quando este se separou de Cassagnac; um grão-priorado que tem como grão-bailio um certo Tonna-Barthet e como grão-mestre do priorado da Rússia o príncipe André da Iugoslávia — ex-grão-mestre da ordem fundada por Pedro II (mas depois o príncipe se retira e a ordem muda seu nome para Grão-Priorado Real de Malta e Europa); uma ordem criada nos anos 1970 por um certo barão de Choibert e por Vittorio Busa, arcebispo ortodoxo metropolitano de Bialystok, patriarca da diáspora ocidental e oriental, presidente da república de Danzig (*sic*), presidente da república democrática da Bielo-Rússia e Grande Khan da Tartária e Mongólia, Viktor Timur II, além de um Grão-Priorado Internacional criado em 1971 pelo supracitado Sua Alteza Real Roberto Paternó juntamente com o barão marquês de Alaro, do qual torna-se grão-protetor em 1982 um outro Paternó, Chefe da Casa Imperial Leopardi Tomassini Paternó de Constantinopla, herdeiro do Império Romano do Oriente, consagrado sucessor legítimo da Igreja Católica Apostólica Ortodoxa de Rito Bizantino, marquês de Monteaperto, conde palatino do trono da Polônia.

Em 1971, surge em Malta a minha ordem, a partir de uma cisão da fundada por Bassaraba, sob a alta proteção de Alexandre Licastro Grimaldi Lascaris Comeno Ventimiglia, duque de La Chastre, príncipe soberano e marquês de Déols. Seu grão-mestre é hoje o marquês Carlos Stivala de Flavigny, o qual, por ocasião da morte de Licastro, associou-se a Pierre Pasleau, que assume os títulos de Licastro, além dos de Sua Grandeza o arcebispo patriarca da Igreja

Católica Ortodoxa Belga, grão-mestre da Ordem Soberana Militar do Templo de Jerusalém e grão-mestre e hierofante da Ordem Maçônica Universal de Rito Oriental Antigo e Primitivo de Mênfis e Mizraim Reunidas.

    Deixei de lado o livro. Pode ser que também ele contenha informações falsas. Mas compreendi que sempre devemos pertencer a alguma coisa, para não nos sentirmos apenas mais um. A P2 se dissolveu, a Opus Dei carece de discrição e acabamos na boca do povo. Escolhi a Sociedade Italiana de Flauta Doce. Única, Verdadeira, Antiga e Consagrada.

1986

Como comer a bordo de um avião

No curso de uma viagem aérea feita alguns anos atrás (Milão-Amsterdã, ida e volta), tive de trocar duas gravatas da Brooks Brothers, duas camisas Burberry, dois pares de calças Bardelli, um paletó de *tweed* comprado em Bond Street e um colete Krizia.

    De fato, nos voos internacionais, vigora o bom costume de servir uma refeição aos passageiros. Mas todos sabem que o assento é estreito, a mesinha também e que o avião às vezes balança. Além disso, os guardanapos dos aviões são pequeníssimos e deixam descoberta a barriga se os enfiamos na gola, e o peito se os pousamos no colo. O bom senso mandaria que se servissem alimentos não emporcalhantes e devidamente compactos. Alimentos compactos são, por exemplo, costeletas à milanesa, carnes grelhadas, queijos, batatas fritas e frango assado. Já as comidas emporcalhantes são as massas com molho de tomate, as berinjelas à *parmigiana*, *pizzas* recém-saídas do forno e o consomê fervente servido em taça sem asas.

    Ora, o cardápio típico de um avião se compõe de carne muito cozida afogada em molho marrom, generosas porções de tomate, verduras picadas bem finas e maceradas no vinho, arroz e molho de *petit-pois*. Todos sabem que os *petit-pois* são objetos decididamente ingarfáveis — e é por isso que nem mesmo os maiores cozinheiros conseguem preparar *petit-pois* recheados — especialmente se o consumidor da refeição se obstinar em comê-los com o garfo, como manda a etiqueta, e não com a colher. Não me digam que é muito pior para os chineses, porque garanto que é mais fácil pegar um *petit-pois* com dois pauzinhos do que espetá-lo com o garfo. Inútil também objetar que os *petit-pois* devem ser colhidos e não espetados com os garfos, porque os garfos são sempre desenhados com a única finalidade de deixar cair os *petit-pois* que fingem recolher.

Acrescente-se a isto o fato de que, nos aviões, os *petit-pois* são regularmente servidos justamente nos momentos em que o aeroplano entra numa turbulência e o comandante recomenda que todos afivelem os cintos de segurança. Em consequência deste complexo cálculo ergonômico, portanto, só restam duas alternativas aos *petit-pois*: ou bem caem por dentro da camisa ou então na braguilha das calças.

Como ensinavam os antigos fabulistas, para impedir que uma raposa beba num copo este precisa ser alto e bem fino. Já os copos dos aviões são sempre baixos e largos, semelhantes na prática a uma bacia. É óbvio que são feitos para que qualquer líquido deles extravase, devido às leis da física, mesmo que não haja turbulência. O pão não é a *baguette* francesa, da qual se podem tirar pedaços com os dentes mesmo quando está fresca, mas feitos de um tipo especial de farinha que, no momento em que é mordido, explode numa nuvem de pó finíssimo. Graças ao princípio de Lavoisier, este pó só desaparece na aparência: assim que desembarcar, o passageiro descobrirá que ele acumulou-se todo debaixo de seu traseiro, conseguindo infiltrar-se até mesmo na parte interna de suas calças. O doce servido de sobremesa tende a assemelhar-se a um suspiro, o que dá liga à farinha espalhada pelo pão ou então cola imediatamente nos dedos, quando o guardanapo já está encharcado de molho de tomate e não pode mais ser utilizado.

Sempre resta, é verdade, a toalhinha refrescante: mas não há como distingui-la na prática dos pacotinhos contendo sal, pimenta e açúcar, e por isso, depois que o passageiro põe o açúcar na salada, a toalhinha refrescante acaba dentro do café, o qual é servido escaldante e numa xícara de material termocondutor cheia até a borda, de modo que possa facilmente escorregar das mãos untuosas e amalgamar-se com a mistura já coagulada em torno do cinto de segurança. Na classe executiva, o café é vertido diretamente no colo do passageiro pela aeromoça, que depois pede desculpas em esperanto.

Os fornecedores de refeições para as companhias aéreas são certamente escolhidos entre os donos de hotéis especializados na adoção do único tipo de bule que, além de verter o café na xícara, espalha oitenta por cento do líquido nos lençóis. Mas por quê? A hipótese mais óbvia é que as companhias queiram dar aos passageiros a impressão de luxo, e suponham que eles imaginem o luxo de acordo com os filmes de Hollywood em que Nero sempre bebe em taças larguíssimas que babujam sua barba e sua clâmide e os senhores feudais abocanham pernis inteiros que espalham molho por sua camisa rendada, enquanto abraçam uma cortesã.

Neste caso, porém, como se explica que na primeira classe, onde o assento é mais espaçoso, sirvam alimentos compactos como pasta de caviar russo em torradas amanteigadas, salmão defumado e fatias de lagosta ao azeite e limão? Só porque nos filmes de Luchino Visconti os aristocratas nazistas dizem "podem fuzilá-lo" enquanto enfiam na boca um único bago de uva?

1987

Como falar dos animais

Se vocês ainda não estão fartos de atualidades, esta história aconteceu em Nova York há pouco tempo.
 Central Park, jardim zoológico. Alguns meninos brincam perto do fosso dos ursos polares. Um deles desafia os demais a tomarem um banho no fosso, nadando em volta dos ursos. Para obrigar os amigos a mergulhar, esconde suas roupas. Os meninos entram na água, bracejam em torno de um urso plácido e sonolento, provocam o animal e este acaba se aborrecendo: estica uma pata e devora, ou melhor, esfrangalha, dois dos meninos, espalhando pedaços deles pela água. Acorre a polícia, vem até o prefeito, todos discutem se o urso deve ser sacrificado, reconhece-se que a culpa não foi dele e vários artigos são escritos a respeito do episódio. Por acaso, os meninos tinham nomes espanhóis: eram porto-riquenhos, talvez de cor, talvez chegados há pouco, mas de qualquer maneira afeitos às bravatas, como acontece com todos os rapazes que se reúnem em bandos nos bairros pobres.
 Interpretações variadas, em sua maioria severas. É um tanto difundida a reação cínica, pelo menos de boca em boca: seleção natural, se eram estúpidos a ponto de resolverem nadar perto de um urso, bem que mereceram, eu nem mesmo aos cinco anos teria mergulhado naquele fosso. Interpretação social: bolsões de pobreza, educação escassa, infelizmente os subproletários também o são na imprudência, na temeridade. Mas que escassez de educação, pergunto eu, se até mesmo o menino mais pobre pode ver televisão e ler os livros escolares, onde os ursos devoram homens e são mortos por caçadores?

Neste ponto, me perguntei se os meninos não teriam entrado no fosso justamente porque veem televisão e vão à escola. É provável que aqueles meninos tenham sido vítimas da nossa má consciência, da forma como é interpretada pela escola e pelos meios de comunicação de massa.

Os seres humanos sempre foram desapiedados com os animais, e quando se deram conta de sua própria maldade decidiram começar, se não a amá-los todos (porque continuam a comê-los com a maior tranquilidade), pelo menos a falar bem deles. Se pensarmos ainda que tanto os meios de comunicação como a escola e os órgãos públicos têm muito a ser perdoado, por tudo que já fizeram contra os homens, iremos ver que se torna no fim das contas compensador, psicológica e eticamente, insistir na bondade dos animais. Deixam-se morrer as crianças do Terceiro Mundo, mas os meninos do Primeiro são incentivados a respeitar não apenas as libélulas e os coelhinhos, mas também as baleias, os crocodilos e as serpentes.

Note-se que, em si mesma, esta ação educativa é correta. O que é excessivo é a técnica persuasiva escolhida para tanto: a fim de tornar os animais dignos da sobrevivência, eles são humanizados e infantilizados. Ninguém diz que têm direito à sobrevivência apesar de serem, de acordo com seus costumes, selvagens e carnívoros. Torna-se os animais respeitáveis apresentando-os como seres amáveis, engraçados, bonachões, benévolos, sábios e prudentes.

Ninguém é mais imprudente que um lemingue, mais preguiçoso que um gato, mais babão que um cachorro no calor, mais fedorento que um leitão, mais histérico que um cavalo, mais cretino que uma mariposa, mais viscoso que uma lesma, mais venenoso que uma víbora, menos fantasioso do que uma formiga ou menos musicalmente criativo do que um rouxinol. Simplesmente, cabe a nós amarmos — e se não for possível, pelo menos respeitarmos — esses e outros animais pelo que eles são. As lendas antigas exageravam ao falar do lobo mau, as de hoje exageram com os lobos bons. Salvar as baleias não é necessário porque elas são boas, mas porque fazem parte do meio natural e contribuem para o equilíbrio ecológico. No entanto, nossos filhos são educados à base de baleias falantes, lobos que se inscrevem na ordem terceira dos franciscanos e, sobretudo, Teddy Bears, ursinhos de pelúcia que não acabam mais.

A publicidade, os desenhos animados, os livros ilustrados estão cheios de ursos boníssimos, cumpridores das leis, carinhosos e protetores. É um verdadeiro insulto para um urso ouvir dizer que tem direito à vida porque é grande e gordo, engraçado e boa-praça. Desconfio portanto que os pobres meninos do Central Park tenham morrido não por falta, mas por excesso de educação. São vítimas de nossa consciência infeliz.

Para fazê-los esquecer o quanto os homens são maus, insistiram demais em explicar-lhes que os ursos são bons. Em lugar de lhes contar, de maneira leal, como são os homens e como são os ursos.

1987

Como escrever uma introdução

A finalidade do presente artigo é explicar como se deve organizar uma introdução a um livro de ensaios, a um tratado filosófico ou a uma coletânea de textos científicos, de preferência publicada por uma editora ou em uma coleção de prestígio universitário, e seguindo as regras correntes da etiqueta acadêmica.

Nos parágrafos que se seguem, exporei, ainda que de forma sintética, por que se deve escrever uma introdução, o que esta deve conter e como devem ser organizados os agradecimentos. A habilidade na formulação dos agradecimentos caracteriza o estudioso de classe. Pode acontecer que algum estudioso, ao término de sua tarefa, descubra que não precisa agradecer a ninguém. Não importa, deve inventar razões para agradecimentos. Uma pesquisa sem agradecimentos é suspeita, e de algum modo alguém deve receber sempre manifestações de gratidão.

Para a composição deste artigo, me foram preciosos os longos anos de convivência com a edição de publicações científicas, atividade com a qual me tornei familiarizado graças ao Ministério da Educação da República Italiana, às universidades de Turim e Florença, ao Instituto Politécnico de Milão e à Universidade de Bolonha, à New York University, à Yale University e à Columbia University.

Não poderia ter levado esta tarefa a termo sem a preciosa colaboração da senhora Sabina, graças a quem o meu escritório, que às duas da manhã se reduz a uma única pilha de pontas de cigarro e papel rasgado, retorna na manhã seguinte a um estado aceitável. Um agradecimento particular a Barbara, Simona e Gabriella, que trabalharam arduamente de modo a fazer com que o tempo dedicado à reflexão não fosse importunado por telefonemas transoceânicos de convite a congressos sobre os temas mais variados e mais distantes dos meus interesses.

Este artigo não teria sido ainda possível sem a assistência contínua de minha mulher, que soube e sabe suportar os humores e as incontinências de um estudioso continuamente obcecado pelos mais altos problemas do ser com tranquilizantes conselhos acerca da vaidade de tudo. A constância com que me ofereceu sucos de maçã, em lugar de refinados *malt whiskies* escoceses, contribuiu mais do que tudo e além de qualquer crédito documentável para que estas páginas conservassem um mínimo de lucidez.

Meus filhos foram de grande conforto e me cumularam de afeto, energia e fidelidade, permitindo que eu levasse a bom termo a minha tarefa. Devo a seu afastamento olímpico e completo de meu trabalho a força que me permitiu concluir este artigo num corpo a corpo cotidiano com a própria definição do papel do homem de cultura numa sociedade pós-moderna. Devo a eles a vontade tenaz, que sempre me sustentou, de retirar-me para escrever este texto a fim de não ficar cruzando pelos corredores da casa com seus melhores amigos, cujos cabeleireiros obedecem a critérios estéticos que repugnam a minha sensibilidade.

A publicação deste texto tornou-se possível também graças à generosidade e ao apoio econômico de Carlo Caracciolo, Lio Rubini, Eugenio Scalfari, Livio Zanetti, Marco Benedetto e outros conselheiros de administração da Editoriale Espresso Sociedade Anônima. Um agradecimento particular à diretora administrativa Milvia Fiorani que, com sua assistência contínua e mensal, proveu os fundos necessários à continuação da minha pesquisa. Se esta minha modesta contribuição pode atingir tantos leitores, devo este privilégio ao diretor de distribuição, Guido Ferrantelli.

A composição deste meu artigo foi favorecida pela empresa Ingegner Camillo Olivetti e Cia., que me dotou de um computador M 21. Um particular voto de gratidão à MicroPro, por seu programa Wordstar 2000. O texto foi impresso numa Okidata Microline 182.

Jamais teria podido escrever as linhas acima e abaixo sem a afetuosa insistência e o encorajamento do doutor Giovanni Valentini, do doutor Enzo Golino e do doutor Ferdinando Adornato, que me reconfortaram com afetuosos e estimulantes telefonemas diários em que me avisavam que o *Espresso* já estava indo para a gráfica e que eu precisava encontrar de qualquer maneira um tema para esta coluna.

É evidente que tudo que figura nesta página não envolve a responsabilidade científica de nenhuma dessas pessoas, e deve ser atribuído exclusivamente a mim, se for o caso, o demérito pelos artigos passados, o presente e os próximos.

1987

Como se apresentar na TV

Foi uma experiência fascinante ser enviado pela Academia de Ciências das Ilhas Svalbard para passar alguns anos estudando os Bonga, sociedade que floresce entre a Terra Desconhecida e as Ilhas Afortunadas.

Os Bonga fazem mais ou menos as mesmas coisas que nós, mas exibem uma estranha atitude quanto à precisão das informações que recebem: ignoram a arte da pressuposição e do implícito.

Por exemplo, nós começamos a falar e é evidente que usamos palavras, mas não precisamos dizê-lo. Já um Bonga que fala a outro Bonga começa sempre dizendo: "Atenção porque agora vou falar, e para tanto usarei palavras." Nós construímos casas e depois (à exceção dos japoneses) indicamos aos visitantes o endereço, o nome dos inquilinos, onde ficam o bloco A e o bloco B. Já os Bonga, antes de mais nada, escrevem em cada casa a palavra "casa", e depois, com placas, indicam a localização do capacho e da campainha, e escrevem "porta" junto à porta. Se você toca a campainha da casa do senhor Bonga, ele abre a porta dizendo: "Estou abrindo a porta", e depois se apresenta. Se ele o convida para jantar, pede que você se sente e diz: "Esta é a mesa, e aquelas são as cadeiras!" E depois anuncia, num tom triunfal: "E agora, a copeira! Esta aqui é Rosina. Ela vai lhe perguntar o que deseja e depois trará para a mesa seu prato preferido!" O mesmo acontece nos restaurantes.

É curioso observar os Bonga quando eles vão ao teatro. Apagam-se as luzes da sala e aparece um ator dizendo: "Eis a cortina!" Depois, a cortina se abre e entram em cena outros atores para interpretar, digamos, *Hamlet* ou o *Doente imaginário*. Mas cada ator é antes apresentado ao público com seu nome e sobrenome verdadeiros, e depois com o nome do personagem que vai interpretar. Quando um ator acaba de falar, anuncia: "E agora, pausa!" Passam-se alguns segundos, e só então começa a falar o outro ator. Desnecessário dizer que, ao final do primeiro ato, um ator sobe à ribalta e anuncia: "E agora teremos um intervalo."

O que chamou minha atenção era que os espetáculos de revista dos Bonga eram compostos, como os nossos, de pequenas cenas cômicas faladas, de canções, duetos e danças. Mas eu estava acostumado a ver, entre nós, comediantes fazendo suas cenas e depois um deles começar a entoar uma canção, ao som da qual os dois se eclipsavam e irrompiam no palco graciosas mocinhas que se empenhavam numa dança, para dar um pouco de alívio ao espectador, e depois o balé acabava e os atores recomeçavam seus números cômicos. Entre os Bonga, porém, os dois atores anunciam antes de mais nada que apresentarão em seguida uma cena cômica; depois dizem que vão cantar um dueto, e esclarecem que será cômico. Finalmente, o último ator em cena anuncia: "E agora, o número de dança!" O que me deixou mais surpreso era que, no intervalo, eram projetados na cortina cartazes publicitários, como também acontece entre nós. Mas depois de anunciar o intervalo, o ator sempre dizia: "E agora, os anúncios!"

Refleti detidamente sobre o que poderia levar os Bonga a esta necessidade obsessiva de precisão. Ocorreu-me que talvez sejam fracos de compreensão, e que se um deles não disser "agora eu o estou cumprimentando", ninguém entenderá que está sendo cumprimentado. E em parte devia ser assim. Mas havia também outra razão. Os Bonga vivem no culto ao espetáculo, e portanto precisam transformar tudo em espetáculo, até mesmo o implícito.

Durante minha estada entre os Bonga, pude também reconstruir a história do aplauso. Nos tempos antigos, os Bonga aplaudiam por duas razões: ou porque ficavam satisfeitos com um belo espetáculo ou porque queriam homenagear uma pessoa de grande mérito. Pela força dos aplausos, era possível distinguir quem era mais apreciado e amado. Ainda em tempos antigos, os empresários maliciosos, para convencer os espectadores da qualidade de um espetáculo teatral, misturavam ao público sicários pagos que prorrompiam em aplausos mesmo quando não era o caso. Quando começaram os espetáculos televisionados, os Bonga passaram a levar para o auditório parentes dos organizadores, e através de um sinal luminoso (ignorado pelos telespectadores) lhes diziam quando era hora de aplaudir. Logo os telespectadores descobriram o truque, e entre nós aqueles aplausos teriam caído em total descrédito. Mas não entre os Bonga. O público de casa também começou a querer poder aplaudir, e multidões de Bonga se apresentavam voluntariamente nos auditórios da televisão, dispostos até a pagar para poderem bater palmas. Houve até quem frequentasse para tanto as aulas de cursos especializados. E uma vez que agora todos já sabiam de tudo, o próprio apresentador passou a dizer em voz alta, nos momentos certos: "E agora, uma salva de palmas." Em pouco tempo, porém, os espectadores presentes ao auditório começaram a aplaudir sem que o apresentador precisasse dizer. Bastava que ele perguntasse a um entrevistado qual era sua profissão, e que este respondesse "Cuido da câmara de gás do canil municipal", para que todos explodissem em fragorosos aplausos. Às vezes, como ocorria entre nós nos quadros cômicos de Petrolini, o apresentador nem mesmo tinha tempo de abrir a boca para dizer "boa noite" — depois do "boa" já se ouvia na plateia um aplauso delirante. O apresentador dizia: "Estamos aqui, como em todas as quintas-feiras", e o público não só aplaudia como prorrompia em ruidosas gargalhadas.

O aplauso tornou-se tão indispensável que até nos intervalos publicitários, quando o locutor dizia: "Comprem o emagrecedor Pip", passava-se a ouvir aplausos oceânicos. Os telespectadores sabiam perfeitamente que no auditório, diante do locutor, não havia ninguém, mas precisavam daquele aplauso, porque de outro modo o programa pareceria artificial e eles mudariam de canal. Os Bonga esperam que a televisão mostre a vida verdadeira, como ela é, sem fingimentos. Os aplausos são produzidos pelo público (que é como nós) e não pelo ator (que, como se sabe, finge), e são portanto a garantia que se tem de que a televisão é uma janela aberta para o mundo. Já está em preparação entre os Bonga um programa composto exclusivamente de atores aplaudindo, que se intitulará *Televerdade*. Para se sentirem ancorados na vida, os Bonga agora aplaudem sempre, mesmo fora da televisão. Aplaudem nos enterros, e não porque estejam satisfeitos e nem como homenagem ao defunto, mas para não se sentirem sombras entre sombras, para se sentirem vivos e reais, como as imagens vistas na tela da TV. Um dia eu estava numa casa e entrou um parente dos meus anfitriões, que disse: "A vovó acabou de ser esmagada por um caminhão!" Todos se puseram de pé e bateram palmas.

Não posso dizer que os Bonga nos sejam inferiores. Um deles chegou até a me dizer que eles pretendem conquistar o mundo. Que este projeto não fosse de todo platônico foi coisa de que me dei conta quando voltei para o meu país. À noite, liguei minha televisão e vi um apresentador que exibia ao público suas ajudantes, depois esclarecia que viria em seguida um monólogo cômico e, finalmente, dizia: "E agora, um número de dança!" Um distinto senhor que discutia altos problemas políticos com outro senhor distinto a um certo ponto se interrompeu e disse: "E agora, uma pausa para os comerciais." Havia apresentadores que anunciavam até o público. Outros que apresentavam a câmera que os estava focalizando. Todos aplaudiam.

Transtornado, saí e fui a um restaurante célebre por servir pratos da *nouvelle cuisine*. Chegou o garçom e me trouxe três folhas de alface, dizendo: "Esta é uma salada de alface lombarda, espargida de rúcula de Lomellina cortada em fatias finíssimas, temperada com sal marinho, macerada em nosso vinagre aromatizado e umedecida por gotas de óleo de olivas virgens da Úmbria."

1987

Como usar o bule maldito

Há vários modos de se fazer um bom café: existe o café à napolitana, o café *espresso*, o café turco, o cafezinho brasileiro, o café *filtre* francês e o café americano. Cada um desses cafés é, no seu gênero, excelente. O café americano pode ser uma beberagem servida a cem graus em copos de plástico com efeito térmico, adotado geralmente nas estações com fins de genocídio, mas o café feito com o *percolator*, que se pode encontrar em certas casas particulares ou em lanchonetes modestas, acompanhando os ovos com *bacon*, é delicioso, fragrante, bebe-se como água e depois produz palpitações, porque uma xícara contém mais cafeína do que quatro cafés *espressi*.

Por outro lado, existe o café intragável. Este é geralmente composto de grãos deteriorados de cevada, ossos de defunto triturados e grãos de café verdadeiro recuperados em meio ao lixo de um dispensário celta. Pode ser reconhecido pelo inconfundível aroma de pés marinados num rescaldo de pratos sujos. Costuma ser servido nos cárceres, nos reformatórios, nos vagões-dormitórios e nos hotéis de luxo. Na verdade, se você se hospedar no Plaza Majestic, no Maria Jolanda & Brabante, no Hotel Des Alpes et des Bains, pode pedir também um café *espresso*, mas este só chega ao quarto quando já está praticamente recoberto de uma camada de gelo. Para evitar este inconveniente, porém, você pode pedir um Continental Breakfast e preparar-se para gozar as delícias de uma refeição servida na cama.

O Continental Breakfast se compõe geralmente de dois pãezinhos, um *croissant*, um suco de laranja servido em dose homeopática, uma fatiazinha de manteiga, um potinho de geleia de amoras, um de mel, um de geleia de damascos, um jarro de leite já frio, uma conta de cem mil liras e um bule maldito cheio de café intragável. Nos bules usados pelas pessoas normais — ou nas boas velhas cafeteiras que permitem verter diretamente a fragrante bebida na xícara — o café sai para a xícara através de um bico fino, enquanto a parte superior dispõe de um dispositivo qualquer de segurança que a mantém fechada. Já o café intragável dos grandes hotéis e dos vagões-dormitórios chega sempre num bule de bico muito largo — lembrando um pelicano deformado — e dotado de uma tampa extremamente móvel, estudada de modo a escorregar automaticamente para baixo — atraída por um incontrolável *horror vacui* — toda vez que o usuário inclina o bule para se servir. Estes dois artifícios permitem que o bule maldito derrame invariavelmente metade do café sobre os *croissants* e a geleia e ainda, graças ao deslizamento da tampa, entorne o resto nos lençóis. Nos vagões-dormitórios, os bules são da qualidade andante, porque o próprio movimento do vagão contribui para o derramamento do café, mas nos hotéis o bule deve ser de porcelana, de modo que o escorregamento da tampa seja lento, suave e contínuo, mas fatal.

Sobre as origens e as razões para a existência do bule maldito existem duas escolas de pensamento. A escola de Freiburg afirma que este artifício permite aos hotéis demonstrarem que os lençóis de seu quarto são trocados diariamente. A escola de Bratislava afirma que sua existência se deve a razões de ordem moral (cf. Max Weber, *A ética protestante e o espírito do capitalismo*): o bule maldito obriga o hóspede a não se entregar a manhãs de preguiça na cama, já que é extremamente incômodo comer um brioche totalmente mole e impregnado de café envolto em lençóis igualmente encharcados do mesmo líquido.

Os bules malditos não podem ser encontrados no comércio. São produzidos exclusivamente para as cadeias de grandes hotéis e para os vagões-dormitórios. De fato, nos cárceres, o café intragável é servido em pequenas gamelas, porque lençóis completamente embebidos em café seriam menos facilmente identificáveis no escuro quando são emendados uns aos outros com fins de evasão.

A escola de Freiburg sugere que se deve pedir ao garçom para servir o café na mesinha, e não na cama. A escola de Bratislava responde que, por um lado, esta medida impede de fato que o café se espalhe pelos lençóis, mas não evita que transborde da bandeja manchando o pijama (que o hotel não tem como trocar a cada dia); em qualquer caso, porém, pijama ou não, o café tomado na mesinha tende a cair diretamente sobre o baixo-ventre e sobre o púbis, provocando queimaduras justamente onde seria mais aconselhável evitá-las. A esta objeção, a escola de Freiburg responde dando de ombros, e isto francamente não é coisa que se faça.

1988

Como empregar o tempo

Quando telefono ao dentista para marcar uma consulta e ele me diz que não tem mais nenhuma hora livre na semana seguinte, eu acredito. Afinal, é um profissional sério. Mas quando alguém me convida para um congresso, uma mesa-redonda, para dirigir uma criação coletiva, para escrever um ensaio ou para participar de um júri e respondo que não tenho tempo, ninguém acredita. "Ora, professor", costumam responder, "uma pessoa como o senhor sempre arranja tempo." É evidente que nós, os humanistas, não somos considerados profissionais sérios: vivemos na vadiagem.

Fiz um cálculo, e convido os colegas de profissão análoga a fazer também os seus e a me dizerem se não está correto. Em um ano não bissexto, temos 8.760 horas. Oito horas de sono por dia, uma hora para o despertar e a toalete, meia hora para despir-me e arrumar a água na mesinha de cabeceira antes de me deitar e não mais de duas horas para as refeições, e já estamos em 4.170 horas. Duas horas diárias para os deslocamentos pela cidade perfazem 730 horas.

Com três aulas por semana de duas horas cada uma e mais uma tarde recebendo os alunos, a universidade me toma, nas vinte semanas em que se condensa o ensino, 220 horas de atividade didática, a que acrescento ainda 24 horas de exames, 12 de discussão de teses e 78 entre reuniões e conselhos diversos. Considerando uma média de cinco teses anuais de 350 páginas cada uma, cada página lida ao menos duas vezes, antes e depois da revisão, à média de três minutos por página, chego a 175 horas. Em relação aos trabalhos e exercícios, visto que muitos são corrigidos por meus colaboradores, limito-me a calcular que sejam quatro por sessão de exame, a trinta páginas cada um e a cinco minutos por página entre leitura e discussão preliminar, e obtemos 60 horas. Sem calcular o tempo gasto em pesquisas, já atingimos um total de 1.465 horas.

Dirijo uma revista de semiótica, *VS*, que publica três números por ano, num total de 300 páginas. Sem calcular os originais lidos e descartados e dedicando dez minutos a cada página (entre avaliação, revisão e emendas), chegamos a 50 horas. Cuido ainda de duas coleções pertinentes a meus interesses científicos, e calculando seis livros por ano num total de 1.800 páginas, a dez minutos por página, temos 300 horas. Dos meus textos traduzidos, entre ensaios, livros, artigos, comunicações a congressos, considerando apenas as línguas que sou capaz de controlar, leio uma média de 1.500 páginas anuais a vinte minutos por página (leitura, confronto com o original, discussão com o tradutor, em pessoa, pelo telefone ou por carta), e isto dá 500 horas. Depois, há os textos originais. Mesmo que não venha a escrever um livro, é certo que entre ensaios, comunicações a congressos, relatórios, resumos para as aulas etecétera chego facilmente a 300 páginas. Calculemos que entre concebê-los, tomar notas, bater à máquina e corrigir eu gaste pelo menos uma hora por página, e chegamos a 300 horas. Esta coluna, a Bustina di Minerva, numa visão otimista, entre encontrar o tema, tomar notas, consultar um ou outro livro, escrevê-la, reduzi-la ao formato devido, enviá-la ou ditá-la, me toma três horas por artigo: multiplico por 52 semanas e chego a 156 horas (sem calcular outros artigos esporádicos). Finalmente, vem a correspondência, a que dedico, sem nunca conseguir pô-la em dia, três manhãs por semana das nove à uma, ocupando 624 horas.

Calculei que em 1987, aceitando apenas dez por cento das propostas e limitando-me a congressos estritamente disciplinares, apresentações de trabalhos orientados por mim ou por meus colaboradores e presenças imprescindíveis (cerimônias acadêmicas, reuniões convocadas pelos ministérios competentes), totalizei 372 horas de presença efetiva (sem contar os tempos mortos). Já que muitos desses compromissos eram fora da cidade, calculei ainda 323 horas para os deslocamentos. O cálculo leva em conta que uma viagem Milão-Roma leva quatro horas entre táxi para o aeroporto, espera, viagem, táxi para Roma, registro no hotel e deslocamento para o local da reunião. Uma viagem a Nova York conta 12 horas.

O total resultante é de 8.094 horas. Subtraídas das 8.760 que existem num ano, resta um resíduo de 666 horas, ou seja, uma hora e 49 minutos por dia, que dediquei a: sexo, encontros com amigos e familiares, funerais, tratamentos médicos, compras, esportes e espetáculos. Como se vê, não contei o tempo gasto na leitura de material impresso (livros, artigos, histórias em quadrinhos). Admitindo que eu o tenha feito durante as 323 horas gastas em deslocamentos, a cinco minutos por página (leitura pura e simples e anotações), tive a possibilidade de ler 3.876 páginas, que correspondem apenas a 12,92 livros de 300 páginas cada um. E o fumo? A sessenta cigarros por dia, contando meio minuto entre pegar o maço, acender e apagar cada cigarro, ocupa 182 horas. Não vai dar. Preciso parar de fumar.

1988

Como usar o motorista de táxi

No momento em que se entra num táxi, surge o problema da interação correta com o motorista. O motorista de táxi é um indivíduo que passa o dia inteiro dirigindo no tráfego das cidades — atividade que pode conduzir ao infarto ou aos delírios psíquicos — em conflito direto com outros motoristas humanos. Por consequência, é nervoso e odeia as criaturas antropomorfas. Isto pode induzir o *radical chic* a dizer que todos os motoristas de táxi são fascistas. Não é verdade, o motorista de táxi não se interessa por problemas ideológicos: odeia as manifestações sindicais não por sua coloração política, mas porque engarrafam o trânsito. Odiaria da mesma maneira um desfile da juventude fascista de Mussolini. O motorista de táxi só deseja um governo forte que leve ao paredão todos os motoristas particulares e estabeleça um toque de recolher razoável entre as seis da manhã e a meia-noite. É misógino, mas só com as mulheres que saem na rua. Se elas ficam em casa preparando a macarronada, é até capaz de tolerá-las.

O motorista de táxi italiano se divide em três categorias. O que exprime suas opiniões ao longo de todo o trajeto; o que não fala nada, contraído, e só comunica sua misantropia através da forma de dirigir; e o que resolve suas tensões em pura narratividade e decide contar o que aconteceu com um cliente. Suas histórias são *tranches de vie* desprovidas de qualquer significado parabólico e, se fossem contadas no bar, fariam o dono do estabelecimento mandar embora o narrador, dizendo que já é hora de ir para a cama. Mas o motorista de táxi considera seus casos curiosos e surpreendentes, e é aconselhável comentar com frequência: "Mas veja só como são essas pessoas, as coisas que a gente escuta, aconteceu realmente com o senhor?" Esta participação não basta para fazer o motorista de táxi sair de seu autismo fabulatório, mas sempre faz o passageiro sentir-se melhor.

Em Nova York, um italiano corre riscos se, ao ler no registro do motorista um nome como De Cutugnatto, Esippositto ou Perquocco, revelar-lhe a sua origem. A partir desse momento, o motorista de táxi começa a falar uma língua jamais ouvida, e fica muitíssimo ofendido se o passageiro não compreender. Você deve dizer imediatamente em inglês que só fala o dialeto de sua aldeia. Ele, por seu lado, está convencido de que, entre nós, a língua nacional já é o inglês. Mas em geral os motoristas de táxi nova-iorquinos ou têm um nome judeu ou um nome não judeu. Os de nome judeu são sionistas reacionários, e os que têm um nome não judeu são reacionários antissemitas. Não fazem afirmativas, emitem pronunciamentos. É difícil decidir como se comportar com aqueles que têm um nome que soa vagamente médio-oriental ou russo, e ficamos sem saber se são judeus ou não. Para evitar incidentes, o melhor que se pode fazer então é dizer que mudou de ideia e não quer mais ir à Sétima Avenida esquina com rua Quatorze, mas para a Charlton Street. Neste momento, o motorista se enfurece, freia e manda você descer, porque os motoristas de táxi de Nova York só conhecem as ruas numeradas, e não as que têm nome.

Já o motorista de táxi parisiense não conhece rua nenhuma. Se você lhe pede para levá-lo à place Saint-Sulpice, ele o deixa na place de l'Odéon, dizendo que não sabe ir de lá até onde você pediu. Mas primeiro se lamenta longamente diante de sua pretensão, com vários *"ah, ça, monsieur, alors..."* Se você sugerir que consulte o guia da cidade, ou não responde ou dá um jeito de você compreender que se queria uma consulta bibliográfica deveria procurar um arquivista paleógrafo da Sorbonne. Uma categoria à parte são os motoristas de origem oriental: com extrema cordialidade, dizem-lhe que não se preocupe, que logo vão encontrar o endereço, percorrem três vezes os grandes bulevares e depois perguntam se faz alguma diferença se, em vez da Gare du Nord, o deixarem na Gare de l'Est, porque trens existem em qualquer uma delas.

Em Nova York, não há como chamar um táxi por telefone, a menos que se pertença a algum clube. Já em Paris é possível. Só que o táxi não atende ao chamado. Em Estocolmo, o único meio de se pegar um táxi é pelo telefone, porque não vão confiar em qualquer um que encontrem pela rua. Mas para ficar sabendo o número do telefone você precisa parar um táxi que esteja passando pela rua, e eles, como eu já disse, não confiam nos passageiros a pé.

Os motoristas de táxi alemães são gentis e corretos: em vez de falar, só pisam no acelerador. Quando você desce do carro, branco como gesso, compreende finalmente por que depois eles vêm tirar férias na Itália e ficam dirigindo a sessenta por hora na sua frente pela pista da esquerda.

Se colocarmos em disputa um motorista de táxi de Frankfurt ao volante de um Porsche e um motorista de táxi do Rio pilotando um Volkswagen caindo aos pedaços, o motorista do Rio vai chegar primeiro, porque não para nos sinais vermelhos. Se parasse, seria abalroado por outro Volkswagen caindo aos pedaços, pilotado por rapazinhos que, além do mais, ainda esticam a mão para fora da janela e tiram o seu relógio do pulso.

Em qualquer lugar, contudo, existe um método infalível para reconhecer um motorista de táxi: é aquela pessoa que nunca tem troco.

1988

Como desmentir um desmentido

Carta de desmentido. Egrégio diretor, em referência ao artigo "Não estive nos Idos", publicado no último número de seu jornal com a assinatura de Aleteo Verità, tomo a liberdade de esclarecer alguns pontos. Não é verdade que eu tenha estado presente ao assassinato de Júlio César. Como o senhor pode facilmente verificar mediante uma consulta à certidão de nascimento anexa, nasci em Molfetta no dia 15 de março de 1944, muitos séculos portanto depois do infeliz acontecimento, que por outro lado sempre lamentei. O senhor Verità deve ter-se equivocado quando lhe declarei que festejo sempre com alguns amigos o dia 15 de março de 44.

É igualmente inexato que eu tenha dito em seguida a um certo Brutus: "Depois eu lhe encontro em Filipos." Garanto que nunca tive contatos com o senhor Brutus, cujo nome ignorava até ontem. No curso de nossa breve entrevista telefônica, eu de fato declarei ao senhor Verità que pretendia me reencontrar em breve com o senhor Filipe, assessor do departamento de trânsito, mas a frase foi dita no contexto de uma conversa sobre a circulação dos automóveis. Em tal contexto, jamais declarei que estou contratando assassinos para eliminar o traidor prepotente que é Júlio César, mas que "estou contra-aconselhando ao assessor a eliminação do tráfego na praça Giulio Cesare".

Agradeço antecipadamente sua atenção. Cordialmente, Preciso Smentuccia.

Responde Aleteo Verità. Prefiro supor que o senhor Smentuccia não esteja desmentindo que Júlio César tenha sido efetivamente assassinado nos Idos de março de 44. E reafirmo também que o senhor Smentuccia comemora sempre com os amigos o dia 15 de março de 44. Era justamente este curioso costume que eu queria denunciar em meu artigo. O senhor Smentuccia pode certamente ter suas razões pessoais para comemorar com abundantes libações aquela data, mas há de admitir que a coincidência é, no mínimo, curiosa. Recordará ainda que, no decurso da longa e consistente entrevista telefônica que me concedeu, pronunciou a frase: "Sou da opinião de dar sempre a César o que é de César"; uma fonte muito próxima ao senhor Smentuccia — e da qual não tenho motivo para duvidar — assegurou-me que o que César ganhou foram 23 punhaladas.

Assinalo que, em toda a sua carta, o senhor Smentuccia evita apontar claramente quem teria desferido aquelas punhaladas. Quanto à retificação sobre Filipos, tenho diante dos olhos o caderno de notas onde está escrito, sem sombra de dúvida, que o senhor Smentuccia não disse "depois vou me encontrar com Filipe", mas sim "depois eu lhe encontro em Filipos".

Posso garantir o mesmo acerca da expressão ameaçadora em relação a Júlio César. As anotações da minha agenda, que tenho diante dos olhos neste momento, dizem claramente: "Estou contr... ando ass. eliminar tr. pr. Júlio César." Não é se ocultando atrás de espelhos e nem jogando com as palavras que se pode fugir ao peso da responsabilidade ou amordaçar a imprensa livre.

1988

Como jogar os telegramas no lixo

Antigamente, pela manhã, quando chegava o correio, abriam-se os envelopes que chegavam fechados e se jogavam fora os abertos. Hoje, as organizações que enviavam envelopes abertos os enviam fechados e até mesmo por mala expressa. O destinatário se apressa a abrir a carta e encontra um convite absolutamente irrelevante. Mesmo porque os envelopes mais sofisticados têm hoje sistemas de fechamento hermético que resistem a espátulas, mordidas e facadas. A goma foi substituída pela cola industrial de secagem rápida. Por sorte podemos nos salvar das vendas promocionais, porque já vêm anunciadas na parte externa com a palavra "Grátis" impressa em dourado. Ensinaram-me quando ainda era criança que, se lhe oferecerem alguma coisa de graça, você deve chamar a polícia imediatamente.

Mas as coisas estão piorando. Antigamente, todos abriam com interesse, ansiosamente, os telegramas: ou traziam más notícias ou informavam a morte inesperada do tio americano. Hoje, quem tem a dizer alguma coisa que não interessa não hesita em mandar telegramas.

Os telegramas são de três tipos. Tipo imperativo: "Convidamos sr. importante congresso depois amanhã sobre cultivo tremoços no Aspromonte com presença subsecretário florestas, pedimos comunicar urgentemente hora sua chegada via telex" (seguem-se siglas e números que ocupam duas folhas, em meio aos quais felizmente desaparece a assinatura do pretensioso remetente). Tipo subentendido: "Como combinado anteriormente confirmamos sua participação congresso assistência coalas paraplégicos, pedimos entrar contato urgente via telefax." Naturalmente, os acertos anteriores não existem, ou talvez a proposta tenha seguido por carta. Mas quando a carta chega, já foi ultrapassada no caminho pelo telegrama que você jogou fora, e ela também acaba na cesta de lixo. Tipo enigmático: "Data mesa-redonda sobre informática e crocodilos adiada pelos motivos conhecidos, pedimos confirmar compromisso nova data." Que data? Que compromisso? Para a cesta.

Hoje, porém, o telegrama foi superado pela carta de entrega expressa especial. Custa somas de fazer empalidecer De Benedetti e pode ser aberta com uma simples tesoura com lâmina serrilhada, mas é feita de tal modo que, mesmo depois de aberta, não revela imediatamente seu conteúdo, porque ainda é necessário superar a barreira de várias tiras de fita adesiva. Às vezes é enviada por puro esnobismo (como nas cerimônias de consumo ritual estudadas por Mauss): no fim das contas, traz apenas um bilhetinho que diz "olá" (mas a pessoa perde algumas horas para chegar até ele, porque o envelope é imenso, do tamanho de um saco de lixo, e nem todos temos braços compridos como os de Mr. Hyde). Na maioria das vezes é usada com fins de extorsão, e traz ainda um cupom para a resposta. Quem o envia quer dar a entender o seguinte: "Gastei uma soma exorbitante para te dizer o que precisava dizer, a rapidez do envio fala da minha ansiedade, e já que a resposta está paga se você não responder é porque é um canalha." Tanta petulância deve ser castigada. Hoje só abro as cartas de entrega especial que tenha expressamente solicitado pelo telefone. As outras eu simplesmente jogo fora, mas ainda assim me criam problemas porque abarrotam a cesta de papéis. Sonho com pombos-correios.

Frequentemente, os telegramas e cartas de entrega especial anunciam prêmios. Neste mundo, existem honrarias e prêmios que todos gostam de receber (o Nobel, o Tosão de Ouro, a Jarreteira, a Loteria de Ano-Novo) e outros que demandam muito esforço para serem recebidos. Hoje, qualquer um que decida lançar uma nova graxa de sapatos, um preservativo retardante ou uma nova marca de água sulfurosa cria um prêmio. Já ficou demonstrado que não é complicado encontrar jurados. O difícil é encontrar premiados. Ou melhor, seria possível encontrar gente para premiar se os prêmios se destinassem a jovens em início de carreira, mas neste caso eles não seriam divulgados pela imprensa e pela televisão. Assim, o premiado precisa ser no mínimo alguém como o físico Carlo Rubbia. Mas se Rubbia fosse receber todos os prêmios que lhe atribuem, adeus pesquisa. O telegrama que anuncia o prêmio precisa portanto assumir um tom imperativo e deixar entrever graves sanções em caso de recusa: "Temos honra comunicar-lhe que esta noite dentro meia hora receberá Suspensório Ouro. Informamos seu comparecimento indispensável para receber voto unânime e desinteressado júri, do contrário seremos dolorosamente constrangidos a escolher um outro." O telegrama pressupõe que o destinatário vá pular da cadeira, exclamando: "Não, eu, eu!"

Ah, já ia esquecendo. Há também os cartões-postais que chegam de Kuala Lumpur assinados "Giovanni". Mas que Giovanni?

1988

Como começa, como acaba

Há um drama na minha vida. Enquanto fazia meus estudos superiores, residia no Colégio Universitário de Turim, onde ganhara uma bolsa de estudos. Conservo daqueles anos recordações gratíssimas, além de uma profunda repugnância pelo atum. De fato, o refeitório ficava aberto uma hora e meia a cada refeição; quem chegasse na primeira meia hora era aquinhoado com o prato do dia, quem chegasse depois comia atum. Eu sempre chegava depois. À exceção dos meses de verão e dos domingos, consumi naqueles quatro anos 1.920 refeições à base de atum. Mas o drama não é este.

É que não tínhamos dinheiro e tínhamos fome também de cinema, música e teatro. Para o teatro Carignano, encontramos uma esplêndida solução. Chegávamos dez minutos antes do início do espetáculo e abordávamos o senhor (como era mesmo o nome dele?), chefe da claque, apertávamos sua mão fazendo escorregar em sua palma uma nota de cem liras, e ele nos deixava entrar. Éramos uma claque pagante.

Ocorria porém que o colégio fechava as portas inexoravelmente à meia-noite. Depois disso, quem estivesse do lado de fora ficava de fora, porque não havia controle disciplinar, e se um estudante quisesse podia não aparecer por um mês inteiro. Isto significava que às dez para a meia-noite precisávamos deixar o teatro, e sair correndo em direção à nossa meta. Mas às dez para a meia-noite a peça ainda não havia acabado. Assim, assisti em quatro anos a todas as obras-primas do teatro de todos os séculos, mas sempre sem ver os últimos dez minutos.

Passei portanto a vida inteira sem saber como Édipo reagiria diante da horrenda revelação, que fim teriam tido os seis personagens à procura de um autor, se Osvaldo Alving se curava graças à penicilina, se Hamlet realmente descobria que ser valia a pena. Não sei quem é a senhora Ponza, se Ruggero Ruggeri-Sócrates tomava a cicuta, se Otelo acabava cobrindo Iago de bofetadas antes de partir para uma segunda lua de mel, se o doente imaginário se curava, se todos tinham bebido com Giannetaccio, que fim teria tido Mila di Codro. Acreditava ser o único mortal atingido por este tipo de ignorância quando, casualmente, conversando sobre antigas recordações com meu amigo Paolo Fabbri, descobri que ele sofre há anos da angústia oposta. Durante seus anos de estudante, colaborava com não sei qual teatro universitário, e sua tarefa era ficar na porta recebendo os bilhetes. Por causa dos muitos retardatários, nunca conseguia entrar nos outros teatros antes do início do segundo ato. Via o rei Lear rodopiando cego e descabelado com o cadáver de Cordélia nos braços e não sabia o que podia ter levado os dois àquela pavorosa condição. Ouvia Mila gritar que a chama é bela e se atormentava tentando compreender como tinham feito arder no fogo uma moça de sentimentos tão elevados. Nunca compreendeu por que Hamlet tinha ódio do tio, que lhe parecia um homem de bem. Via Otelo fazer o que fazia e não era capaz de atinar com a razão pela qual ele decidia apertar o rosto daquela bela mulher com o travesseiro, em vez de apertar seu corpo num abraço, por cima das cobertas.

Em suma, trocamos confidências abundantes. E descobrimos que o exercício nos promete uma velhice esplendorosa. Sentados nos degraus da entrada de uma casa de campo ou nos bancos dos jardins públicos, ao longo de anos nos entreteremos contando um ao outro os inícios e os finais, emitindo gritos de estupor a cada revelação de antecedentes e desenlaces.

"Mas é mesmo? Ele dizia o quê?"
"Ele dizia: 'Mamãe, eu quero o sol!'"
"Ah, quer dizer que acabava maluco."
"Acabava, mas o que ele tinha?"
Sussurrarei alguma coisa em seu ouvido.
"Meu Deus, que família, agora estou entendendo..."
"Mas me fale de Édipo..."
"Não há muito a dizer. A mãe se enforca e ele fura os olhos."
"Coitadinho. Mas, também, tentaram fazer com que ele entendesse de todas as maneiras."

"Justamente, eu também não consigo entender. Por que ele não compreendia?"

"Ponha-se no lugar dele. Quando a peste começa, ele já era rei e marido feliz..."

"Quer dizer que quando se casou com a mãe, ele não..."

"Pois é. Não. Aí é que está."

"Coisas de Freud. Se me contassem, eu não acreditaria."

Seremos, então, mais felizes? Ou teremos perdido o frescor de quem tem o privilégio de viver a arte como a vida, na qual entramos quando os jogos já foram feitos e de onde saímos sem saber como acabarão os outros?

1988

Como não saber a hora

O relógio cuja descrição estou lendo (Patek Philippe Calibre 89) é de bolso, com caixa dupla de ouro de 18 quilates e dotado de 33 funções. A revista que o apresenta não traz seu preço, imagino que por falta de espaço (bastaria talvez dizê-lo em bilhões, e não em liras). Tomado de uma frustração profunda, fui comprar um Casio novo de 50.000 liras, da mesma forma como todos que desejam loucamente uma Ferrari saem e acabam comprando pelo menos um radiodespertador, para acalmar a vontade. Por outro lado, para usar um relógio de bolso eu precisaria comprar também um colete que combinasse com ele.

No entanto, me dizia, poderia usá-lo como um relógio de mesa. Passaria horas e horas me informando sobre o dia do mês e da semana, o mês, o ano, a década e o século, o ano do ciclo bissexto, os minutos e segundos da hora legal, as horas, minutos e segundos de outro fuso horário à escolha, a temperatura, a hora sideral, a fase da lua, a hora da alvorada e a hora do crepúsculo, a equação do tempo, a posição do sol no Zodíaco, para não falar do quanto poderia deleitar-me, estremecendo de admiração diante da representação completa e móvel do mapa estelar, ou parando e recomeçando a contagem do tempo nos vários quadrantes do cronômetro, sendo advertido da hora de parar graças ao despertador incorporado ao aparelho. Já ia esquecendo: um ponteiro especial me indicaria a reserva de carga da bateria. E já ia esquecendo também: querendo, eu poderia saber até mesmo que horas são. Mas para que iria me preocupar em saber?

Se eu possuísse esta maravilha, não teria o menor interesse em saber que são dez e dez. Ficaria contemplando, em vez disso, o nascer e o pôr do sol (e poderia até fazê-lo numa câmara escura), me informaria sobre a temperatura, traçaria horóscopos, verificaria durante o dia no quadrante azul quais estrelas poderia ver à noite, mas a noite haveria de passar meditando no tempo que ainda falta para chegar a Páscoa. Com um relógio desses deixaria de ser necessário acompanhar a passagem do tempo externo, porque seu uso bastaria para ocupar toda uma vida, e o tempo que ele conta se transformaria, de imagem imóvel da eternidade, na eternidade propriamente dita, ou então o tempo se transformaria numa simples alucinação fictícia produzida por aquele espelho mágico.

Conto essas coisas porque já faz algum tempo que circulam revistas totalmente dedicadas aos relógios de coleção, em papel acetinado e em cores, bastante caras, e me pergunto se só serão compradas pelos leitores que as folheiam como se fossem livros de contos de fadas, ou se de fato se dirigem a um público de compradores, como às vezes desconfio. Isto quereria dizer que, quanto mais o relógio mecânico, milagre de uma experiência centenária, se torna inútil, substituído por relógios eletrônicos que custam poucos milhares de liras, mais se reforça e se difunde o desejo de ostentar, contemplar amorosamente e entesourar como investimento mirabolantes e perfeitas máquinas do tempo.

É evidente que essas máquinas não foram concebidas para comunicar a hora. Possuem uma abundância de funções, elegantemente distribuídas por quadrantes numerosos e simétricos, e por isso, para sabermos que são três e vinte da sexta-feira 24 de maio, é necessário deslocar os olhos e acompanhar o movimento de inúmeros ponteiros, anotando o resultado num caderno de notas. Por outro lado, os invejosos engenheiros eletrônicos japoneses, envergonhados de sua praticidade rasteira, já prometem relógios com mostradores microscópicos que indicam a pressão barométrica, a altitude e a profundidade do mar, trazendo ainda cronômetro, contagem regressiva e termômetro, além, é claro, de um banco de dados, todos os fusos horários, oito despertadores, calculadora capaz de fazer câmbio de divisas e um sinal sonoro que toca de hora em hora.

Todos esses relógios, como toda a indústria de informação contemporânea, correm o risco de não comunicar mais nada por dizerem coisas demais. Mas têm ainda outra característica em comum com a indústria de informação: não falam de mais nada a não ser de si mesmos e de seu funcionamento interno. O cúmulo é atingido por alguns relógios de senhora dotados de ponteiros imperceptíveis, mostradores de mármore sem as marcas de horas e minutos e projetados de modo a só poderem dizer, no máximo, que estamos em algum momento entre meio-dia e meia-noite, talvez de anteontem. Mas afinal (sugere implicitamente o *designer*), as senhoras a que eles se destinam que outra coisa têm a fazer, senão contemplar um aparelho que só fala de sua própria vaidade?

1988

Como passar pela alfândega

Certa noite, depois de um encontro amoroso com uma de minhas inúmeras amantes, assassinei minha parceira golpeando-a com um precioso saleiro assinado por Cellini. Não só devido à rigorosa educação moral que recebi desde a infância, segundo a qual a mulher que se entrega ao prazer dos sentidos não merece piedade, mas também por motivos estéticos, ou então para experimentar o calafrio do crime perfeito.

Esperei que o cadáver esfriasse e o sangue coagulasse, enquanto escutava um *compact disc* com a música aquática do Barroco inglês, e depois, munido de uma motosserra, comecei a esquartejar o corpo, procurando respeitar alguns princípios básicos da anatomia — em homenagem à cultura, sem a qual não existe gentileza ou contrato social. Depois, acondicionei os vários pedaços em duas malas de couro de ornitorrinco, vesti um terno cinza e tomei um vagão-dormitório para Paris.

Depois de entregar ao condutor o passaporte e uma fidedigna declaração aduaneira acerca das poucas centenas de milhares de francos que levava comigo, dormi o sono dos justos, porque nada concilia mais o repouso que o sentido do dever cumprido. E a alfândega não se permitiu perturbar o repouso de um viajante que, tendo adquirido o bilhete para uma cabine individual de primeira classe, declarava *ipso facto* sua filiação à classe dominante e, em decorrência, sua absoluta insuspeitabilidade. Situação mais apreciável ainda porque, a fim de prevenir possíveis crises de abstinência, trazia comigo uma quantidade módica de morfina, oitocentos ou novecentos gramas de cocaína e uma tela de Ticiano.

Não falarei do modo como me desembaracei dos pobres restos mortais em Paris. Deixo por conta de sua imaginação. Basta ir ao Beaubourg e largar as malas pousadas junto a uma das escadas rolantes, e ninguém se dará conta delas por anos a fio. Ou então depositá-las num dos guarda-malas existentes na Gare de Lyon. O mecanismo que permite reabrir a porta do armário com uma palavra-chave é tão complicado que milhares de volumes jazem naqueles habitáculos sem que ninguém se atreva a controlá-los. Mais simplesmente, pode-se também sentar-se a uma das mesas do café Deux Magots, deixando as malas diante da livraria La Joie de Lire. Em poucos minutos, serão roubadas, passando a ser problema do ladrão. Não posso contudo negar que o fato me deixou num certo estado de tensão, tensão que aliás sempre acompanha a realização de uma operação artisticamente complexa e perfeita.

De volta à Itália, continuei a me sentir nervoso, e decidi conceder-me férias em Locarno. Por um inexplicável sentimento de culpa, talvez um temor impalpável de que alguém me reconhecesse, decidi viajar de segunda classe, estilo de *jeans* e camisa de malha com bordado de jacaré.

Na fronteira, fui abordado por solertes funcionários aduaneiros que examinaram minha bagagem até as vestes mais íntimas e terminaram acusando-me da exportação clandestina de um pacote de cigarros MS com filtro para a Suíça. Além disso, foi constatado ainda que o selo do meu passaporte tinha vencido 15 dias antes. Finalmente, descobriram que eu havia escondido no esfíncter 50 francos suíços de procedência incerta, que não fui capaz de justificar com documentos que comprovassem sua aquisição regular junto a uma instituição de crédito.

Fui interrogado sob uma lâmpada de mil watts, surrado com uma toalha molhada e detido provisoriamente numa cela solitária, amarrado a uma cama de contenção

Felizmente, ocorreu-me a ideia de declarar que eu pertencia à P2 desde sua fundação, que havia colocado várias bombas em trens expressos por motivos ideológicos e que me considerava prisioneiro político. Foi-me imediatamente atribuído um quarto individual no Centro de Repouso do Grand Hôtel des Iles Borromées. Um nutricionista me aconselhou a deixar de fazer algumas refeições para recuperar a forma, enquanto meu psiquiatra iniciava um processo para conseguir que eu fosse confinado à prisão domiciliar, alegando anorexia.

Enquanto isso, escrevi algumas cartas anônimas aos juízes dos tribunais da região, insinuando que uns estavam escrevendo cartas anônimas para os outros, e apresentei uma denúncia contra madre Teresa de Calcutá, acusando-a de ter tido relações ativas com os Esquadrões Comunistas Combatentes.

Se tudo correr bem, dentro de uma semana estarei em casa.

1989

Como não usar o fax

O fax é realmente uma grande invenção. Para quem ainda não sabe o que é, enfia-se nele uma carta, disca-se o número do destinatário e, em poucos segundos, este a recebe. E não apenas uma carta, mas ainda desenhos, plantas, fotografias ou páginas de cálculos complicados que não se podem transmitir por telefone. Se a carta vai para a Austrália, o preço da transmissão é mais ou menos o mesmo de uma ligação telefônica internacional de mesma duração. Se a carta vai de Milão para Saronno, custa mais ou menos o mesmo, graças à discagem direta. Calculem que um telefonema de Milão a Paris, em horário noturno, custa cerca de mil liras. Num país como a Itália, onde os correios por definição não funcionam, o fax resolve todos os problemas. Outra coisa que as pessoas comuns não sabem é que é possível comprar um fax para tê-lo em seu quarto, ou levar em viagem, por uma soma bastante acessível. Digamos de um milhão e meio a dois milhões de liras. É muito por um capricho, mas pouco se tivermos uma atividade que nos obrigue à correspondência com muitas pessoas em outras tantas cidades.

Infelizmente, porém, existe uma lei inexorável da tecnologia: quando as invenções mais revolucionárias se tornam acessíveis a qualquer um, deixam de ser acessíveis. A tecnologia apresenta uma tendência democrática porque promete a todos os mesmos serviços, mas só funciona quando é usada pelos ricos. Quando os pobres também começam a usar, ela dá *tilt*. Quando um trem levava duas horas para ir de A a B, eis que apareceu o automóvel fazendo o mesmo trajeto em uma hora. E por isso era caríssimo. Mas bastou o automóvel se tornar acessível às massas para as estradas ficarem totalmente congestionadas e o trem voltar a ser mais rápido. Basta pensarem como é absurdo o apelo ao uso dos meios de transporte coletivos em plena era do automóvel: no entanto, usando os meios de transporte coletivos e aceitando abrir mão dos privilégios, você chega a seu destino antes dos privilegiados.

No caso do automóvel, para que se chegasse ao ponto do colapso, foram necessárias décadas e mais décadas. Para o fax, mais democrático (custa bem menos que um automóvel), o colapso chegou em menos de um ano. Hoje, já é mais rápido enviar a carta pelo correio. De fato, o fax estimula a comunicação. Se antes você vivia em Molfetta e tinha um filho morando em Sydney, escrevia para ele uma vez por mês e telefonava uma vez por semana. Agora, com o fax, pode mandar-lhe instantaneamente a primeira foto da sobrinha que acabou de nascer. Como resistir à tentação? Além disso, o mundo é habitado por um número cada vez maior de pessoas desejosas de lhe dizer coisas que não lhe interessam nem um pouco: como fazer um investimento melhor, como adquirir um objeto, como fazer os outros felizes mandando-lhes de presente um cheque pelo correio, como realizar-se plenamente participando de uma conferência destinada a melhorar seu exercício profissional. Todos, no momento em que ficarem sabendo que você tem um fax, e infelizmente é para isso que existem os catálogos, hão de se engalfinhar para enviar-lhe, a custo reduzido, mensagens não solicitadas.

O resultado é que você se aproxima de manhã do seu fax e o encontra submerso em mensagens que se acumularam ao longo da noite. Naturalmente, você as joga fora sem ler, mas se nesse meio-tempo um parente estava tentando lhe contar que você herdou dez bilhões de um tio da América, só que precisa se apresentar num cartório antes das oito da manhã, encontrou sempre a linha ocupada e por isso você deixou de receber a mensagem. Se esta pessoa precisar falar com você, deve fazê-lo por via postal. O fax está se transformando no canal das mensagens irrelevantes, assim como o automóvel está se transformando no meio de transporte a ser usado para os deslocamentos lentos, para quem tem tempo a perder e quer passar muito tempo em longas filas escutando Mozart ou Sabrina Salerno.

O fax, enfim, introduz um elemento novo na dinâmica da chateação. Até hoje, se um chato resolvesse chatear você, era sempre ele quem pagava (o telefonema, o selo do correio, o táxi para vir tocar sua campainha). Hoje, porém, você também contribui para as despesas, porque é você quem paga o papel do fax.

Como reagir? Já pensei em mandar imprimir um papel timbrado com a mensagem "os fax indesejados serão automaticamente jogados fora", mas acho que não é o bastante. Se posso lhes dar um conselho, digo que mantenham o fax desconectado. Se alguém precisar enviar-lhe alguma coisa, que telefone primeiro, pedindo que você ligue o aparelho. Mas isto poderia engarrafar as linhas telefônicas. O melhor seria se a pessoa que precisasse mandar um fax lhe mandasse uma carta. E aí você responde: "Pode enviar a mensagem por fax na segunda-feira, às cinco horas, cinco minutos e 27 segundos, hora de Greenwich, quando deixarei o aparelho ligado por apenas quatro minutos e 36 segundos."

1989

Como reagir aos rostos conhecidos

Alguns meses atrás, eu estava passeando em Nova York quando vi de longe, vindo na minha direção, um sujeito que eu conhecia muitíssimo bem. O problema é que eu não me lembrava de onde o conhecia, e nem de como ele se chamava. É uma dessas sensações que se tem quando, numa cidade estrangeira, você encontra alguém conhecido em seu país, ou vice-versa. Um rosto fora do lugar sempre cria confusão. E todavia aquele rosto me era tão familiar que eu certamente deveria parar para cumprimentá-lo e travar uma conversa. Talvez ele me dissesse "Caro Umberto, como vai?", ou até "Você chegou a fazer aquela coisa de que me falou?", e eu não saberia o que fazer. Fingir que não o vi? Tarde demais, agora mesmo ele estava olhando para o outro lado da rua, mas acabou de dirigir seu olhar justamente na minha direção. Melhor tomar a iniciativa, cumprimentar e depois tentar recuperar a lembrança de quem é, pela voz ou pelas primeiras palavras.

Já nos encontrávamos a dois passos de distância, e eu estava prestes a abrir um vasto e radioso sorriso e estender-lhe a mão, quando de supetão reconheci de quem se tratava. Anthony Quinn. É evidente que eu nunca tinha me encontrado com ele na vida, e nem ele comigo. Num milésimo de segundo, consegui deter-me a tempo e passar por ele com o olhar perdido no vácuo.

Mais tarde, refletindo sobre o incidente, concluí que era normalíssimo. Houve outra ocasião em que, num restaurante, eu tinha visto Charlton Heston e tido o impulso de cumprimentá-lo. Esses rostos povoam nossa memória, passamos com eles muitas horas sentados diante de uma tela, tornaram-se tão familiares como os dos nossos parentes, e até mais. Podemos ser estudiosos das comunicações de massa, dissertar sobre os efeitos de realidade, sobre a confusão entre o real e o imaginário e sobre os que mergulham definitivamente nesta confusão, mas ninguém está imune a essa síndrome. Só que existem casos ainda piores.

Já me fizeram confidências pessoas que, por um período razoável, estiveram expostas aos *mass media*, aparecendo com certa frequência na televisão. Não estou falando de apresentadores como Pippo Baudo ou Maurizio Costanzo, mas de pessoas que precisaram participar de algum debate por motivos profissionais, o suficiente para se tornarem reconhecíveis. Todas lamentam a desagradável experiência. Geralmente, quando vemos alguém que não conhecemos pessoalmente, procuramos não fitar longamente seu rosto, não apontá-lo com o dedo ao nosso interlocutor e nem falar a seu respeito em voz alta quando pode nos ouvir. Estes comportamentos seriam no mínimo mal-educados e, a partir de um certo limite, agressivos. As mesmas pessoas que jamais apontariam com o dedo para o frequentador de um bar para dizer a um amigo que está usando uma bela gravata se comportam de modo muito diferente com os rostos conhecidos.

As minhas cobaias afirmam que diante de uma banca de jornais ou da tabacaria, quando descem do trem ou entram num restaurante, cruzam sempre com pessoas que dizem umas às outras em voz alta: "Olhe lá, é Fulano." "Tem certeza?" "Claro que sim, é ele mesmo." E continuam tranquilamente sua conversa, deixando Fulano escutar e sem se preocuparem com o fato de serem ouvidos por ele, como se ele não existisse.

As pessoas ficam confusas diante da entrada inesperada na vida real de um protagonista do imaginário dos *mass media*, mas ao mesmo tempo se comportam diante do personagem real como se ele ainda pertencesse ao imaginário, como se estivesse aparecendo numa tela ou numa fotografia de revista e falassem dele em sua ausência.

É como se eu tivesse agarrado Anthony Quinn pelas lapelas, arrastado-o até uma cabine telefônica de onde telefonasse a um amigo, dizendo: "Imagine o que me aconteceu, encontrei Anthony Quinn na rua, sabe que ele parece até de verdade?" (e depois o tivesse largado, seguindo em frente para cuidar da minha vida).

Os *mass media* primeiro nos convenceram de que o imaginário era real, e agora estão nos convencendo de que o real é imaginário, e quanto mais realidade nos mostram as telas da televisão, mais cinematográfico se torna o mundo cotidiano. Até que, como queriam alguns filósofos, pensaremos todos que estamos sós no mundo, e que todo o resto não passa de um filme que Deus ou um gênio maligno projeta diante dos nossos olhos.

1989

Como reconhecer um filme pornô

Não sei se já lhes aconteceu ver um filme pornográfico. Não estou me referindo aos filmes que contenham elementos de erotismo, ainda que ultrajosos para muitos, como por exemplo *O último tango em Paris*. Falo dos filmes francamente pornográficos, cuja única finalidade é despertar a excitação sexual do espectador, do princípio ao fim, e de maneira tal que, afora provocar esta excitação com inúmeras e variadas imagens de relações sexuais, o resto conta menos do que nada.

Muitas vezes, cabe aos magistrados decidir se um filme é puramente pornográfico ou se tem algum valor artístico. Não sou daqueles para quem o valor artístico absolve tudo, e acho que as obras de arte autênticas foram muitas vezes mais perigosas para a fé, os bons costumes e as opiniões dominantes que obras de menor valor. Além disso, acredito que os adultos conscientes têm todo o direito de consumir material pornográfico, pelo menos na falta de coisa melhor. Mas admito que os tribunais precisem às vezes decidir se um filme foi produzido com a finalidade de exprimir certos conceitos ou ideais estéticos (ainda que mostre somente cenas que ofendem o senso comum do pudor) ou se foi feito com a finalidade única e exclusiva de excitar os instintos do espectador.

Pois bem, existe um critério para decidir se um filme é pornográfico ou não, e este critério se baseia na contagem dos tempos mortos. Uma das grandes obras-primas do cinema de todos os tempos, *No tempo das diligências*, passa-se o tempo todo (à exceção do início, de breves intervalos e do final) numa diligência. Mas sem esta viagem o filme não faria sentido. *A aventura*, de Antonioni, compõe-se unicamente de tempos mortos: as pessoas vão e vêm, falam, se perdem e se reencontram sem que nada aconteça. Mas a intenção do filme é justamente mostrar que nada acontece. Você pode gostar ou não, mas é exatamente isto que o filme pretende dizer.

Já um filme pornográfico, para justificar o preço do ingresso ou a aquisição do videocassete, mostra algumas pessoas se relacionando sexualmente, homens com mulheres, homens com homens, mulheres com mulheres e mulheres com cães ou cavalos (assinalo aqui que não existem filmes pornográficos mostrando relações sexuais entre homens e éguas ou homens e cadelas: por quê?). Até aí tudo bem: mas são filmes sempre cheios de tempos mortos.

Se Gilberto, para poder violentar Gilberta, precisa fazer um longo caminho pela cidade, o filme mostra Gilberto guiando seu carro, esquina por esquina, sinal por sinal, percorrendo todo o trajeto.

Os filmes pornográficos mostram sempre pessoas que entram no carro e dirigem por quilômetros a fio, casais que perdem um tempo incrível preenchendo as fichas de registro nos hotéis, senhores que passam vários minutos subindo de elevador antes de chegar ao quarto, moças que ingerem bebidas diversas e perdem um tempo enorme conversando sobre bobagens de camisola de renda antes de se confessarem mutuamente que preferem Safo a Don Juan. Dito de maneira clara e vulgar, nos filmes pornográficos, antes de ver uma boa transa a pessoa é geralmente obrigada a engolir um documentário do ministério dos transportes.

As razões são óbvias. Um filme no qual Gilberto passasse o tempo todo violentando Gilberta, pela frente, por trás e pelo lado, não seria viável. Nem fisicamente para os atores, nem economicamente para o produtor. E nem, psicologicamente, para o espectador: para que a transgressão possa ocorrer, é preciso que haja contraste com um fundo de normalidade. E representar a normalidade é uma das coisas mais difíceis para qualquer artista — enquanto representar o desvio, o delito, o estupro, a tortura é facílimo.

Assim, o filme pornográfico precisa representar a normalidade — essencial para que a transgressão possa despertar algum interesse — do modo como ela é concebida por cada espectador. E, portanto, se Gilberto precisa tomar o ônibus e se deslocar do ponto A para o ponto B, veremos Gilberto tomando o ônibus e o ônibus percorrendo todo o trajeto entre A e B.

Isto costuma deixar os espectadores irritados, porque eles prefeririam que o filme mostrasse cenas inomináveis o tempo todo. Mas isto não passa de uma ilusão. Seriam incapazes de aguentar uma hora e meia de cenas inomináveis. E é por isso que os tempos mortos são essenciais.

Repito. Entrem num cinema. Se para irem de A a B os protagonistas levarem mais tempo do que você acharia desejável, isto significa que o filme é pornográfico.

1989

Como tomar um sorvete

Quando eu era pequeno, compravam-se dois tipos de sorvete para as crianças, vendidos em carrocinhas brancas com teto prateado: as casquinhas de dez centavos ou o biscoito de vinte. As casquinhas de dez centavos eram mínimas, cabiam perfeitamente na mão de uma criança e se confeccionavam tirando o sorvete do balde com a concha adequada e acumulando-o em cima do cone de massa. As avós nos aconselhavam a só comer uma parte da casquinha, jogando fora o fundo em ponta, porque havia sido tocado pela mão do sorveteiro (no entanto, era esta a parte melhor e mais crocante, e todos a comiam escondidos, fingindo tê-la jogado fora).

O biscoito de vinte centavos, a *cialda*, era confeccionado com um aparelho especial, também prateado, que comprimia duas superfícies circulares de massa contra uma seção cilíndrica de sorvete. Fazia-se correr a língua pelo interstício até ela não conseguir mais alcançar o núcleo central de sorvete, e a essa altura se comia tudo, pois as superfícies já estariam moles e devidamente impregnadas do néctar. As avós não tinham nada a dizer; em teoria, os biscoitos só tinham contato direto com a máquina: na prática o sorveteiro os pegava com as mãos para entregá-los, mas era impossível identificar a zona infectada.

Eu sentia grande fascínio por alguns coetâneos meus cujos pais adquiriam não um biscoito de vinte centavos, mas duas casquinhas de dez. Estes privilegiados saíam desfilando orgulhosos com um sorvete na mão direita e outro na esquerda e, movendo com agilidade a cabeça, lambiam ora um ora outro. Esta liturgia me parecia tão suntuosamente invejável que muitas vezes pedi para poder celebrá-la. Em vão. Meus pais eram inflexíveis: um sorvete de vinte centavos sim, mas dois de dez centavos absolutamente não.

Como todos podem ver, nem a matemática, nem a economia e nem a dietética justificavam esta recusa. E nem mesmo a higiene, contanto que depois se jogassem fora as extremidades dos dois cones. Uma piedosa justificação argumentava, na verdade falaciosamente, que um menino ocupado em ficar correndo os olhos de um sorvete para o outro estaria mais inclinado a tropeçar em pedras soltas, degraus ou irregularidades quaisquer do calçamento. De maneira obscura, eu intuía que devia haver algum outro motivo, cruelmente pedagógico, do qual porém não conseguia me dar conta.

Hoje, habitante e vítima de uma sociedade de consumo e do desperdício (o que certamente não era o caso dos anos 1930), compreendo que aqueles meus entes queridos, hoje desaparecidos, estavam com a razão. Dois sorvetes de dez centavos em lugar de um de vinte não eram economicamente um desperdício, mas sem dúvida o eram simbolicamente. Por isso mesmo eu os desejava tanto: porque dois sorvetes sugeriam um excesso. E era justamente por isso que me eram negados: porque parecia uma indecência, um insulto à miséria, uma ostentação de privilégio fictício, um luxo injustificado. Só tomavam dois sorvetes as crianças estragadas, aquelas que eram justamente castigadas nas histórias, como Pinóquio quando desprezava a casca e o talo da maçã. E os pais que encorajavam esta fraqueza dos pequenos *parvenus* educavam os filhos no teatro idiota do "quero-mas-não-posso", ou então os estavam preparando, como diríamos hoje, para se apresentarem ao *check-in* da classe turística portando um falso Gucci comprado num camelô da beira da praia de Rimini.

Este apólogo corre o risco de parecer desprovido de moral, num mundo onde a sociedade de consumo tenta estragar também os adultos, e lhes promete sempre algo a mais, do relojinho incluído na embalagem à medalha oferecida para quem comprar a revista. Como os pais daqueles glutões ambidestros que eu tanto invejava, a sociedade de consumo finge dar mais, mas na verdade dá por vinte centavos aquilo que vale vinte centavos. Jogamos fora o rádio velho para comprar o que promete também um toca-fitas *auto-reverse*, mas algumas inexplicáveis fraquezas da estrutura interna fazem com que o novo rádio dure somente um ano. O novo carro econômico tem assentos de couro, dois espelhos laterais reguláveis do interior e o painel em madeira, mas durará muito menos que a gloriosa Fiat 500 que, mesmo quando quebrava, sempre voltava a funcionar com um pontapé.

Mas a moral daqueles tempos queria que fôssemos todos espartanos, e a de hoje quer nos transformar a todos em sibaritas.

1989

Como não dizer "exato"

Vem-se encarniçando a batalha contra os estereótipos que invadem o italiano de uso corrente. Um destes, como se sabe, é "exato". Sabemos que, hoje, todo mundo responde "exato" quando quer manifestar sua concordância. O uso foi estimulado pelos primeiros programas de perguntas e respostas da televisão, em que, para assinalar a resposta certa, empregava-se a tradução direta do americano "that's right" ou "that's correct". Aliás, não há nada de fundamentalmente inexato em dizer "exato", salvo que quem pronuncia a palavra demonstra só ter aprendido italiano através da TV. Dizer "exato" é como ostentar em casa uma enciclopédia que, notoriamente, é dada como prêmio apenas aos compradores de um certo detergente.

Para atender a quem possa querer libertar-se do "exato", apresento a seguir uma relação de perguntas ou afirmações às quais hoje só se responde em geral "exato", acrescentando entre parênteses a fórmula alternativa que se poderia empregar para retorquir afirmativamente.

Napoleão morreu em 5 de maio de 1821. (Muito bem!) Desculpe, aqui é a praça Garibaldi? (Sim.) Alô, estou falando com Mario Rossi? (Quem fala?) Alô aqui é Mario Bianchi. Estou falando com Mario Rossi? (Sou eu mesmo, pode falar.) Quer dizer que ainda estou lhe devendo dez mil liras? (Isso mesmo, dez mil.) O que disse, doutor? AIDS? (Bem, infelizmente, sim.) O senhor está telefonando para o programa *Quem viu esta pessoa?* para dizer que encontrou a pessoa desaparecida? (Como foi que adivinhou?) Polícia: o seu nome é Rossi? (Carla, traga a minha maleta!) Quer dizer que você não usa calcinhas? (Até que enfim você percebeu!) O senhor está me cobrando dez milhões de resgate? (E como é que eu pago o meu telefone celular, se não for assim?) Se entendi bem, você assinou uma nota em branco no valor de dez bilhões, e deu meu nome como fiador? (Admiro a sua perspicácia.) O avião já levantou voo? (Está vendo aquele pontinho lá no céu?) Está querendo dizer que eu sou um canalha? (Acertou em cheio.)

Em suma, dirão vocês, o senhor está me aconselhando a nunca mais dizer exato.

Exato.

1990

Como se defender das viúvas

Pode ser, caros escritores ou escritoras, que vocês não se importem nem um pouco com a posteridade, mas não acredito. Qualquer um que, mesmo na adolescência, componha um poema falando do bosque sob a tormenta, ou que até a morte mantenha um diário em que anote até mesmo "hoje fui ao dentista", espera que os pósteros considerem esses escritos um tesouro. E mesmo que vocês desejassem o esquecimento, a indústria editorial de hoje tornou-se altamente eficiente na redescoberta de menores esquecidos, mesmo quando não tenham escrito uma linha sequer.

O póstero, como se sabe, é voraz e aceita tudo. Mesmo sendo capaz de escrever, acredita que qualquer texto alheio dá caldo. E portanto, ó escritores, vocês devem precaver-se do uso que o póstero poderá fazer de seus textos. Naturalmente, o ideal seria pôr em circulação apenas as coisas que vocês decidiram publicar em vida, destruindo cotidianamente qualquer outro vestígio, inclusive as terceiras provas. Mas todos sabem que precisam de anotações para trabalhar, e que a morte pode chegar de improviso.

Neste caso, o primeiro risco é que sejam publicados inéditos cuja leitura possa dar a entender que vocês eram uns perfeitos idiotas, e se qualquer um for reler as anotações que escreveu no dia anterior verá que este risco é fortíssimo (mesmo porque é típico da anotação ser fora de contexto).

Na falta de anotações, o segundo risco é de que, imediatamente *post mortem*, multipliquem-se os congressos sobre a sua obra. Todo escritor ambiciona ser recordado em ensaios, teses de mestrado, reedições com notas críticas, mas estes são trabalhos que requerem tempo e esforço. O congresso imediato produz dois resultados: reúne legiões de amigos, admiradores e jovens em busca de fama, apresentando-lhes de qualquer jeito quatro releituras na diagonal, e todos sabem que nesses casos o máximo que acontece é requentar-se o que já foi dito, confirmando o clichê. Assim, ao fim de pouco tempo, os leitores se desencantam com escritores tão maçantes em sua previsibilidade.

O terceiro risco é de que decidam publicar suas cartas particulares. É raro que os escritores escrevam cartas particulares diferentes daquelas dos mortais comuns, a menos que o façam por dissimulação, como Foscolo. Podem escrever "manda o laxante" ou então "te amo como um louco (uma louca) e agradeço por você existir" — o que é perfeitamente justo e normal. É patético que os pósteros saiam à procura desses testemunhos para concluir, a partir de sua leitura, que o escritor ou escritora também era um ser humano. Por quê? Achavam que fosse um fenicóptero?

Como evitar estes desdobramentos? Em relação às notas manuscritas, aconselho guardá-las em algum outro esconderijo imprevisível, deixando em seu lugar nas gavetas apenas uma espécie de mapa do tesouro que confirme a existência desse fundo, mas só forneça a respeito indicações indecifráveis. Obtém-se assim o duplo resultado de ocultar os manuscritos e suscitar muitas teses de mestrado discutindo a impenetrabilidade esfíngica daqueles mapas.

Quanto aos congressos, pode ser útil deixar disposições testamentárias detalhadas determinando que, em nome da Humanidade, para cada congresso organizado num prazo de dez anos depois de sua morte os promotores deverão fazer uma doação de vinte bilhões de liras à UNICEF. É difícil arranjar fundos, e para violar sua última vontade precisariam de muito descaramento.

O problema das cartas de amor é mais complexo. Para as que ainda não foram escritas, aconselha-se usar o computador, que confunde os grafólogos, além de pseudônimos afetuosos ("teu ratinho, Biribiri" etc.) que devem ser diferentes para cada parceiro ou parceira, de modo que a atribuição seja sempre duvidosa. É ainda aconselhável inserir alusões que, embora apaixonadas, resultem embaraçosas para os destinatários (como "amo até tua frequente flatulência") e os dissuadam da publicação.

No entanto, as cartas já escritas, especialmente durante a adolescência, não podem ser mais corrigidas. Nesses casos, convém encontrar seus destinatários, escrever uma missiva que evoque com tranquila serenidade aqueles dias inesquecíveis e prometer que a recordação daqueles momentos permanecerá tão imorredoura que, até depois da morte do remetente, os destinatários serão revisitados, para não deixar que tantas memórias venham a se extinguir. Nem sempre funciona, mas um fantasma é sempre um fantasma, e os destinatários não dormirão um sono tranquilo.

Poder-se-ia ainda manter um diário fictício no qual, de quando em quando, se insinuasse a ideia de que todos os seus amigos e amigas tendem à mentira e à falsificação: "Adelaide está sempre inventando histórias adoráveis", ou então, "Gualtiero me mostrou hoje uma carta falsa de Pessoa que é realmente admirável."

1990

Como não falar de futebol

Não tenho nada contra o futebol. Não vou aos estádios pela mesma razão por que jamais dormiria nos subterrâneos da Estação Central de Milão (ou passearia pelo Central Park em Nova York depois das seis da tarde), mas quando acontece assisto com interesse e prazer a um bom jogo pela televisão, porque reconheço e aprecio todos os méritos deste nobre esporte. Não odeio o futebol. Odeio os apaixonados pelo futebol.

    Mas não quero ser mal interpretado. Nutro pelos torcedores fanáticos os mesmos sentimentos que a Liga Lombarda nutre pelos imigrantes estrangeiros: "Não sou racista, contanto que fiquem na terra deles." E por terra deles entendo os locais onde costumam reunir-se durante a semana (o bar, a família, o clube) e as arquibancadas dos estádios, onde não me interessa o que acontece e acho até bom se chegarem os torcedores de Liverpool, porque depois poderei me divertir lendo as reportagens: já que é o caso de termos circenses, pelo menos que corra sangue.

    Não gosto do torcedor fanático porque ele tem uma estranha característica: é incapaz de compreender por que você também não é, e insiste em falar com você como se fosse. Para deixar claro o que pretendo dizer, darei um exemplo. Eu toco flauta doce (cada vez pior, segundo uma declaração pública de Luciano Berio, e ser acompanhado com tanta atenção pelos Grandes Mestres é sempre uma honra). Suponhamos então que eu esteja viajando de trem e pergunte ao senhor do assento em frente, para puxar conversa:

"Já ouviu o último compacto de Frans Brüggen?"
"Perdão?"

"A *Pavane Lachryme*. No meu entender, ele ralenta demais no início."
"Desculpe, não entendi."
"Mas conhece Van Eyck, não? (Escandindo) A Blockflöte."
"É que eu... É tocada com arco?"
"Ah, percebi, o senhor não..."
"É, eu não."
"Curioso. Mas sabe que para conseguir uma Coolsma feita à mão precisa esperar três anos? Nesses casos, vale mais usar uma Moeck de ébano. É a melhor, pelo menos das que se encontram no comércio. E Gazzelloni também acha. Escute, o senhor consegue chegar à quinta variação do *Derdre Doen Daphne D'Over?*"
"Na verdade, eu estou indo a Parma..."
"Ah, entendi, é que o senhor toca em fá, e não em dó. Dá mais satisfação. Sabe que descobri uma sonata de Loeillet que..."
"Leiê?"
"Mas queria ver o senhor tocando as fantasias de Tellemann. Sabe tocar? Será que não usa a *diteggiatura* alemã?"
"Para mim, sabe, os alemães... O BMW pode ser um ótimo carro, e respeito muito, mas..."
"Entendi. Prefere a *diteggiatura* barroca. Certo. Veja bem, os músicos da Saint Martin in the Fields..."

É isso, não sei se fui claro. E vocês estarão de acordo se meu infeliz companheiro de viagem puxar a campainha de alarme. Mas a mesma coisa acontece com o torcedor fanático. A situação é especialmente complicada com os motoristas de táxi:

"Viu o Vialli?"
"Não, deve ter chegado quando eu não estava em casa."
"Mas hoje à noite vai ver o jogo?"
"Não, vou estar lendo o livro Z da *Metafísica*, sabe, o Estagirita."
"Então veja e depois me diga. Para mim, Van Basten ainda pode ser o Maradona dos anos 1990, e o senhor, o que acha? Mas eu vou estar de olho no Hagi."

E continua a discorrer, como se falasse com as paredes. Não que não perceba que eu não me interesse. É que não consegue conceber que alguém não se interesse por futebol. Não compreenderia nem mesmo se tivesse três olhos e duas antenas plantadas nas escamas verdes da testa. Não tem qualquer noção da diversidade, da variedade e da incomparabilidade dos Mundos Possíveis.

Dei o exemplo do motorista de táxi, mas o mesmo acontece se o interlocutor pertencer às classes dominantes. É como a úlcera, atinge tanto os ricos como os pobres. Mas o curioso é que criaturas tão adamantinamente convencidas de que todos os homens são iguais se mostrem ao mesmo tempo dispostas a arrebentar a cabeça do torcedor fanático proveniente da província ao lado. Este chauvinismo ecumênico me arranca bramidos de admiração. É como se os habitantes da região da Liga Lombarda dissessem: "Deixem vir a nós os africanos. Assim podemos acabar com eles."

1990

Como justificar uma biblioteca particular

Desde criança, tenho estado habitualmente exposto a dois (e apenas dois) tipos de piada: "Você (o senhor) é aquele que sempre responde" e "Você (o senhor) ressoa pelos vales." Passei toda a minha infância convencido de que, por um curioso acaso, todas as pessoas que eu encontrava fossem estúpidas. Depois, tendo chegado à idade adulta, precisei descobrir que existem duas leis a que nenhum ser humano tem como esquivar-se: a primeira ideia que vem à mente é sempre a mais óbvia e, depois que a pessoa tem uma ideia óbvia, não lhe ocorre jamais que outros já possam tê-la tido antes.

Reuni uma coleção de títulos de artigos e resenhas, em todas as línguas do tronco indo-europeu, que variam entre "O eco de Eco" e "Um livro que produz eco". Salvo que, nesses casos, desconfio que não tenha sido esta a primeira ideia que veio à mente do redator; toda a redação deve ter-se reunido, discutido cerca de vinte títulos possíveis e, finalmente, o rosto do redator-chefe se iluminou e ele disse: "Rapazes, tive uma ideia fantástica!" E os colaboradores: "Chefe, você é um demônio, como é que tem essas ideias?" "É um dom", deve ter sido a sua resposta.

Não quero dizer com isto que todas as pessoas sejam banais. Tomar uma obviedade por ideia inédita, inspirada pela iluminação divina, revela um certo frescor de espírito, um certo entusiasmo pela vida e sua imprevisibilidade, um certo amor pelas ideias — por menores que elas possam ser. Sempre me lembrarei do primeiro encontro que tive com o grande homem que foi Erving Goffman: eu o admirava e amava pela genialidade e a profundidade com que sabia recolher e descrever as nuances mais sutis do comportamento social, pela capacidade que tinha de perceber traços infinitesimais que até então haviam escapado a todos.

Nós nos sentamos num café ao ar livre e ao fim de algum tempo, olhando para a rua, ele me disse: "Sabe, acho que hoje há automóveis demais circulando nas cidades." Talvez nunca tivesse pensado nisto, porque geralmente pensava em coisas bem mais importantes; tinha tido uma iluminação imprevista, e o frescor mental para enunciá-la. Eu, pequeno esnobe intoxicado pelas palavras de Nietzsche, teria sido incapaz de dizê-lo, mesmo que o pensasse.

O segundo choque da obviedade sobrevém a muitos que se encontram em condições iguais às minhas, ou seja, que possuem em casa uma biblioteca de certas dimensões — de tal maneira que, entrando em nossa casa, as pessoas não tenham como deixar de notá-la, inclusive porque nossa casa não contém muitas outras coisas. O visitante entra e diz: "Quantos livros! Já leu todos?" No início eu achava que esta frase só fosse pronunciada por pessoas de escassa intimidade com o livro, acostumadas a ver apenas estantezinhas com cinco livros policiais e mais uma enciclopédia infantil em fascículos. Mas a experiência me ensinou que também é pronunciada pelas pessoas mais inesperadas. Pode-se dizer que se trata quase sempre de pessoas que concebem as estantes como mero depósito de livros lidos e não a biblioteca como instrumento de trabalho, mas isto não bastaria. Estou convencido de que, quando se vê diante de muitos livros, qualquer pessoa é tomada pela angústia do conhecimento, e fatalmente resvala para a pergunta que exprime seu tormento e seus remorsos.

O problema é que à piada "O senhor é aquele que responde sempre" basta reagir com um sorriso e no máximo, quando é o caso de ser gentil, com um "Boa, esta!" Mas é preciso dar uma resposta à pergunta sobre os livros, enquanto o maxilar se enrijece e filetes de suor gelado escorrem ao longo da coluna vertebral. Durante algum tempo adotei uma resposta desdenhosa: "Não li nenhum deles; senão, por que estariam aqui?" Mas esta é uma resposta perigosa, porque desencadeia a reação óbvia: "E onde guarda os que já leu?" A melhor é a resposta padrão de Roberto Leydi: "E muitos mais, senhores, muitos mais", que deixa o adversário paralisado e o reduz a um estado de veneração estupefacta. Mas acho esta resposta impiedosa e ansiogênica. Ultimamente, eu me inclino por outra afirmação: "Não, estes são os que preciso ler durante o próximo mês, os outros eu guardo na universidade", resposta que por um lado sugere uma sublime estratégia ergonômica e, por outro, induz o visitante a antecipar o momento da despedida.

1990

Como não usar o telefone celular

É fácil ironizar os possuidores de telefones celulares. Mas é necessário descobrir a qual das seguintes cinco categorias eles pertencem. Primeiro vêm as pessoas fisicamente incapacitadas, ainda que sua deficiência não seja visível, obrigadas a um contato constante com o médico ou com o pronto-socorro. Louvada seja a tecnologia que pôs a seu alcance instrumento tão benéfico. Depois vêm aqueles que, devido a graves deveres profissionais, são obrigados a acorrer em qualquer emergência (capitães do corpo de bombeiros, médicos, transplantadores de órgãos à espera de cadáveres frescos, ou George Bush, porque se ele por acaso faltar o mundo pode cair nas mãos de Dan Quayle). Para essas pessoas, o telefone celular é uma dura necessidade, vivida com pouquíssima alegria.

Em terceiro lugar vêm os adúlteros. Só agora eles têm, pela primeira vez na história, a possibilidade de receber ligações de seu parceiro secreto sem que outros membros da família, as secretárias ou colegas mal-intencionados possam interceptar o telefonema. Basta que o número só seja conhecido por ele e ela (ou ele e ele, ou ela e ela: escapam-me as outras combinações possíveis). Todas as três categorias enumeradas até agora merecem o nosso respeito: no caso das duas primeiras, não nos importamos de ser perturbados em restaurantes ou durante uma cerimônia fúnebre, e os adúlteros tendem a ser muito discretos.

Seguem-se duas outras categorias que, ao contrário, representam um risco (para si mesmas, além de para nós). A primeira é composta de pessoas incapazes de ir a qualquer lugar se não tiverem a possibilidade de conversar fiado acerca de frivolidades com amigos e parentes de que acabaram de se separar. É difícil explicar a essas pessoas por que não deveriam fazê-lo: se não conseguem escapar à compulsão de interagir para fruir momentos de solidão, interessar-se por aquilo que estão fazendo naquele momento ou saborear a distância depois de terem saboreado a proximidade, se não conseguem evitar a exibição de sua vacuidade, fazendo dela, pelo contrário, emblema ostentado com orgulho, nesses casos o problema é da competência da psicologia. Elas nos incomodam, mas precisamos compreender sua terrível aridez interior, agradecer por não estarmos em sua pele e, finalmente, perdoar (e atenção, não se entreguem a uma alegria demoníaca por não serem assim, porque isto seria soberba e falta de caridade). Reconheçam essas pessoas como nossos semelhantes que sofrem, e voltem para eles o outro ouvido.

A última categoria (em que se incluem também, ao nível mais baixo da escala social, os compradores de telefones celulares falsos) é composta de pessoas preocupadas em mostrar em público o quanto são solicitadas, especialmente para complexas consultas a respeito dos negócios: as conversas que somos obrigados a escutar em aeroportos, restaurantes ou trens sempre tratam de transações monetárias, atrasos na entrega de perfis metálicos, solicitações de saldo de uma partida de gravatas e outras coisas que, no entendimento de quem fala, dão a impressão de que se trata de um verdadeiro Rockefeller.

Ora, a divisão entre as classes é um mecanismo impiedoso e atroz, por força do qual o novo-rico, mesmo quando ganha somas enormes, é marcado pelo estigma proletário atávico e não sabe como usar talheres de peixe, prende o macaquinho de ventosas na janela traseira da Ferrari, tem uma imagem de São Cristóvão na cabine do jatinho ou então costuma dizer "manágment"; e por isso nunca é convidado pela duquesa de Guermantes (e se tortura perguntando-se por que razão isto nunca acontece, já que sua lancha é tão comprida que quase poderia ser usada como uma ponte de costa a costa).

O que eles não sabem é que Rockefeller não precisa de telefone celular, porque conta com um plantel de secretários tão vasto e eficiente que no máximo, se seu avô estiver morrendo, por exemplo, alguém chega e lhe sussurra alguma coisa no ouvido. O homem poderoso é justamente aquele que não é obrigado a atender todas as ligações, muito pelo contrário: nunca está para ninguém, como se diz. Mesmo ao nível executivo mais baixo, os dois símbolos de sucesso e posição são a chave do banheiro privativo e uma secretária para dizer "o doutor não está na sala".

Portanto, todo aquele que ostenta o telefone celular como símbolo de poder na verdade está declarando de público sua condição irreparável de subordinado, obrigado que é a pôr-se em posição de sentido mesmo quando está empenhado num abraço, a qualquer momento em que o chefe o chamar, condenado a perseguir os credores noite e dia para poder sobreviver, perseguido pelos bancos, até mesmo durante a primeira comunhão da filha, por causa daquele título sacado a descoberto. Mas o fato de usar com ostentação o telefone celular é a prova de que não sabe dessas coisas, e confirma sua inapelável marginalização social.

1991

Como viajar nos trens americanos

É possível viajar-se de avião com úlcera, sarna, artrose no joelho, cotovelo de tenista, dispepsia, AIDS, tuberculose galopante e lepra. Mas não com um resfriado. Quem já tenha feito a experiência sabe que no momento em que o avião desce de chofre dez mil metros sentem-se dores de ouvido, a cabeça parece que vai explodir e qualquer um começa a esmurrar a janelinha pedindo para sair, mesmo sem paraquedas. Apesar de saber disso, munido de um *spray* nasal de efeito devastador, decidi viajar gripado para Nova York. Foi péssimo. Quando desembarquei, tinha a sensação de estar no fundo da fossa de Mindanao, via as pessoas abrindo a boca mas não ouvia nada. O médico me explicou depois, por sinais, que meus tímpanos estavam inflamados. Entupiu-me de antibióticos e me proibiu severamente de voar nos vinte dias seguintes. Como precisava ir a três localidades diferentes na Costa Leste, usei o trem para os meus deslocamentos.

As ferrovias americanas são a imagem de como o mundo poderia ficar depois de uma guerra atômica. Não que os trens não partam, mas muitas vezes não chegam, enguiçam no caminho, fazem-se esperar com seis horas de atraso em estações enormes, gélidas e vazias, sem bar e habitadas por tipos pouco recomendáveis, com corredores subterrâneos que lembram o metrô nova-iorquino em *De volta ao planeta dos macacos*. A linha entre Nova York e Washington, onde viajam jornalistas e senadores, pelo menos na primeira classe oferece o conforto de uma *business class*, com um prato quente ao nível dos refeitórios universitários. Mas as outras linhas têm vagões imundos, com os assentos de couro falso estripados, e o bar oferece pratos que nos despertam saudades (e me dirão que estou exagerando) da lavagem reciclada que é imposta aos passageiros nos trens italianos.

Assistimos a filmes coloridos em que crimes bestiais são cometidos em luxuosos vagões-dormitórios, com mulheres brancas e belíssimas servidas de champanhe por camareiros negros que acabavam de sair de ...*E o vento levou*. Mentira. Na realidade, viajam nos trens americanos passageiros negros recém-saídos da *Noite dos mortos-vivos*, e os inspetores brancos circulam enojados pelos corredores tropeçando em latinhas de Coca-Cola, em bagagens abandonadas, páginas de jornal cobertas da pasta de atum que jorra dos sanduíches quando se abre um invólucro de plástico quentíssimo irradiado por micro-ondas extremamente nocivas ao patrimônio genético.

O trem, nos Estados Unidos, não é uma escolha. É uma punição por não ter lido com atenção o estudo de Weber sobre a ética protestante e o espírito do capitalismo, cometendo o erro de permanecer pobre. Mas a última palavra de ordem dos liberais é ser politicamente correto (ou seja: a linguagem não deve dar a perceber as diferenças). E os inspetores são gentilíssimos até mesmo com o último dos barbudos (naturalmente, eu deveria dizer "não barbeado de maneira banal"). Pela Pennsylvania Station, vagueiam inclusive muitos "não viajantes", que lançam olhares distraídos à bagagem alheia. Mas são recentes as polêmicas sobre a brutalidade da polícia de Los Angeles e Nova York é uma cidade politicamente correta. O policial irlandês se aproxima do possível vagabundo, sorri e lhe pergunta o que está fazendo ali. Este apela aos direitos humanos, o policial observa beatificamente que do lado de fora o dia está lindo e depois vai embora, fazendo balançar (e não girar) seu comprido cassetete.

Mas muitos dos pobres, além disso, não conseguindo abandonar o símbolo máximo da marginalização, fumam. Se você experimenta entrar no único vagão de fumantes, ingressa subitamente na *Ópera dos três vinténs*. Eu era o único de gravata. O resto eram *freaks* catatônicos, *tramps* que dormiam roncando com a boca escancarada, zumbis comatosos. O vagão de fumantes era o último do comboio, de modo a obrigar na chegada esta coleção de miseráveis a caminhar uma centena de metros com o andar de Jerry Lewis.

Fugindo do inferno ferroviário e envergando roupas não contaminadas, encontrei-me no jantar na sala reservada de um Faculty Club, entre professores bem-vestidos e com sotaque educado. No final da refeição, perguntei se podia ir fumar em algum lugar. Um instante de silêncio e de sorrisos embaraçados, e depois alguém fechou as portas, uma senhora tirou da bolsa um maço de cigarros e outros saquearam o meu. Olhares cúmplices, risinhos abafados como na plateia escura de um espetáculo de *strip-tease*. Foram dez minutos de deliciosa e fremente transgressão. Eu era Lúcifer, vinha do mundo das trevas e os iluminava com a chama do pecado.

1991

Como escolher uma profissão rendosa

Existem profissões requisitadíssimas e que rendem muito, só que exigem uma preparação intensa e especializada.

Por exemplo, a profissão de colocador das placas de trânsito que indicam o caminho para as autoestradas nos centros urbanos. Para saber que sua finalidade, além de desengarrafar o centro, também é desengarrafar as próprias autoestradas, basta seguirmos estas placas uma única vez. Logo nos encontraremos, exaustos, no beco sem saída mais perigoso da periferia industrial da cidade. Mas não é fácil colocar as placas no ponto certo. A uma pessoa sem imaginação, poderia ocorrer colocá-las nos pontos onde se apresenta uma escolha complexa entre vários caminhos e onde o motorista já tem uma boa probabilidade de perder-se por sua própria conta. Em vez disso, a placa só é colocada nos pontos onde o percurso a seguir é óbvio e o motorista, por puro instinto, já tomaria o caminho certo, de maneira a fazê-lo tomar outra direção. Para desincumbir-se bem deste trabalho, é necessário conhecer urbanismo, psicologia e teoria dos jogos.

Outro ofício muito requisitado é o de redator das instruções incluídas nas embalagens de eletrodomésticos e aparelhos eletrônicos. O papel dessas instruções é, antes de mais nada, o de impedir a instalação daqueles aparelhos. O modelo a seguir não é o dos enormes manuais que acompanham as calculadoras de bolso, porque estes alcançam a mesma finalidade, mas de um modo dispendioso para o fabricante. O verdadeiro modelo são as bulas dos produtos farmacêuticos, produtos que apresentam ainda a vantagem de ter nomes de aparência científica mas na verdade criados de modo a tornar evidente a natureza do produto no caso do adquirente ficar embaraçado quando o compra (Prostatan, Menopausin, Chatolax). As instruções que os acompanham, ao contrário, tendem a tornar impenetráveis em poucas palavras os avisos de que nossa vida pode depender: "Nenhuma contraindicação, salvo reações imprevistas e letais ao produto."

No caso dos eletrodomésticos e similares, as instruções devem estender-se tanto na explicação de coisas óbvias que o comprador fica tentado a ignorá-las, perdendo deste modo a única informação realmente essencial:

Para poder instalar o PZ40, é necessário retirá-lo da embalagem, extraindo-o da caixa de papelão. O PZ40 só pode ser extraído da embalagem depois que esta tiver sido aberta. A embalagem deve ser aberta levantando-se em direções opostas as duas abas da tampa (ver desenho no interior). Durante a operação de abertura, recomenda-se manter a embalagem em posição vertical com a tampa voltada para cima — caso contrário o PZ40 pode cair no chão durante a operação. A parte de cima é aquela indicada pela seta com os dizeres "Este lado para cima". No caso de a tampa não abrir na primeira tentativa, aconselha-se tentar uma segunda vez. Depois de abrir e antes de retirar a cobertura de alumínio que envolve o PZ40, aconselha-se puxar a lingueta vermelha, senão a embalagem explode. ATENÇÃO: depois de retirar o PZ40 da caixa, pode-se jogar fora a embalagem.

Também não é um ofício desprezível a elaboração dos questionários que são publicados, geralmente durante o verão, nos semanários de política e cultura. "Entre um copo de leite de magnésia e um de conhaque francês, qual você escolheria? Você prefere passar as férias com uma octogenária leprosa ou com Isabelle Adjani? Prefere se ver coberto de formigas-ruivas ferocíssimas ou passar uma noite com Ornella Mutti? Se respondeu sempre A, tem um temperamento caprichoso, inventivo, original, mas sexualmente um pouco frio. Se respondeu sempre B, é um maroto."

Na seção de medicina de um jornal, encontrei um questionário sobre o bronzeamento que previa três respostas, A, B ou C, para cada quesito. As respostas A são interessantes: "Quando você se expõe ao sol, como fica a vermelhidão da sua pele? A: Intensa. Quantas vezes você já se queimou além da conta? A: Todas as vezes que me expus ao sol. Quarenta e oito horas depois do eritema, de que cor está a sua pele? A: Ainda vermelha. Solução: se a maioria das suas respostas foi A, sua pele é sensibilíssima e você tem uma forte tendência a ser vítima do eritema solar." Imediatamente, me ocorre um questionário que pergunte: "Você já caiu várias vezes da janela? Nestes casos, sofreu fraturas múltiplas? Conseguiu em cada caso uma licença por invalidez permanente? Se a maioria de suas respostas foi Sim, ou é um imbecil ou tem o labirinto desregulado. Não se debruce nunca mais quando o brincalhão de costume chamá-lo da rua, gesticulando para você descer logo."

1991

Como usar as reticências

Em "Como reconhecer um filme pornô", eu disse que para diferenciar um filme pornográfico de um filme que simplesmente represente acontecimentos eróticos basta determinar se, para andar de carro de um lugar a outro, os personagens levam mais tempo do que o espectador deseja ou que a cena exija. Critério científico semelhante pode ser usado para diferenciar o escritor profissional do escritor de domingo (que ainda assim pode ficar famoso). Trata-se do uso das reticências no meio da frase.

Os escritores só usam reticências no final da frase, para indicar que o discurso poderia continuar ("e sobre esta questão se poderia falar ainda muito, mas..."), e no meio da frase ou entre frases quando quer assinalar que o texto tem caráter fragmentário ("Aquela parte do lago de Como... acaba se estreitando mais adiante"). Já os não escritores usam as reticências para pedir perdão por uma figura de retórica que considerem audaciosa demais: "Estava furioso como... um touro."

O escritor é alguém que decidiu levar a linguagem além dos seus limites, e por isso assume a responsabilidade por suas metáforas mais ousadas: "Prodígio igual não contemplou a natureza: banhar-se nos sóis e se enxugar com os rios." Concordamos todos que neste dístico Artale exagera, como bom autor barroco que era, mas pelo menos não jogou a pedra e depois escondeu a mão. Em seu lugar, o não escritor escreveria: "Banhar-se... nos sóis e se enxugar... com os rios", como se dissesse: "é claro que estou brincando".

O escritor escreve para os escritores, o não escritor escreve para o vizinho do apartamento ao lado ou para o diretor da agência dos correios da cidade, e teme (erroneamente) que eles não sejam capazes de compreender ou perdoar suas ousadias. Usa as reticências como uma licença especial de trânsito: quer fazer uma revolução, mas com a autorização da polícia.

O quanto as reticências podem ser infelizes é demonstrado por esta modesta série de variações que mostram o que teria acontecido à nossa literatura caso os escritores italianos tivessem sido tímidos.

"Louvado seja, meu senhor, pela... irmã lua e as estrelas."
"Como na selva... passarinho no verdor."
"Se eu fosse... fogo, queimaria o mundo."
"No meio... do caminho da nossa vida."
"Santíssimo e caríssimo e... dulcíssimo pai em Cristo doce... Jesus."
"Como nas tranças louras... ouro polido e... pérolas, estavam naquele dia a vê-la."

E paciência com o feio papel que teriam feito aqueles Grandes. Mas deve-se notar que a inserção de reticências para exprimir o temor diante da ousadia da linguagem figurada também pode ser usada para induzir a desconfiança de que uma expressão que parece ser claramente literal possa ser na realidade uma figura de retórica. Tentemos um exemplo. *O Manifesto comunista* de 1848 começa, como se sabe, com a frase "Um espectro vagueia pela Europa". Vamos admitir que se trata de uma bela frase inicial. Imaginem se Marx e Engels tivessem escrito "Um... espectro vagueia pela Europa". Simplesmente teriam posto em dúvida que o comunismo fosse uma coisa tão terrível e impalpável, e talvez a revolução russa tivesse sido antecipada em cinquenta anos, quem sabe até com o beneplácito do czar, e até Mazzini teria participado dela.

Mas se tivessem escrito "Um espectro... vagueia pela Europa"? Quer dizer que não vagueia? Está em algum lugar definido? Mas onde? Ou será que os espectros, por serem espectros, aparecem e desaparecem de um momento para o outro, num piscar de olhos, e não perdem tempo a vagar? Mas não acaba aqui. E se tivessem escrito "Um espectro vagueia... pela Europa"? Teriam querido dizer que estavam exagerando, e que já era muito se o espectro conseguia circular por Treviri, e os outros podiam ficar tranquilos por enquanto? Ou estariam aludindo ao fato de que o espectro do comunismo já estava àquela altura obcecando as Américas e, sabe-se lá, a Austrália?

"Ser ou... não ser, eis a questão", "Ser ou não ser, eis a... questão", "Ser ou não... ser, eis a questão..." Vejam quanto trabalho teria tido a crítica shakespeariana para determinar as intenções recônditas do Bardo.
"A Itália é uma república fundada... no trabalho (ah!)"
"A Itália é, digamos, uma... república fundada no trabalho."
"A Itália é uma república... fundada (???) no trabalho."
"A... Itália (se houvesse) seria uma república fundada no trabalho."
A Itália é uma república fundada em reticências.

1991

III
Fragmentos da Cacopédia

a Angelo Fabbri

Nota

O projeto da Cacopédia foi elaborado no início dos anos 1980, nas pizzarias de Bolonha, por um grupo restrito de estudiosos ao qual se agregariam mais tarde outros de valor não menor ao longo do empreendimento. Uma primeira série de textos sobre a Cacopédia apareceu como suplemento de Alfabeta, 38-39, 1982, e outra em O cavalo de Troia, 3, 1982.

A Cacopédia (a etimologia é óbvia, e opõe uma educação perversa e disforme a uma educação circular e harmônica) tinha a pretensão de configurar-se como uma suma negativa do saber, ou então uma suma do saber negativo — nunca se conseguiu decidir qual das duas fórmulas seria a mais indicada para sublinhar os propósitos desestabilizantes do empreendimento. A tarefa cognoscitiva da Cacopédia pretendia ser a de promover um recenseamento total do antissaber.

Os critérios para a formulação de um artigo da Cacopédia eram os seguintes: (i) partir de um título que representasse a inversão possivelmente simétrica de um artigo de enciclopédia normal; (ii) a partir de uma premissa exata, deduzir paralogisticamente conclusões errôneas ou, a partir de uma premissa errônea, deduzir silogisticamente conclusões incontestáveis; (iii) no final do empreendimento, a reunião dos artigos deveria formar um sistema, ou melhor, um antissistema; (iv) o artigo deveria servir, pela ameaça e pelo terror, para prevenir, pelo menos nos dez anos seguintes, desenvolvimentos científicos cacopédicos que se pretendessem sérios, ou então impedir que alguém viesse a desenvolver efetivamente o estudo de um tema cacopédico supondo que fosse merecedor de atenção. Como se vê, o quarto critério punha em relevo o fim ético e eugenético do empreendimento.

Uma das muitas razões pelas quais o projeto se interrompeu é que, à medida que ia sendo produzido, ocorria aos envolvidos que, em vários setores do saber, já haviam acontecido ou vinham acontecendo, sem qualquer ironia, reviravoltas cacopédicas: basta pensar, por exemplo, nas ideias do corpo sem órgãos ou da interpretação como mau entendimento no neoliberalismo marxista ou no neomarxismo liberal etc.

Antes de apresentar nas páginas que se seguem alguns artigos cacopédicos, tanto éditos como inéditos, escritos por meu punho (mas sempre depois de um amplo debate com outros cacopedistas), fornecerei agora uma breve bibliografia de artigos ou projetos de artigos criados por outros autores.

Angelo Fabbri, Teoria das anástrofes *(cf. Alfabeta, op. cit.), como teoria das formas maleáveis, em que eram descritas com rigor matemático as anástrofes do salaminho, do preservativo, do macarrão, da orelha de coelho e do coador.*

Renato Giovannoli, Gramática abortiva *(cf. Alfabeta, op. cit.): algoritmo chomskyano capaz de produzir sequências de silêncios, com uma admirável exemplificação a partir do enunciado* o cão come o carteiro.

Renato Giovannoli, manuscritos inéditos sobre a Lógica da implicação ampla *(só se aplica no caso em que o antecedente seja verdadeiro e o consequente falso, e também nos outros casos), sobre o* Modus Intollerans, *o* Modus Quodlibetalis *e o* Modus Indisponens.

Omar Calabrese, Catamorfose *(cf. Alfabeta, op. cit.): estudo deste processo, geralmente negligenciado pelos historiadores da arte, desenvolvido graças ao uso do catadioptro, lente esférica biconvexa limitada por duas superfícies concêntricas de curvatura diversa, de tal maneira que qualquer raio que incida sobre a mais curva, depois de refratado pela lente e refletido pela outra superfície, que é prateada, reemerja voltando-se exatamente sobre si mesmo; se o observador estiver fora do catadioptro, é impossível distinguir a imagem original da catadióptrica; no entanto, se o observador conseguir colocar-se no interior do aparelho, qualquer imagem será vista por ele como um único ponto.*

Autor incerto, manuscrito inédito, Zerologia: *método completo de cálculo lógico baseado apenas no zero, com as respectivas regras de adição, subtração, multiplicação e divisão, bem como uma tabuada; a zerologia aspirava a resolver o paradoxo do regresso ao infinito das metalinguagens, já que uma linguagem lógica que tivesse apenas o zero como ponto de partida bastaria para falar de si mesma.*

Autor incerto, manuscrito inédito, teoria dos Peace Games, *muito mais difíceis de jogar que os* War Games, *uma vez que o resultado ótimo se identifica com a posição do empate.* Previa-se ainda a comercialização de vários produtos, como Conferência da ONU, Patrões e Sindicatos, Como Usar o Terceiro Mundo e Peguei Você com a Mão na Massa.
 Marco Santambrogio, teoria dos indicadores frágeis (não realizado).
 Giulio Giorello, lógica do encobrimento científica (não realizado).
 Giorgio Sandri, Ars Oblivionalis *(não realizado).*
 Tullio De Mauro, vários projetos entre os quais o estudo da endófora (procedimento retórico de reductio ad silentium *de qualquer alegoria possível), e a anáurica ou inótica, ciência dos sistemas que só servem para não serem ouvidos (onde se esboçava uma nova teoria dos monemas).*
 Paolo Fabbri se empenhou ainda na elaboração de cerca de cinquenta mitos Bororo, cada um deles baseado numa desliposição, sendo as desliposições disjunções binárias que sofreram deslocamentos no sistema; já haviam sido isoladas as desliposições natureza *vs* fricativa, macho *vs* adulto, cru *vs* esquerda, vida *vs* dental, local *vs* natureza, analógico *vs* díspar, consanguíneo *vs* caçador, doméstico *vs* oclusivo.

 Na obra Alfabeta, *já citada, apareciam ainda contribuições de dois cacopedistas independentes. Como escritores, eles propunham alguns elementos de Kalopédia. Antonio Porta dissertou sobre os idiotrismos (de "idiotia" + "aforismos" + "truísmos") do tipo* duvido, logo hesito *e* um anão lava o outro; *Luigi Malerba — a pretexto de explicar as origens da velocidade do som e da luz — fornecia na verdade estimulantes reflexões sobre a velocidade das trevas. Outros projetos ficaram no estado embrionário: composição de um* Anti-Jocasta, *uma teoria das disfunções narrativas, um ensaio sobre o desprazer do texto, consequências jurídicas do* Habeas Animam, *desergonomia, mecânica indiferêntica, comportamento do Esquema de Maxwell, Deficiência Artificial, Tanatrônica,* machines mariées, *Teoria dos Grifos, economia da menos-valia, princípios da leveza dos corpos, metafísica da Coisa Fora de Si e código de processo incivil.*
 A Cacopédia nunca foi realizada — dizem os rumores — porque muitos achavam que, por sua própria natureza, só podia ser um work in regress. *Assim, ao mesmo tempo que escreviam seus artigos, os cacopedistas deveriam ir destruindo os*

que já estavam prontos. O fato de alguns deles terem sido na verdade publicados, como já se disse, serve apenas para provar o quanto é ilimitada a nossa vaidade e débil a nossa ética científica.

Mas a razão psicológica pela qual o projeto acabou sendo finalmente abandonado foi o trágico desaparecimento de um de seus mais brilhantes animadores, Angelo Fabbri. Sem sua presença à mesa da pizzaria, ninguém mais teve vontade de continuar.

E é por isso que publico também aqui dois artigos que assino (e concebi) conjuntamente com Angelo Fabbri, que desta forma pretendo recordar.

Da impossibilidade de construir a carta do império em escala um por um

"... Naquele Império, a Arte da Cartografia chegou a tal Perfeição que o Mapa de uma Província ocupava toda uma Cidade, e o Mapa do Império toda uma Província. Com o tempo, esses Mapas desmesurados já não bastavam mais. Os Colégios de Cartógrafos elaboraram um Mapa do Império que tinha a imensidão do próprio Império e coincidia perfeitamente com ele. Mas as Gerações Seguintes, menos afeitas ao Estudo da Cartografia, pensaram que este Mapa enorme era inútil e, não sem impiedade, abandonaram-no às Inclemências do Sol e dos Invernos. Nos Desertos do Ocidente ainda sobrevivem Ruínas dilaceradas do Mapa, habitadas por Animais e Mendigos; em todo o País, não existe nenhuma outra Relíquia das Disciplinas Geográficas."

(Tirado de Viajes de Varones Prudentes,
de Suárez Miranda, livro IV, cap. XIV, Lérida, 1658.
Citado por Jorge Luis Borges,
História universal da infâmia "Etc.")

1. *Requisitos para um mapa 1/1m*

Discute-se aqui a possibilidade teórica de um mapa do império em escala um por um (1/1m), partindo dos seguintes postulados:

1.1. Que o mapa seja efetivamente em escala um por um, e portanto coextensivo com o território do império.

1.2. Que seja um mapa e não um decalque: não se considera aceitável, portanto, que a superfície do império seja recoberta de material maleável capaz de reproduzir seus mínimos relevos; neste caso, não se poderia falar de cartografia, mas de empacotamento ou pavimentação do império, e seria mais conveniente declarar por lei o império como um mapa de si mesmo, com todos os paradoxos semióticos que disso pudessem derivar.

1.3. Que o império de que se fala seja aquele X de que *nihil majus cogitare possit*, e que portanto o mapa não possa ser produzido e estendido em uma zona desértica de um segundo império x2 tal que x2 (como se o mapa um por um do Principado de Mônaco, por exemplo, fosse estendido no deserto do Saara). Neste caso, a questão seria totalmente desprovida de qualquer interesse teórico.

1.4. Que o mapa seja fiel, e portanto represente do império não somente os relevos naturais, mas também os artefatos, bem como a totalidade de seus súditos (esta última é uma condição máxima, que pode ser desatendida por um mapa empobrecido).

1.5. Que se trate de um mapa, e não de um atlas de folhas parciais: nada impede, em teoria, que num lapso razoável de tempo se realize uma série de projeções parciais em folhas separadas para serem usadas apenas como referências a porções parciais do território. O mapa pode ser produzido em folhas separadas, mas com a condição de serem depois reunidas de modo a formarem o mapa global de todo o território do império.

1.6. Que, finalmente, o mapa resulte num instrumento semiótico, isto é, capaz de significar o império ou permitir referências ao império propriamente dito, especialmente nos casos em que o império não possa ser percebido de outro modo. Esta última condição exclui, por exemplo, que o mapa seja uma folha transparente estendida de maneira estável sobre o território e na qual os relevos do próprio território estejam projetados ponto a ponto, porque neste caso qualquer extrapolação feita sobre o mapa aconteceria ao mesmo tempo no território subjacente, e o mapa perderia sua função de gráfico existencial máximo.

É necessário portanto que (i) o mapa não seja transparente ou (ii) não se estenda sobre o território ou, enfim, (iii) seja orientável de tal maneira que os pontos do mapa fiquem apoiados sobre os pontos do território que não são os representados.

Demonstraremos a seguir que cada uma dessas três soluções leva a dificuldades práticas e a paradoxos teóricos intransponíveis.

2. Modos de produção do mapa

2.1. Mapa opaco estendido sobre o território

Por ser opaco, quando este mapa fosse percebido não haveria percepção do território subjacente. Ele faria assim o papel de anteparo entre o território e os raios solares ou as precipitações atmosféricas. Ele alteraria portanto o equilíbrio ecológico do próprio território, e assim o território apareceria representado no mapa diversamente da maneira como efetivamente está. A correção contínua do mapa, teoricamente possível no caso de um mapa suspenso (cf. 2.2), é neste caso impossível, porque as alterações do território ficariam imperceptíveis devido à opacidade do mapa. Os habitantes, portanto, estariam extraindo inferências acerca de um território desconhecido a partir de um mapa infiel. Se, finalmente, o mapa representar também os habitantes, resultaria por isso novamente infiel, na medida em que representaria um império habitado por súditos que, na realidade, habitam o mapa.

2.2. Mapa suspenso

Implantam-se sobre o território do império postes de altura idêntica em seus pontos culminantes, e se estende sobre a ponta dos postes uma superfície de papel ou de tecido em que, de baixo para cima, fossem projetados todos os pontos do território. O mapa poderia ser usado como signo do território, dado que para inspecioná-lo seria necessário levantar os olhos, desviando o olhar do território correspondente. Todavia (e esta é uma condição que valeria também para o mapa opaco, se este não resultasse impossível devido a outras considerações mais cogentes), cada porção do mapa só poderia ser consultada se estivesse estendida sobre a porção correspondente do território, e portanto

♦ 337 ♦

o consulente não poderia extrair dele informações sobre as partes do território diferentes daquelas sobre as quais se encontra no momento da consulta.

O paradoxo poderia ser superado se o mapa fosse sobrevoado do alto: mas [além (i) da dificuldade de decolar contra o vento de um território integralmente recoberto por uma superfície de papel ou tecido; (ii) do problema para tornar o mapa igualmente legível tanto do alto como de baixo; (iii) do fato de que o mesmo resultado cognitivo poderia ser facilmente alcançado se sobrevoássemos um território sem mapa] qualquer súdito que decidisse sobrevoar o mapa, abandonando assim o território do império, tornaria o mapa automaticamente infiel, porque a partir de então ele estaria representando um território com um número de habitantes que excederia ao menos em um o número de residentes efetivos no momento da observação aérea. Esta solução só seria portanto possível no caso do mapa empobrecido, que não representa os súditos.

Vale enfim para o mapa suspenso, a partir do momento em que for opaco, a mesma objeção que se aplica ao primeiro mapa: impedindo a penetração dos raios solares e das precipitações atmosféricas, ele alteraria o equilíbrio ecológico do território, tornando-se assim uma representação infiel.

Os súditos poderiam ter duas maneiras para remediar este inconveniente: produzindo todas as partes isoladas do mapa, depois de içados todos os postes, no mesmo instante do tempo em todos os pontos do território, de modo que o mapa resultasse fiel ao menos no momento em que fosse terminado (e talvez por mais algumas horas em seguida); ou então procedendo a uma correção contínua do mapa com base nas modificações ocorridas no território.

Neste segundo caso, porém, a atividade de correção dos súditos os obrigaria a deslocamentos que o mapa não teria como registrar, tornando-se assim mais uma vez infiel, a menos que fosse uma versão empobrecida. Além disso, ocupados em corrigir continuamente o mapa, os súditos não poderiam controlar a degradação ecológica do território, e a atividade de correção do mapa acabaria levando à extinção de todos os súditos, e portanto do império.

Não seria diferente o caso se o mapa fosse de material transparente e permeável. Este mapa resultaria inconsultável de dia devido à influência dos raios solares, e cada zona de cor que reduzisse o brilho solar acabaria fatalmente reduzindo a ação do sol sobre o território, produzindo igualmente transformações ecológicas de menor porte, mas de impacto teórico idêntico sobre a fidelidade do mapa.

Finalmente, afasta-se a hipótese de um mapa suspenso dobrável e desdobrável segundo uma orientação diversa. Esta solução levaria sem dúvida à eliminação de muitas das dificuldades expostas acima, mas, embora tecnicamente diversa do dobramento de um mapa de terceiro tipo, resultaria fisicamente mais cansativa e exporia em qualquer caso o mapa aos paradoxos do dobramento que também valem para o mapa do terceiro tipo, e assim as objeções que se podem apresentar a um se aplicariam também ao outro.

2.3. *Mapa transparente, permeável, estendido e orientável*

Este mapa, traçado em material transparente e permeável (como a gaze, por exemplo), é estendido sobre a superfície do império e deve poder ser orientável.

Todavia, depois de ter sido traçado e estendido, ou os súditos permanecem sobre o território, debaixo do mapa, ou então sobem no mapa. Se os súditos tiverem produzido o mapa acima de suas cabeças, não só não poderão mover-se, porque qualquer movimento alteraria a posição dos súditos que ele representa (a menos que se recorra a uma versão empobrecida), como ainda, ao se mover, poderiam emaranhar-se na finíssima membrana de gaze que os recobre, provocando sérios prejuízos ao mapa e finalmente tornando-o infiel, uma vez que ele assumiria uma configuração topológica diversa, produzindo zonas de catástrofe que não correspondem à planimetria do território. É necessário portanto supor-se que os súditos terão produzido e estendido o mapa colocando-se depois por cima dele.

Valem neste caso numerosos paradoxos já examinados nos casos precedentes: o mapa representaria um território habitado por súditos que, na realidade, habitariam sobre o mapa (salvo no caso da versão empobrecida); seria impossível a consulta do mapa, porque cada súdito só poderia examinar a parte correspondente ao território sobre o qual estivessem o próprio súdito e o mapa; a transparência do mapa tolheria sua função semiótica, porque ele só funcionaria como signo na presença do próprio referente; residindo sobre o mapa, os súditos não poderiam cuidar do território, que se degradaria, tornando o mapa infiel etc... É necessário portanto que o mapa seja dobrável e depois desdobrável segundo uma orientação diversa, de modo que cada ponto x do mapa que represente um ponto y do território possa ser consultado quando o ponto x do mapa estiver apoiado num ponto z qualquer do território de modo que z ≠ y. O dobramento e o desdobramento permitem enfim que, durante longos períodos de tempo em que o mapa não for consultado e não recobrir o território, sejam permitidos o cultivo da terra e a revisão do mapa, de modo que a configuração efetiva do território seja sempre igual à representada no mapa.

2.4. *Dobramento e desdobramento do mapa*

Devem-se postular, em todos os casos, algumas condições preliminares: (i) que o relevo do território permita o livre movimento dos súditos empregados no dobramento do mapa; (ii) que exista um vasto deserto central onde o mapa dobrado possa ser alojado e girado para poder ser desdobrado segundo uma orientação diversa; (iii) que o território seja em forma de círculo ou de um polígono regular, de modo que o mapa, qualquer que seja a orientação que adote, jamais ultrapasse seus limites (um mapa um por um da Itália, girando noventa graus, transbordaria do território, caindo no mar); (iv) que se aceite neste caso a condição necessária segundo a qual haverá sempre um ponto central do mapa sobreposto à mesma porção do território que representa.

Satisfeitas essas condições, os súditos podem deslocar-se em massa na direção dos limites periféricos do império, evitando deste modo que o mapa seja dobrado com súditos dentro. Para resolver o problema do adensamento de todos os súditos às margens do mapa (e do império), é necessário postular um império habitado por um número de súditos nunca superior ao número de unidades de medida do perímetro total do mapa, correspondendo a unidade de medida perimetral ao espaço ocupado por um súdito em pé.

Suponha-se agora que cada súdito agarre um canto do mapa e o vá dobrando progressivamente, avançando de costas: chegar-se-ia fatalmente a uma fase crítica em que a totalidade dos súditos se encontraria adensada no centro do território, sobre o mapa, sustentando seus folhos dobrados sobre a cabeça. Teríamos então a situação dita de catástrofe escrotal, em que toda a população do império permaneceria encerrada em um saquinho transparente, em condição de emperramento teórico e de grave prejuízo físico e psíquico para todos os envolvidos. Para evitá-la, os súditos, à medida que for ocorrendo o dobramento, deverão pular para fora do mapa, pisando na superfície do território e continuando a dobrar o mapa de fora para dentro, de modo que a última fase do dobramento só venha a ocorrer quando não houver mais nenhum súdito encerrado no interior do saquinho.

No entanto, esta solução levaria à situação seguinte: após o dobramento, o território consistiria em seu próprio âmbito e mais um enorme mapa dobrado em seu centro. Deste modo, o mapa dobrado, embora inconsultável, resultaria infiel, porque se sabe com certeza que representaria o império sem indicar sua própria presença, dobrado no centro do território. E não haveria então razão para se desdobrar depois com fins de consulta um mapa que, *a priori*, todos saberiam ser infiel. Por outro lado, se o mapa representasse a si mesmo dobrado no centro, tornar-se-ia infiel toda vez que fosse desdobrado.

Poder-se-ia presumir que o mapa está sujeito a um princípio de indeterminação, nos termos do qual o mapa — que, dobrado, é infiel — se tornaria fiel por força do ato de seu desdobramento. Nessas condições, o mapa poderia ser desdobrado sempre que se pretendesse torná-lo fiel.

Permanece de qualquer maneira (a menos que se recorra à versão empobrecida) o problema da posição que os súditos deverão assumir depois que o mapa for desdobrado e estendido com uma orientação diferente. Para que ele seja fiel, cada súdito, terminado o desdobramento, deverá assumir a posição que ocupava sobre o território efetivo no momento da representação. Só assim um súdito residente no ponto z do território, sobre o qual, digamos, se encontra o ponto x_2 do mapa, resultaria corretamente representado no ponto x_1 do mapa, o qual se encontra, digamos, sobre o ponto y do território. Assim, cada súdito poderia obter ao mesmo tempo informações (no mapa) acerca de um ponto do território diverso daquele sobre o qual se encontra, compreendendo um súdito que não ele mesmo.

Embora de cansativa e difícil praticabilidade, esta solução habilita o mapa transparente e permeável, estendido e orientável, como a melhor opção, e ainda evita o recurso ao mapa empobrecido. Embora também ele, como os mapas precedentes, esteja submetido ao paradoxo do Mapa Normal.

♦ 341 ♦

3. O paradoxo do Mapa Normal

A partir do momento em que o mapa for instalado recobrindo todo o território (seja estendido ou suspenso), o território do império se caracteriza pelo fato de estar integralmente coberto por um mapa. Desta característica o mapa não dá conta. A menos que por cima do mapa fosse aberto um outro mapa que representasse o território e mais o mapa que sobre ele se encontra. Mas o processo seria infinito (argumento do terceiro homem). De qualquer modo, no momento em que o processo se interrompe, tem-se um mapa final que representa todos os mapas interpostos entre ele e o território, mas nunca representa a si mesmo. Chamemos este mapa de Mapa Normal.

O Mapa Normal está submetido ao paradoxo de Russell-Frege: o território mais o mapa final constituem um conjunto normal em que o mapa não faz parte do território que ele define; mas não são concebíveis conjuntos de conjuntos normais (e portanto mapas de territórios com mapas), ainda que considerássemos conjuntos de conjuntos de um só elemento, como no nosso caso. Um conjunto de conjuntos normais deve ser concebido como um conjunto não normal, em que portanto o mapa dos mapas fizesse parte do território mapeado, *quod est* impossível.

Do que decorrem os dois corolários seguintes:

1. Todo mapa em escala um por um traz sempre uma representação infiel do território.

2. No momento em que empreende a realização do mapa, o império se torna irrepresentável.

Poder-se-ia observar que, por força do segundo corolário, o império acabaria coroando seus sonhos mais secretos, tornando-se imperceptível aos impérios inimigos; no entanto, por força do primeiro corolário, ele se tornaria imperceptível inclusive para si mesmo. Seria possível postular um império que adquirisse consciência de si mesmo por um surto de percepção transcendental do próprio aparato categorial em ação: mas isto impõe a existência de um mapa dotado de autoconsciência que (caso isto fosse concebível) se transformaria a partir de então no próprio império, de modo que o império acabaria transferindo seu poder ao mapa.

Corolário terceiro: todo mapa um por um do império determina o fim do império enquanto tal e, portanto, é mapa de um território que não é um império.

O anopticon

O anopticon é um edifício de forma hexagonal que encerra em seu interior outros cinco edifícios de forma hexagonal, de modo que entre os muros externos dos vários edifícios se formem, como único interstício habitável, cinco corredores de percurso hexagonal, e mais uma câmara fechada de forma igualmente hexagonal. O anopticon realiza o princípio de "poder ser visto por todos sem ver ninguém". O sujeito do anopticon é um carcereiro que é posto no aposento fechado hexagonal do centro, iluminado por umas poucas seteiras em forma de tronco de cone que permitem a entrada da luz do alto mas não permitem ao carcereiro ver nada além de uma restrita porção circular do céu. O carcereiro permanece no escuro em relação ao que acontece nos cinco corredores hexagonais onde vivem livremente os detentos.

Do corredor de perímetro menor, os detentos também podem observar o carcereiro através de seteiras em forma de tronco de cone, de modo que o carcereiro observado não possa saber nem quando é observado e nem por quem. O anopticon permite que o carcereiro não tenha nenhum controle sobre o resto do cárcere: não pode vigiar os detentos, não pode impedir sua fuga, não pode nem mesmo saber se no cárcere ainda há prisioneiros e nem se alguém o está observando, e, se alguém o observar, não tem condições de saber se é um detento ou um visitante ocasional desta *machine-à-laisser-faire* (ver também as máquinas casadas e *La vierge habillée par ses époux autres*).

O anopticon realiza o ideal da desresponsabilização completa do vigilante, ratificada por sua punição, e responde à pergunta tradicional: "*Quis custodiet custodes?*"

The Wom

1. Define-se como máquina qualquer caixa-preta que receba como *input* uma grandeza x e forneça no *output* uma grandeza y, em que x ≠ y.

1.1. Uma caixa-preta que receba o *input* x e forneça o *output* x não é máquina, mas um canal neutro.

1.2. É irrelevante saber se a máquina é um autômato perfeito (capaz de funcionar sem operadores externos e em moto-perpétuo) ou se é movida de fora (neste sentido, são máquinas os organismos animais, os teares manuais e mecânicos, os relógios etc.).

1.3. É portanto irrelevante determinar se uma máquina é sensível ao segundo princípio da termodinâmica ou a seu oposto (assim, não é impossível conceber uma caixa-preta que receba um *input* muito baixo e forneça um *output* muito alto que, por *feedback*, vá gerar *inputs* cada vez mais altos, e assim *ad infinitum*).

1.4. É irrelevante de onde venha o *input* e onde vá parar o *output* (exceto no caso da explicação 1.3, por outro lado, como já foi dito, irrelevante para os fins atuais).

Portanto, as máquinas são sempre representadas como:

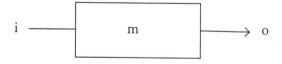

2. O problema que se coloca agora, então, é o de saber se são concebíveis e/ou produzíveis Wims e Woms, ou seja, *Without input machines* e *Without output machines*.

3. Uma wim está numa linha em princípio imaginável, ao menos no sentido em que foi pensada. Em termos mitológicos, seria Deus:

Basta pensar no modelo do Deus de Plotino. A noção de Alguém inacessível e indefinível elimina, ao menos em termos teóricos, o problema do *input*. Esta máquina é uma caixa-preta por excelência, definível apenas em termos negativos, de que se conhecem apenas os *outputs*.

De maneira similar, o Deus da teologia católica, eterno e consistindo em seu próprio *ipsum esse*, não tem *input* e, teoricamente, pode produzir continuamente *outputs*, até o fim dos tempos (sendo os tempos um *by-product* da própria atividade divina, a qual continua até o fim dos tempos a produzir uma visão beatífica e, na ausência desta, o pensamento). Na medida em que a caixa-preta se pensa pensante (ainda que não seja perceptível), esta produção de *nous* ainda assim constitui sempre um *output*, representando uma certa forma de atividade.

Por outro lado, a própria atividade do pensar a si mesmo produz continuamente a processão trinitária. Portanto, a processão trinitária seria o *output* contínuo de uma máquina que reintroduz em si mesma seu próprio produto. É verdade que o Deus uno e trino produziria um *output* interno a si mesmo, mas de algum modo isto coenvolveria também o que lhe é externo, na medida em que o *output* representaria a atividade pela qual a caixa-preta se define em seu confronto com o não ser, ou melhor, com o Nada onde, mesmo na hipótese da abolição do inferno, ainda assim haveria sempre choro e ranger de dentes. O *output* desta máquina seria assim a atividade de seu próprio autossustento e, neste sentido, a máquina seria ativa. Por outro lado, se não existisse pelo menos esta forma de *output*, a máquina divina não seria uma máquina (devido à def. 1), e o problema de semelhante não máquina estaria excluído da presente discussão sobre as máquinas.

Afirma-se que uma Wim, embora não produzível, é de qualquer modo pensável, como o prova santo Anselmo: podemos pensar um *esse cujus nihil maius cogitari possit*. Que a possibilidade de pensar tal ser seja ao mesmo tempo a prova de sua existência é um problema irrelevante para os presentes fins.

4. Hoje, afirma-se que é impossível pensar uma Wom, ou seja, um *esse cujus nihil minus cogitari possit*. O projeto de uma Wom é obviamente o projeto de uma caixa-preta que, por mais *input* que receba, não produz nenhum *output*. Em termos mecânicos, trata-se pensar uma caixa-preta tetragonal cujo *input* se perceba, mas que na saída não só não apresenta produtos no sentido "coisa e" como nem mesmo sensações térmicas ou tácteis; na verdade, ela não deveria nem mesmo apresentar possibilidade de percepção, e portanto deveria ser imperceptível: uma Wom perceptível por qualquer outro ser produziria em sua saída um campo de estímulos que constituiria a possibilidade de se perceber seu próprio contorno, e portanto teria alguma forma de atividade. Uma Wom perfeita deveria reduzir a tal ponto sua possibilidade de *output* que acabasse destruindo-se a si mesma. Neste caso, todavia, desaparecendo a caixa-preta que definisse o *input* como *input* daquela caixa, a Wom não seria mais uma máquina, por força da def. 1. Neste sentido, o conceito de Wom é autocontraditório.

É evidente portanto que não podem ser definidos como Woms os buracos negros, sobretudo porque são perceptíveis (ainda que não com os sentidos e sim graças a inferências a partir de dados experimentais bastante escassos), e em segundo lugar porque produzem como *output* a capacidade de atrair cada vez mais nova matéria como seu *input*, e em terceiro lugar porque hoje se supõe que eles se evaporem e a própria evaporação é, até que se conclua, uma atividade (*output*) da máquina, e depois da evaporação completa a máquina deixa de existir.

5. Pode-se extrair daí, provisoriamente, a conclusão de que, sendo a Wom impensável, não só não se pode demonstrar sua existência (nem mesmo com base num argumento neg-ontológico) como também não se

pode demonstrar sua inexistência. Todavia, também não é possível, no estado atual do desenvolvimento do pensamento humano, demonstrar sua impensabilidade, já que acerca da impensabilidade da Wom valem todos os argumentos acerca da impensabilidade ou pensabilidade da negação ou do não ser.

Da Wom não se pode não pensar que seja não pensável, mas, em virtude das regras de cancelamento da negação, (a) pode-se pensar que ela seja não pensável, (b) não se pode pensar que seja não pensável e (c) pode-se não pensar que seja não pensável. Mas não se pode dizer que se pode pensar que seja pensável.

6. Este fato nos levaria a pensar que todo o desenvolvimento da metafísica ocidental se basearia sobre um ato de preguiça, na medida em que esta se coloca continuamente o problema da origem (e portanto de uma Wim), problema já resolvido em princípio, mas não se coloca o problema do fim (a Wom), que seria o único merecedor de algum interesse. Esta preguiça se deve talvez à estrutura biológica do animal pensante, que de algum modo teve a experiência de seu próprio início e tem, por indução, a certeza de que existem inícios, mas nunca tem a experiência, senão por um átimo brevíssimo, de seu próprio fim, e assim que a tem deixa de tê-la (e de poder falar dela; cf. *Martin Eden*: "E assim que o soube deixou de sabê-lo."). Em termos jurídicos, existem testemunhos disponíveis sobre o início ("comecei...") ou sobre um início eterno ("eu sou aquele que é"), mas não existem testemunhos disponíveis sobre o fim (nem mesmo na história das religiões jamais apareceu um ser que dissesse "eu não sou" ou nem mesmo "eu sou aquele que não é mais"). Admitindo-se que existisse um ser capaz de ter experiência direta da ausência de qualquer *input*, ainda não se encontrou um ser capaz de ter experiência da ausência de qualquer *output* (tal ser, se existisse, seria a Wom, mas por definição ela não poderia fornecer a definição de si mesma, porque a formulação de semelhante definição seria seu *output*, e nesta atividade ela se autodestruiria como Wom).

7. O projeto de um pensamento que escolha a Wom como seu objeto representa portanto o exemplo de uma refundação do pensar que se está inaugurando agora; e não podendo pensar imediatamente a Wom, só se pode partir de exemplos imperfeitos de womidade. É esta a finalidade da Cacopédia como aperfeiçoamento último da patafísica, que de ciência das soluções imaginárias deverá transformar-se em ciência das soluções não imagináveis.

O pensamento de Brachamutanda*

Swami Brachamutanda (Bora Bora 1818 — Baden Baden 1919) é o fundador da escola tautológica cujos princípios fundamentais estão delineados na obra *Digo o que digo*: o Ser é o Ser, a Vida é a Vida, o Amor é o Amor, O que agrada agrada, Quem faz faz e Quem não faz não faz. O Mestre era notavelmente inflexível e severo (há quem diga dogmático) com os discípulos que se desviavam de seus ensinamentos. Brachamutanda defendia uma visão rigorosamente substancialista de seu pensamento, para o qual dizer "a mulher é a mulher" representa uma verdade totalmente incontroversível, enquanto afirmar, como faziam alguns, que "a mulher é mulher" implicava uma perigosa degeneração acidentalista (com fumaças de relativismo cético). De fato, é sempre lembrado o caso do fiel discípulo Guru Guru que, depois de ter afirmado que "os negócios são negócios" e "o dinheiro é dinheiro", fugiu com a caixa da comunidade.

Brachamutanda suportou o golpe com estoicismo, congregando os discípulos em torno da mesa vazia e asseverando que "quem não foge fica". Mas aquele fato havia assinalado o início do seu declínio porque, como dizem alguns doxógrafos, quando recebeu a notícia de que o infiel fora preso pela polícia da fronteira deixou escapar as palavras "quem faz paga", afirmação que, como é evidente, contradizia os princípios fundamentais da sua lógica.

---

*Texto da tradição pós-cacopédica, desencadeado por uma intuição fundamental de Furio Colombo sobre a vida e as obras do grande filósofo indiano Brachamutanda, e depois elaborado em setembro de 1989 numa pizzaria de Harvard Square por um seleto painel de pensadores italianos e americanos, entre os quais destaco, em favor da brevidade, os professores Paolo Fabbri e Omar Calabrese e os doutores Giampaolo Proni e Sandra Cavicchioli.

A partir deste fato (citado na literatura como A Virada, ou então a *Brachamutandaskehre*) só poderia nascer, por reviravolta dialética interna, a escola heterológica, cujo fundador foi o professor Janein Schwarzenweiss, nascido em Bergthal em 1881, autor das duas súmulas heterológicas conhecidas como *Je est un autre* e *O futuro anterior*. Schwarzenweiss afirmava, como os leitores talvez terão adivinhado, que o Ser é o Nada, o Devir está, o Espírito é Matéria, a Matéria é Espírito, a Consciência é Inconsciente, o Movimento é Imóvel, até a enunciação do chamado Princípio Último: "A filosofia acaba com os pré-socráticos." Não faltaram a esta escola os desvios economicistas ("Quem mais gasta menos gasta"), assim como se recorda o surgimento, a partir dela, de uma escola heteropragmática ("Partir é morrer um pouco, Quem cala consente, O melhor é inimigo do Bem": onde não existe quem não veja, advertia Schwarzenweiss, a sombra ameaçadora de Brachamutanda).

A escola heterológica acusava os tautologistas de terem inspirado apenas obras de pouco valor artístico, como *Tora Tora*, *New York New York*, *No no Nanette* e *Que sera sera*. Os heterologistas alardeavam a influência que teriam exercido sobre obras-primas como *Guerra e paz*, *O vermelho e o negro*, *To have and have not* e *Rich man poor man*. Ao que os discípulos de Brachamutanda respondiam que estas obras não são heterológicas, porque não se baseiam na oposição e sim na concessão lógica, e observam que a este preço os heterologistas poderiam também reivindicar direitos sobre o uísque Black and White.

Quando, na revista *Alfazeta*, os heterólogos tentaram apossar-se do "Ser ou Não Ser", os tautologistas fizeram pouco (não de todo sem razão), observando que na base do monólogo shakespeariano se encontrava o princípio de Brachamutanda segundo o qual "o ser é o ser, ou então o não ser é o não ser". "Caro Hamlet, ou um ou outro", observou sarcasticamente o tautólogo Rosso Rossi-Rossi, e concluía, citando um dos mais límpidos aforismos do Mestre: "Quando é demais, é demais."

No entanto, em seguida a essas disputas de escola, os dois filões já se estavam esgotando, sob a ofensiva daquele que passava a ser chamado de Pensamento Desconjuntado: partindo da afirmação aparentemente obscura de que "o diabo cria as caçarolas e também os gatinhos cegos", os seguidores da nova corrente fundavam sua legitimidade sobre os conhecidos paradoxos da implicação material, segundo os quais "se eu sou o meu gato, então o meu gato não é eu" é uma proposição verdadeira em todos os mundos possíveis.

Como falsificar Heráclito
(em colaboração com Angelo Fabbri)

A seguinte experiência se propõe a falsificar não a conhecida proposição segundo a qual tudo flui à semelhança de um rio, e sim a outra, aparentemente complementar, segundo a qual ninguém pode se banhar duas vezes no mesmo rio. Pretende-se demonstrar que existem condições ideais em que, embora tudo flua, é possível banhar-se continuamente no mesmo rio. O início consiste em considerar os casos em que sem sombra de dúvida um corpo não pode nunca banhar-se no mesmo rio. O caso absolutamente seguro é o do salmão, que, como se sabe, nada subindo a correnteza.

Qualquer que seja a velocidade recíproca do rio e do salmão, dado um trecho de rio $x_1...x_{10}$ que represente dez trechos mínimos de rio, contanto que o rio corra de x_1 para x_{10} e o salmão saia de x_9 para x_1 (estando x_1 rio acima e x_{10} rio abaixo) e contanto que o salmão comece a avançar de x_9 para x_8 quando o primeiro contingente de água fluvial (depois de um período de seca) já tiver percorrido todos os trechos de 1 a 9, é evidente que o momento em que o salmão atingir o ponto x_8 num tempo t1, o rio, seja qual for a velocidade a que avance, invade o trecho x_8-x_9 com um contingente de água diverso daquele que já correu pelo trecho que vai de x_9 a x_{10}.

O princípio vale para o salmão, mesmo que se aceitassem os paradoxos de Zenão: o salmão, como Aquiles, empregaria um tempo infinito para percorrer os trechos de espaço infinito que separam x_8 de x_9, mas nesse ínterim o rio se moveria por conta própria (ou seja, não é possível banhar-se duas vezes no mesmo rio mesmo que, parada, a pessoa mergulhe nele apenas os pés). Seria diferente se o paradoxo de Zenão também valesse para o rio. Parado o rio, parado o salmão.

Mas neste caso o rio, em movimento depois da seca, estaria eternamente tentando mover-se de x_1 a x_2, e o salmão ficaria eternamente parado em x_0, não por força do paradoxo de Zenão mas porque estaria esperando eternamente para subir o rio.

Neste caso, as duas proposições "o salmão não se banha jamais no mesmo rio" e "o salmão se banha sempre no mesmo rio" estariam desprovidas de valor de verdade, dado que o termo "rio" não teria nenhum índice referencial. O salmão seria então forçosamente um animal terrestre (no curso da evolução, desenvolvendo inclusive membros com funções motoras e pulmões de mamífero). Por outro lado, se valessem os paradoxos de Zenão, não poderiam existir os rios, porque só existiriam geleiras que empregam um tempo infinito a degelar e nunca se transformariam em água corrente — salvo que, neste caso, também não existiriam geleiras, mas precipitações atmosféricas que não se precipitam, e assim por diante *ad infinitum* (caso do Universo de Severino).

De acordo com os princípios expostos acima, jamais se banha no mesmo rio quem esteja imóvel no meio da correnteza, posto naturalmente que o rio corra, e seja portanto um rio e não um charco: por outro lado, Heráclito jamais afirmou que uma pessoa não pode se banhar duas vezes no mesmo charco.

Imaginemos agora um sujeito que pretenda mergulhar num rio e banhar-se continuamente na mesma água. Ele deverá realizar o projeto Mao, que consiste em mover-se no rio a uma velocidade igual à do deslocamento da água do rio. A demonstração de como, com este artifício, é possível banhar-se sempre na mesma água, é intuitiva. Igualmente intuitivo — embora errôneo — é que alguém que nadasse à velocidade v_j tal que, dada a velocidade do rio como v_y, $v_j < v_y$, mais uma vez não se banharia jamais no mesmo rio.

O problema seria portanto (i) como determinar a velocidade do rio, (ii) como calcular seus próprios movimentos de modo a adequar sua velocidade à do rio, segundo a fórmula

$$m\vec{a} = \vec{F} - K\eta\vec{v}$$

em que m é a massa do corpo, $\vec{a}$ a aceleração, $\vec{F}$ a força sob cuja ação o corpo nada, **K** um coeficiente que depende da forma do corpo, η um coeficiente de viscosidade que depende das características físicas da água do rio (densidade, temperatura, etecétera), e $\vec{v}$ a velocidade do corpo.

Supondo a força $\vec{F}$ constante, a aceleração produziria um aumento da velocidade que levaria o corpo a ter uma velocidade superior à do rio. Neste caso, o sujeito se banharia sempre em águas diferentes. Por outro lado se, para combater esta aceleração, o corpo nadasse contra a corrente, ele correria o risco de se encontrar na situação do salmão, examinada acima.

Todavia, a um aumento contínuo da velocidade corresponde um aumento do atrito com o fluido, até que, num certo momento, o valor $\vec{F} - K\eta\vec{v}$ se anula. Então, a aceleração também é zero, e não se tem mais aumento da velocidade, dado que o atrito com o fluido é perfeitamente contrabalançado pela força aplicada.

A técnica consiste em mover-se apenas de modo a equiparar sua própria velocidade natatória à velocidade do rio, segundo a fórmula

$$\vec{V}_L = \frac{\vec{F}}{K\eta}$$

em que $\vec{V}_L$ = velocidade de cruzeiro = velocidade do rio.

O teorema das oitocentas cores
(em colaboração com Angelo Fabbri)

Um interessantíssimo problema de topologia cromática impôs-se no início os anos 1970 à atenção de lógicos de todo o mundo. Conhecido como "o teorema do mapa de oitocentas cores", ele corresponde à pergunta: "É possível construir um mapa da Europa subdividido em Estados separados, utilizando oitocentas cores diferentes de modo que cada país venha colorido de modo diverso dos outros e não haja dois países adjacentes que apresentem a mesma tinta?"

Os matemáticos interessados na questão achavam que sim, mas não estavam certos. Dada a extrema dificuldade de formalização, o instinto lhes aconselhava a efetuar provas empíricas. Todavia, a árdua procura de pastéis ou aquarelas em oitocentas tonalidades cromáticas diversas tornava a questão extremamente incômoda.

Em 1974, Martin Rendrag, colega do professor Nicolas Bourbaky, propôs um brilhante método de numeração das cores, sugerindo uma reformulação do teorema que soa mais ou menos da seguinte maneira: "É possível construir um mapa da Europa, subdividida em Estados separados e numerados de um a oitocentos, de modo tal que cada Estado seja designado com um número diferente e não haja dois Estados adjacentes designados com o mesmo algarismo?" Esta nova formulação só faz enviar a um momento posterior a coloração, e assim não resolve as dificuldades cromáticas do problema, mas oferece um excelente ponto de partida para uma solução racional da questão.

Não obstante, nenhum matemático conseguiu resolver o teorema com lápis e papel, até que em 1979 uma equipe chefiada pelo doutor Göthe, do MIT, conseguiu fornecer uma solução teórica parcial, baseada na reformulação de Rendrag: programando uma máquina do Touring Club em Estados Finitos, o doutor Göthe conseguiu subdividir a Europa em oitocentos Estados numeráveis de modo a satisfazer as exigências lógicas do problema. Para obter este resultado, foi necessário computar como estados independentes todos os departamentos da França, os cantões suíços e as províncias italianas, entre elas as de Pordenone, Isernia e Oristano, bem como as ilhas Faer Øer, Anguilla e Lampedusa.

A esta altura, o problema, enormemente simplificado, é o de atribuir a cada número uma e apenas uma cor. As dificuldades práticas são evidentes: relacionadas uma dezena de tintas seguramente diferentes entre si, começam os problemas de denominação, de individuação e de confronto das cores.

Depois de tentar uma solução racional rigorosamente naturalista, baseada em distinções cromáticas tipo amarelo-limão, amarelo-canário, verde-pistache, verde-esperança, verde-dragão, verde-esmeralda, verde-musgo, verde-tabaco, branco-unicórnio e assim por diante, foram obrigados a reconhecer o fracasso da experiência: descobriu-se, de fato, que os limões apresentam variações da intensidade cromática ao ponto de mudar inteiramente de cor, dependendo de uma infinidade de fatores totalmente imponderáveis: o clima, a latitude, a altitude em relação ao nível do mar, a pressão atmosférica, o grau de maturação, o estado de conservação, o emprego de substâncias conservantes e assim por diante. E o mesmo ocorre com os canarinhos, para não falar dos pistaches, do musgo e do tabaco.

Assim, se levarmos em conta que certos limões sicilianos apresentam a mesma idêntica gradação cromática dos canários portugueses, verifica-se imediatamente que o método cromático-naturalístico para a nomenclatura das cores não apresenta qualquer coerência científica.

É necessário ainda levar em conta que o mapa não pode ser consultado por indivíduos daltônicos, e nem por vários gêneros e espécies de animais, que apresentam seus órgãos da visão estruturados de maneira particular, no caso específico os asnos, mas também as mulas e outras variedades de equinos.

Foi proposta a adoção de uma escala cromática estritamente baseada no comprimento de onda do espectro da luz solar, de modo que cada cor fosse inequivocamente identificada pela medida e pelo comprimento da onda.

Deste modo, bastaria substituir cada um dos oitocentos números do mapa por um novo número, e depois cuidar para que não houvesse números adjacentes iguais.

Neste caso, também é desaconselhável efetuar provas empíricas, dada a dificuldade de confrontar entre si, um a um, oitocentos números diferentes. Até hoje ainda não foi apresentada uma demonstração completa e exaustiva do teorema das oitocentas cores: infelizmente, o problema continua em aberto.

Projeto para uma faculdade de Irrelevância Comparada*

Departamento de oximórica

Urbanismo cigano
Enologia muçulmana
Fonética do cinema mudo
Iconologia Braille
Instituições revolucionárias
Línguas franco-germânicas
Línguas uralo-melanésias
Línguas ugro-românicas
Hidrografia selenítica
Dinâmica parmenideana
Estática heraclítica
Oceanografia tibetana
Microscopia sideral
Oftalmologia gástrica
Espartanismo bizantino
Instituições desviantes
Instituições aristocráticas de massa

---

*Embora surgido nos anos 1970 durante uma longa reunião do conselho da faculdade, e com a colaboração de Ezio Raimondi e Giorgio Sandri, o projeto de uma faculdade de Irrelevância Comparada já estava no espírito da Cacopédia, e portanto decidi publicá-lo nesta seção.

Instituições oligárquicas populares
História das tradições inovadoras
Elementos de senectude dos momentos aurorais
Dialética tautológica
Herística booleana

Departamento de adynata (ou impossibilia)

Fortuna da língua etrusca na Idade Média
Morfemática do Morse
História da agricultura antártica
História dos Estados Unidos na época helenística
História da pintura na ilha de Páscoa
Literatura suméria contemporânea
Institutos de docimologia montessoriana
Psicologia das multidões nos países saarianos
Fenomenologia dos valores cromáticos no Santo Sudário
História da pintura paleolítica
História da agricultura no Jurássico
História das instituições familiares entre os Templários
Anatomia dos tigres africanos
Filatelia assírio-babilônica
Hípica asteca
Tecnologia da roda nos impérios pré-colombianos
Terapia da aerofagia por enforcamento
Traços pertinentes em rectofonia
Sintaxe do borborigmo
Fonologia da pausa

Departamento de bizantinismo

Cefaloctomia hidráulica
Fenomenologia da ação da glote na felação dinamarquesa
Semafórica do trívio e do quadrívio
Microscopia do indiscernível
Psicoterapia dos conjuntos não normais
Teoria dos separados (complementos da teoria dos conjuntos)
Cálculo ínfimo (complementos de cálculo sublime)
Cálculo esfarelado (complementos de cálculo integral)
Técnica do terceiro incluso
Lógica informal
História das fontes do Rajna
Ars oblivionalis
História da filosofia pré-pré-socrática
Arqueologia dos institutos de arqueologia
Geografia do Vaticano
Complementos dos complementos
História das colônias do principado de Mônaco
História de Uqbar

Departamento de tetrapiloctomia[1]

Hidrogramática
Pociossecção
Avunculogratulação mecânica

---

[1] Apesar das denominações técnicas (cujo hermetismo se deve também a razões de decência), o bom etimólogo saberá deduzir seus significados, que são da seguinte ordem: técnica de escrita em superfícies líquidas, a arte de cortar a sopa, construções de máquinas para cumprimentar a tia (antiga sugestão de Nicola Abbagnano), técnica de aplicar fogo às nádegas alheias, a arte de safar-se por um pelo, a análise de fórmulas como "vá tomar no cu", a arte de agarrar o membro viril, a rítmica da penetração posterior, a arte de mandar qualquer um ser morto. Por tetrapiloctomia se entende obviamente a ciência que permite dividir em quatro um fio de cabelo.

Piropígia
Pilocatabase
Perlocutória da escatotécnica
Técnica das soluções mentulopênseis
Sodomocinemática
Celeropatomissão

Os estudantes podem conseguir o diploma em Irrelevância Comparada prestando 18 exames em matérias absolutamente desconexas e sem qualquer relação recíproca. Para o exame, é exigida a apresentação de uma bibliografia de sessenta títulos por matéria, todos em nome do candidato. Não se exige que aos títulos corresponda um texto e nem que este, qualquer que seja, corresponda ao título. A bibliografia deve seguir os critérios tipográficos propostos pelo editor Mouton dell'Aja.

Fundamentos da crítica quantística

As várias discussões sobre os best sellers (pronunciar *betzeller*) revelam os limites da sociologia da literatura, dedicada ao estudo das relações entre o autor e o aparato editorial (antes do livro ser feito) e entre o livro e o mercado (depois que o livro é lançado). Como se vê, é ignorado outro importante aspecto do problema, ou seja, o da estrutura interna do livro. Não no sentido, banalíssimo, de sua qualidade literária (problema que escapa a qualquer verificação científica), mas naquele, bem mais extraordinariamente materialista e dialético, de uma endossocioeconomia do texto narrativo.[1]

Para qualquer romance, é possível calcular as despesas que o autor precisou fazer para elaborar as experiências que narra. Cálculo fácil para os romances na primeira pessoa (as despesas são as do narrador) e mais difícil nos romances com narrador onisciente, onde elas se distribuem entre os vários personagens.

Por exemplo, *Por quem os sinos dobram*, de Hemingway, custou pouquíssimo: uma viagem à Espanha como clandestino num vagão de mercadorias, alimentação e alojamento fornecidos pelos republicanos, e a garota de casaco de couro, nem mesmo as despesas dos quartos por hora. Pode-se ver de imediato a diferença em relação a *Além do rio entre as árvores:* basta pensar em quanto custa um único martíni que seja no Harry's Bar.

---

[1] A ideia foi elaborada em 1963 (e portanto em época precacopédica) por mim, Roberto Leydi e Giuseppe Trevisani, na livraria Aldrovandi, de Milão, e eu próprio a havia anunciado em Verr (nº 9 daquele ano, onde aparecia também um fundamental estudo de Andrea Mosetti sobre despesas enfrentadas por Leopold Bloom para passar o dia 16 de junho de 1904 em Dublin).

Cristo parou em Eboli é um livro escrito inteiramente à custa do governo, *Il Sempione strizza l'occhio al Frejus* só custou a Vittorini o preço de um pé de alface e meio quilo de ervas cozidas (*Conversazione in Sicilia* saiu mais caro, com o preço da passagem desde Milão, embora na época ainda existisse a terceira classe, e as laranjas compradas durante a viagem). As contas ficam mais difíceis no caso da *Comédia humana*, porque não se sabe exatamente quem paga; mas conhecendo o homem, Balzac deve ter feito uma tal confusão de balanços falsificados, despesas de Rastignac lançadas na coluna de Nucingen, dívidas, promissórias, dinheiro perdido, crédito exagerado, falência fraudulenta, que hoje fica impossível examinar as contas com clareza.

É mais límpida a situação de quase toda a obra de Pavese, algumas liras por um copo de vinho na colina e basta, salvo em *Tre donne sole*, onde há algumas despesas de bar e restaurante. Nada caro foi o *Robinson Crusoé* de Defoe; basta calcular a passagem de navio e depois, na ilha, tudo foi feito com material reciclado. Vêm depois os romances que parecem baratos mas que, quando se fazem as contas, custaram muito mais do que parece: o *Dedalus* de Joyce, por exemplo, onde se deve calcular pelo menos 11 anos de mensalidades pagas aos jesuítas, de Conglowes Wood a Belvedere e até o University College, e mais os livros. Para não falar da extrema dispendiosidade de *Fratelli d'Italia* de Arbasino (Capri, Spoleto, toda uma viagem, e basta considerar o tino bem maior com que Sanguinetti, que não era solteiro, escreveu seu *Capriccio italiano* usando só a família). Uma obra muito cara é toda a *Recherche* de Proust: para frequentar os Guermantes, é evidente que não se podia alugar um fraque, e depois ainda há as flores, os presentinhos, a mansão em Balbec com elevador, a carruagem para a avó, a bicicleta para os encontros com Albertine e Saint-Loup, e basta pensar em quanto custava uma bicicleta na época. Já o mesmo não acontece com o *Jardim dos Finzi-Contini* numa época em que as bicicletas já eram mercadoria corrente, e de resto só foram necessárias uma raquete de tênis, uma camiseta nova e pronto, as demais despesas foram bancadas pela família epônima.

Já *A montanha mágica* não foi brincadeira, com a conta do sanatório, os casacos de pele, os agasalhos e mais o lucro cessante da lojinha de Hans Castorp. Para não falar da *Morte em Veneza*, se formos apenas pensar no preço de um quarto com banheiro no Hotel do Lido, e naquele tempo um senhor como Aschenbach, só de gorjetas e passeios de gôndola, gastava uma fortuna.

Pesquisas posteriores no período cacopédico revelaram depois outras necessidades inquietantes. Tentemos comparar os romances de Conrad passados nos mares do Sul com os romances de Salgari passados no mesmo cenário. Salta aos olhos que Conrad, depois de ter investido uma certa soma numa patente de capitão de longo curso, passou a dispor gratuitamente do imenso material a partir do qual trabalhava — e ainda por cima recebia para navegar. A situação de Salgari é muito diferente. Como se sabe, quase não viajou de verdade, e portanto seus mares do Sul, a suntuosa decoração do "bom retiro" de Mompracem, as pistolas de punho de marfim, os rubis do tamanho de uma noz, os fuzis longos de cano cinzelado, os *prahos*, as metralhadoras, até mesmo o bétel, são todos materiais raríssimos e extremamente caros. A construção, a aquisição e o afundamento do *Rei do Mar*, antes da amortização da despesa, custaram uma fortuna. Inútil perguntar-se onde Salgari, notoriamente indigente, encontrou o dinheiro necessário: aqui não se faz um sociologismo vulgar, talvez tenha assinado umas promissórias. Mas o certo é que o pobrezinho precisou reconstruir tudo em estúdio, como se fossem os cenários para uma estreia de ópera no Scala.

A comparação Conrad-Salgari sugere outra, entre a mesma batalha de Waterloo na *Cartuxa de Parma* e nos *Miseráveis*. É claro que Stendhal usou a batalha autêntica, e a prova que não foi reconstituída especialmente é que Fabrizio não consegue entender o que está acontecendo. Já Hugo reconstrói a batalha *ex novo*, como o mapa do Império em escala um por um, e lança mão de enormes movimentos de massas, filmadas do alto de helicóptero, com cavalos derrubados e grandes salvas de artilharia, ainda que com pólvora seca, mas tão fortes que até Grouchy consegue ouvi-la de longe. A única coisa barata desse grande *remake* é o "Merde!" de Cambronne.

E, finalmente, uma última comparação. De um lado, temos a operação economicamente bastante rendosa que foram *I promessi sposi*, entre outras coisas ótimo exemplo de best seller de qualidade, calculado palavra a palavra, estudando os humores dos italianos da época. Dos castelos sobre as colinas, do ramo do lago de Como até a Porta Renza, Manzoni tinha tudo à sua disposição, e deve-se notar com quanto tino, quando não encontra um valente ou uma sublevação, convoca-os por anúncio, exibe o documento, e com jansenística honestidade avisa que não está reconstruindo por sua conta, mas apresentando aquilo que qualquer um poderia encontrar numa biblioteca. A única exceção é o manuscrito do anônimo, apenas uma concessão que faz a gastos elevados, mas naquele tempo ainda era possível encontrar em Milão os livreiros antiquários que hoje só se encontra no Bairro Gótico de Barcelona e que, por preço módico, compõem um pergaminho falso que é uma maravilha.

Todo o contrário acontece não só com muitos outros romances históricos, falsos como o *Trovatore*, mas com toda a obra de Sade e com o romance gótico. Não se trata apenas das imensas despesas bancadas por Beckford para o *Vathek*, porque aqui já se trata da dissipação simbólica, pior que o Vittoriale, mas também os castelos, as abadias, as criptas da Radcliffe, de Lewis ou de Walpole não são coisas que se possam encontrar já prontas junto à estrada, podem acreditar. Trata-se de livros dispendiosíssimos que, mesmo sem se terem transformado em best sellers, não chegaram a se pagar, e a sorte é que seus autores eram todos gentis-homens de posses, porque se precisassem amortizar o custo da produção com os direitos teriam arruinado até mesmo seus herdeiros. A esta faustosa linhagem de romances totalmente artificiais pertencem naturalmente também *Gargantua* e *Pantagruel* de Rabelais. E, a rigor, também a *Divina Comédia*.

Há uma obra que parece ter ficado a meio caminho, e é o *Dom Quixote*. Porque o cavaleiro de La Mancha anda por um mundo que é como é, e os moinhos já existem; mas a biblioteca deve ter custado muitíssimo, porque todos aqueles romances de cavalaria não são os originais, mas foram claramente reescritos, mediante encomenda, por Pierre Ménard.

Todas estas considerações têm um certo interesse porque servem para compreendermos a diferença entre duas formas de narrativa para as quais a língua italiana (a exemplo das demais neolatinas, *N. do T.*) não tem dois termos distintos, a *novel* e o *romance*. A *novel* é realista, burguesa, moderna, e custa pouco, porque o autor lança mão de uma experiência que adquiriu de graça. O romance é fantástico, aristocrático, hiper-realista e custosíssimo, porque nele tudo é *mise en scène* e reconstrução. E como se pode reconstruir, senão usando peças de guarda-roupa e cenários já existentes? É este o verdadeiro significado de termos abstrusos como "dialoguismo" e "intertextualidade". Salvo que não basta gastar muito e reunir muitos adereços reconstruídos para dar certo nesse jogo. É necessário ainda sabê-lo, e saber que o leitor sabe, e ironizar sobre o tema. Salgari não tinha ironia suficiente para reconhecer como era custosamente artificial o mundo de que falava, e era este o seu limite, que só pode ser resgatado por um leitor que o releia como se soubesse disso.

Ludwig de Visconti e *Salò* de Pasolini são tristes porque os autores levam a sério seu jogo, talvez para recuperar as despesas feitas. No entanto, o dinheiro só pode ser recuperado se o autor se comportar com a *nonchalance* do grão-senhor, como faziam os mestres do *gótico*. É por isso que eles nos fascinam e, como sugere Leslie Fiedler, constituem o modelo para uma literatura pós-moderna capaz inclusive de divertir.

Quando se aplica com método uma boa e desencantada lógica econômica às obras de arte, pode-se até discernir as razões pelas quais às vezes o leitor, convidado a visitar castelos fictícios, em meio a destinos artificiosamente cruzados, reconhece o jogo da literatura e toma gosto por ele. Naturalmente, se quiser fazer boa figura neste jogo, não se pode recuar diante de nenhuma despesa.

Utrum Deus sit*

Deus esse quinque viis probari potest — secundum novissimam doctrinam quam Lacus Lemannus, Praga, Codania, Bononia Lutetiaque "structuralismum" vocant.

Quinque argumenta tamen ab ordine semiologico procedunt, secundum quem omne ens consideratur in quantum signum, et omne signum significat per differentiam ab alio signo, aliquo codice subiacente regulam paradigmaticam et syntagmaticam praescribente.

PRIMA VIA est ex discriminatione binaria.

Certum est enim aliqua significare per oppositionem. Omne autem quod opponitur ab opposito ostenditur. Nihil enim oppositum est nisi secundum quod differt in potentia ab illo cui oponitur; opponitur autem aliquid secundum quod differt actu.

Opponere enim nihil aliud est quam discriminare: de unitate autem non potest aliquid reduci in differentiam nisi per aliquam differentiam in actu, sicut calidum in actu, ut ignis, facit lignum, quod est calidum in potentia, esse actu calidum, et per hoc movet et alterat ipsum.

Non autem est possibile ut idem sit simul in actu et potentia secundum idem, sed solum secundum diversa: quod enim est calidum in actu non potest simul esse calidum in potentia, sed est simul frigidum in potentia.

---

*Efetivamente apresentado em ocasião pública, este texto pretendia sugerir a possibilidade de demonstrar a existência de Deus em termos de linguística estruturalista (obviamente, a intenção era insinuar a suspeita de que o estruturalismo estivesse se transformando numa teologia).

Impossibile est ergo quod, secundum idem et eodem modo, aliquid sit discriminans et discriminatum, vel quod discriminet seipsum. Omne ergo quod discriminatur oportet ab alio discriminari. Si ergo id a quo discriminatur discriminetur, oportet et ipsum ab alio discriminari: et illud ab alio. Hic autem non est procedere in infinitum: quia sic non esset aliquod primum discrimen; et per consequens nec aliquod aliud discriminans, quia discrimina secunda non discriminantur nisi per hoc quod sunt discriminata a primo discrimine, sicut baculus non movetur nisi per hoc quod est motus a manu.

Ergo necesse est devenire ad aliquod primum discrimen, quod a nullo discriminatur, et hoc omnes intelligunt Deum.

SECUNDA VIA est ex ratione differentiae mediae.
Invenitur enim in signis praesentibus esse ordinem differentiarum discriminantium; nec tamen invenitur, nec est possibile, quod aliqua oppositio sit differentia discriminans sui ipsius, quia sic esset prius seipso: quod est impossibile.

In omnibus oppositionibus significantibus, medium est causa oppositorum; remota autem causa, removetur effectus: ergo si non fuerit differentia media, non erint opposita. Ergo est necesse ponere aliquam differentiam discriminantem primam: quam omnes Deum nominant.

TERTIA VIA sumpta est ex adstantia et absentia.
Invenimus enim in signis quaedam quae sunt possibilia esse et non esse; cum quaedam inveniantur apparere et significare tantum per oppositionem.

Impossibile est autem quae sunt talia, semper adstare; quia quod non adstat nisi per oppositionem, quandoque — absentia discriminante absente — non est.

Si igitur omnia sunt possibilia non adstare, aliquando nihil adstitit.

Sed si hoc est verum, etiam nunc nihil adstat: quia quod non adstat non incipit esse nisi per aliquam absentiam adstantiam generantem. Si igitur nulla fuit absentia prima, impossibile fuit quod aliquid inciperet adstare, et sic modo nihil esset; quod patet esse falsum.

Non ergo omnia signa sunt per se significantia et adstantia: sed oportet aliqua esset absentia discrimen generans. Omne autem absentia vel habet causa suae significationis in alia oppositione adstantium, vel non habet. Non est autem possibile quod procedatur in infinitum in absentibus. Ergo necesse est ponere aliquid quod sit per se absens, non habens causam suae significationis aliunde sed quod est causa significationis aliis: quod omnes dicunt Deum.

QUARTA VIA sumitur ex gradibus generalitatis qui in codicibus (vel regulis significationis) inveniuntur.

Invenitur enim in signis aliquid magis et minus commune et generale. Sed magis et minus dicuntur de diversis codicibus secundum quod appropinquant diversimode ad aliquid quod generalissimum et communissimum est. Est igitur aliqua regula quae est generalissima et communissima, omnes codices sicut primus codex regulans et ad unitatem reducens. Quam omnes dicimus Deum.

QUINTA VIA sumitur ex conversione codicum.

Quia omnis codex convertitur in alium per codicem subiacentem, et ille in alium per alium. Sed conversio non potest procedere in infinitum. Ergo necesse est codex qui sit matrix omnis conversionis possibilis, et regula prima omnis commutationis, quasi reductio reductissima omnia sibi restituens. Et hoc dicimus esse Deum.

IV

Jogos de Palavras

Iniciais

Neste jogo, trata-se de sintetizar a vida de um personagem, de um artista, ou o sentido de uma obra usando apenas palavras com a inicial do personagem epônimo.

1. Escritores

Ariosto. Abrasada, Angelica, aceita amplexo adolescente árabe! Asseguro: amante ansiógeno atrapalha-se. Airosamente, Astolfo alto aventura-se adejante: aportando ajuda ao amigo atormentado, aliviando-o. África, Arles, Atlas... Advêm ainda acontecimentos associados: aventuras alternativas, armas, amores... Afinal, aparece árabe até aqui ausente, arrogante, atarefado: abatido a armas, a alma adianta-se ao Aqueronte.

Boccaccio. Bravos bambinos bissexuais bailam, bebem, beirando bubões. Buliçoso bufão brinca bonachão, buscando berilo benéfico. Bravo, bis!... Balbúrdia bacharelesca... Bravo, bis!... Beatrice, Biondello, Bruno, Bernabó, Beltramo... Bis, bis! Beatos burgueses...

Calvino. Cosimo cavalga cumes campestres, cavaleiros cessam coexistência, cadetes *craquelés*, cosmicômicas, códices, cartas cabalísticas, cidades cegamente críveis... Contos como *Candide*. Chasqueio cantando, com célere crítica.

Dante. Direi de ditos, ditames do desejo. Direi de dama deificada. Direi de demótico ditame. Depois direi de domicílios danados (de devoradores de descendentes), de dulcíssimos dolentes (doze + doze dignitários Dodecanésios), de devotos doutores declamando Dignidade de Deus. Depois dir-me-ão divino. Decididamente desejava dissessem-mo.

Einaudi. Exponho experiências editoriais. Elegíaco? Evito exibir-me, emprego *editors* exímios, evito elegantemente expressões encomiásticas: evoco essências.

Foscolo. Fortes fossas funéreas figuram fins fortes, fazendo flamejar, felizes, fachos fúnebres.

Goldoni. Gentis garotas, gozemos gáudio: gôndola!

Iacopone. Imensamente inesperado, interrompe idílio íntimo, içando infeliz inspiradora. Irremediavelmente ilhado, invoca Iesus, insultando ímpios.

Leopardi. Louvo-te, límpida lua, lamento. Litoral longe, lírica lisonja...

Manzoni. Mondella, modesta, mira matrimônio mecânico mesquinho, mas miserável máquina malfeita. Malgrado manobras monja mentirosa, magnânimo Monsenhor manda menina Milão. Mal microbiano maligno mina moça. Mas Maria Misericordiosa milagreira: malvado morre malcheiroso, Mondella merece matrimônio. Muitos meninotes. Melhor. Moral: manifestações misturadas merecem morte! Miserável manejo martelo!

Nievo. Narro, *nonno*.

Ovídio. Obtempero orgia oniforme. Optativamente opino: outras odes. Ousei ouvir os outros, ora ostento obtuso obelisco oriental.

Petrarca. Perseguia prebendas, porém preferi poetar perfeita prenda perdida. Peroladas, polidas, perfeitas palavras...

Quintiliano. Quis, quaero, qualis, quare, quomodo, quando?

Ripa. Reverente, revenho, recupero, resumo, reinvento refinados registros revelando representações religiosas, reservadas relíquias retóricas.

Salgari. Sandokan saqueia Sumatra, subjuga sultões sipaios, salva sacerdotisas surrando Suyodana. Seu sarcástico sócio seduz sinuosa Surama. Sabres, saltos, sustos. Sucesso? Só sagas. Sem sonante. Sonhos...

Tasso. Terrível tormento! Tramar tórridas tensões Terras-santa? Turbas tartáreas, Tancredo temendo trucidar tenra turca? Tolerarão tímidas túnicas?

Ungaretti. Úmido universo, um último uivo.

Verga. Vale verismo? Voilà: vão, vêm, vendem... Vãs vicissitudes.

Zingarelli. Zoneando zombo zincotipistas zelosos.

2. Filósofos

Austin. Auguro, aviso, assevero, admoesto, atesto. Atos, atos. Ajo através afirmações.

Bacon. Big Brain! Bacharel, barão brasonado, banido bastonadas bíblicos bizantinos (bela burla, bufará Berkeley).

Chomsky. Cerebral competence challenges colorless chlorophyllian cholerically comatose concepts.

Demócrito. Divido.

Euclides. Enuncio elementos essenciais. Exijo exatidão. Exprimo extremos, emprego expressões elegantes.

Feuerbach. Fins fabulosos fingidos. Fintas finórias.

Gaunilone. Gosto gambitos gnoseológicos.

Heidegger. Haver habitat, húmus: Heimat. Happening? Handicap. Heil Hitler!

Isidoro. Inspiração ibérica, infiro inícios inconsequentes, incríveis, ilícitos, ilusórios, irrelevantes, intraínfimas instâncias. Impetro indulgência.

Kant. Kem koncordaria ke kategorias krescessem kvantitativamente?

Locke. Louvo lógica límpida, limito logorreia linguística. Lego lúcidas lições.

Marx. Meu manifesto mostra meta materialista. Miseráveis mal-interpretados, movei-vos, militantes! Moloch maxicapitalista maquina meios malévolos. Morrei, mas mostrai majestade miniproletária!

Nietzsche. Nômade neurastênico, não normal, nego normas naturais, nulifico Nazarenos. Nirvana? Nada! Nomeio novo niilismo. Narro nostálgico nascimento ninfas. Necessidade nibelúngica.

Occam. Odeio ontologia obsoleta, opino onomatomaníaco. Obedeço onipotência original.

Pascal. Penso pensamentos perfeitos. Prefiro privilegiar padreterno porque perdendo *pari* perco praticamente perfeita paz.

Quine. Quando quadro qualquer quantidade questiono quididade. Quase.

Russell. Radical, refuto reacionários radiativos, rejeito religiões. Retifico regras, resolvo raízes, regulo relações, represento referentes.

Spinoza. Substância sacra, simples secreção. Sem semovimento, sempiterna serenidade.
Tomás. Traço teses teológicas, teorizo teofanias.
Unamuno. Último ultramontano, um umbrátil ultor úlcera união universal.
Vico. Velo virginal venustade verbal, vaga vergôntea vocabulário viril. Verde Wissenschaft veicula Verum.
Zenão. Zenitalmente zuno zagaias. Zero.

3. Personagens

Athos. Acham-me amargo? Aramis, Artagnan, atenção. Amava apaixonadamente. Aconteceu acidente: assistindo amada apercebi álgido aviso. Adorava adúltera. Abandonei abrigo, armei-me, abrasado absorvi absinto, alcoolizando-me. Agora advertia: a astuta aventureira ainda andava ali. Atraindo ardoroso assistente, assassinou aristocrata anglo-saxão, afligindo Ana austríaca. Abrindo anel, aspergiu arsênico. Áspide! *Assez*. Ao amanhecer, achegamo-nos à água: atroz artífice, arma alçada, acha antigo aspecto, acaba azáfama.

Bovary. Beata borboleteio berços bebês, basta-me bioclínico bestalhão. Banal. Burlada bobos *bouquins*, bandidos bonitões, bamboleei bruxuleante. Burguês *bas-bleu*.

Cyrano. 1: Critico cardeais, combato comediógrafos catastróficos. Como cantais? Couve-flor? Cornucópia? Conselho cínico: "cilindro corpulento, cônico, collodiano!" **2**: Cadetes, chama-nos caça! Cozinheiros, cozei! Chasqueio, consternado. Cria cobiçada criatura concedesse-me coração. Cede, caída: Cristiano. **3**: Colaboro. Componho, Cristiano colhe coroa. **4**: Conquistando colina, concorrente cai. Cândida *cocotte* crê correspondência. Contestar? Como? **5**: Companheiro constante, contínuo conivente. Cerrada convento, curvadas condolências, costura. Cotidianamente comemoro conjunta celebração. Cai-me cornicho cabeça. Cerebralmente contundido, canto comoções caducas, confesso. Cerro cavaleirescamente cortina cruel comédia.

Des Esseintes. *Dandy*, devora-o demônio do decadentismo. Dilapido dinheiro dentro de delirantes dioramas. Drapejo damascos, disponho de dálmatas diabólicas: dipsômanas, degusto doces delitos, decoctos debilitantes. Decifro dorsos dourados, decorados de diásporo, diademas de diamantes, detalhes desprezíveis, delícias depravadas. Donde descenderá, discípulo devoto, D'Annunzio.

Édipo. Exilado, expatrio-me errando e, equivocado, elimino Ele. Estúpido engano! Explico enigmas egípcios, elegem-me exarca, Ela excita-se eroticamente. Epitalâmio escuso, execrável equívoco! Explode epidemia, embotado eludo epítome exata. E estava explícito! Êxodo: Ela, enlouquecida, exala extrema expiração. Eu, expiando-me, emulo eclipse. Entro em epopeia eterna, emblema existencial.

Fausto. Fenomenal! Fantástico!

Giovanni (Don). Gentis garotas, gineceu galiciano galga grandezas galácticas! Gozo. Gulp! Gélido, glauco, gigantesco gentil-homem golpeia: Geena.

Marcel. Mamãe, muitos meneios melífluos. Mastigando madeleines, memoro momentos mágicos. Morrer, misturando movimentos miocárdicos, motivos mnemônicos, murmurando memórias mínimas, máxima meta.

Orestes. Oh! Olimpo! Ousei opróbrio originado ódio: obnubilado, ocasionei o óbito origem óvulo. Oráculos ora ostracizam-me.

Queequeg. Quick, quartermaster! Quente, quase quarenta!

Raskolnikov. Renegando regras, realizando renitente reivindicação, reduzo ruínas repelente rugosa russa. Rebenta rififi. Retroativamente recrimino, remoo remorsos. Rogo redenção.

Sorel, Julien. Suspirando, seduzo senhora, safo-me seminário, sonho sublime senhorita, suavemente soslaio soleira sistema social. Sobre-excedo-me. Sim, sempre.

Tristão. Thomas trouveur trama tenro trágico tandem. Tentei trair, tolhi tentações, trêmulo, temendo tempestades. Tormentoso tirano travado: tolera. Temor. Terremoto. Thanatos tece tremenda tela.

Ulisses. Ulcerei um uniocular, úmidas ululantes uivavam... urros, ungulados ultrajados. Um último umbral... Uno-me unicamente unigênito. Urrai, usurpadores. Uno-me uxore. Ulteriormente, urge último usufruto ultramarino, utopia universal. (Um undergraduate Ulsterófobo utilizará Urform unânime, urgindo ulemasa umbráteis.)

Valmont. Visconde vicioso, velicando viúva, vislumbrei virgem Volanges, vi vacilar virtude vetusta. Violadas, vestem véu. Vai, víbora vil, vitimada varíola. Vacilo, vulnerado: vence verdade.

Zé Tio. Zelador zulu, zopo, zingr, zoado zorós.

Como vai?

Trata-se de imaginar de que maneira diversos personagens responderiam à pergunta "Como vai?" O primeiro jogo envolveu Paolo Fabbri, Nino Buttitta, Jean Petitot, Omar Calabrese, Furio Colombo, Marco Santambrogio, Enzo Golino, Mario Andreose, Enrico Mistretta, Giovanni Manetti, Francesco Marsciani, Costantino Marmo, Andrea Tabarroni, Isabella Pezzini, Daniele Barbieri, Loreta Somma e — numa segunda instância — Vittorio Volterra, Fausto Curi, Giampiero Cerutti, Salvatore Romano e todo o corpo docente da Johns Hopkins University de Bolonha. Mais tarde reciclei as várias sugestões à minha maneira.

Ícaro: "Caí das alturas." Prosérpina: "Vou me sentar ali embaixo." Prometeu: "Roído..." Teseu: "Contanto que continuem me dando corda..." Édipo: "Mamãe não tem reclamado." Dámocles: "Podia ser pior." Príapo: "Cacete." Ulisses: "A cavaleiro." Homero: "Não estou vendo nada." Heráclito: "Tudo passa..." Parmênides: "Não passa." Tales: "Estou com água pelo pescoço." Epimênides: "Qualquer coisa que eu dissesse seria mentira." Demóstenes: "É difícil dizer." Pitágoras: "Tudo se enquadra." Hipócrates: "Desde que se tenha saúde..." Sócrates: "Não sei." Diógenes: "Com o cão." Platão: "Da maneira ideal." Aristóteles: "Estou me sentindo em forma." Plotino: "Entregue a Deus." Catilina: "Enquanto durar..." Epicuro: "De través." Júlio César: "Sabe como é, a gente vive para os filhos."

Lúcifer: "Como Deus manda." Jó: "Não me lamento." Jeremias: "Se eu soubesse..." Noé: "Olha só que mar." Onan: "Satisfeito comigo mesmo." Moisés: "Tirando os chifres..." Santo Antônio do Deserto: "A vista é boa."

Quéops: "Para mim basta um lugarzinho ao sol." Sheherazade: "Já lhe conto, rapidinho..."

Boécio: "Sempre se encontra um consolo." Carlos Magno: "Francamente bem." Dante: "Estou no sétimo céu." Averroés: "Estou bem, estou mal." Joana d'Arc: "Com muito calor!" São Tomás: "Em suma, bem." Occam: "Bem, eu acho." Nostradamus: "Quando?" Erasmo: "Uma coisa de louco." Colombo: "Vai-se em frente..." Alberti: "As perspectivas são boas." Copérnico: "Bem, graças aos céus." Lucrécia Bórgia: "Quer tomar alguma coisa antes?" Giordano Bruno: "Infinitamente bem." Lorenzo de Médicis: "Magnificamente." Descartes: "Bem, penso eu." Berkeley: "Parece-me que bem." Hume: "Creio que bem." Pascal: "Sabe, ando pensando em tanta coisa." Henrique VIII: "Eu vou bem, mas a minha mulher..." Galileu: "Sempre girando bem." Torricelli: "Com altos e baixos." Pontormo: "De uma bela maneira." Desdêmona: "Durmo com dois travesseiros." Vivaldi: "Depende da estação." El Greco: "Eu ando meio torto." Newton: "Regularmente." Leibniz: "Não poderia estar melhor." Spinoza: "Em substância, bem." Shakespeare: "Como quiserem." Hobbes: "É um tempo de lobos." Papin: "Com a pressão alta." Montgolfier: "Com a pressão baixa." Franklin: "Tenho me sentido eletrizado." Robespierre: "É de perder a cabeça." Marat: "Louco por um banho." Casanova: "Já estou chegando, meu bem."

Goethe: "A luz está fraca." Beethoven: "O quê?" Schubert: "Não me interrompa, pelo amor de Deus!" Novalis: "Um sonho." Manzoni: "Graças a Deus, bem." Sacher-Masoch: "Graças a Deus, mal." Sade: "Eu, vou bem." D'Alembert e Diderot: "Não dá para dizer em duas palavras." Kant: "A situação é crítica." Hegel: "Em síntese, bem." Schopenhauer: "Vontade é o que não falta." Marx: "Vai melhorar." Paganini: "Já disse." Garibaldi: "Tenho mil razões para estar contente." Darwin: "A gente sempre se adapta." Livingstone: "Estou me sentindo meio perdido." Nietzsche: "Além do bem, obrigado." Proust: "Vamos dar tempo ao tempo." Henry James: "Depende do ponto de vista." Kafka: "Estou me sentindo um verme." Musil: "Assim assim." Joyce: "Fine, yes yes yes." Nobel: "Estou em pleno boom." Larousse: "Em poucas palavras, mal." Madame Curie: "Ando radiante." Drácula: "Hoje estou de veia."

Boole: "Ou bem ou mal." Croce: "Não temos como não nos considerar em boas condições espirituais." Wittgenstein: "É melhor não falar disso."

Cantor: "No conjunto, bem." Picasso: "É tudo uma questão de fase." Lenin: "O que você quer que eu faça?" Hitler: "Talvez eu tenha achado a solução." Heisenberg: "Depende." Pirandello: "De acordo com quem?" Hilton: "É gente que vai, e gente que vem." Gallup: "Sou eu quem pergunta." Freud: "Diga você." D'Annunzio: "Vai que é um prazer." Popper: "Prove que eu vou mal." Lacan: "Ça va." Carducci: "Ça ira." Ungaretti: "Depois de algum tempo bem, obrigado." Foucault: "Quem?" Camus: "Estou uma peste." Mishima: "De barriga vazia." Eichmann: "Estou me sentindo um pouco no ar..."

Matusalém: "Vai-se levando." Mitridates: "A gente se habitua." Crísipo: "Se está de dia, vou bem, mas é dia, e portanto vou bem." Apuleio: "Ih, oh!" Cleópatra: "Estou sentindo alguma coisa no peito." Jesus: "Sobrevivendo." Lázaro: "Sinto-me reviver." Judas: "Um beijo." Pilatos: "Bem, uma mão lava a outra." São Pedro: "Como se tivesse uma argola em torno da cabeça." São João: "É o fim do mundo!" Nero: "Olhe só que luzes!" Filípedes: "Puf! Puf!" São Lourenço: "De uma parte, bem." Constantino: "Pus uma cruz em cima." Maomé: "Mal, vou para a montanha." Omar Khayyam: "Hic!"

Ludwig da Baviera: "Estou fazendo uma dieta." Savonarola: "É o fumo que me faz mal." Orlando: "Desculpe, mas estou furioso." Hieronymus Bosch: "Mas que diabo você quer?" Cyrano: "Pelo cheiro, bem." Volta: "Mais ou menos..." De Quincey: "Um exagero." Malthus: "Que multidão, hem?" Napoleão: "Estou me sentindo meio ilhado..." Dickens: "Tempos duros, mas tenho grandes esperanças." Bellini: "Segundo a norma." Daguerre: "O negócio se revelou rendoso." Lumière: "Atenção, olha o trem!" Gandhi: "Não falta apetite." Agatha Christie: "Adivinhe." Einstein: "Com relação a quem?" Stakanov: "Não vejo a hora de chegarem as férias." Virginia Woolf: "Esperemos que amanhã faça bom tempo." McLuhan: "Meio a meio." Eliot: "Uma desolação." Heidegger: "Was heisst gehen?" Austin: "Bem, eu juro."

Searle: "É uma pergunta?" Barnard: "Basta ter coração." Rubbia: "Do ponto de vista físico, bem."

Ao fundo, Leonardo, que se limita a sorrir ambiguamente.

O livro mascarado

O jogo, que me foi proposto por Omar Calabrese, consiste em extrair de uma obra famosa sua trama essencial, e narrá-la de maneira correta, mas criando algumas dificuldades de identificação de modo a fazer supor que se trate de outra obra. O título deve ser enganador e distanciar o leitor da solução. As soluções vêm no final do texto.

1. As florzinhas de São Francisco

Vivia com despreocupação juvenil acreditando poder gozar livre e egoisticamente das riquezas mundanas. No entanto, em meio à relva e às flores coloridas, descobre que só se pode ser feliz reconhecendo a origem divina comum de todas as criaturas que voam pelos ares ou andam sobre a terra. Ardendo de um fervor interno, estende a mão aberta para o céu como se para libertar do mal todos os gentis ornamentos da criação.

2. Pode me chamar de Ishmael

Nascido numa aldeia de carpinteiros, mestres na construção de lenhos velozes, brandindo uma vara aguçada segue pelos mares, entre monstros e portentos, seguindo o Leviatã. Sob o véu de muitas aventuras, a ideia é a de um rito de passagem à idade adulta, a conquista da plena condição humana. *Post fata resurgo.*

3. Uma história incolor

Ambicioso, sonhava com napoleões e marengos. Poderia ter ficado satisfeito: era bem-amado tanto pelos padres quanto pela família do prefeito, e poderia ter-se casado bem, pondo as mãos num patrimônio de certa monta. Mas perdeu tudo num tiro mal dado. Chegou até a perder a cabeça.

4. Meu caro Watson

Solteirão inveterado, com uma mania de exatidão que quase leva seu inseparável assistente à loucura, embarca numa aventura bizarra, praticamente uma insensatez. Quase por acaso encontra uma mulher, mas sabendo bem que é uma perda de tempo. Atrapalhado, acaba voltando antes do que era previsto.

5. As ilusões perdidas

Jovem extremamente precoce, de bem, de palavra, decide cuidar dos negócios do pai e parte à conquista da capital. Apesar da ascendência que não se cansa de divulgar, não encontra crédito suficiente, e também — no dizer de um de seus assistentes — é pouquíssimo cotado na Bolsa, embora propusesse ótimas ações. Abandonado até por aqueles que tinha enriquecido, e ainda por cima enfrentando problemas com o governo, que não o ajuda, no final acaba pagando por todos. Mas sempre dizia que não devemos desanimar: ressurge e conquista meio mundo. O bom sangue não mente, e Deus ajuda quem se ajuda.

6. Pulitzer

Corre altos e baixos pelo mundo, seguindo uma mulher que não se dignara sequer a dirigir-lhe um olhar. Mas no meio do caminho descobre sua vocação de cronista, e entrevista tanto personagens de alta posição quanto expoentes do submundo. Ótimo estilo, apesar de algumas vulgaridades de linguagem. Obteve o máximo dos prêmios reservados à sua categoria.

7. Mirandolina

Drama de ciúmes, com um conflito de interesses devido à intrusão de um *playboy* estrangeiro. O eclesiástico que dá assistência à família, em vez de trazer a paz, semeia a cizânia. Por sorte, a camareira dela, com a ajuda do namorado (que sempre anda com mais três), resolve tudo. (Mas a história não acaba aí, e muita coisa ainda acontece, vinte anos antes que tudo se pacifique.)

8. *Saí para comprar cigarros*

Inteligente, curioso, discreto e de boa posição social, tinha uma família exemplar. Mas não sabia resistir às tentações, fascinado pelas mulheres, pelas viagens e pelos cavalos. E parte, varando as madrugadas com amigos que se comportam como porcos. Alguém tão propenso às aventuras como esse homem não mereceria que na volta nem mesmo um cão o esperasse. E no entanto até a mulher ainda está lá, costurando só, embora não lhe tenham faltado oportunidades.

9. Quase Visconti

Rica, mimada, ávida por dinheiro, tenta até pôr chifres na cunhada. Mas devia tomar cuidado antes de meter-se com a gente do Sul!

10. Um eremita arrependido

Longe do convívio humano, bate no peito, reencontrando uma incontaminada proximidade da Origem, que deu vida a Adão e a seus filhos. Mas não poderá subtrair-se às seduções da civilização. No fundo, estava levando uma vida bestial.

11. Um leopardo

Como bom aristocrata, olha para todos um pouco de cima para baixo. Embora procure interessar-se pelos grandes eventos que ocorrem à sua volta, é inevitável que acabe com a cabeça em meio às nuvens.

12. Coisas do Gládio

Negro ousado, pronto ao uso da bomba e do punhal, tem uma única obsessão: "Deus amaldiçoe os ingleses." Derrotado, encontra-se em embaraços quando pessoas que falam inglês lhe oferecem a oportunidade de refazer sua vida. Parece que aceita, mas está simulando, e não tarda em agir: foge roubando-lhes a pérola mais preciosa que possuíam. Uma verdadeira fera. Alguém fuma à parte.

13. Wall Street

Inteligente, astuto, despido de preconceitos, apesar de uma origem obscura, segue em frente por seu caminho, não só destruindo quem se lhe opõe como também recusando-se a reconhecer suas culpas. As coisas acontecem naturalmente, mas aquele que tudo adivinha só compreende seus erros quando já é tarde demais. Se seu pai ainda estivesse vivo, as coisas teriam sido diferentes, mas a mãe sempre achava que tudo que fazia era bem-feito.

14. Pochade

Ele, ela e o outro. Um não sabe bem o que quer, o outro sabia, mas não se importa mais com nada. Vão, vêm, balbuciam e no final se encontram, aparentemente sem nexo. Mas só aparentemente, porque o nexo é elaborado A mulher é insatisfeita mas fantástica.

15. Como Richardson

Bela, frágil, jovem, indefesa, aparentemente obediente, totalmente doméstica, tem uma espécie de gosto imprudente pelo risco, ou então só pode ser ingenuidade. A criatura desprezível que encontra se aproveita de sua confiança, e assim ela é espoliada. Por outro lado, também consegue enganar outros parentes dela, faz o que lhe convém, insinua-se, mente, seduz. Ela se entrega, perde seu bem mais precioso. Nunca se deve julgar de acordo com os clichês: um aventureiro que poderíamos considerar egoísta e predatório, incapaz de ternura e piedade pelas criaturas indefesas, mas que conhece bem as leis fatais da luta pela sobrevivência, acaba ajudando-a a renascer para uma nova vida.

16. Águas claras, doces e frescas

Ele a ama. Ela morre. O que fazer com uma história tão banalmente universal? Ainda assim, o autor dessas páginas delicadas abandona os poemas latinos a que dedicara sua vida e põe em risco suas láureas acadêmicas. Só se torna famoso por ter contado esta história.

17. Uma vida qualquer

Severo, talvez um pouco metódico, não poupava críticas a ninguém: nunca de forma precipitada, mas uma de cada vez. Como tinha um altíssimo sentido do dever e das formas, esperou, para dizer autorizadamente o que pensava, conseguir primeiro um salto qualitativo. Procedia de modo sistemático, mas era capaz de sínteses e exigia que as coisas só fossem ditas no lugar e no momento justos. Os outros depois diriam que tinha a cabeça oca, mas era muito atento ao que havia à sua volta, só não queria enfrentar as coisas às cegas. Embora depois tenha dito que lhe agradava ficar sem fazer nada, no final demonstrou ter sentido prático e bom-senso.

Soluções

1. Vespa Teresa — 2. Pinóquio — 3. O vermelho e o negro — 4. Volta ao mundo em oitenta dias — 5. O Evangelho — 6. A divina comédia — 7. Os três mosqueteiros — 8. Odisseia — 9. ...E o vento levou — 10. Tarzan — 11. O barão entre as árvores — 12. Os tigres de Mompracem — 13. Édipo rei — 14. Ulysses — 15. Chapeuzinho vermelho — 16. Love story — 17. As três críticas kantianas.

♦ 387 ♦

Hircocervos

O jogo do hircocervo nasceu, como tantas outras brincadeiras, à mesa com os amigos costumeiros.[1] *Originou-se de uma pergunta: e se Giordano Bruno fosse um músico que, obcecado pela infinidade dos mundos, jamais tivesse composto uma obra completa? Conclui-se depois que a solução ideal seria fundir os nomes de dois personagens conhecidos de modo a que se pudesse atribuir ao novo personagem uma obra inédita que recordasse algumas das características dos dois personagens originais; e, melhor ainda, se contivesse algum outro apelo ambíguo. Veio à mente um Giordani Bruneri que poderia ter sido o autor de* De unitate diversorum contra Thomasum Canellam, *mas a solução era imperfeita porque, malgrado a alusão adicional a Aquino e Campanella, faltava alusão a Bruno. Seria mais perfeito um Tommaso Campanile que tivesse escrito* Mas o que é esta Cidade do Sol? *No entanto, convencionou-se que seria possível fundir também personagens com instituições ou objetos. Foram aprovados um* Duns Scottex *autor de um* Opus subtilissimum *e até, caso se encontrasse o título adequado, alguma coisa que pudesse identificar Franz Grillpanzer com o autor de uma tragédia sobre a desgraça do rei Ottocarroblindado num motel de autoestrada. Foram proibidas as combinações que, embora dessem origem a um belo título, não fossem justificadas por uma imediata associação fonética ou gráfica entre os dois nomes iniciais; foram por isso excluídos Aldous Joyce, autor de* Brave new word, *ou James Savarin, autor de* Finnegans cake. *Discutiu-se longamente Walt Melville como autor de* Moby Duck, *porque foi considerado conceitual e não fonética a primeira relação entre*

---

[1] Se bem me lembro, contribuíram inicialmente Omar Calabrese, Luciano Berio, William Weaver, Paolo Fabbri, Furio Colombo, Pier Luigi Cerri, Renato Giovannoli e Giovanni Manetti.

Melville e Whitman, embora fosse notável o curto-circuito levando a Disney. Por outro lado, um exemplo perfeito era Stanley Rubik (Doctor Cube, I presume?), *porque mata três coelhos com uma só cajadada.*

A primeira série apareceu no Espresso *de 22 de fevereiro de 1987. Fui imediatamente sepultado por contribuições vindas de todas as partes da Itália. Tendo, no curso das sucessivas reprises, proposto títulos para nomes ainda livres como Gustave Flobert, Tagore Vidal, Little Tony Negri, Klimt Eastwood, Restif de la Breton, Man RAI, Paolo Comte e John Le Carrà, recebi para cada um desses personagens centenas de atribuições.*

Apresento apenas uma seleção das várias séries, e sou forçado a citar apenas aqueles que contribuíram para esta antologia com pelo menos uma sugestão.[2] *Não tenho como reconhecer as atribuições diretas porque muitas vezes muitos propuseram os mesmos nomes e as mesmas obras, às vezes obras análogas mas diferentes para o mesmo nome, e fui obrigado a fazer um amálgama, e houve ainda ocasiões em que alguém propôs nomes para os quais depois eu mesmo inventei a obra. Ocorreu também que muitas propostas minhas se cruzaram com propostas que me chegaram após ter mandado a matéria para a revista. Para alguns nomes registro mais de uma obra possível (e nada impede que sejam autores de uma bibliografia rica).*

Abel Gancia	*Napoléon Brut*
Achille Bonito Olivolà	*Saclart*
Adam Smith & Wesson	*Investigação sobre a causa e a natureza dos fabricantes de armas*
Agatha Cristo	*O caso dos doze apóstolos*

---

[2]Cito, por ordem de maior produtividade e fantasia, Alberto Burgos, Giuliano Corti, Riccardo Bellavita, Piero Limoncelli, Giorgio Gicca Palli, Emilio Ricciardi, Bruno Bertolini, Stefano Castelvecchi, Franca Mariani, Marco Guzzetti, Giuseppe Anzani, Maurice Paronitti, Fabio Antolini, Giampietro Gobo, Donna A. Nonima, Harula Peirolo, Edoardo Varini, Flavio Brugnoli, Renato Bocchi, Enzo Costa, Fiornando, Luciano Buglioni, Marco e Paolo, Giuseppe Verso, Guido Nebuloni, Pier Antonio Parisotto, Marino di Rienzo, Emilio Ricciardi, Giuseppe Borgia, Alfio Squilacci, Kurt Erdam, Duccio Battistrada, Pupa Bortoli e Mario Togni, Luigi Manconi, Marcello Bruno, William Craia, Fausta Marchetti Rovero, Bianca Tchaprassian, Davide Dei Cas, Francesco Cancellieri, Luciano Buglioni, Claudio Bartocci, Gianfranco Gianolio, Fabio Antolini, Luigi Lamberti, Mauro Manieri, Paolo Boccardo. Algumas contribuições eram anônimas, outras traziam assinaturas de difícil identificação.

Aga Kant	*Immanuelle*
Alban Bergman	*Gritos e dissonâncias*
Alcide de'Paperis	*Minha luta com Palmipede Togliatti*
Alessandro Manzú	*Os futuros esboços*
	História da coluna de bronze
Alfred Hitchcoke	*Entrega internacional*
Algirdas Julien Greystoke	*Du singe*
Allen Ginzburg	*México familiar*
André Briton	*Exquisite Corpses*
Arthur Rambo	*Um stallone no inferno*
Arthur Canon Doyle	*Um estudo fotográfico em vermelho*
Athanasius Kierkegaard	*Anxietas subterrânea*
Basic Pascal	*Pensées artificielles*
Baudrillard de Chardin	*Por uma economia política do sinal da cruz*
Benedetto Marcel	*Em busca do adágio perdido*
Billy Wilde	*Quanto mais Ernesto melhor*
Brahms Stoker	*Danças transilvânias*
Bronislaw Maiakovski	*Revolução no Pacífico Ocidental*
Buffalo Bell	*A Long Distance Colt*
Byron Power	*Sangue e Atenas*
Carlo Emílio Gadamer	*A interpretação da dor*
Choderlos de Laplace	*As nebulosas perigosas*
Clark Kant	*Crítica da kriptonita pura*
Claude Lewis Carrol	*Alice no país dos tristes trópicos*

Claude Simenon	*Maigret sur la route de Flandres*
Cory d'Aquino	*De unitate intellectus contra golpistas*
Daniel de Poe	*O duplo assassinato da rua Moll*
Danton Alighieri	*Guelfos e Jacobinos*
Dashiell Hamlet	*O falcão dinamarquês*
David O. Selznietzsche	*Assim falou Zorro Astaire*
Dmitri Shostakodak	*Sinfonia em cores*
Dom Hyeronimus Bosco	*O oratório das delícias*
Edgar Allan Fo	*Contos do mistério bufo*
Eduardo De Filípedes	*Filomena Maratona*
Elias Canè	*Auto da fet*
Eric Tati	*Hulot Suite*
Erica Jung	*Medo de sonhar*
Ernest Hemingwayne	*Além do Rio Bravo entre as árvores*
Federico Cellini	*La dolce Vita*
Ferdinand Célin Piao	*Longa marcha até ao fim da noite*
Fiodor Tolstoievsky	*Guerra e castigo*
Fred Asterix	*De ballo gallico*
Freud Astaire	*Tic tap*
Fritz Laing	*A loucura do doutor Mabuse*
Georg Wilhelm Friedrich Haig	*Fenomenologia dos espíritos*
George T. S. Eliot	*O moinho desolado*
Gertrude Steiner	*Antroposofia da rosa*
Gillette Gréco	*Contour de France*
Graham Greer	*Nosso eunuco em Havana*

Gregor Mendele	*Dominantes e decessivos*
Gustave Flaubrecht	*Madame Courage*
György Lucas	*Revolução nas estrelas*
Henrik Pilsen	*Beer Gynt*
Henry James Joyce	*Retrato de mulher quando jovem*
Ilona Stalin	*O culto da personalidade*
Immanuel Cunt	*Sonhos de um visionário esclarecidos com o sonho da meta física*
Italo Calvi	*Se numa noite de primavera um banqueiro...*
Jacques Le Goffman	*O purgatório como vida cotidiana*
Jackson Pollak	*Não se pintam assim nem os cavalos*
James Band	*Só se grava uma vez*
Jarry Lewis	*Ubu rei aloprado*
Jean-Paul Barthres	*O prazer da náusea*
Jerry Lewis Carrol	*Alice no país dos aloprados*
João Pavlov II	*O refluxo condicionado*
John Lennin	*O que cantarei?*
Júlio Sterne	*Viagem sentimental em 80 dias*
Kim II Song	*Chick Corea*
Kierkegaard Douglas	*Horizontes de angústia*
Klimt Eastwood	*Western Sezession*
	Liberty Kid
	O bom, o mau e o criativo
	Por um punhado de Alma Mahler
Konrad Lawrence	*O chamado sexo*

Laurence Verne	*Viagem sentimental da Terra à Lua*
Locke Luciano	*Ensaio sobre a delinquência humana*
Marcel Prost	*Em busca do tempo melhor*
	Em busca da mudança perdida
	O melhor tempo reencontrado
Marguerite Durex	*O amante previdente*
Mark Taiwan	*Tom Soya*
Marshall McOnan	*O meio é a massagem*
Marx Planck	*Quantos éramos!*
Michelangelo Antognoni	*Goal up*
Mickey Mauss	*O rato como doação*
Mircea Iliad	*Guerra de religião*
Miss van der Rohe	*A pureza das formas*
Moby Duck	*Pequod-quid-quad*
Mohammed Dali	*Pintando com o próprio punho*
Napoleão Malaparte	*Técnica do 18 Brumário*
Nikolai Rimski-Gorbatchov	*Shehevardnaaze*
Pavlov de Tarso	*Campainhas no caminho de Damasco*
Pier Paolo Pratolini	*Cinzas de pobres amantes*
Pierre Boullée	*Le maître sans mître*
Pink Floyd Patterson	*Sing on the ring*
Platoon	*Diálogos sobre a guerra*
Prigogene Kelly	*Singin' in the brain*
Raimundo Lully	*Ars magna au clair de la lune*
Restif de la Breton	*Monsieur Nadja*
Richard Nikon	*Objetivo Watergate*

Ridley Scotch	*O colador de mutantes*
Roman Jakobsony	*A afasia do walkman*
Ronald Reggae	*In God we twist*
Rudaids Kipling	*Capitães contagiosos*
S. Inácio de Moviola	*Exercícios espirituais em câmera lenta*
Salvador Kali	*Un indien andalou*
Samuel Becket Stowe	*A cabana do pai Godot*
S. Tomás de Quino	*Summa Mafaldae*
Serguei Einstein	*Cinema = Energia*
Sotheby Christie	*Leilão no Orient Express*
Tagore Vidal	*Khaligola*
Teilhard de Cardin	*Vestidos por Deus*
Thom Mann	*Catástrofe em Veneza*
Thomas Altmann	*Carlota em Nashville*
Thomas Hobby	*Homo homini ludus*
Thomas Manndelbrot	*A montanha encrespada*
Torquato Tass	*A notícia libertada*
Vincenzo Fellini	*I puritoni*
Vincent van Gogol	*Autorretrato de nariz cortado*
Virginia Wolfe	*Quem matou Mrs. Dalloway?*
Vittorio De Sikh	*Ladrões de elefantes*
Vittorio Gaussmann	*Os eternos descomedidos*
Vladimir Ilitch Nabokov	*Que fazer com Lolita?*
Walter Benjamin Franklin	*A obra de arte na época de sua reprodutibilidade elétrica*
Walter Scott Eriugena	*Visio Ricardi a Corde Leonis*
Woody Alien	*Starwar Memories*

Continuações

Em 1991, Laura Grimaldi escreveu um Monsieur Bovary *em que se conta o que acontece com Charles depois da morte de Emma, e uma certa senhora Ripley (na certa um personagem de Patrícia Highsmith) triunfou com* Scarlett, *a continuação de* ...E o vento levou. *Por outro lado, de* Édipo em Colona *a* Vinte anos depois, *a prática tem uma certa tradição de nobreza.*

Giampaolo Proni, que com seu O caso do computador Asia *demonstrou saber inventar máquinas afabuladoras, aconselhou-me propor outras continuações possíveis para romances célebres.*

Marcel quem?

O Narrador de Proust, após ter concluído sua obra com o selo do Tempo, enfraquecido pela asma, decide visitar um conhecido especialista em alergia da Côte d'Azur, para onde viaja de automóvel. Mau motorista, vê-se envolvido num pavoroso acidente: comoção cerebral, perda quase total da memória. Cai sob os cuidados de Aleksandr Lurija, que o aconselha a desenvolver a técnica do monólogo interior. Já que o Narrador não tem mais um patrimônio mnemônico a partir do qual possa monologar e mal consegue distinguir as percepções atuais, Lurija o aconselha a aplicar-se aos monólogos interiores do *Ulysses* de Joyce.

O Narrador lê até a exaustão o insuportável romance, e reconstrói para si um eu fictício, começando por lembrar-se de quando a avó o vinha visitar no colégio de Conglowes Wood. Readquire uma sutil capacidade sinestésica e basta o aroma da gordura de carneiro de uma *shepherd pie* para fazê-lo evocar as árvores do Phoenix Park e o campanário da igreja de Chapelizod. Morre alcoolizado por cerveja Guinness diante de uma porta de Eccles Sreet.

Molly

    Despertando de um sono agitado na manhã de 17 de junho de 1904, Molly Bloom encontra-se na cozinha com Stephen Dedalus, que está fazendo um café. Leopold Bloom saiu para cuidar de seus negócios imprecisos e talvez tenha querido deixar os dois face a face. Molly tem o rosto inchado de sono, mas Stephen fica imediatamente fascinado por ela e a vê como uma maravilhosa mulher-baleia. Recita para ela alguns poemas baratos e Molly lhe cai nos braços. Decidem fugir juntos para Pola, e de lá para Trieste, sempre seguidos por Bloom, disfarçado de homem da capa de gabardine.
    Em Trieste, Italo Svevo aconselha Stephen a registrar por escrito a sua história, e Molly, ambiciosíssima, o encoraja. Ao longo dos anos, Stephen escreve um monumental romance, *Telêmaco*. Acabada a última página, abandona o manuscrito sobre a mesa e foge com Sylvia Beach. Molly encontra o manuscrito, lê e nele imerge completamente, encontrando-se exatamente no ponto de onde tinha partido, inquieta em seu leito em Dublin, na noite de 16 para 17 de junho de 1904.
    Louca de raiva, segue Stephen a Paris e na rue du Dragon o atinge com três tiros de pistola na soleira da Shakespeare & Co., gritando: "*Yes, yes, yes!*" Depois foge, entra por engano numa história em quadrinhos de Daniele Panebarco e descobre em sua cama Bloom fazendo amor — ao mesmo tempo — com Anna Lívia Plurabelle, Lenin, Sam Spade e Vanna Marchi. Perturbada, ela se mata.

Ainda Sam

Viena, 1950. Vinte anos se passaram, mas Sam Spade não desistiu de se apoderar do falcão maltês. Sua conexão é agora Harry Lime, e os dois estão confabulando no alto da roda-gigante do Prater. "Encontrei uma pista", diz Lime. Descem e entram no Café Mozart, onde um negro está tocando num canto, numa harpa, *Smoke gets in your eyes*. Na mesa do fundo, com o cigarro no canto dos lábios franzidos numa careta amarga, está Rick. Tinha encontrado um indício entre os documentos que lhe haviam sido mostrados por Ugarte, e mostra uma foto de Ugarte a Sam Spade: "Cairo!", murmura o investigador. "Eu o conheci como Peter Lorre", graceja Lime.

Rick continua: em Paris, quando lá entrara triunfalmente acompanhando de Gaulle, soubera da existência de uma espiã americana que os serviços secretos haviam libertado de San Quentin, pondo-a na pista do falcão. Dizia-se que tinha matado Victor Laszlo em Lisboa. Devia chegar dentro de alguns minutos. Abre-se a porta e aparece uma figura de mulher. "Ilse!", grita Rick. "Brigid!", grita Sam Spade. "Anna Schmidt!", grita Lime. "Miss Scarlett", grita o negro, cinzento como costumam ficar os homens de cor quando empalidecem, "a senhora voltou! Pare de fazer meu patrão sofrer!" A mulher dá um sorriso indefinível: "Eu sou aquela que acreditam que eu seja... E quanto ao falcão..." "O quê?", gritam todos a uma só voz. "Quanto ao falcão", retoma a fascinante aventureira, "não era um falcão. Era um milhafre."

"Enganado pela segunda vez", murmura Spade, rangendo os dentes, enquanto seu perfil se torna ainda mais afilado. "Então me devolva aqueles cem dólares", diz Harry Lime, "você não acerta uma." "Um conhaque", pede Rick, pálido.

Do fundo do bar emerge uma figura de homem de capa de gabardine, com um sorriso sarcástico nos lábios. É o capitão Renault. "Vamos, Molly", diz à mulher. "O pessoal do Deuxième Bureau está te esperando em Combray."

Anagramas a posteriori

O anagrama clássico procede a priori, no sentido em que misturamos as letras do nome ou da frase inicial guiados pela intuição confusa de nomes, palavras ou frases já existentes. Já este jogo procede a posteriori porque consiste em compor a partir de um nome dado anagramas que poderiam ser outros nomes, para os quais não existe porém um portador. Para este, é necessário assim inventar a posteriori uma breve biografia que obviamente dê conta do nome. Enquanto nos anagramas a priori o objetivo é encontrar variações que de algum modo se possam referir ao nome que serve de ponto de partida, nestes anagramas a posteriori o nome inicial é um mero pretexto gramatológico, e o objetivo é assim inventar personagens totalmente inéditos. O jogo me foi sugerido por Mauro Giusti, que me enviou os anagramas com o meu nome, que publico agradecendo. Seguem-se os anagramas que fiz, em resposta, a partir de seu nome.

Com o exemplo do quanto o jogo pode durar ao infinito, apresento ainda uma série de anagramas a partir dos nomes de Giampaolo Dossena e de Stefano Bartezzaghi, a título de homenagem a dois Mestres.

1. A partir de Umberto Eco (de Mauro Giusti)

Bruce O'Moët: nacionalista irlandês exilado em Reims no século XIX, fundador com Paul Chandon de uma célebre cave de champanhes.
Toro Ecumbe: campeão sul-americano dos meio-pesados em 1953.
Eureco Tomb: inventor americano de Ithaca (NY), criador do normo-tombógrafo, aparelho para os gravadores de lápides.

Meo Tuberco: camponês de Frosinone, autor de *Versos do sanatório*.
Boum Teorec: matemático bretão, nomeado por Napoleão III secretário da École Française des Sciences.
Buc Meteoro: personagem de histórias em quadrinhos dos anos 1930.
Tumor Cobee: filho de Adam Cobee, médico inglês do século XVIII, que escreveu um célebre tratado sobre as infecções.
Embè 'o Turco: bandoleiro napolitano do século passado que depois se tornou personagem de alguns seriados.
Ubro Meteco: douto bizantino contemporâneo de Leo Isaurico, autor de uma paráfrase da *Guerra Gótica de Procópio*.
Etero Bocum: irmão do célebre Omo Bocum, travesti georgiano exilado em Paris durante a Belle Époque.
"Tubo" McEroe: presidente da AHWU (Aberdeen Hydraulic Workers Union), atualmente candidato trabalhista no distrito de Dundee.

2. A partir de Mauro Giusti

Guta Umoriis: bruxa sueca do século XV. Condenada à fogueira em Uppsala porque prometia a cura por ervas da blenorragia.
Tio Sam o Giru: espírito da terra que intervém no Candomblé de Caboclo da Bahia. Prepara a aparição do Exu e da Pomba-Gira.
Misuro Igatu: geneticista japonês. Prêmio Nobel de 1950 por suas experiências sobre o crescimento artificial dos felinos.
Gui Tramusio: autor paduano de relatos de viagem. Em 1979, foi descoberta sua filiação à Rosa dei Venti.
Sir Togu-Miau: chefe carismático de uma seita antibritânica no Quênia, em seguida transformado em baronete pela rainha Elizabeth.
Guru Siamtoi: monge tailandês fundador de uma comunidade religiosa nas encostas do Himalaia.
Ugo Tiramisù: proprietário da cadeia da Antiga Pastelaria del Corso.
U. Ragu Misto: nascido em Bucareste, emigrado para Gênova, lá abriu no pós-guerra um dos mais típicos restaurantes do porto.

Maius Iogurt: conhecida marca com vários sabores, último lançamento comercial da Yomo S.A.

Mogiu Tirasü: mascarado piemontês, alvo preferido dos gracejos de Gianduja.

Tumia Rugosi: ator húngaro dos anos 1930, celebrizado pela caracterização horripilante que usava em Drácula, o vampiro.

Moïs Iugurta: liberto judeu, chefiou uma revolta de escravos na Numídia. Foi supliciado e morto no reinado de Adriano. Em seu túmulo, um anônimo deixou traçada uma enigmática mensagem (cruz e delícia dos epitafistas): "Mori Augusti."

Giusto Miura: célebre toureiro espanhol. Foi amigo pessoal de Hemingway.

S. Mario u Guit: protetor dos atores napolitanos.

Ium Gai-Trous: estrela da "Cage aux Folles" de Montmartre.

Tim "UAG" Souri: cientista francês, aluno de Monod, prêmio Nobel de 1981. Sintetizando uma combinação de Urosina, Adentina e Guanina (até então considerada sem valor pelos teóricos do código genético), produziu um novo aminoácido, a Ratosina, com a qual provocou mutações radicais em colônias de roedores.

3. A partir de Giampaolo Dossena

Don Spasimeo Goala: fanático torcedor português, constituiu o primeiro caso estudado da história da medicina de torcedor apaixonado morto de enfarte de costas, donde o termo técnico de "síndrome de Spasimeo".

Espagnola Sodomai: mística da Extremadura, sofreu o martírio sob o domínio árabe porque se recusou a ser possuída de maneira antinatural por um poderoso califa. As suas relíquias são ainda conservadas numa urna hermeticamente fechada e só podem ser vistas através de um pequeno vidro anterior, exposto à veneração dos fiéis.

Isapola Magone Dos: atriz de sucesso, mas com uma vida cheia de sofrimento, em idade avançada resolveu escrever suas dolorosíssimas memórias usando um computador, que para ela (e seus leitores) tornou-se o próprio símbolo de suas melancólicas efusões.

Leossio Pagadoman: industrial automobilístico, a quem se atribui a invenção da venda em prestações.

Moana Possi La Gode: célebre atriz de filmes pornô, casou-se em seguida com o barão de La Gode, da antiga nobreza da Borgonha, e ficou conhecida por suas refinadas e agradáveis recepções mundanas.

Amado Onassi Golpe: aventureiro da Bahia, tentou um golpe de Estado no Brasil atacando o Rio de Janeiro com uma frota de barcos provenientes do porto do Pireu.

Aspásio Lagodemon: segundo a lenda, foi o cavalheiro escocês que, vítima de uma maldição, transformou-se no célebre monstro do Loch Ness.

Pina Olga Odessa Om: fascinante aventureira russa, seduzida pela pregação de Madame Blavatsky fundou uma seita de estrita inspiração budista, cujos membros se dedicavam à recitação obsessiva de mantras.

Magno Piselo Asado: personagem de Macedonio Fernandez, famoso por suas apostas. Um dia, por razões fúteis, apostou num bar da Boca de Buenos Aires que se perdesse devoraria um churrasco preparado com seus próprios órgãos reprodutores.

Pio Algone Sadomas: poeta maldito do século XIX, descreveu em sua obra os sofrimentos de uma vida de vício.

Omao Panglossiade: filólogo bizantino do século XI, elaborou uma teoria mística sobre o retorno à condição edênica, em que Adão podia falar todas as línguas, e elaborou os fundamentos de um idioma universal. Influenciou as pesquisas de Leibniz.

Doganio Melopassa: funcionário da alfândega italiana envolvido no escândalo de reciclagem de dinheiro sujo, fazia penetrar na Suíça, pela fronteira de Chiasso, os proventos criminosos de quadrilhas de sequestradores.

Galassia de Moon O.P.: frei dominicano, encarniçado adversário de Galileu e seguidor de Tycho Brahe, explorando o céu com seu telescópio descobriu (segundo ele) que a Lua era circundada por uma poeira de satélites diminutos que escaparam à observação de Galileu. Descobriu-se em seguida que havia apontado por erro sua luneta para uma colmeia próxima a seu convento.

4. A partir de Stefano Bartezzaghi

Nafta Gazzebo "er shit": arquiteto de jardins, mencionado de passagem na *Montanha mágica* de Thomas Mann. Ao final de uma longa permanência no sanatório, depois de dilapidar sua imensa fortuna, acabou em Roma, onde levou vida desregrada, dormindo debaixo das pontes e esmolando na porta das igrejas, provocava repulsa pelo horrível fedor que emanava.

Zazà Tanfo "Sigh" Bertè: cantora napolitana de música ligeira, precisou abandonar o palco devido a crises constantes de soluço e acabou a vida como mendiga no Trastevere, onde formava uma espécie de casal grotesco com Nafta Gazzebo (ver acima).

Fra Ashin Gabo' Tze Tze: religioso africano, dedicou a vida à criação de hospitais na selva para a cura da doença do sono. Está em andamento seu processo de beatificação.

Zzog Isfanthar Ebetà: nobre albanês, antes do advento do comunismo tentou apoderar-se do trono de sua pátria. Enviado a um campo de reeducação, sofreu uma atroz lavagem cerebral por parte da polícia secreta.

Graf Sozzin Eta Betah: conde bávaro de costumes lascivos, era todavia visto com simpatia porque era capaz de tirar de seus calções de corte mourisco objetos de natureza e formato disparatadíssimos. Foi íntimo do barão de Münchhausen.

Bosè Fata Hari Z. Z. (Gent): belíssima aventureira flamenga, depois de ter vencido um concurso de beleza tornou-se uma aclamada dançarina oriental. Abordada pelos serviços de espionagem dos Impérios Centrais às vésperas da Primeira Guerra Mundial, tornou-se agente secreta, com o codinome ZZ. Foi finalmente presa e fuzilada na França.

Han Afgà F.B.I. Zero Sett: aventureiro turco, atentou contra a vida de um pontífice. Desconfia-se que estava a serviço dos búlgaros, mas outras testemunhas afirmam que seria pago por serviços americanos que lhe teriam concedido a licença para matar.

Gas F. "Teeth" Branoiazz: músico de origem sérvia, ficou famoso nos bairros da luz vermelha de Nova Orleans por sua capacidade de tocar banjo com os dentes.

Teresita Fazzo Bangh: radical basca, procurada pela Interpol por inúmeros atentados a bomba em Madri.

Briante Sgozzafate: figura da mitologia russa (contrapartida masculina da Baba Yaga, aparece na coletânea de contos de Afanassiev): é uma espécie de javali com cem braços que combate as forças do bem.
Aiazzone Braghett S.F.: razão social da Sociedade de Fiorenzuola (de Adda), que lançou uma bem-sucedida cadeia de lojas de venda de jeans através de transmissões pela TV.

Este livro foi composto na tipologia
Adobe Garamond Pro, em corpo 11,5/15, e impresso em
papel off-white no Sistema Cameron da Divisão
Gráfica da Distribuidora Record.